マクロ経済学

第3版

Macroeconomics

伊藤元重

日本評論社

第3版まえがき

　「世の中のマクロ経済に対する関心はかつてないほどに高まっています」と、この本の「第1版まえがき」で書きました。それから20年以上が経ちましたが、マクロ経済に対する関心は、それ以降、さらに高くなっていると思います。マクロ経済で起きていることが、私たちの生活に直結するようになっています。マクロ経済について基本的な見方を習得することの重要性がますます増しています。マクロ経済学の教科書の役割もより重要になっていると思います。

　マクロ経済には大きな変化があります。以前には問題にならなかったことが、非常に重要な問題となることが少なくありません。私が学生のころは、教科書でデフレのことを学びました。しかし、それは今から100年近く前の1930年代の話でした。それから70年近く、日本がデフレになることはありませんでした。しかし、21世紀に入ったあたりから、日本は深刻なデフレに陥ってしまいました。デフレ時代のマクロ経済政策のあるべき姿は、平時のそれとは大きく異なります。デフレの背景にある要因やデフレに対する政策のあり方を考えるためには、マクロ経済学の基本的な考え方が必要となります。

　ただ、20年以上つづいたデフレも、2020年から世界に広がったコロナ危機や、2022年以降のウクライナ戦争によって突然終焉することになります。足元ではデフレからインフレへの移行がつづき、物価や賃金が上昇をつづけています。こうした状況が今後もつづくかどうかはわかりませんが、今の経済を理解するためには、インフレもデフレも分析できるような枠組みが必要になります。本書でも第10章で、インフレやデフレの問題を扱います。

　近年のマクロ経済の動きで重要な特徴は、グローバルな展開という側面でしょう。経済活動が国境を越えて行なわれる度合いが強くなれば、マクロ経済の動きもグローバルな流れの影響を受けるようになります。リーマンショックによるアメリカ経済の縮小、ウクライナ戦争の影響に苦しむ欧州経済、成長率が下がりはじめた中国経済。世界のあちこちで起きている経済的停滞は、けっして無関係ではありません。

いずれにせよ、世界の多くの国の経済は連動しており、マクロ経済を見るためには、ますますグローバルな視点が求められます。

マクロ経済学の教科書にも、この点が色濃く反映されています。国際的な資金の流れ、為替レートの動き、貿易のマクロ経済への影響などを理解することなしには、一国のマクロ経済を理解することもむずかしくなっています。

マクロ経済にはつぎつぎに新しい問題が出てきますが、それはマクロ経済学が過去の知見を捨てて、新しいものに変わっていくという面だけではありません。それどころか、80年近く前に多くの経済学者が必死に取り組んでいた問題が、また再び新たなテーマとして出てきているのです。マクロ経済問題では歴史は繰り返すようです。

1930年代、世界経済は大恐慌につづく大不況で苦しんでいました。高い失業率、デフレ、既存のマクロ経済政策の無力などに直面して、多くの経済学者が新しい見方を確立しようとしていたのです。そのなかから出てきたのがケインズの経済学です。ケインズの経済学は、その後のマクロ経済学の基本的な方向に大きな影響を及ぼしました。マクロ経済学の発展は、ケインズの考え方を踏襲したケインジアンと、それに批判的な新古典派の間の論争のなかで展開してきたといっても過言ではありません。

世界同時不況とデフレの危機のなかで、ケインズが打ち出した流動性の罠やケインズ政策の考え方に、再び脚光が集まっています。リーマンショック後の同時不況のなかで、世界の多くの国が、大胆なケインズ政策を打ち出しました。その意味では、ケインズは復活したという人も多くいます。

一方、過度な財政刺激策が政府の財政収支を悪化させ、多くの国が深刻な財政問題を抱えるに至っています。景気への配慮も重要だが、財政規律を維持しないとたいへんなことになる、と警告する専門家も多くいます。財政危機に陥った国では、国内景気が極度に悪化しているにもかかわらず、財政健全化のための増税と歳出削減をつづけざるをえない状態です。しかし、そうした姿勢に対して、景気回復を最優先すべきだというケインジアンからの批判もあります。現代でも、ケインジアンと新古典派の論争は活発につづいているのです。

マクロ経済学の教科書を書くことの重要性はますます大きくなっていますが、同時にその作業はますますむずかしくなってもいます。初学者に対して、複雑な現実の問題について紹介する一方で、その背後にある基本的な原理を解説しなくてはいけないからです。膨大な分野のどこに焦点を当てるのかを決めるの

も簡単なことではありません。

　しかし、同時にマクロ経済学の教科書を書くことは、経済学の世界にずっと身を置いてきた者にとって、たいへんにやりがいのある仕事でもあります。ともすると、あやしい議論に流されがちなマクロ経済論議を正しい方向に戻すためにも、まず多くの人がマクロ経済学の基本的な議論に触れることが重要であると思います。俗説に流されるのではなく、各自が自分の頭でマクロ経済問題について考える。そのためにもマクロ経済学の教科書は重要な存在なのです。

　すでに述べたように、『マクロ経済学』の第1版が出てから20年以上が経ちました。この本は、もともと1988年に初版を出した『入門経済学』から派生したものです（いずれも日本評論社刊）。その意味では、この教科書との付き合いは40年近くになります。経済学者としても私の人生とだぶることになります。

　『入門経済学』の第1版を執筆した当時、数式をあまり使わず、現実の経済の事例を多く取り入れる経済学の教科書は、あまり標準的なものではありませんでした。その意味では新しい試みの教科書でしたが、幸い、多くの人に受け入れてもらいました。今では、この教科書のスタイルが主流になったという感もあります。

　今回の『マクロ経済学・第3版』でも、こうしたスタイルを踏襲しています。現実の経済問題に関心を持ってもらいながら、同時に理論的な基礎をしっかり学んでもらう。これがこの教科書の狙いです。私自身はこの間にさまざまな経済問題に取り組む機会に恵まれ、現実のさまざまな問題への理解を深めることができたと考えています。そうした経験をできるだけ本書のなかに盛り込み、より魅力的な本にするように努めたつもりです。

　それでも、経済学の教科書では、理論的な基礎がもっとも重要なものであると思います。マクロ経済学は経済を読み解く文法のようなものです。一度学んだ文法は一生使えるように、一度学んだ経済学の基本的な考え方は、いろいろな経済現象を理解するのに役立つ。そうしたことを実感してもらえるような経済学の教科書を書くのが理想であると考えています。その意図の実現にどこまで成功したかは、読者の皆さんに判断を委ねるしかありません。

　　2024年7月

　　　　　　　　　　　　　　　　　　　　　　　　伊藤元重

目 次

第3版まえがき……*i*

0 マクロ経済学とはどういう学問か …………………………………… *1*

なぜマクロ経済学を学ぶのか…*2*

マクロ経済指標で戦後の日本経済の動きを追ってみる…*3*

アジア諸国の経済成長と日本…*9*

経済学者はマクロ経済をどのように見るのか…*10*

マクロ経済学の全体の構成…*12*

Part 1 マクロ経済学の基礎 ……………………………………… *15*

1 マクロ経済学のとらえ方 ………………………………………… *17*

マクロ経済学の見方…*18*

フローとストック…*20*

ケインズ経済学と新古典派の経済学…*21*

マクロ経済学の問題の代表例：金利の変化のマクロ経済的波及…*23*

マクロ経済の鳥瞰図…*25*

GDP：経済規模を測るもっとも基本的な指標…*28*

GDPで国の豊かさを測ることの問題点…*30*

GDPと物価…*31*

経済成長率…*34*

GDPの分解…*35*

付加価値から見たGDP…*37*

GDPの三面等価…*38*

* Guide to Current Topics　GDPの計測と利用……*27*

*経済学ステップアップ　マクロ経済データを多面的にとらえる……*33*

演習問題……*40*

2　マクロ経済における需要と供給 ················· 41

GDPをどちらから見るのか…42

成長方程式：供給サイドから見たGDP…44

変化率という表わし方…48

経済成長と寄与度：需要サイドから見たGDP…49

需要と供給：どちらがマクロ経済の動きを決めるのか…51

供給がマクロ経済を決める：新古典派の考え方…54

需要がマクロ経済を決める：ケインジアン的な世界…56

　＊Guide to Current Topics　経済学教科書の影響力……47

　＊経済学ステップアップ　成長予測と財政運営……53

　演習問題……58

3　有効需要と乗数メカニズム ················· 59

需要不足がもたらす不況…60

景気の波及メカニズム…61

限界と平均…64

限界消費性向と乗数…65

生産・所得・需要の相互メカニズム…66

消費関数と生産・所得・需要の決定…68

需要不足の経済…72

投資と政府支出…74

所得水準決定の数値例…78

補論　恒等式と方程式…79

　＊Guide to Current Topics　消費税は景気を悪化させるか……71

　＊経済学ステップアップ　ケインジアンと新古典派の栄枯盛衰……77

　演習問題……82

4　貨幣の機能と信用創造 ················· 83

貨幣とは何か…84

貨幣の交換媒介機能…86

金融システムの概観とマネーストックのメカニズム…90

ハイパワード・マネー…91

信用乗数…93

信用乗数の背後にあるメカニズム…96

信用乗数とマネーストックの変化…99

マネーストックと大恐慌、そして日本の金融危機…99

補論　信用乗数のメカニズム…102

＊ Guide to Current Topics　貨幣民営化論……87

＊経済学ステップアップ　貨幣の理論……95

演習問題……103

5　貨幣需要と利子率 ……………………………………………………105

利子率とは何か…106

貨幣需要関数…110

国債価格と金利…114

貨幣保有動機とその機会費用…116

貨幣の流通速度…119

貨幣の流通速度の決定…121

ケンブリッジ方程式…122

貨幣供給と物価…123

貨幣量と物価…126

＊ Guide to Current Topics　金利とリスク……109

＊経済学ステップアップ　金融工学の理論と実践……117

演習問題……127

6　財政政策の基本的構造 ……………………………………………129

大きな存在の公的部門…130

景気対策としての財政政策…132

財政制度とビルトイン・スタビライザー…134

国と地方政府…137

政府の課税活動と乗数プロセス…141

財政収支の長期的意味…142

公債負担の問題…146

減税政策の有効性に対する疑問：リカードの仮説…150

＊ Guide to Current Topics　ネズミ講の構造……139

＊経済学ステップアップ　世代会計……149

演習問題……152

7 財政・金融政策とマクロ経済 ·········· 155

政策目標と政策手段…*156*

金融政策の影響…*161*

減税の影響…*163*

政策手段と政策目標の対応…*164*

フィリップス曲線の議論…*166*

フリードマンによる批判…*167*

裁量かルールか…*170*

IS-LM 分析…*172*

資産市場と財市場の接点：利子率と GDP…*173*

金融政策と有効需要…*174*

財政政策とクラウディング・アウト効果…*177*

IS-LM モデルのエッセンス…*181*

＊ Guide to Current Topics　金融政策への政治的介入······*159*

＊経済学ステップアップ　経済政策のゲーム理論的分析······*171*

演習問題······*185*

8 総需要と総供給 ·········· *187*

名目値と実質値…*188*

物価水準の決定：総需要と総供給…*189*

総需要…*192*

総供給…*196*

雇用量の決定と労働市場…*196*

新古典派の総供給曲線：賃金が伸縮的なケース…*198*

ケインジアンの総供給曲線：硬直的賃金のケース…*199*

新古典派のケース(1)　総需要のシフトによる物価上昇…*202*

新古典派のケース(2)　供給サイドの変化と物価上昇…*203*

ケインジアンのケース…*206*

＊ Guide to Current Topics　サプライサイド政策······*193*

＊経済学ステップアップ　景気刺激 vs.財政規律······*205*

演習問題······*207*

Part 2 マクロ経済学の応用 ·········· *209*

9 労働市場の機能と失業問題 ·········· *211*

社会問題化しつつある失業…212

雇用指標としての完全失業率と有効求人倍率…213

自然失業率…216

産業構造の調整と摩擦的失業…219

最低賃金の議論…220

失業保険…222

賃金の下方硬直性…223

効率性賃金仮説…225

景気変動と失業…228

穏やかなインフレと労働市場の新陳代謝…230

崩れる終身雇用制と失業問題…231

補論　自然失業率の決定…235

＊経済学ステップアップ　実証研究が盛んな労働経済学……215

＊ Guide to Current Topics　誰が雇用を守るのか……227

＊ Guide to Current Topics　失業率は低いほどよい？……233

演習問題……237

10　インフレーションとデフレーション …………………………239

日本を襲ったデフレ…240

物価下落を引き起こすもの…242

デフレの功罪…244

海外からやってきたインフレ…244

求められる賃上げ…246

多くの国を悩ませてきたインフレ…247

物価は何で測るのか…248

インフレの社会的コスト…250

インフレ税…253

インフレと金利…255

＊ Guide to Current Topics　少子高齢化はインフレ社会？……251

＊経済学ステップアップ　貨幣錯覚……257

演習問題……258

11　財政破綻と財政健全化 ……………………………………259

財政破綻は起こるか…260

財政破綻とは何か…*262*

欧州を襲った財政危機…*265*

流動性の問題と健全性の問題…*267*

デフレのなかで膨らむ日本の政府債務…*268*

日本の財政は持続可能か？…*272*

財政健全化をどう実現するのか…*276*

＊Guide to Current Topics　インフレは財政危機を救うのか……*271*

＊経済学ステップアップ　景気低迷とビルトイン・スタビライザー……*275*

演習問題……*277*

12　金融政策と金融システム ……………………………………*279*

金利政策…*280*

流動性の罠と金融政策…*283*

インフレターゲティング…*285*

インフレターゲティングの利点…*288*

量的緩和とマイナス金利政策…*290*

経済にとって血液となる銀行システム…*291*

預金取り付けと預金保険…*294*

モラルハザードとペイオフ…*295*

＊Guide to Current Topics　中央銀行のバランスシート……*287*

＊経済学ステップアップ　銀行システムの経済学……*293*

演習問題……*297*

13　国際金融市場と為替レート ……………………………………*299*

為替レートの決定…*300*

多様な為替レート指標…*302*

ケーススタディ：2013年から2024年の円ドルレートの動き…*306*

資産と為替レート…*308*

長期的な為替レートの動きと購買力平価理論…*310*

購買力平価レートから見た円…*313*

為替レートと貿易…*315*

為替レートと国内物価…*317*

為替レート変動とマクロ経済…*318*

＊Guide to Current Topics　為替レートにおける名目錯覚……*303*

＊経済学ステップアップ　為替リスクとヘッジ……*311*

演習問題……*319*

14　通貨制度とマクロ経済政策 ………………………………………*321*

為替介入と通貨制度…*323*

なぜ発展途上国は固定相場制を採用しているのか…*325*

固定相場制とアジア通貨危機…*327*

ユーロ危機の深層…*330*

変動相場制と為替投機…*332*

変動相場制の隔離効果とその限界…*334*

変動相場制下の財政・金融政策：マンデル＝フレミングの理論…*336*

通貨制度の基本原理…*340*

国際収支…*342*

経常収支と対外資産の蓄積…*344*

経常収支のマクロバランス…*345*

＊ Guide to Current Topics　1997年アジア通貨危機……*329*

＊経済学ステップアップ　日本の経常収支はいつ赤字になるのか……*339*

演習問題……*347*

15　経済成長と経済発展 ………………………………………………*349*

経済成長の重要性…*350*

動学的現象としての経済成長…*352*

経済成長メカニズムの概略図…*353*

貯蓄・投資と資本蓄積…*354*

人的資源と労働ストック…*359*

技術革新と全要素生産性の増加率…*360*

アジアの成長と97年アジア通貨危機…*362*

経済成長と国際投資：経常収支と異時点間の資源配分…*364*

貧困の罠…*366*

＊ Guide to Current Topics　自由貿易は貧困を撲滅するか……*355*

＊経済学ステップアップ　経済成長と地球環境問題……*365*

演習問題……*370*

演習問題解答……*371*

マクロ経済学索引……*383*

0
マクロ経済学とはどういう学問か

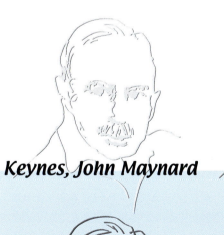

Keynes, John Maynard (1883–1946)

J.M.ケインズ その古典的著作『雇用・利子および貨幣の一般理論』で現代のマクロ経済学の基礎を打ち立てた。研究者としてだけでなく、大きな影響力を持った政策問題への評論活動、そしてブレトンウッズ・システムの構築などの現実の政策決定にも関与した。一般理論は何度読んでも刺激を受ける。

なぜマクロ経済学を学ぶのか

　私たちの生活は、想像も及ばないような範囲で、経済の動きに影響を受けています。個人の影響の及ばないようなところで起きている経済の変動が、私たちの生活を直撃しているのです。

　数年前には日本経済はデフレの状態がつづき、スーパーやコンビニで購入する商品の価格はほとんど変化していませんでした。ところが2023年ごろから日本経済はインフレの傾向が強くなり、食品の価格が高騰をつづけています。庶民は生活防衛のため安い価格の商品に切り替えようとしています。ただ、インフレで賃金も上昇するので、政府は物価上昇の悪影響を軽減できるよう、賃上げを進めるように経済界に求めています。物価や賃金の問題は本書でもあちこちで取り上げますが、これは私たち市民にとっても重要な問題なのです。

　マクロ経済学とは、雇用、物価、所得、経済成長、為替レート、政府財政赤字など、経済全体にかかわる大きな問題を分析するための学問です。それは、研究者が大学で研究する学問であるだけではありません。政府や中央銀行（日本銀行）が取り組む政策に深くかかわっています。そして、国会やマスコミの場で、マクロ経済の運営のあり方について激しい論議が交わされています。マクロ経済学の知識がなければ、日々の経済問題を追うことは不可能であるといっても過言ではありません。

　マクロ経済問題が、これだけ重要な問題であるのは、マクロ経済の動きが私たち国民の生活のあらゆる面で大きな影響を及ぼすからです。失業問題は家計を直撃します。物価の変動は、消費者の財布に響いてきます。物価が上がれば生活費もかさみます。でも、物価が下がればいいというものでもありません。1990年代以降、日本経済は、商品の価格が下がり、地価や株価も下がる、デフレと呼ばれる現象に長期間にわたって苦しんできました。物価や地価が下がれば、住宅ローンを抱えている家庭は、そのローンの負担が大きくなります。

　マクロ経済の動きは、企業をも直撃します。マクロ経済の動きは為替や利子率（金利）の変動を起こします。為替レートが変動すれば、貿易によって成り立っている企業に大きな影響が出ます。金利が上がれば、借金の多い企業は苦しくなるでしょう。もちろん、企業の業績が落ちれば、その従業員や取引先の企業にもその被害は及ぶことになります。

　私たちの生活に大きな影響を及ぼすマクロ経済の動きに、私たちは大いに関心を持つべきでしょう。テレビや新聞の毎日の報道を見ていると、そうしたマ

クロ経済への関心は日増しに高まっているようです。私たち一人ひとりの国民は、政府の経済政策を批判的に見る必要があります。その失敗が国民の生活をどれほどひどく破壊するかは、ギリシャの財政破綻の例を見れば明らかです。日本でも、過去に多くの致命的な政策の失敗があったことは、歴史の明らかとするところです。—1

マクロ経済指標で戦後の日本経済の動きを追ってみる

マクロ経済学では、さまざまな経済指標を利用します。とくによく利用される重要な指標は、GDP（Gross Domestic Product：国内総生産）、物価上昇率（インフレ率）、失業率の三つです。この三つの指標が1960年代以降、どのような動きを示したのかグラフの上に描いて、日本経済のこの40年の動きを簡単に振り返ってみましょう。

図0-1と図0-2はGDPの動きと、その成長率の推移を描いたものです。GDPについて、くわしくはつぎの章で説明しますが、1年間の日本国内の生産額を表わしたものと考えてください。要するに、日本経済の規模を示しています。ちなみに、2022年の日本のGDPは約590兆円です。—2

21世紀に入ってからの日本は経済規模が縮小しているという異常事態に入っています。これはデフレで物価が下がっているという面がありますが、高齢化と少子化で今後さらに日本の規模が小さくなっていくのではないのか、という懸念を多くの人が持っています。本当にそうなのか、もしそうならそれに対してどのような対応が必要なのか。そうした問題に答えるのも、この本の重要な役割であると考えています。

1—マクロ経済政策の失敗の歴史　経済政策の失敗によってマクロ経済が大きく変動して国民が大きな損失をこうむった例としては、1970年代前半の狂乱物価、1980年代後半のバブル、1990年代末の不良債権に端を発する金融危機などがあります。

2—名目GDPと実質GDP　図0-1のグラフはGDPの数値をそのままの形で使ったものですが、図0-2はそうではありません。名目GDPは生産されたものの金額をそのときの価格で評価したものです。物価が上がっていけば、それだけで名目GDPは膨らんでいってしまいます。図0-1の名目GDPの動きは生産の増加も物価の増加も含んだGDP全体の動きを示してあります。これに対して、実質GDPの成長率である図0-2は、図0-1の名目GDPの動きのなかの物価の上昇分を取り除いた実質的な部分であると考えてください。これを実質GDPといいます。図0-2はその成長率（変化率）を示したものです。ここではこの点にくわしく立ち入るとむずかしくなりますので、くわしくはつぎの章を参照してください。

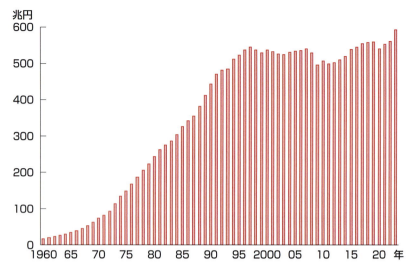

出所：内閣府経済社会総合研究所

図0-1　日本の名目GDP額の推移（1960～2023年）

　図0-1は、GDPの動きそのものを追ったものです。1960年代から現在に至るまで、日本経済の規模は1990年までほぼ一貫して順調に拡大しています。しかし90年代あたりから成長の伸びは急速に衰え、1990年代から2010年の20年間は経済の停滞が目立っています。経済規模の変化を見るには、GDPの数字をそのまま見るより、その変化率を見たほうがよいでしょう。

　図0-2はGDPが前の年に比べて何パーセント上昇したのかを示したものです。注2でも述べたように、図0-2では、GDPの伸びのうち物価上昇による部分は除いてあります。図0-2に示されたGDPの成長率のことを、通常、経済成長率といいます。経済成長率の数字を見ることで、景気の状況がよくわかります。

　図0-2を見ると、1960年代には、日本の経済成長率がたいへん高かったことが読み取れます。この時代、日本は戦後の高度経済成長期にあり、東洋の奇跡ともいわれる急成長をつづけていました。1955年には世界の2％程度しかなかった日本経済の規模が、2001年には15％を超える規模になったのは、この時期の高度成長のおかげです。

　1970年代には、73年と79年の2度にわたって、国際的な石油価格が高騰する石油ショックが起こりました。石油を海外からの輸入に全面的に依存する日本

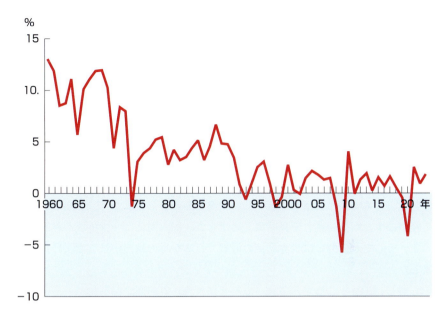

出所：内閣府経済社会総合研究所
図0-2 実質GDP成長率の推移（1956～2022年）

経済はこれによってたいへん大きな打撃を受けました。とくに73年に起きた第一次石油ショックは日本経済に大きな被害をもたらし、図0-2からも読み取れるように、74年には戦後はじめてマイナス成長を記録しました。―3

　73年の第一次石油ショックをもって日本の高度成長は終わったといわれます。事実、図にもこのころから日本の成長率が落ち込みはじめたことが読み取れます。

　1980年代の後半、とくに87年以降は、日本はバブル経済の状態にありました。株価や地価がものすごい勢いで高くなっていった時期ですが、この時期は景気も良く、図0-2に示された経済成長率も高くなっています。ただ、不動産価格や株価が高くなったほどには実際の生産や所得の上昇の程度は小さく、この

3―**石油ショック**　国際市況の高騰による石油価格の上昇は、石油の大半を輸入する日本経済に大きな打撃を与えました。国内物価は年率で20%以上上昇し、ガソリンなどの石油製品だけでなく、洗剤やトイレットペーパーなども店頭から消えました。政府は省エネということでさまざまな政策を打ち出しましたが、繁華街のネオンも消え、さびしい街になってしまいました。

図でも成長率の上昇はそれほど大きくなかったことがわかります。実体経済に比べて株式や不動産などの資産価格が過熱するというバブルと呼ばれる現象が起きていたことがわかります。

90年代のはじめにバブルが崩壊してからは、日本経済はきびしい経済停滞の状態に入ります。図に示された成長率も非常に低い水準がつづいており、とくに山一證券、北海道拓殖銀行、日本長期信用銀行、日本債券信用銀行などの大型金融機関が破綻した98年は、経済成長率はついにマイナスにまで落ち込んでしまいました。

その後、2000年代に入っても、金融危機からの脱却のための構造改革がつづけられ、日本経済はしばらくきびしい状況にありました。ただ、2005年ごろから経済は少し回復の兆しを見せはじめました。国内的には金融危機が終焉したこと、そして対外的には世界経済の好調で日本からの輸出が景気回復に貢献しました。

しかし、2007年ごろからアメリカでサブプライム問題が深刻化し、それもあって2008年に起きたリーマンショックで、世界経済は大きく落ち込みます。日本もその影響を受け、輸出産業の不振などで成長率が大きく落ち込んだことが読み取れます。その後は、2010年後半から欧州の財政問題が深刻化し、ユーロの下落などで円高が進み、世界経済の停滞などで、日本経済にも大きな影響が及んでいます。そうしたなかで2011年3月、東日本大震災が起きました。

日本は30年近くデフレの状態で停滞していましたが、2020年に世界を襲った新型コロナウイルスの感染をきっかけに世界で激しいインフレになる影響を受けて、日本でも物価や賃金が少しずつ上昇をはじめ、デフレ脱却の動きがつづいています。

図0-2に示した日本の経済成長率の動きは、こうした一連の経済の動きが日本の景気にどのように反映したのかを見るよい指標となっています。

つぎに、戦後日本経済における物価の動きについて見てみましょう。図0-3は消費者物価という指標でとった物価上昇率の推移を見たものです。この指標については、くわしくは10章で説明しますが、要するに一般物価がどのような率で上昇したかを示した指標です。この指標のことを、インフレ率と呼ぶこともあります。

先ほどいいましたように、1970年代には、2度の石油ショックがありました。とくに第一次石油ショックのあった73年から翌年にかけては、日本では狂乱物

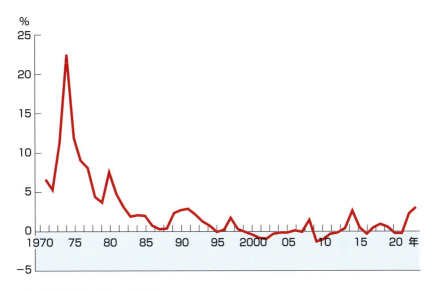

注：生鮮食品を除く総合、前年同月比。
出所：総務省統計局

図0-3　消費者物価指数上昇率の推移（1971〜2023年）

価と呼ばれるインフレの嵐が吹き荒れました。当時私は大学生だったのですが、喫茶店のコーヒーの値段が120円から250円くらいに跳ね上がったことを、いまでも鮮明に憶えています。

　1974年には、物価上昇率が20％を超えていることが読み取れると思います。要するにお金の値打ちが20％、つまり5分の1減ってしまっているのです。預金などで資産を持っていた人たち、とくに高齢者はたいへんな痛手を受けたはずです。

　図0-3の1990年代末あたりからは、物価上昇率がマイナス傾向になっていることがわかります。つまり、物価は下がっているのです。物価が下がる現象をデフレ（デフレーション）といいます。これは戦後の日本でははじめての現象であり、こうしたデフレ状態が長い年月にわたってつづくことは世界経済の例を見ても希有なことであり、その原因や対策をめぐっては多くの議論がなされてきました。2022年以降、日本の物価は顕著に上昇をはじめています。コロナ禍やウクライナ戦争を契機とした世界的なインフレの影響を受けて、日本でもインフレへの動きが広がりはじめているのです。インフレやデフレについて

は、10章で説明します。

最後に、図0-4で、失業率の動きを追ってみましょう。失業率とは、働く意思のある人のなかで、失業している人の割合を示した指標です。—4 一般的に、景気が良ければ失業率も低いはずです。景気が良ければ、仕事が簡単に見つかるはずですし、企業も解雇したりしないでしょう。しかし、景気が悪くなれば失業率は高くなります。

図0-4からわかるように、60年代から石油ショックの73年に至るまでは、日本の失業率は奇跡的といってもよいほど低いものでした。失業率がつねに2％以下の状態にあったというのは、当時の先進工業国のなかでも日本ぐらいのものでした。いかに、日本の経済が順調であったかがよくわかります。当時、工場で働く高卒や中卒の若い労働力は「金の卵」ともてはやされました。それだけ日本の雇用は逼迫していたのでしょう。

しかし、73年の石油ショック以降、日本の失業率も、少しずつではありますが高くなってきていきました。とくに90年代のバブル崩壊後、とりわけ90年代後半の金融破綻をうけて、失業率は５％に近いところまで上昇しました。20人に１人が失業する状況が常態化しているのです。一方、ユーロ諸国の失業率を見ると10％、ひどい国は20％を超える失業率を経験している国があります。

かつて戦後の長期的経済繁栄を謳歌した時代においては、失業は、日本にとって大きな政策課題とはなりにくい問題でした。もちろん、規模が小さくても失業は個々人にとっては深刻なものですから、低い失業率といっても失業問題はいつの時代にも注目を浴びます。ただ、欧米諸国に比べてはるかに低い失業率であった日本は、マクロ経済的には雇用政策があまり大きく取り上げられなかったということです。—5

4—働く意思のない人は失業者とはいわない　子供や高齢者のように働く意思がない人は、たとえ仕事についていなくても失業者とはいいません。またニートと呼ばれる仕事もしていなければ、学校にも通っていない人たちも、仕事を探していなければ、失業者としてカウントされません。

5—セーフティネット　近年、失業者対策が政策の重要な課題として取り上げられるようになってきました。人々が万が一職を失っても、失業保険によって失業中の所得を保障し、技能訓練や就職斡旋によって新しい職を探す支援をするという政策がつぎつぎに導入されています。こうした政策は、万が一、綱から落ちても下でネット（網）で助けるというような意味から、セーフティネットと呼びます。

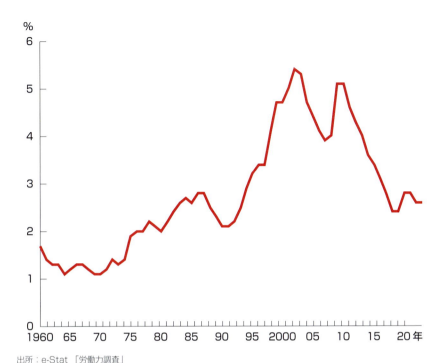

出所：e-Stat「労働力調査」
図0-4　完全失業率の推移（1960～2023年）

　ただ、失業率が低いからといって、日本の労働市場に問題がないというわけではありません。例えば、アメリカの失業率は日本よりも高いのですが、労働市場は日本よりも活力があるように見えます。失業者のなかには転職のために一時的に失業している人も多く、多くの人が転職によってより高い賃金を獲得しています。日本では失業率は低くとも、低迷する安い賃金を受け入れている労働者も少なくありません。より活力のある労働市場を作り上げることで、労働者の生産性や賃金を引き上げていくことが大きな課題となっています。これらの点については9章で取り上げます。

アジア諸国の経済成長と日本

　GDPは、国の大きさを比べるうえでも便利な指標です。ここではアジア諸国の成長が日本にとってどのような意味を持っているのか、GDPを使って考えてみましょう。

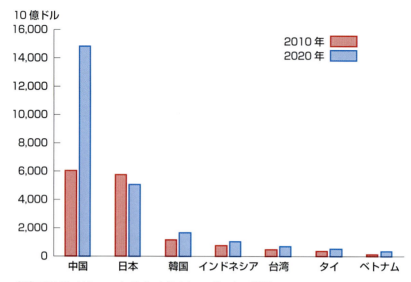

出所：IMF, *World Economic Outlook Database*, October 2023
図0-5　アジア主要国のGDP（2010年と2020年）

　図0-5は、2010年と2020年のアジア諸国のGDPの規模を並べて示したものです。この図で、アジアの国が日本に比べてどれくらいの大きさかわかると思います。2010年のほうを見ると、アジアのなかで日本が圧倒的に大きいことがわかります（中国を除く）。

　これが2020年には、中国が日本の約3倍の規模になっただけでなく、他の国も以前よりも大きくなっていることがわかります。この間に日本のGDPの大きさはむしろ小さくなっているのですが、アジアの国は高い成長をつづけてきたのです。このままのペースでアジアの国々が成長すると、2035年ごろまでには、日本より大きな国・地域がこのアジアに三つ出てくることになります。中国、インド、そしてASEAN（東南アジア諸国連合）です。日本としても、経済規模が大きくなった近隣諸国との貿易や投資を拡大し、日本経済の活性化に生かしていく対応が必要となります。

経済学者はマクロ経済をどのように見るのか

　経済学者は、経済現象を独特の考え方と分析手法で見ます。すべての学問分野がそうであるように、経済学にもこの学問独特のものの見方があります。は

じめてこうした考え方に接する初学者は、こうした独特の見方にしばしばとまどいを感じるかもしれません。しかし、すべての学問がそうであるように、経済学でも多くの研究者によって精緻化されてきた長い伝統のなかで独特の見方が形成されてきたわけで、そうした見方をするのには理由があるのです。—6

結局のところ、初学者にはいろいろなケースに触れることで、経済学の見方や考え方に慣れてもらうしかありません。本書を読んでいけば、そうした見方に自然と慣れてくるでしょう。それによって、経済学的な考え方も身に付くと思います。いったん経済学的な見方が身に付けば、新聞やテレビなどの経済記事が奥まで深くわかるようになるはずです。

マクロ経済学では、関心のある問題によって取り上げる変数は少しずつ違いますが、いずれの場合もいくつかの変数に注目し、その変数の間の関係についてくわしく考察します。変数とは、所得、利子、物価、為替レートなど、マクロ経済を見るための基本的な指標です。経済の動きに応じて、こうした変数は相互に依存しながら変化します。その変化のメカニズムを分析するのがマクロ経済学です。—7

たとえば、日本経済の失業の動きを見るためには、景気の動きを示す変数であるGDPや失業率や消費がどのように動くかを考えなくてはいけません。失業率、GDP、消費の間には、それぞれ密接な関係があります。こうした関係を見ながら、失業の動きを追うのです。そうした意味では、経済分析とは、複雑な現実の経済をごく少数の変数で非常に単純化して描写します。この現実を単純化した模型のようなものをモデルといいます。そのモデルの上で、現実の動きを単純化してとらえるのです。

モデルは、専門の経済学者が分析するときには、多くの場合、数学的な手法を使います。一般的に経済モデルは、現実の経済を何らかの手法で単純化して記述したものと考えてよいでしょう。単純化して記述するからこそ、分析対象の経済現象の本質的なところが見えてくるのです。—8

6—経済を見るための文法　経済は複雑な現象です。それを理解し、他の人と議論するためには、経済を見て分析し、議論するための文法が必要です。それが経済学なのです。

7—ミクロ経済学　マクロ経済学とならんで経済学の基本科目にミクロ経済学があります。ミクロ経済学は、価格や生産、企業活動や消費者行動など、個別経済主体の活動や資源配分などを扱います。

政府や中央銀行がマクロ経済政策を運営するときには、コンピュータの上に
のる計算可能な式の形でモデルが利用されます。そうしたモデルをコンピュー
タで計算し、それによって将来のマクロ経済の動きを予想したり、経済政策が
及ぼす効果について考察するのです。

マクロ経済学の全体の構成

　以下で、マクロ経済学のさまざまな側面について分析していきます。各章を
読み進めていけば、最終的にはマクロ経済学の全体像のようなものが見えてく
るはずです。ただ、序章の段階で、マクロ経済学のいくつかの基本的構成要素
について触れておくことは、個別の問題を読み進めるにあたって全体像を見失
わないために有益かもしれません。

⑴ 財・サービス市場と金融市場

　マクロ経済を理解するためには、財・サービス市場と金融市場の相互依存関
係が大きな鍵になります。マクロ経済の動きでもっとも重要な関心対象は、先
に触れた GDP です。GDP は経済活動の大きさを表わす代表的な指標です。2
章で説明するように、GDP は財・サービスに対する需要の動きや生産活動な
どによって決定されます。

　しかし、こうした財・サービス市場の活動は、さまざまな形で金融市場の影
響を受けます。金融市場とは、融資・預金などの銀行活動、株式市場、外国為
替市場など、さまざまな金融資産にかかわる市場を総称したものです。株価、
企業への融資のための金利水準、為替レートなどは、株式市場、銀行の融資活
動、外国為替市場などの変化によって変動します。こうした変数の動きを追う
のも、マクロ経済学の重要な役割であり、本書ではいくつかの章で、マクロ経
済の金融的側面や生産などの実物経済への影響について考察します。

⑵ 民間部門と公的部門

　一般に、経済活動の多くは民間企業や個人など、民間部門が担っています。
しかし、政府の活動も経済のなかの大きな割合を占めており、この公的部門の

8—モデル　モデルとは模型というような意味ですが、現実を単純化して表わした地図の
　　ようなものと考えてください。地図でも詳細な住宅地図、道路地図から航空地図、山
　　岳地図まで、目的に応じていろいろなものがあるように、経済学のモデルも目的によ
　　っていろいろなものが考えられます。

動きがマクロ経済全体に大きな影響を及ぼします。マクロ経済が対象とする公的部門の活動のもっとも重要な面は、課税などの政府収入部分と、公共投資やその他の政府支出という政府支出部分です。このような収入や支出をコントロールしようとするのが、財政政策と呼ばれる政策です。6章では、こうした公的分野による財政政策について考察します。

公的部門の活動でもうひとつ重要なものは、中央銀行による金融政策です。12章でくわしく考察しますが、中央銀行による金融政策は、経済のさまざまなところに大きな影響を及ぼします。―9

⑶ 需要サイドと供給サイド

経済で実際に生産が行なわれるためには、労働や資本など生産要素と呼ばれる経済資源が利用可能でなければなりません。失業など労働の需給変動は、経済全体の生産規模などに影響を及ぼします。また、投資活動によって起こる資本蓄積は経済全体の規模を拡大する効果を持ちます。こうした生産要素の変化と経済規模の関係を見る視点を供給サイドと呼びます。

一方、消費、投資、政府支出、輸出などの需要も、マクロ経済の動きを追ううえで重要な意味を持ちます。需要が好調なときには、経済活動も活発になり、所得や生産も増大していく傾向にあります。しかし、需要が低調なときには、職を失う労働者や利用されない資本設備が出て、経済全体の所得や生産が落ち込みます。マクロ経済を需要のほうから見る視点を需要サイドといいます。

経済全体の生産や所得の動きは、需要サイドと供給サイドの両方から決まります。供給サイドから見て十分な供給能力がない経済では、需要だけが拡大すれば物価だけが上がっていきます。これに対して供給能力に比べて需要が少なければ、失業率が増大し景気低迷の状態になります。

マクロ経済全体の動きを追うためには、需要サイドと供給サイドの両方を追わなくてはいけません。―10

本書の以下の部分は、マクロ経済学の基礎的な内容を解説する Part 1 と、マクロ経済学についてのさまざまなテーマを解説する Part 2 から構成されて

9―政策主体の多様性　マクロ経済政策を運営する組織にはいろいろあります。財政政策を運営する政府組織、とくに首相直轄の経済財政諮問会議や財務省、金融政策を運営する日本銀行などが代表的なものです。こうした組織は相互に連絡をとりあっていますが、ときに政策運営のあり方について議論の衝突がみられることもあります。

います。Part 1を読めば、マクロ経済学の基本的な知識が得られます。Part 2の各章は、その順序とは関係なく、ランダムに読めます。興味ある章を選んで読んでいただいて結構です。それぞれの章で扱うテーマは、どれもマクロ経済を見るうえで重要なものですので、できるだけ多くの章を読んでいただければと考えます。

10—需要と供給は経済学のもっとも基本的な概念　需要と供給は、もともとミクロ経済学で価格や数量の動きを追うために考え出されたものですが、それが経済学のさまざまな問題を考えるためのもっとも基本的な概念として広く使われるようになりました。2章で取り上げるように、マクロ経済学でもマクロ経済学独特の需要と供給という考え方を用います。

Part 1

マクロ経済学の基礎

　Part 1 では、マクロ経済学の基本的な考え方を学びます。

　物価・賃金の動き、為替レートの変動、財政政策の議論など、マクロ経済問題が日々のニュースにならないことはありません。失業率の拡大や戦後はじめてのデフレの経験など、マクロ経済の動きは私たちの生活に大きな影響を及ぼしてきました。

　テレビのニュースや新聞の記事だけ見たのでは、マクロ経済の大きな流れをつかむことはむずかしいはずです。マクロ経済学独特のさまざまな用語が出てきますので、まずそうした基本的な用語に慣れる必要があります。GDP、消費、投資、政府支出、物価指数、失業率、為替レート、利子率など、マクロ経済を分析するために使う基本的な用語はそれほど多くありません。

　つぎに、マクロ経済のなかで見られるいくつかの基本的な関係を理解する必要があります。なぜ、消費や投資が増えると景気が良くなるのか。なぜ、金融政策によって利子率が下がるのか。なぜ利子率が下がれば投資が刺激されるのか。こうした基本的な関係を、この Part 1 では丁寧に説明します。

　経済学は、経済を読み解くための文法のようなものです。この教科書では経済を読み解くための経済学的な考え方を説明します。経済学者が経済をどのように見るかがわかってくるはずです。こうした経済学的な思考は、はじめて経済学に触れる人にとっては取っつきにくいものかもしれません。そこで、本書ではできるだけ多くの具体的な事例をあげることで、経済学的な議論に慣れてもらうようにしました。

以下、1章と2章で、GDPなど、マクロ経済学のもっとも基本的な用語を解説します。3章では、そのGDPがどのようなプロセスで決まるのか、乗数プロセスというマクロ経済学のもっとも基本的な考え方を中心に解説します。

4章と5章では、貨幣を中心としたマクロ経済の金融面を説明します。金融政策についても、ここで説明します。6章では、財政の問題について説明します。財政政策は金融政策と並んでマクロ経済政策の大きな柱です。7章と8章では、それまでの議論をまとめて、マクロ経済の全体像をもう一度整理し、さらにマクロ経済政策についてよりくわしく考察します。

1 マクロ経済学のとらえ方

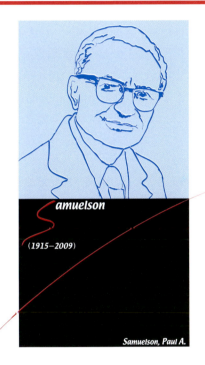

ポール・サミュエルソン　一般均衡理論、国際貿易論、資本理論など、幅広い理論分野で大きな業績を打ち立てた。彼の経済学の教科書はあまりにも有名で、ここで使われた手法が戦後のマクロ経済学教育に大きな影響を及ぼした。私は彼の国際経済学の論文はすべて読んだが、そこから多くのことを学んだ。

この章では、マクロ経済学においてもっとも基本的な指標である GDP（国内総生産）の概念を中心に、マクロ経済の見方についての導入的な議論をします。GDP とは、その国で 1 年間に生産された財やサービスの総額を示したものですが、これは経済に所得を生み出し、そして消費や投資などの支出の源泉となります。

マクロ経済を理解するうえでもっとも基本的な前提となるのが、この GDP の概念を把握し、それが生産、所得、支出のそれぞれの面でどのような形で現われるかを理解することです。こうしたなかで、消費、投資、政府支出、輸出、輸入など、マクロ経済を見るうえで基本的となる指標についても触れることになります。

GDP の動きを見ることで、私たちは経済の動きについて多くのことを知ることができます。GDP の増加率を経済成長率といいますが、この大きさによって景気の状況がわかります。GDP を人口で割れば一人当たりの生産額（所得額）が出てきますが、この大きさによってその国の経済発展の程度を推し量ることができます。GDP がどのような形で国民に分配され、それがどのような形で支出に向かうかを見ることで、経済の大きな動きがつかめます。

マクロ経済学の見方

経済全体をマクロでとらえることは、新聞やテレビなどのマスコミの現場ではほぼ日常的に行なわれています。読者のみなさんは、つぎのような議論をテレビなどで聞くことが多いでしょう。

「日本は20年以上もデフレの状況にあった。景気は低迷し、消費も投資も不振であった。雇用にも不安が広がった。日本銀行は量的緩和政策やマイナス金利政策などによって拡張的な金融政策をつづけてきたが、デフレからの脱却の道は開けなかった。こうした流れに大きな変化が出てきたのが、世界的なインフレの影響だ。新型コロナウイルスの感染症やウクライナ戦争をきっかけに、世界的なインフレが広がり、日本にも物価上昇圧力が及んできた。こうした動きによって、賃金も上昇する傾向が出てきて、日本にもデフレからの脱却のチャンスが巡ってきたのだ。」

ここに引用した話のなかには、マクロ経済学で頻繁に用いる用語がたくさん出てきます。景気、雇用、消費、投資、金融政策、インフレ・デフレ、などです。

1　マクロ経済学のとらえ方　**19**

表1-1　マクロ経済の基本的な経済指標

GDP（国内総生産）	経済の生産規模や所得規模を示す指標
物価指数・物価上昇率	物価の水準やその上昇率を示す
成長率	経済の規模の拡大の程度を示す
消　費	家計による消費のための総支出額
民間設備投資	企業部門による投資支出額
政府支出	政府の支出規模（政府消費と公共投資が含まれる）
輸　出	海外への財の送り出し
輸　入	海外からの財の受け入れ
貿易収支・経常収支	海外との財やサービスのやりとりの収支
利子率（金利）	金融資産の収益や貸し借りの金利を表わす指標
失業率	雇用の状況を示す指標
マネーストック（貨幣量）	金融市場の状況を示す重要な指標
為替レート	自国通貨と外国通貨の交換比率
政府財政収支	政府の収入と支出の関係を表わす指標

　医者が人間の身体の状態を見るときには、まず観察からはじめます。身長、体重、胸囲、座高などの基本的データは初歩の初歩です。もう少しくわしく見るため、視力、聴力、血圧、体温、心拍などを見ます。さらにくわしく見るためには、レントゲン、エコー、胃カメラなどを用いて、身体のなかの状態を覗きます。

　マクロ経済（あるいは日本経済といい換えてもよいかもしれません）についても、同様に、観察するためのデータが必要です。マクロ経済を見るための基本的指標を表1-1のような形でまとめてみました。日本経済の全体の大きさを測るための指標であるGDP（国内総生産）、物価の動きを見るための物価指数や物価上昇率、雇用状況を見るための失業率、金融市場の重要な指標である利子率、通貨の交換比率である為替レート、海外との経済取引の結果を集計した貿易収支や経常収支などの指標は、マクロ経済をとらえるための重要な指標です。

　マクロ経済学では、こうした指標がどのような動きをするのか、また、相互にどのような関係を持つのかを明らかにします。さまざまな経済活動は相互に

20　Part1　マクロ経済学の基礎

密接な関係にあり、現実の経済の動きはこうした相互作用の過程のなかで動いていきます。そうした過程で景気が良くなったり悪くなったりします。そうしたプロセスはしばしば自己拡大的であり、景気悪化や景気過熱が加速することがあります。こうした変動を景気変動と呼びます。このメカニズムを明らかにすることもマクロ経済学の重要な課題です。─1

　また、政府・中央銀行が行なう政策、すなわち税制や公共投資などの財政政策と、金利操作や資金供給にかかわる金融政策は、マクロ経済学の重要な分析対象です。上の仮想的な話のなかにも触れているように、財政・金融政策は政府・中央銀行のもっとも重要な政策であり、それは国民生活に直接影響を及ぼします。

フローとストック

　経済学のいろいろな変数を考えるとき、フローとストックという二つの概念を区別しなければなりません。簡単な例を用いて、この二つの概念について考えましょう。

　水の量を測るとき、つぎの二つは明らかに違うものです。① 現時点における琵琶湖の水量、② 去年1年間に海に流れていった利根川の水量。琵琶湖の水量のほうはストックであり、利根川の水量のほうはフローです。ストックとはある時点において存在する量であり、フローとは一定期間の間に生じる量のことです。

　1年間を通じて行なわれる生産の量であるGDPはフローです。同じような意味で、消費、投資、政府支出、輸出などもフローです。これに対して、貨幣量（現時点で経済に流通している貨幣の量）、資本ストック、在庫量などはストックです。表1-2にフローとストックの代表的な変数をまとめてありますので、参照してください。

1─経済指標の不正確さ　GDPとか物価指数は新聞などでも大きく取り上げられる重要な指標ではありますが、出てきた数値が必ずしも正確であるとは限りません。GDPの成長率は景気判断のための速報値としてできるだけ早く発表されることが要請されますが、その結果としてしばしば後になって大幅修正を余儀なくされます。消費者物価指数についても、現実の物価の動きとかなり大きな誤差が出るという見方をする専門家が少なくありません。

表1-2 フローとストック

GDP、消費支出、投資、政府支出、政府財政赤字、経常収支、資本収支、総支出

マネーストック（通貨量）、政府債務額、対外資産残高、資本総量、資産総額

ケインズ経済学と新古典派の経済学

　現代のマクロ経済学の出発点となったのは、イギリスのジョン・メイナード・ケインズ（John Maynard Keynes）―2 の『一般理論』（正式名称は、『雇用・利子および貨幣の一般理論』）であるといってよいでしょう。ケインズによると、現代の資本主義経済はつねに失業の問題をかかえており、財政政策の助けなしには十分な雇用水準や生産水準を維持することはむずかしいとされています。ケインズ自身の議論は難解で、その解釈も人によって異なりますが、ケインズの考え方はケインジアンと呼ばれる学派の人々に受け継がれ、ケインズ経済学として発展していきました。そこでは、価格や賃金の硬直性などの理由で失業が生じるメカニズムが示され、そのような失業を解消するためには、どのような政策がとられる必要があるかが論じられました。

　ケインズ経済学で議論の対象となった主要な政策は、財政政策と金融政策です。財政政策とは、減税や増税など税制の変更と、国債発行や税によってまかなう政府支出（公共投資など）の額の増減などです。金融政策とは、中央銀行による貨幣量のコントロールや金利の変更を指します。経済が不況にあるときには、これらの政策を拡張的な方向に持っていき、景気が過熱しているときに

2―学者であるとともに政策実務にもかかわったケインズ　ケインズといえば20世紀の代表的な経済学者であり、マクロ経済学の基礎を構築した研究者として有名ですが、同時に現実の経済政策の問題に深くかかわりました。とくに、第二次世界大戦後の国際経済システム――これを交渉の場所にちなんでブレトンウッズ・システムといいます――の形成にあたってイギリスの代表として大きな貢献をしました。IMF（国際通貨基金）はこうしたなかからできた組織です。交渉内容はアメリカ側に押し切られた部分が少なくありませんが、ケインズが大きな知的貢献を果たしたことはまちがいありません。

は引き締め的な政策運営をし、景気の安定化を図るという、ファイン・チューニング（微調整）がケインズ経済学の基本的な考え方です。

1950～60年代には、このようなケインズ経済学が、アメリカをはじめとした主要工業国のマクロ政策運営に反映されていました。この時期は世界経済が比較的順調に発展した時期でしたが、そのような経済的安定はケインズ経済学にもとづく政策運営のおかげであるとする見方もありました。トービン、ソロー、モジリアーニ、クライン、サミュエルソンといった経済学者は、アメリカのケインズ学派の中心をなした人たちであり、この時期の政策の理論的基礎を築きました。

ところが、比較的順調に見えた世界経済も、70年代に入って世界的なインフレや経済の停滞に悩まされ、必ずしも順調な歩みを示さなくなってきました。マネタリストないし新古典派の勢力拡大は、このような世界的なマクロ経済の動きを反映したものといえるかもしれません。新古典派の中心的人物はフリードマンですが、その後ルーカス、サージェント、バローといった学者がその考え方を発展させました。

新古典派のマクロ経済政策に対する考え方は、ファイン・チューニングといったケインズ的マクロ政策は意味がないというものです。財政政策は小さな政府でできるだけ財政収支均衡を維持し、金融政策は貨幣供給量の安定化に意をそそぐべきであり、政策の効果に過度な期待を抱いてはいけないと主張します。これは、マクロ政策を積極的に使っていこうというケインジアンの考え方とは正反対であるといえます。

1970年代以降、学会においても、そしてマクロ経済政策の現場においても、新古典派が次第にその影響力を強くしてきました。1980年代以降、欧米などの主要国は物価も安定し、「大いなる安定」とも呼ばれる好ましい経済環境を維持したのです。政府がマクロ経済に過度に介入する姿勢は好ましくないと考える新古典派の勢力が増した背景には、こうした現実の経済の好調があったことは明らかです。

2008年に起きたリーマンショックはこうした状況を一変させてしまいました。50年か100年に一度ともいわれる危機と世界経済が深刻な不況に陥る危険に直面し、各国は積極的にケインジアン的な政策に走りました。巨額の財政資金を投じて景気刺激を行なうとともに、大胆な金融緩和策が行なわれたのです。世界的な経済危機で、ケインズ的な考え方が復権を果たしたといえます。

ただ、非常時だからケインズ的な政策が必要であったからといって、日常の経済政策がケインジアンである必要があるとは限りません。マクロ経済政策に政府がどこまでファイン・チューニングで対応すべきかということは、今後も学会や政策コミュニティで論争がつづくと思われます。

　ケインジアンと新古典派の考え方は対照的であり、近い将来、両者の間に決着がつくとは思えません。しかし、どちらの議論にも耳を傾けるべきところがあります。以下の各章では、必要な範囲内で両者の考え方を比較しながら、マクロ経済の分析を試みたいと思います。

マクロ経済学の問題の代表例：金利の変化のマクロ経済的波及

　マクロ経済学がどのようなものであるかということをつかむために、マクロ経済学の問題の代表的な例をひとつ取り上げてみましょう。ここでは、金利（利子率）が低下したとき、経済全体にどのような影響が及ぶかという点について考えてみます。

　図1-1は、金利が引き下げられたときに起こる、マクロ経済のさまざまな動きを図で例示したものです。金利とは、預金に対する利子、日本銀行が政策目標としてコントロールしている銀行間の貸借の金利（短期金利）—3、銀行が企業に融資するときの利子などの総称と考えればよいでしょう。これら個々の利子率はそれぞれ異なった値をとりますが、それらは概して似かよった動きをしますので、いろいろな利子率を総称した概念としての金利（利子率）を考えることは、抽象化としては十分に意味のあることです。

　金利が低下する要因にはいろいろありますが、ここでは日本銀行による金融緩和政策の結果、金利が下がったと考えればよいでしょう。図にも示されているように、金利の変化はさまざまな方面に影響を及ぼします。

3—短期金利　短期金利とは銀行間の短期的な資金の貸し借りの金利のことです。銀行は日本銀行に預金（これを準備といいます）しており、銀行間の資金のやり取りはこの準備を通じて行ないます。ただ、この準備の金額が少ないままでいることは制度上認められませんので、準備不足に陥った銀行は他の銀行から資金を借りて埋めようとします。これを銀行間の短期市場（コール市場）と呼び、そこでの金利が短期金利（コールレート）です。日本銀行はこの短期金利、とくにもっとも短期のオーバーナイトの金利の決定に強い決定力を持っています。この金利の調整が、金融政策の基本的な手段となっています。

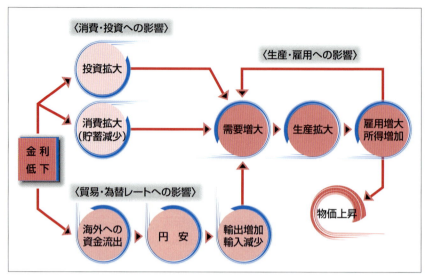

図1-1 マクロ経済的な波及効果の例：金利低下の影響

金利の低下は、消費、投資、為替レートなど、経済のさまざまな所に影響を及ぼします。この図は、この多様な波及経路を例示したものです。

(1) 貿易・為替レートなどへの影響

　国内の金利が下がれば、外国の金利は相対的に高くなるので、資金の一部が国内から海外へ流出するかもしれません。なぜなら、相対的に金利の高い外国で資産運用したほうが有利だからです。このような国際的な資金の動きは、為替レートを変化させ、ひいては貿易の動きなどにも影響が及ぶでしょう。

(2) 投資・消費への影響

　金利が下がれば、それだけ企業の資金繰りが楽になりますので、企業の投資は刺激されます。一方、消費への影響ですが、もし金利低下によって人々の貯蓄意欲が減退するのであれば、消費は増大します。なぜならば、所得のうち消費されない部分が貯蓄ですので、貯蓄が減ることと消費が増えることは同じだからです。

(3) 生産・雇用・物価への影響

　金利低下によって消費や投資が刺激されれば、それは財やサービスへの需要増加となって生産を刺激します（このようなプロセスを乗数プロセスと呼びますが、これについては3章で説明します）。生産の増加によって雇用も増加す

1 マクロ経済学のとらえ方 **25**

るでしょう。消費や投資の一部は輸入財への需要となりますので、輸入も拡大します。消費や投資が刺激されれば、物価にも影響が及ぶかもしれません。

(4) 資産価格への影響

金利は、株式市場や不動産市場などの資産市場の動きにも影響を及ぼします。金利と株価や不動産価格の関係は単純なものではありませんが、一般的には、金利が下がるほど株価や不動産価格は高くなる傾向があります。金利が低いほど、これらの資産の投資に資金がまわりやすくなるからです。

以上のように、金利の低下は経済のさまざまなところに影響を及ぼします。マクロ経済学では、このような諸変数間の相互依存関係を的確にとらえることがポイントとなります。読者のみなさんのなかには、「風が吹けば桶屋がもうかる」という話を思い出した方もいるかもしれません。つまり、風が吹くとほこりがたって、目をやられる人が増え、そういう人たちが娯楽のため三味線をひきだすので、三味線の需要が増える。三味線は猫の皮でつくるので猫が少なくなって、鼠がのさばり、桶を噛んでしまうので、桶屋がもうかるという話です。マクロ経済学における因果関係―4 がここまで長くなることはありませんが、同じような思考を要求されることがあります。

マクロ経済の鳥瞰図

経済には非常に多くの経済主体がおり、これらの経済活動を詳細に取り上げていったのでは議論の収拾がつかなくなります。マクロ経済学では、通常、家計・企業・政府という三つの経済主体に大まかに分けて分析を行ないます（後の章では、海外部門を入れます）。

図1-2は、経済をこの三つの主体に分けたときのモノやカネの流れを表わしたものです。青の線は財・サービスや生産要素（労働・土地など）といったモノの動きを、赤い線はカネの動きを表わしています。

4―**因果関係** 経済の議論をするとき、因果関係ということが重要な意味を持ちます。たとえば物価と為替レートの関係を考えたとき、物価が上昇すれば為替レートが円安になるというのであれば、物価から為替レートへの因果関係ですし、為替レートが円安になれば物価が上がるというのであれば、為替レートから物価への因果関係が働いています。現実にはどちらの因果関係もありそうですが、どういう因果関係を考えるのかによって意味がまったく違ってきます。

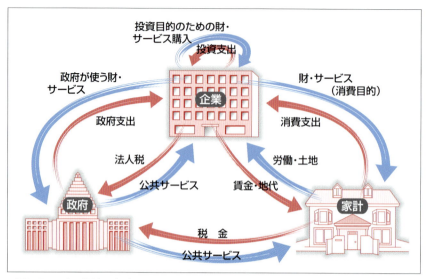

図1-2 マクロ経済の鳥瞰図

家計、企業、政府が、経済を構成する基本要素です。その間で、さまざまな取引が行なわれています。

　家計は、労働や土地などを企業に提供して、その代金である賃金や地代などを用いて財・サービスを購入します（これを消費と呼びます）。家計は同時に政府に対して税金を支払い、政府からさまざまな公共サービスを受けます。

　企業は、家計から提供された労働や土地などを用いて生産を行ないます。生産された財・サービスは、家計の消費・企業の投資・政府の公共投資などにまわされます。企業はこのような形で供給した財・サービスに対する代金を受け取りますが、この一部は家計から提供された労働や土地への支払いとしての賃金や地代として支払われ、他の一部は政府に税金として納められ、残りは内部留保として自分の手元に残し投資の資金とします。投資とは、企業が設備拡張や技術開発、在庫の拡大のため、財・サービスを購入する行為をいいます。

　政府は、家計と企業から税金を集め、それで企業から財・サービスを購入します。この財・サービスの購入は公共投資やその他の政府によるサービスのために使われます。政府のサービスは、企業と家計の両方に及びます。

　以上で見たようなモノやカネの流れは、たがいに密接なかかわりを持っており、この点について正確に理解することがマクロ経済を分析するうえでも重要となります。たとえば、企業の生産する財に対する需要は、家計による消費、

Guide to Current Topics

GDPの計測と利用

GDPは経済活動の動きをとらえるもっとも基本的な指標です。日本では内閣府がその計測を行ない、四半期ごとに速報値を出します。

この速報値は景気の状況を表わす重要な指標で、その動きは注目されています。マスコミはGDPの速報値を大きく報道し、それの動きによって景気を判断しようとします。政府もこの数値を用いて景気見通しなどを行ないます。

ただ、GDPの速報値は、かならずしも正確な指標ではありません。時間的制約のなかで出される推計値ですので、後から大きく修正されることが少なくありません。多少不正確でも、早くGDPの速報値を出すほうがよいという判断があるのでしょう。

各国のGDPやそれを人口で割った一人当たりのGDPは、その国の経済力を測る指標として使われます。一人当たりのGDPが1万ドルを超える国は先進国、1000ドル以下の国は、経済的に貧しい国であると考えられます。

もっとも、GDPや一人当たりのGDPを単純に比べて経済力を測るのには問題があります。たとえば日本とインドの一人当たりのGDPを比べて日本のほうがインドの何倍になっていると計算しても、それはあまり意味がありません。それはインドのほうが日本よりも物価が安いことから、同じ所得でも購買できる商品の量が違うからです。一般的に経済発展の遅れている国のほうが一人当たりのGDPは小さいのですが、同時に物価も低いので、GDP指標で見られるほどの生活水準の格差はありません。

GDPはフローの指標です。それはあくまで1年間に行なわれた生産、あるいは1年間に生み出された所得の額であって、過去から残されているストックを含んでいません。欧州諸国にはフローとしてのGDPは小さくても、過去から多くの社会資本を蓄積しているため、人々の生活の質はかなり高い国もあります。豊富な社会資本から生み出されるものは、必ずしもGDPのなかに含まれていないようです。

企業による投資、政府による政府支出（公共投資など）であることが、図から読み取れます。したがって、これらの三つが、企業による生産活動の水準を決定する重要な要因であることがわかるでしょう。消費や投資が落ち込めば、それにともなって、企業の生産レベルも低下します。また、政府支出の水準を上げることで、企業の生産水準を増やすことができますが、これは財政政策の基本的なメカニズムにほかなりません。

企業部門による労働の需要は、当然、生産水準と連動しています。より多くの生産が行なわれれば、それだけ労働に対する需要も増えて、雇用も拡大するはずです。したがって、消費・投資・政府支出の水準は、企業の生産レベルの変動を通じて、雇用にも影響を及ぼすことになります。

GDP：経済規模を測るもっとも基本的な指標

マクロ経済を見るうえでもっとも基本的な変数が、GDP（国内総生産：Gross Domestic Product）です。GDPとは、簡単にいえば「1年間に日本の国内で生産された財・サービスの総額」を表わしたものです。

もう少しくわしくいえば、GDPとはまず、「1月1日から12月31日まで、あるいは4月1日から3月31日まで」の1年間に行なわれたすべての生産活動で生産されたものを市場価格で集計したものです。日本のGDPの単位は円ということになります（もちろん為替レートで変換することでドル建てで表示することもできます）。生産活動としては、目に見える形のモノだけでなく、公共サービス、医療、通信などのサービスも含みます。あらゆる生産活動が含まれるわけです。—5

GDPの計算には、日本国内で行なわれるすべての生産活動が含まれます。その活動を行なっているのが外資系企業であっても、それが日本国内にあれば日本のGDPに含まれます。また、日本企業の活動でも海外で行なわれたものは日本のGDPには含まれません。

GDPに似た指標に、GNI（国民総所得：Gross National Income）があります。かつては、GNP（国民総生産：Gross National Product）と呼ばれていた

5—ただし、他の製品の原料となるような中間財——たとえば自動車の材料となる鉄板など——は、GDPを計算するときには含みません。鉄板の生産額と自動車の生産額を両方含めると、二重計算になるからです。この点については、後で付加価値という概念を用いてもう少しくわしく説明します。

1　マクロ経済学のとらえ方　**29**

表1-3　主要国のGDPと一人当たりGDP（2023年）

国	GDP（100万ドル）	一人当たりGDP（ドル）
日本	4,230,862	33,950
アメリカ	26,949,643	80,412
イギリス	3,332,059	48,913
ドイツ	4,429,838	52,824
スイス	905,684	102,866
ブラジル	2,126,809	10,413
インド	3,732,224	2,612
中国	17,700,899	12,541
タイ	512,193	7,298
マレーシア	430,895	13,034
韓国	1,709,232	33,147
台湾	751,930	32,340
インドネシア	1,417,387	5,109

出所：IMF.*World Economic Outlook Database*.October 2023

ものと同じものです。GNIは、日本国内の総生産ではなく、日本の国民による所得（総生産）です。したがって、たとえば外資系企業の日本国内の生産のなかで、配当や技術料など海外の親会社に支払われる部分は、日本のGNIには算入されません（日本国内で生産されたものという意味では、GDPに算入されます）。他方、日本企業に対して海外から払われた技術料などは、日本のGDPには入りませんが、日本のGNIには算入されます。

　GNIは、GDPに日本が海外から受けるさまざまな要素所得（賃金、技術料、配当、利子など）を加え、そこから日本が海外に支払うさまざまな要素所得を引くことで求めることができます。ちなみに、日本のように海外に多くの資産を持っている国では、GDPよりもGNIのほうが大きくなります。─6

　表1-3は、主要国のGDPと一人当たりのGDPを比較したものです。一人

6─**国際化によって乖離が大きくなるGDPとGNI**　経済の国際化が進めば、企業の海外
　活動が増え、人の国際移動が拡大し、国内で活動する外国企業や外国人が増え、海外
　で活動する日本企業や日本人も増えます。その結果、GDPとGNIの乖離は大きくな
　り、両者を区別することが重要となってきます。

当たりの GDP とは、それぞれの国の GDP をその国の人口で割ったものです（比較のため、すべてドル建てで計算されています）。すなわち、その国の一人当たりの生産額を示したものです。この表から明らかなように、GDP はそれぞれの国の規模を表わす数値として利用することができます。GDP の大きな国ほど、世界経済のなかでの存在感が大きな国といえます。

著しい経済発展を遂げている中国は GDP で日本を抜き、今や世界第 2 位の GDP 大国です。しかしその中国も一人当たりの GDP はまだまだ小さく、人口が大きいために GDP が大きくなっています。表 1 - 3 に示した2023年の時点では、中国の一人当たりの所得は日本の 3 分の 1 程度ですが、中国の人口は日本の約10倍なので、中国の GDP は日本よりも大きくなっているのです。そこでその国の豊かさを表わすひとつの指針として、GDP を人口で割った一人当たりの GDP がしばしば利用されます。この数値が小さい国を一般的に発展途上国と呼びます。—7

GDP で国の豊かさを測ることの問題点

一人当たりの GDP の大きさは、その国の国民の豊かさを示す指標としてしばしば使われます。たとえば、パリに本部を置く OECD（経済協力開発機構）という国際機関は、ときに先進国クラブとも呼ばれ、そのメンバーになるためには一人当たりの GDP が 1 万ドルを超えることが目安になるといわれます。

しかし、一人当たりの GDP の大きさだけで、その国の豊かさを測るのにはいろいろな問題があります。そもそも、一人当たりの GDP が低い国は、賃金も安いので、いろいろな財やサービスが安く購入できます。東南アジアのタイやインドネシアの一人当たり GDP が日本の 5 分の 1 以下であったとしても、その豊かさも 5 分の 1 以下であるというわけではありません。日本のほうが、物価や家賃などがはるかに高いからです。

発展途上国の間の豊かさを比較する場合でも、所得以外のさまざまな要素を考慮に入れなくてはなりません。アジアではじめてノーベル経済学賞を受賞したインド人の経済学者のアマルティア・センは、その著書のなかで、所得以外

7—各国の GDP を比較するため、その時点の為替レートを用いて、すべての国の GDP をドル建てで計算しています。ただ、このように為替レートで換算した数値でその国の「豊かさ」を測ることに意味があるかということは、経済発展論で大いに議論のあるところです。

の要素がその国の豊かさを考えるうえで重要になると指摘しています。たとえば、センが指摘した当時、ブラジルや南アフリカは、一人当たりの所得では中国やスリランカの数倍にも達していたのに、平均寿命は5歳以上も短くなっていました。こうした背景には、所得分配、教育の普及、社会組織の違いなど、単純な所得水準では測れないような重要な要素が隠されていることがあります。―8

GDPと物価

　上で説明したGDPの動きのなかには、生産量の拡大の部分と、物価の上昇の部分の両方が入っています。生産が増大しても、価格が上がってもGDPは増大します。しかし、どちらの理由でGDPが増大するのかで、その意味はまったく違ってきます。まったく生産が増えなくても物価が上がれば、それだけでGDPが増大してしまいます。しかし、そうした形でGDPが増えてもまったく意味がありません。

　そこで、経済学では経済指標として、実際の生産を表わす実質GDPと、物価の動きを表わすGDPデフレーターというものを準備しています。ちなみに、通常のGDPは実質GDPと区別するために、名目GDPと呼ぶこともあります。―9

　表1-4は、名目GDPと実質GDPの違いを説明するための単純な例です。単純化のため、この経済には衣料品と食料品と住宅サービスしか生産されていないとしてみましょう。この表には、この三つの商品の2021年、2022年、2023年の価格と生産量がとられています。

8―一人当たりの所得が1000ドル以下の経済　一人当たりの所得だけがその国の豊かさを示すわけではありませんが、それでもこの数値が1000ドル以下の国は相当貧しいと考えなくてはいけません。アフリカのサハラ砂漠の南側の国々、アメリカへのテロのかかわりで注目されたアフガニスタン、インドシナ半島のミャンマー、そして朝鮮民主主義人民共和国（北朝鮮）などは、いずれも1000ドル以下の所得水準しかない国です。

9―実質と名目　経済の議論をするときには、あらゆる変数に関して、実質で考えているのか、名目で考えているのかを区別することが重要になります。何円という通貨単位で表わしたものは名目値です。消費額、輸出額、地価など、すべて名目値です。しかし、物価上昇によって膨らんだ部分を調整して実質的な規模を見るためには物価上昇分を調整した実質値で見る必要があります。この点については、本書のなかでもいろいろな事例が出てきますので、読者のみなさんも少しずつ慣れてくると思います。

32　Part1　マクロ経済学の基礎

表1-4　名目GDP、実質GDP、GDPデフレーターの数値例

	2021年価格	2021年生産量	2021年価格の金額	
衣料品	50	100	5,000	
食料品	80	80	6,400	
住宅サービス	60	70	4,200	
合　計			15,600	

	2022年価格	2022年生産量	2022年価格の金額	2021年価格の生産額
衣料品	60	90	5,400	4,500
食料品	80	100	8,000	8,000
住宅サービス	80	80	6,400	4,800
合　計			19,800	17,300

	2023年価格	2023年生産量	2023年価格の金額	2021年価格の生産額
衣料品	70	80	5,600	4,000
食料品	70	110	7,700	8,800
住宅サービス	90	90	8,100	5,400
合　計			21,400	18,200

		2021年	2022年	2023年
名目GDP		15,600	19,800	21,400
実質GDP		15,600	17,300	18,200
GDPデフレーター		100	114.5	117.6

　名目GDPは、それぞれの財の生産量に価格を掛けて、それをすべての財について足し合わせることで求めることができます。表には各年の名目GDPが計算されています。

　さて、実質GDPですが、これは生産量の動きだけ見るための指標ですので、価格の動きに左右されてはいけません。そこで、基準の年を決めて、その年の価格でそれ以外の年の生産量にも利用するのです。この表の例では、最初の年である2021年の価格が基準として利用されています。2021年の価格に2022年の各財の生産量を掛けて足し合わせれば、2022年の実質GDPを求めることができます。つまり、2022年の実質GDPは、基準年（2021年）の価格で評価した生産量なのです。同じようにして、2023年の実質GDPは、2021年の価格に

●経済学ステップアップ●

マクロ経済データを多面的にとらえる

　本章ではGDPの概念を中心にマクロ経済のとらえ方について説明しました。GDP統計を見ることで、経済全体のさまざまな動きがわかります。生産や所得、物価、消費、投資、政府支出などの動きです。

　ただ、GDP統計以外にも、マクロ経済の動きをとらえるさまざまなデータがあります。そうしたデータを多面的に利用することでマクロ経済の動きがよりよく見えてくるのです。

　「投入産出表」は、そうしたデータのひとつです。経済を多くの産業に分解し、それぞれの産業でどれだけの生産が行なわれているのか、他の産業からどれだけの原材料を購入しているのか、そして産業が生み出した付加価値がどのような形（たとえば賃金、利潤、税金など）で分配されているのかを示したデータです。このデータを利用することで、産業間での財・サービスの動きがわかるだけでなく、ある産業で起きた需要や供給の変化が他の産業にどのように波及していくかがわかります。

　家計、企業、政府など部門間の資金の流れとその間の債権・債務関係を金融商品ごとにまとめたのが、「資金循環表」です。マクロ経済の動きを金融取引の流れで見ようというのです。資金循環表については日本銀行のホームページで見られます。

　国境を越えた財・サービス、資金などの流れを見るための指標は、15章で説明する「国際収支表」です。貿易収支や経常収支など一国が海外とどのような取引を行なっているかをマクロ的にとらえることができます。

　これらの諸統計はすべて相互に密接な関係を持っています。投入産出表を集計してしまえばGDP統計になるはずですし、資金循環表に現われる資金の流れは、その背後にある消費や投資などGDP統計の主要項目の動きと表裏の関係にあります。また、15章で説明するように、国際収支にかかわるさまざまな動きは国内のマクロ経済の動きを反映したものであり、たとえば経常収支が黒字であるときは、国内で民間部門と政府部門を合わせた貯蓄が投資を超過しています。

2023年の生産量を掛けて求めることができます（表の計算を参照）。

名目GDPを実質GDPで割ったものを、GDPデフレーターといいます。

$$GDP デフレーター = \frac{名目GDP}{実質GDP}$$

GDPデフレーターによって、経済全体の物価がどのように変化するかがわかります。表1-4にGDPデフレーターも計算してあります。2022年のGDPデフレーターが114.5となっていますが、これは2022年の一般物価水準が2021年（基準年）のそれに対して114.5％（1.145倍）になっていることを表わしています。

物価の動きについては、GDPデフレーター以外にも、消費者物価指数、企業物価指数などの指標も利用します。物価の動きは、マクロ経済を考えるうえで重要な意味を持っており、とくに物価の激しい上昇をともなうインフレ（インフレーション）や、物価の低下をもたらすデフレ（デフレーション）は、マクロ経済政策によって排除しなくてはならないものです。物価の問題については、10章であらためて説明するつもりです。消費者物価指数や企業物価指数などについては、そこで取り上げます。

さて、以上の説明からわかるように、名目GDPの動きは、生産の動きである実質GDPと物価の動きであるGDPデフレーターに分解できることがわかります。つぎに実質GDPについて、経済成長という観点から、もう少し述べてみたいと思います。

経済成長率

GDPの実際の動きを見るのには、図0-1のような名目GDPの実際の値ではなく、その成長率の動きを見たほうがわかりやすいでしょう。それも物価の動きまで含んでしまっている名目GDPの変化よりは、実質GDPの変化の動きのほうが意味があります。これを示したのが図1-3です（この図は、図0-2にアメリカと韓国のデータを加えたものです）。この図にとられているのは、各年の実質GDPが前の年に比べて何パーセント増えているかを数値で示したものです。通常、経済成長率というときには、この数値を表わしています。

1950年代から70年代はじめにかけてのいわゆる高度経済成長の時代には、日本の経済成長率はたいへんに高いものでした。それに比べて、1973年の石油ショ

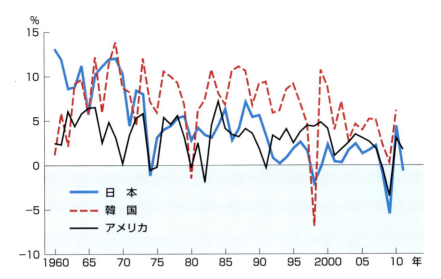

出所：内閣府経済社会総合研究所、IMF
図1-3 実質GDP成長率の推移（1960〜2011年）

ック以降は、日本の経済成長率は次第に低下していることがわかります。

　1980年代の後半は成長率が高くなっていますが、これはいわゆるバブル経済の時期に対応します。地価や株価の上昇にともない投資や消費が活発になって経済規模が急速に膨れ上がっているのがわかると思います。

　比べて1991年にバブルがはじけて以降、日本の経済成長率は急落しています。不良債権問題に端を発する景気低迷に苦しむ日本の姿が出ています。

　政府は、経済見通しを行なうとき、まず、この経済成長率の目標値を発表します。実質GDPがどの程度成長するのかということで、どの程度の税収の伸びが期待できるのか、どの程度公共投資ができるのか、雇用状況がどうなるかという点などについて予想がつくからです。もっとも、政府による経済成長の予想値はなかなか当たりません。政府の予想値のなかに目標的な要素が入っているのかもしれません。また、経済成長率を予想するのはたいへんなことでもあるのです。

GDPの分解

　GDPとして生産されたものは、必ずどこかで消費や投資などの目的で利用

されるはずです。このように生産された財やサービスの販路（支出面）から
GDPを分解することができます。

　GDPを支出面から見るため、経済学では通常、家計、企業、政府、海外の
四つの部門に分解します。家計部門が消費のために購入する財・サービスの総
額を消費と呼びます。企業部門が原材料や半製品の在庫のために行なう在庫投
資や設備拡張のために行なう設備投資などの総額を投資と呼びます（正確には、
後で述べる政府による投資である公共投資と区別するために、民間投資と呼び
ます）。政府が行なう支出には、政府によるサービス提供（ゴミ収集や教育サ
ービスなど）である政府消費と道路や港湾など公共設備への投資である公共投
資がありますが、これを合わせて公共支出と呼びます。これ以外にも国内で生
産されたものの一部は、海外に輸出されます。

　さて、生産された財やサービスは必ずどこかの部門の支出にまわされるはず
ですので、つぎのような恒等的な関係が成り立つはずです。—10
　すなわち、

$$\text{GDP} + 輸入 = 消費 + 投資 + 政府支出 + 輸出$$

という関係です。

　この関係はつぎのように理解することができます。日本国内に財やサービス
を供給するルートは、自国で生産する（GDPの部分）か海外から輸入するし
かありません。これが左辺です。一方、自国で生産されたものかあるいは輸入
されたものを吸収する部門は、家計、企業、政府、外国しかありませんので、
右辺のように、それは消費、投資、政府支出、輸出を足したものになります。
生産されたものはどこかの部門に必ず吸収されますので、左辺と右辺は必ず等
しくなります。—11

　GDPについて支出面から見るためには、通常、上の式を変形して、

10—恒等的関係　恒等的関係とはいつでも成立する関係ということです。これについて
　　は、3章の補論を参照してください。

11—在庫投資　読者のなかには、企業が生産したもので売れ残ったものはどうなるのか
　　という疑問を抱く人がいるかもしれません。統計上は、売れ残ったものは、その企業
　　の在庫になるという意味で在庫投資に算入されます。したがって、売れ残りについて
　　も、統計的には在庫投資（投資の一部）として吸収されたことになります。

$$GDP = (消費＋投資＋政府支出) ＋ (輸出－輸入)$$

という形に書き換えます。すなわち、GDP は国内の需要部分（これを内需といいます）と、海外への輸出入の差額（これを外需といいます）に分けられます。新聞などで、よく「日本の景気は外需に支えられている」とか、「内需が落ち込んできた」などといういい方がされることがありますが、これは上の式の右辺の二つの項目を意味することが多いようです。—12

付加価値から見た GDP

上では、GDP を支出面から見ましたが、GDP にはあと二つの見方があります。ひとつは、産業ごとに GDP を分解していく手法で、たとえば「鉄鋼産業の GDP への貢献」、「小売業の GDP への貢献」など、産業ごとに分解できます。もうひとつは、所得内容に分解していく手法で、「賃金」、「利潤」、「地代」などの所得項目に分解できます。いずれも、付加価値という考え方にもとづいています。付加価値とは、それぞれの産業でネットに生産された価値のことで、通常は、生産額から原料や材料などの費用を引いたものとして計算されます。

付加価値について説明するため、図1-4に示したような事例を用いてみましょう。この図はオレンジジュースの生産・流通のステップを三つの段階に単純化して示したものです。

農家は、肥料やその他の原材料を用いて、ミカンを生産しています。農家の付加価値とは、農家が生産に貢献した部分で、この場合には、ミカンの売上から肥料などの原材料費を引いたものとなります。この付加価値は農家の所得や農家の活動に参加している人の所得になります。もし借りた土地があれば、付加価値の一部は地代となり、土地の持ち主の所得になります。

ジュースを生産しているメーカーの付加価値は、ジュースの総生産額から、原料としてのミカンやその他の原材料を引いたものです。この付加価値は、メ

12—ここで輸出や輸入というときには、財だけではなく、サービスの輸出入も含めます。たとえば、外国人が日本の航空会社を用いて日本に来れば、これはサービスの輸出になります。なぜこのようにわざわざ断わるのかというと、後で説明する国際収支のなかでの輸出入の場合には財（モノ）の輸出入だけのことだからです。サービスの輸出入については、「サービスの輸出」あるいは「サービスの輸入」といいます。そうした意味では、上の式の輸出や輸入は、正確には「財・サービスの輸出」、「財・サービスの輸入」と書かなくてはなりません。ここでは、簡便に輸出、輸入と呼びます。

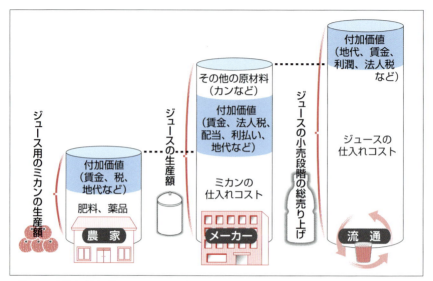

図1-4 付加価値を説明するための事例

付加価値とは、それぞれの産業の生産額から原材料の投入額を引いたものです。これをすべての産業について足し合わせていくことで、GDPを求めることができます。

ーカーに勤めている労働者の賃金や、株主への配当などになります。

　流通段階の付加価値は、最終的なジュースの売上からジュースの仕入れコストを引いたもので、これは流通にたずさわる人の所得になります。

　以上3段階という単純な例で説明しましたが、このようにしてそれぞれの産業は生産や流通などの活動を通じて付加価値を生み出します。そして、すべての産業の付加価値を足し合わせれば、一国全体のGDPが出てきます。GDPとは実は、国全体で生み出される付加価値のことで、これが生産面から見たGDPです。

GDPの三面等価

　上で説明したように、付加価値は、それぞれの産業で生産にかかわる人々の所得として、賃金・利潤・地代などの形で分配されます。したがって各部門の賃金・利潤・地代などをそれぞれ足し合わせていけば、経済全体としての賃金・利潤・地代となります。そして、このようにして求めた経済全体としての賃金・利潤・地代などの所得を足し合わせれば、一国のGDPとなるはずです。

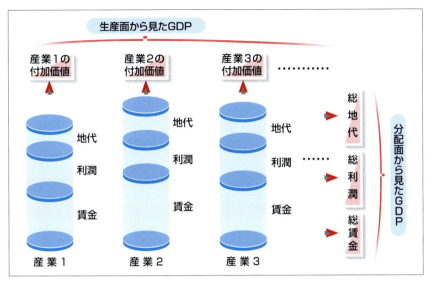

図1-5　GDPの三面等価

各産業の付加価値は、賃金や利潤などの分配所得に分けられます。したがって各産業の付加価値（生産額）を足しても、諸々の分配所得を足しても、同一のGDPの値になります。

　図1-5はこのことを図で例示したものです。それぞれの産業の付加価値が、それぞれの産業の生み出すさまざまな形の所得の和となっているということ、そしてすべての産業の付加価値の和が一国のGDPとなることから、いろいろな形の所得をすべて足し合わせたものが一国のGDPになることは自明だと思います。このように、賃金・利潤・地代などの所得の形態（分配形態）から見ることを、分配面から見たGDPといいます。

　以上の議論からわかるように、GDPには三つの異なった表記の仕方があります。消費、投資、政府支出などの支出面から表記した支出面から見たGDP、産業ごとの付加価値に分解して表わした生産面から見たGDP、そして分配の形態に分けた分配面から見たGDPです。これらの三つが等しくなることはいうまでもありません。

40　Part1　マクロ経済学の基礎

演習問題

1. 以下の文章の下線部分に用語や数値を入れなさい。

   (1) GDP（国内総生産）とは、生産面、_____、支出面の三つの側面から見ることができる。生産面から見たとき、それはすべての産業の_____を足し合わせたものであり、_____から見たとき、それは_____、利潤、地代など諸々の所得の総和であり、支出面から見たときには、_____、投資、政府支出、純輸出を足し合わせたものである。

   (2) マクロ経済は通常、_____、_____、_____、_____の四つの部門に分けて考える。

   (3) 物価の動きを排除した GDP を実質 GDP と呼び、普通の GDP（名目 GDP）と区別するが、名目 GDP を実質 GDP で割ったものを、_____と呼ぶ。これは_____の動きを見るための指標のひとつである。

2. 以下の記述は正しいのか、誤っているのか、それともどちらともいえないのか、答えなさい。

   (1) 経常収支の黒字をつづけてきた国は、一般的には GDP（国内総生産）のほうが GNI（国民総所得）よりも大きくなる。

   (2) 貨幣量（マネーストック）はストックであるが、経常収支はフローである。

   (3) ある産業の付加価値とは、その産業の生産額から費用を引いたものである。したがって、その産業が労働者に支払った賃金などは、付加価値に入らない。

   (4) 生産が増えていなくても、物価が上がれば、名目 GDP も大きくなる。

2
マクロ経済における需要と供給

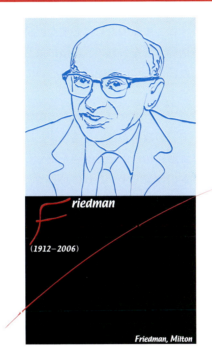

ミルトン・フリードマン シカゴ学派の中心として、貨幣数量説や新古典派のマクロ経済政策を一貫して主張してきた。経済活動の自由の重要性を積極的に主張してきた論客でもあり、説得のための論理構成は見事というほかない。フリードマンの変動相場制擁護論の論文は、私がこれまで読んだ論文のベスト5のひとつだ。

経済学におけるもっとも基本的な概念に、需要と供給という考え方があります。ミクロ経済学における需要と供給とは多少違った形ではありますが、マクロ経済学においても需要と供給という考え方はたいへんに重要な意味を持ちます。この章では、前章で説明した GDP について、需要と供給という二つの側面からさらに深く掘り下げていきます。

マクロ経済における需要とは、消費、投資、政府支出、海外との貿易など、生産された財やサービスがどのような形で使われていくかを表わしたものです。消費や投資などの個々の需要項目がどのような動きを示すのかは、マクロ経済の動きを見るうえで重要な意味を持っています。

他方、マクロ経済における供給とは、財やサービスが生産され供給されるためには、どのような生産要素が投入されるかを見たものです。生産要素とは、労働・資本・土地などのように、生産のために必要な経済資源のことです。これらが利用され実際に生産活動が行なわれて、経済にはじめて財やサービスが供給されるのです。そうした経済全体の供給能力について見ることも、マクロ経済を分析するうえで重要です。

マクロ経済政策の政策論議でも、デマンドサイド（需要サイド）の政策か、サプライサイド（供給サイド）の政策かという論争がしばしば展開されます。財政支出や減税、あるいは金融緩和によって需要を増やして景気を刺激しようとするのは、デマンドサイドの政策です。これに対して、規制緩和や技術革新支援によって経済を活性化させようとするのはサプライサイドの政策です。政策論議においても、需要と供給の両方の視点が必要となります。

本章では、この需要と供給を通じて、マクロ経済がどのように調整されるのかを学びます。またそれを通じて、ケインジアンと新古典派という、マクロ経済学の二つの異なった考え方にも触れることになります。

GDP をどちらから見るのか

GDP がどのようにして決まるか、もう少し深く考えてみましょう。ここでは、経済学のもっとも基本的な概念である需要と供給の考え方を使います。以下で説明することを図 2-1 に簡単に図解してみましたので、それを参考にしてください。

一国の総生産額である GDP は、国内で行なわれるさまざまな生産活動を集計したものです。生産がどれだけ行なわれるかということを考えれば、GDP

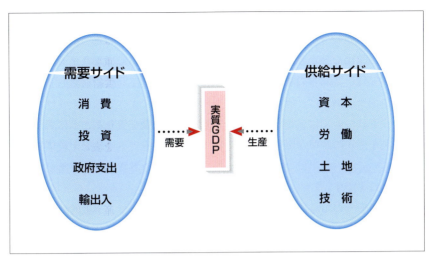

図2-1　マクロ経済における需要サイドと供給サイド

マクロ経済は、需要サイドと供給サイドの両方から見る必要があります。この二つが等しくなるように物価や実質GDPなどが決まるのです。

がどのような水準にあるのかを知るよりどころとなるはずです。これは、GDPを供給サイドから見るということです。

　生産が行なわれるためには、まず生産をするための手段がそろっていなくてはなりません。労働、資本、土地などが、生産を行なうための基本的な資源です。労働、資本、土地などを生産要素と呼びます。経済に存在する生産要素の量から、その経済の生産の可能性は決まってきます。人口数十万人の国と、数億人の国では、おのずからGDPの大きさは違ってくるはずです。同じ程度の人口であれば、資本や土地の多い国のほうが多く生産ができると考えられます。もちろん、その国の技術水準も重要な意味を持っています。先進工業国が発展途上国よりも人口が少なくても大きなGDPをあげるのは、高い技術を持っているからにほかなりません。

　GDPは供給サイドからのみ決まるわけではありません。生産要素や技術力からは生産する余地があっても、需要がなければ生産は行なわれないはずです。景気が悪いときには、生産しても売れ残りが生じるだけだというので、生産を抑える傾向があります。せっかく供給能力があっても、それが実際のGDPとして実現しないのです。このような状況では、どの程度の需要があるのかが

GDP の決定要因として重要になります。

　需要サイドの動きを見るためには、需要の個別の項目である、消費、投資、政府支出、輸出などがどのような動きをするかを見なくてはなりません。マクロ経済学では、これらの項目がどのように動くのかをくわしく検討します。たとえば、消費の動きは、所得の大きさや雇用の状況に大きな影響を受けるでしょう。投資については、企業の将来の見通しや、資金を借りるときに課される金利（利子率）の水準が関係してくるはずです。政府支出は政府が政策的に決定するものです。輸出については、海外の景気動向や為替レートが重要な影響を及ぼすはずです。

　これらの個々の項目については後でくわしく見るとして、一般的にわかることは、これらの需要を足し合わせたもの（これを総需要と呼びます）が大きいほど、GDP も大きくなるということです。新聞紙上を見ても、消費が拡大したことや輸出が伸びたことが日本の景気の拡大の原因のように書かれています。要するに、どの項目がリードしてもよいから需要が拡大すれば GDP も拡大するのです。

　現実の GDP がどのように動くのかは、需要と供給の相互作用から決まります。その動き方については、学派によって、考え方に顕著な違いが見られます。後で見るように、ケインジアン（ケインズ学派）と新古典派の間に大きな論争が行なわれてきました。GDP が需要と供給によってどのように決まるかについて、考え方に大きな違いが見られます。もちろんその結果、マクロ経済政策に関する考え方も異なってきます。この点については、後でくわしく述べるとして、需要と供給についてもう少し具体的なレベルでとらえてみたいと思います。

成長方程式：供給サイドから見た GDP

　「日本経済の潜在成長率は 2 ％以下である」といったような議論をよく耳にするはずです。これは、日本経済はどの程度の GDP の成長（経済成長）をする実力があるかということを述べています。日本経済がどの程度の率で成長できるのか見極めることは、将来の税収見通しや雇用状況など、経済政策の判断材料としても非常に重要な意味を持っています。潜在成長率はどのようにして計算するのでしょうか。これは、上で説明した供給サイドの関係から求めることができるのです。

日本経済が何パーセントぐらいで成長するかを見るためには、生産要素である労働や資本が何パーセントぐらいで成長するかを見ればよいはずです。労働や資本の増え方が大きいほど、日本の成長率も高くなる可能性が大きいからです。

くわしい説明は省きますが、成長方程式—1 と呼ばれる考え方があります。それによると、

経済成長率＝労働分配率×労働の増加率＋資本分配率×資本の増加率

という関係が成立します（13章で技術進歩を考慮に入れたより一般的な成長方程式を考えます）。ここでは説明を簡単にするために、生産要素として資本と労働しか考えない単純な想定をしています。現実に成長方程式を利用するときには、もう少し生産要素をくわしく分類して計算する必要があるでしょう。—2 ここで労働と資本の増加率とは、生産要素である労働と資本が何パーセントで成長するかということです。労働の分配率とは、日本の全所得のうち労働所得（つまり賃金など）が何パーセントぐらいの割合を占めているかを示したもので、資本の分配率とは、日本の全所得のうち資本所得に何パーセントぐらい分配されるかを示したものです。

労働や資本の増え方を予測することは、GDP の成長率を予測することよりは簡単です。労働については、これから若者が労働者として仕事に参加し、高齢者が引退していくので、人口構成を見れば労働人口の変化をある程度正確に予測できます。少子高齢化が進んでいる日本では、労働人口は確実に減少していきます。資本の増加率については、企業がどの程度投資を行なっているかを見ればよいわけです。投資が活発であれば資本の増加率も高くなりますし、投資が落ち込んでいれば資本の増加率も低くなります。

つぎに労働と資本の分配率ですが、これは前章で説明した GDP や GNI を要素所得に分解した分配国民所得の概念に対応します。表2-1は、2022年の日本の国民総所得（GNI）を主要な分配所得に分解したものです。所得項目で見る場合には、それぞれの所得獲得主体がその所得を国内の生産活動から確保し

1—成長の中身を探る成長方程式　経済成長率は一国の経済規模の変化を表わしていますが、それがどのような要因によって起こるのかを分解して調べるのが成長方程式です。

2—たとえば、労働でも技術労働と単純労働に分けたりします。

Part1　マクロ経済学の基礎

表2-1　国民所得の要素所得への分解（2022年）

	金額（10億円）	構成比（％）
国民所得（要素費用表示）	408,953.8	100.0
雇用者報酬	296,381.8	72.5
家計の財産所得	28,911.4	7.1
一般政府の財産所得	994.1	0.2
対家計民間非営利団体の財産所得	420.3	0.1
民間法人企業所得	54,438.3	13.3
公的企業所得	1,153.1	0.3
個人企業所得	26,654.8	6.5

出所：内閣府経済社会総合研究所

たのか、海外の生産活動から確保したのか区別することがむずかしいため、生産地による概念ではなく、経済主体の国民概念である国民所得を使っています。—3

　この表を見るといろいろな分配所得項目がありますが、とくに目を引くのは雇用者所得で、全体の約70％を占めています。上の成長方程式で労働分配率というのは、これを表わしていると考えることができます。労働分配率とは、要するにGNPとして日本が1年間に稼ぎ出した所得（生産）のうち、何パーセントが労働者の所得になるかを表わしています。

　この表には、労働者の所得以外に、さまざまな経済主体の財産所得が記されています。ここでは話をごく単純にとらえるため、それらをまとめて資本の分配率とすると、それは残りの30％ということになります。

　分配率は、労働や資本などの生産要素が、その経済の生産にどの程度貢献しているかを表わしたものと解釈することができます。—4

　さて、労働と資本の分配率をそれぞれ70％と30％として、日本経済の潜在成長率は何パーセントになるでしょうか。後は、労働と資本の増加率を使えばよいことになります。ここでは、たとえば労働の成長率が1％、資本の成長率が

3—国民所得（NI）　国民所得はGNI（国民総所得）から固定資本減耗（機械などの資本が劣化することによる価値の減少分）と間接税を引いて補助金を足したものです。少し複雑な概念ですが、いずれにしても国民所得は国民概念であるGNIを使っています。

Guide to Current Topics

経済学教科書の影響力

　ケインズの『一般理論』をはじめとして、現代のマクロ経済学の基礎となる古典的な著作や学術論文は非常に難解であることが少なくありません。先端の研究者であればそうした著作を丁寧に読みますが、大半の人は教科書だけ読んでマクロ経済学について修得することになります。そうしたなかには、政府の中枢にあってマクロ経済政策を決定する政策担当者、経済政策などについて論評するジャーナリスト、ビジネスの現場で経済学的思考を活用するビジネスリーダーたちも含まれています。

　社会科学のなかで、経済学ほど、世界中の多くの国で同じような教科書が使われている例はありません。政治学や社会学のような分野では、国によって、あるいは授業担当者によってまったく違った教科書を使うでしょうし、定型的な教科書はないといってよいと思います。

　経済学では、世界中どこにいっても、アメリカの標準的な教科書が翻訳されて利用されていますし、その国の事情を考慮したその国の経済学者が書いた教科書でも、内容に極端な違いがあるわけではありません。たとえばこの教科書で学ぶ考え方は、アメリカでも、中国でも、フランスでも、通用するのです。

　3章で利用する乗数理論のグラフによる表現は、経済学の教科書の古典ともいわれるサミュエルソンの教科書で使われ、世界中に広がったものです。ケインズ的なマクロ経済学は、サミュエルソンによるこの図と、7章で取り上げる *IS-LM* 分析によって普及したといってよいでしょう。ちなみに、*IS-LM* 分析はイギリスの経済学者ヒックスが書いた、ケインズ理論の解説のための短い論文に出てくる考え方です。

　ケインズ的なマクロ経済学の考え方は、現在の政策運営においても大きな影響力を持っています。毎週のようにテレビで見られる政治家やエコノミストによる政策論争も、よく聞いていると、その議論の多くがこれらの教科書的な説明に大きな影響を受けていることがわかります。

4％であるとしてみましょう。すると日本経済の潜在成長率は、

$$0.7 \times 0.01 + 0.3 \times 0.04 = 0.019$$

となります。すなわち、日本経済の潜在成長率は1.9％ということになります。

このように、分配率と生産要素の増加率がわかれば、その経済の潜在成長率を求めることができます。もちろん、これはあくまでも潜在的な成長率、つまり実現することが可能な成長率であり、実際の成長率であるとはかぎりません。後で議論するように、十分な需要がなければ、資本や労働をすべて活かして潜在成長率をフルに実現できるとは限らないからです。

なお、潜在成長率の計算には、技術進歩や生産性の向上という項目が重要になります。ここでは話を簡単にするため、これを省略してあります。くわしくは13章で説明します。

変化率という表わし方

経済の数字は、しばしば変化率で表わされます。「日本の今年の経済成長率は2％であった」「円ドルレートは年初から15％も円安になっている」というとき、これらの数字は変化率であり、パーセントで表記されます。変化率とは、どの程度の割合で増減したのかを示すものです。たとえば、あなたの体重が60キロから66キロに増えれば、体重は10％増えたといいます。これは体重の増加量である6キロを元の体重である60キロで割って求めることができるのです。

多くの経済指標の変化を変化率で表わすのには理由があります。それによって、その経済変数を測る単位にしばられないからです。石油の価格が上がったとき、何円上がったのか、何ドル上がったのか、というように、通貨単位によって違うのでは不便なだけでなく、不正確です。しかし、石油の価格が何パーセント上がったと表わせば、単位の取り方とは独立になるのです。

経済分析においては、しばしば異なった状況変化を比べることがあります。日本における電話料金とアメリカにおける電話料金の低下の影響の比較、ある

4—分配率　経済全体で生み出された所得が、労働、資本、土地など、さまざまな生産要素にどのような比率で分配されるのかを示したのが分配率です。この数値がどのように推移するのかを見ることは、経済のどこに多くの所得が発生しているかを調べるうえで重要です。たとえば、所得が利潤と賃金にどのように分配されるのかということは、多くの経済学者が注目するところです。

いは昭和初期の為替レートの変化と現在の為替レートの変化のマクロ経済への影響の比較など、いずれもパーセント表示の変化で見ることで比較可能になるのです。新聞などでも経済指標の多くは変化率で表わされています。経済成長率、消費の伸び率、為替レートの変化率、物価上昇率、地価下落率、人口増加率などは、いずれも変化率で表わした指標です。これらの表記に慣れることが、経済問題についての理解を深めるうえで必要となります。

経済成長と寄与度：需要サイドから見た GDP

つぎに、需要サイドから GDP や GNI を見てみましょう。すでに述べたように、実際に需要が生じない限り、生産は起こりません。そこで、需要の個別項目である消費、投資、政府支出、輸出などがどのような動きを示すのかが、マクロ経済を見るうえで重要な意味を持っています。

図 2-2 は、最近の日本の GDP の動きをその需要項目別の構成比で表わしたものです。この図からもそれぞれの項目が全体の需要のなかのどの程度の割合を占めているのか、そしてそれぞれの時期にどの項目が需要を牽引してきたかなどが読み取れます。

需要の動きを見るために、しばしば寄与度という概念が使われます。この考え方の基礎にあるのは、つぎのような関係です。

$$経済成長率 = 消費シェア×消費の増加率+投資シェア×投資の増加率$$
$$+政府支出シェア×政府支出の増加率$$
$$+純輸出シェア×純輸出の増加率$$

ここで、それぞれの項目のシェアとは、その需要項目が全体の GDP のどの程度の割合かを示したものです。たとえば、消費シェアとは GDP のなかに占める消費の割合のことで、図 2-2 では2022年の数値がおおよそ54％となっています。

この式の右辺には四つの項目のシェアがありますが、これらを合わせるとちょうど 1 になります。そこで、経済成長率は、需要の各項目の増加率の加重平均になっていることがわかります。平均のウェイトは、それぞれの項目のシェアということになります。

この式の意味は直感的にとらえられると思います。GDP が需要の各項目を足し合わせたものですので、その増加率である成長率は、需要の各項目の増加

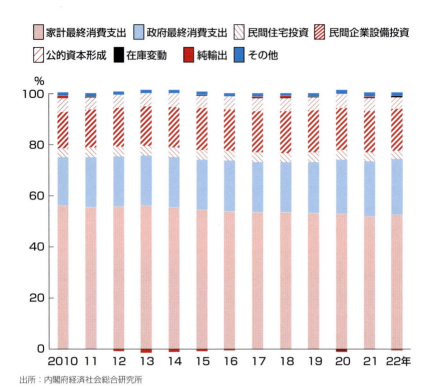

出所：内閣府経済社会総合研究所

図2-2　需要項目別実質GDPの推移（2010〜2022年）

率の平均となるのです。―5

この式の右辺のそれぞれの項、すなわち個々の需要項目のシェアにその増加率を掛けたものを、その項目の経済成長への寄与度といいます。たとえば、消費シェアに消費の増加率を掛けたものを消費の寄与度と呼びます。経済成長率は各項目の寄与度を足し合わせたものですので、寄与度とはその需要項目が経済成長率に寄与する部分ということになります。

最近の経済成長率と各項目の寄与度の関係を見ると、たとえば1988年前後のバブル景気（このときには経済成長率も高い）には消費や民間設備投資など、

5―日本の景気は外需依存型か　景気が外需に依存しているのか、内需に依存しているのか、ということが話題になることがしばしばあります。こうしたときには、輸出と輸入の経済成長に対する寄与度を見ればよいことになります。これが大きければ外需への依存が大きいということになります。

いわゆる内需の寄与度が非常に大きくなっていました。バブルが崩壊して景気が低迷している90年代には、消費や投資が景気の足を引っ張り、政府支出でかろうじてしのいできました。

2000年代の中ごろ、世界経済が好調なこともあり、純輸出の増加が日本の需要を牽引しました。しかし、2008年のリーマンショックで世界経済の景気悪化により純輸出は大きく落ちこみ、日本の景気も悪化することになります。

これまでの議論は、どちらかというと、過去の経済成長率を需要項目に分解したものでした。しかし、同じ手法を利用して、経済成長率の今後の動きを予想することもできます。消費、投資、政府支出などの動きをいろいろな情報から予想し、それを用いてGDPの成長率の推計をするのです。これはすでに説明した成長方程式にもとづいた供給サイドからの見方とはまったく違った、需要サイドからの見方になります。

政府や日本銀行などの公的調査部門、民間の経済シンクタンクなどでは、定期的に経済見通しを発表しています。そのような見通しのなかでもっとも注目される指標が今後予想される成長率（つまり実質GDPの成長率）です。これらの調査機関が内部においてどのような手法で予想をしているのかはそれぞれの機関によって特徴があるとは思いますが、どの機関においても、需要の個々の項目である消費、投資、政府支出、輸出入などについて将来の動きを予想して、それを積み上げたものとしてGDPの動きを予想しているはずです。

GDPという経済全体の動きをとらえることは容易ではありません。個々の構成要素である消費、投資、貿易（輸出入）などが、違った変化のパターンをとることが多いからです。動きの癖もあるでしょう。投資は景気に反応して大きく動きますが、消費はそれほど大きくは動きません。輸出入は為替レートの変化に大きく反応しますが、内需項目（消費、投資、政府支出）はそうは反応しません。政府支出の動きについては政策的意図が反映するので、他の変数とは違った動きをします。景気低迷期には消費や投資は落ち込みますが、政府が積極的な財政政策を行なっているときには、政府支出は拡大します。こうした個々の項目の動きの癖を見ることも、マクロ経済分析の重要な点なのです。

需要と供給：どちらがマクロ経済の動きを決めるのか

以上で見たように、GDPの動きに集約されるマクロ経済の動きの背後には、需要と供給という二面がかかわっています。「需要と供給のどちらがマクロ経

済の動きを決めるのか」という設問をたてることに意味があるでしょうか。それは手を打ったとき「どちらの手が鳴ったか」とたずねるようなものだと思われる読者も多いと思います。確かに、そういった見方には正しい面もあります。需要面あるいは供給面のどちらか一方だけでマクロ経済を見ることは、経済の全体像を見誤ることになりかねません。ただ、需要サイドと供給サイドに大きな違いがあることも認識する必要があります。

供給サイドについては、短時間でその状況が大きく変化することはまれであるといってよいと思います。労働者の数や一人ひとりの労働者の能力などによって決まる労働量、経済全体で見た資本設備の規模、その経済の技術レベルなど、供給サイドの基本的な要因は、時間とともに徐々に変化していくものであり、短時間に急速には変化しません。地震・戦争などの天災・人災、石油ショックのような海外から来る突然の資源価格や数量のショックなど、ごく特別な場合のみ、短期的に供給条件が変化します。

したがって、通常は、供給サイドがマクロ経済学で表に出てくるのは、経済成長や経済発展など、マクロ経済の長期的な動きを見る分野です。これらの分野では、資本や労働など供給要因の動きが経済の動きを見るうえで重要な意味を持つからです。

これに対して、需要サイドの要因は、もう少し短時間で大きく動きます。消費や投資への需要は、いろいろな原因で、短期的に大きな変動をしたり、一定期間で波をうったりします。輸出入も為替レートの動きによって大きく動いたりします。

このように、供給サイドの要因と、需要サイドの要因ではその動き方の時間的なスケールが違うため、マクロ経済の動きを見る際にも、需要と供給の関係をどのように考えるのかが決定的に重要な意味を持ってきます。実は、マクロ経済学において対立的である二つの考え方、ケインジアン（ケインズ学派）と新古典派の違いの重要な点がここにあるのです。—6

この二つの学派の考え方の違いは、学問的な次元だけでなく、現場のマクロ経済政策の運営の違いとしても、重大な意味を持っています。マクロ経済の動

6—サプライサイダー　ケインジアンや新古典派とは別に、サプライサイダー（供給サイド派）という学派がときどき話題になります。彼らの考え方は、マクロ経済の動きを決めるうえで供給側が重要となり、マクロ経済の活性化のためには、生産要素の有効利用や設備拡大を促進するような政策的対応が必要であるということを強調します。

●経済学ステップアップ●
成長予測と財政運営

　政府が行なう経済成長の予測は、さまざまな経済政策を行なううえできわめて重要な役割を演じます。その代表的な例が財政運営です。今後の財政運営を考えるためには税収がどれだけ入ってくるか、あらかじめ予測しておく必要があります。

　税収の規模は経済成長率に大きな影響を受けます。3％で成長する経済と、1％でしか成長しない経済では、税収の伸びも大きく異なるからです。政府は経済モデルを利用して日本経済の潜在成長率を計測します。そしてその成長率の予想を利用して今後の税収の伸びを予測するのです。

　11章でくわしく述べますが、日本はいま深刻な財政問題に直面しています。財政を健全化するために増税や社会保障の歳出抑制などの政策が必要となります。どれだけの増税が必要なのか、どの程度の歳出抑制が必要なのか、これを具体的に考えるためには、今後の日本経済の成長率の数字が必要となります。それも実質の成長率だけでなく、名目の成長率の数字も重要となります。

　成長率が高いほど、より高い税収の伸びが期待できるので、増税措置や歳出抑制は甘くすみます。実質成長を超える名目成長があれば、つまりデフレから脱却して物価が上昇していけば、さらに好ましいのです。逆に高い成長が期待できなければ、財政健全化の道はよりきびしいものとなります。

　2012年に政府は消費税を5％から10％にあげる法案を通しました。この法案での財政健全化策は、実質で2％、名目で3％の成長率を想定して策定されたものです。今の日本経済の現状を考えると、少し楽観的な予想ではないかという批判もあります。ただ、そのような高い成長を実現できるような政策（これを成長戦略と呼ぶ）を実行するという意図も込めた、財政健全化策と考えればよいのでしょう。

きの背後にあるメカニズムに対する見方に決定的な違いがあるので、政策運営の考え方が異なるのは当然なのかもしれません。本書のなかでも、この二つの学派の考え方の違いについては、いろいろな局面で説明することになります。

供給がマクロ経済を決める：新古典派の考え方

　新古典派の考え方をあえて単純化して述べるなら、「供給が需要を決める」ということになります。上で説明してきた需要サイドと供給サイドの考え方の延長線上でこの考え方をあえて大胆な図で示せば図2-3のようになります。この図についてのくわしい議論は8章で行ないますが、ここではとりあえず説明のための概念図ぐらいに考えておいてください。

　この図で特徴的なことは、短期的には供給サイドの要因はあまり大きく変化しないが、需要サイドは価格の調整によって変化しうるということです。この図の横軸には実質GDPがとってあり、縦軸には物価がとってあります。総供給曲線という垂直に立った線が供給サイドの状況を表わしています。この線が垂直であるということは、供給量（実質GDP）が、物価などの要因とは関係なく、供給サイドの要因で決まってしまっているということを表わしています。

　もう一方の総需要曲線は右下がりになっていますが、これは需要サイドを表わしています。これが右下がりになっていることは、物価が下がるほど総需要（これも最終的には実質GDPになります）が大きくなるということを意味します。この曲線が右下がりになることの理論的な背景についても8章で説明しますが、いまの段階ではとりあえず、需要は物価によって調整されうるという程度に考えておいてください。

　さて、新古典派の考え方の基本にあるのは、市場の価格調整メカニズムに対する深い信頼です。もし、どこかに需要と供給のギャップがあれば、それは価格の変化によって調整されると考えます。—7

　たとえば、労働市場で失業が多くあれば、それは賃金の低下を通じて、雇用

7—インフレギャップ・デフレギャップ　マクロ的に需要が供給を超過するような状態で物価や生産が引き上げられるような力が働いているとき、インフレギャップが存在するといいます。逆に、需要が供給を下まわり雇用削減や物価下落などの圧力がかかっているとき、デフレギャップが存在するといいます。インフレギャップ、デフレギャップともに、◯◯兆円のインフレ（デフレ）ギャップというように、数値で表現されることもあります。

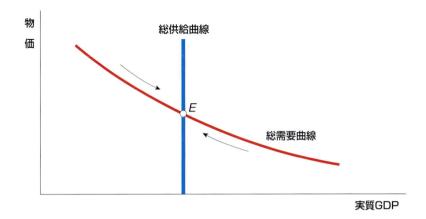

図2-3　新古典派的な考え方：伸縮的な価格調整

新古典派的な世界では、物価が伸縮的であるため、供給量は完全雇用に対応するGDPに調整されてしまうと考えます。

の増大を促すはずです。あるいは、ある商品で供給を上まわる需要があれば、価格が上がって需要が抑え込まれる形で調整されます。

このような個別市場レベルでの調整があちこちで起こるなかで、マクロ経済全体でも（総）需要と（総）供給の調整が起こります。もっとも調整といっても総供給側は動かないので、総需要の側が調整することになります。そういった調整は、この図の上では価格を総称した物価の調整によって、最終的な均衡点が図のE点にくるということです。

さて、図から明らかなように、このような想定の下では、最終的な生産規模（実質GDP）は供給側が決定してしまうといっても過言ではありません。需要サイドで、消費や投資、あるいは政府の政策による財政支出などでいくら変化が起こったとしても、そうした変化はすべて価格調整をもたらし、最終的には総供給曲線上にきて、その結果GDPも影響を受けないことになります。

新古典派の考え方によれば、財政・金融政策によって需要に影響を及ぼして景気を刺激しようという政策はあまり意味がないことになります。そんなことをしてもしなくても、価格の調整で総供給曲線上にくるのです。これに対して、後で見るように、ケインジアン的な立場に立てば、たとえ「穴を掘っては埋める」というむだな公共事業をしたとしても、不景気のときには需要刺激になるので意味があるということになり、両者の間には大きな開きがあります。

56 Part1 マクロ経済学の基礎

　ちなみに、総供給曲線の上ではすべての生産要素は完全に利用されていますので、労働についても完全雇用が実現されていることになります。そこで、「市場の調整メカニズムによって『完全雇用』がつねに実現されている」といういい方になります。―8

　新古典派の世界では、価格の調整が十分に働くので、つねに完全雇用が実現しているのです。

需要がマクロ経済を決める：ケインジアン的な世界

　新古典派の世界と対比するために、図2-4に、あえて単純化したケインジアンの状況を図示してみました。ここに描いた総需要曲線は図2-3と同じようなものですが、総供給曲線は図2-3とは違った形状をしています。

　ここでくわしい議論をするのは適当ではありませんが、ケインジアンが新古典派と違うのは、賃金などの調整力が弱いので完全雇用が実現しないということにあります。図に描かれているように、総需要曲線と総供給曲線の交点は、この図では完全雇用に対応するGDPの水準よりも低くなっています。新古典派の世界では賃金などの調整が起きて雇用が拡大するので、経済は完全雇用の方向に動きますが、ケインジアンの世界では賃金が十分に調整できないので、低い水準に経済活動がとどまってしまいます。

　消費や投資などの需要が落ち込んだとき、賃金の調整がうまく働かなければ、企業もその水準にあわせて低い生産をしようとします。それが人々の所得を低下させ、雇用にも悪影響が出るでしょう。それがさらに需要を抑制するという形に、景気悪化は悪循環を起こします。こうした状況をケインジアンは需要の不足という形で表現したのです。

　ケインジアンのような立場に立てば、需要不足を補う政策によってGDP水準を高めようという考え方が出てきます。景気が悪化しているときには、需要が不足している。そこで民間の需要不足を補うため、政府による支出を増やす。それが経済全体の需要を増やして、景気を回復させることになる、という考え方です。図2-4の上では、これは総需要曲線が右へシフトしていき、総供給

8―完全雇用　もっとも、完全雇用というのは理論上のいい方であり、文字どおり一人の失業者もいないということではありません。情報のずれや調整によって生じる若干の失業を除いて、すべての労働者が雇用されているということです。

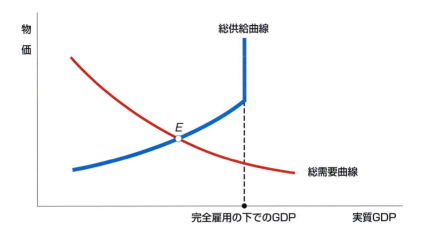

図2-4　ケインジアンの総需要と総供給
完全雇用GDPの水準よりも低いところで総需要曲線と総供給曲線が交わっています。

曲線との交点が、完全雇用状況に近くなっていくのです。そのような政府支出については、社会的に意味のあるものへの投資にこしたことはないが、たとえ「穴を掘っては埋める」というような社会的に意味のない活動であっても、需要を拡大して景気を刺激するという点では意義があることになります。―9

　ケインジアンは、政府による積極的な政策介入を評価します。民間部門の自由な活動に委ねていただけでは、需要不足が生じて景気が悪化する可能性があります。そうしたことが起こらないように、政府が政府支出を調整することで、景気を安定化させることができます。これが、ケインジアンの政策に関する基本的な考え方です。

　同じ経済学でも、需要と供給の関係をどのように見るのかによって、ケインジアンと新古典派には大きな考え方のギャップがあります。そのような違いが、両者の経済政策の考え方の違いに出てきました。

9―戦争の経済効果　「穴を掘っては埋める」という非生産的な経済行為の典型的な例が戦争かもしれません。過去の事例を見ても、第二次世界大戦、朝鮮戦争、ベトナム戦争などは多くの経済的需要を生み出し、マクロ経済的にも大きな影響をもたらしました。たとえば、1950年に勃発した朝鮮戦争は日本経済に特需と呼ばれる需要の増加をもたらし、苦境にあった日本経済に大きな刺激となりました。もちろん、戦争のこうした経済効果が戦争を正当化するものでないことはいうまでもありません。

58　Part1　マクロ経済学の基礎

演習問題

1. 以下の文章の下線部分に用語や数値を入れなさい。

　(1)マクロ経済の動きは、消費・投資・政府支出などの動きを示した＿＿＿＿＿と、生産要素などを利用した生産の動きを表わした＿＿＿＿＿の両方から見ることができる。

　(2)生産要素の増加率やそれぞれの生産要素の＿＿＿＿＿から経済の成長率を予測する計算式のことを＿＿＿＿＿という。

　(3)ケインジアンの世界では、生産量は＿＿＿＿＿の大きさに依存するが、新古典派の世界では、生産量は＿＿＿＿＿サイドによって決まってしまい、需要の変化はすべて＿＿＿＿＿の動きに吸収されてしまうと考える。

2. 以下の記述は正しいのか、誤っているのか、それともどちらともいえないのか、答えなさい。

　(1)消費が３％で成長していて、経済全体に占める消費のシェアが70％であるとき、経済成長に対する消費の寄与度は2.1％である。

　(2)ケインジアンの立場に立とうが、新古典派の立場に立とうが、政府支出の大幅な増加は物価を上げる方向に働くと考えられる。

　(3)ケインジアンの立場に立とうが、新古典派の立場に立とうが、政府支出の大幅な増加は生産量を引き上げる方向に働くと考えられる。

　(4)物価と消費量は異なった単位の経済変数であるので、その変化率を比較するのは意味がない。

3

有効需要と乗数メカニズム

フランコ・モジリアーニ イタリア出身の代表的なケインジアン。マクロ経済学の多くの分野で重要な貢献をしているが、ミラー教授といっしょにまとめた企業金融に関するモジリアーニ＝ミラーの定理がとくによく知られている。

この章では、乗数メカニズムについて学びます。景気が拡大する過程では、需要の増加 → 生産の拡大 → 所得の増大 → 需要の増加、というようなマクロ経済における自己増殖的なメカニズムが働きます。また、景気が悪化していくときには、これと逆方向の力が働きます。このような自己拡大的あるいは縮小的なメカニズムを、乗数プロセスと呼びます。

乗数プロセスを理解することなく、マクロ経済の動きを語ることはできません。現実の経済が景気の波のなかで大きく動くのは、この乗数プロセスが働いているからです。経済のなかに起こった小さな動きが、水面に波紋が広がるように経済全体に波及していき、それが結果的には景気の好不調につながっていきます。また、政府はそうした景気の波を平準化すべく、さまざまな形で需要を拡大したりあるいは抑えるような政策を行なうのです。

乗数プロセスを通じて、読者はマクロ経済が需要・生産・所得の連鎖のなかで動いていることを学びます。さまざまな形での波及プロセスを把握することがマクロ経済の理解にとって必要となりますが、乗数プロセスはそうした波及プロセスのもっとも基本的なものなのです。この章で取り上げる乗数プロセスは、この後何度も出てきます。そうした意味でも、この章の内容を確実に理解して次章に進むようにしてください。

需要不足がもたらす不況

2章で説明したように、マクロ経済の動きは需要サイドと供給サイドの相互作用のなかで決まります。需要が発生してはじめて生産活動に結びつくという面と、供給能力が存在するから需要に応じることができるという面があります。需要サイドと供給サイドは両方とも大切です。

ただ、景気の問題を考えるときには、需要サイドのほうが重要な意味を持ちます。消費や投資などの需要がどのように動くかが鍵を握っているからです。「消費や投資はどのようなメカニズムで決まるのか」「政府による減税や公共投資は景気全般にどのような影響を持っているのか」「金融政策によって金利を調整することで、経済全体はどのような影響を受けるのか」——こうした問題は、すべて、マクロ経済全体として需要がどのように決定されるかという点に関連しています。

過去の日本経済の不況時にも、それぞれの時点で、需要不振が経済困難の大きな原因であると考えられてきました。雇用状況の悪化（失業率の上昇など）、

将来に対する不安などから、消費は低迷します。企業は、販売の不振などから、生産力に見合っただけの販売を達成することができず、過剰設備を抱えていると考えます。したがって、新たに設備を拡張するような投資需要もなかなか出てきません。

このような消費や投資という需要の不足が、企業の販売の低迷をもたらします。企業の売上や利益は大幅に減少します。企業の業績不振は倒産やリストラを通じて、失業を増やす大きな原因となります。また、失業に至らない労働者でも、賃金カット、残業代カットなどのきびしい現実に直面します。こうしたことが、人々の消費需要をさらに冷やし、企業の設備投資意欲も挫きます。マイナス方向への需要低迷の悪循環が起こっているのです。

このように、マクロ経済全体の需要は、景気動向に大きく依存するということがわかります。景気が悪くなれば所得も減るし設備も過剰になるので、消費や投資などの需要は落ち込みます。これが景気をさらに悪化させるというように、悪循環のメカニズムが働いています。

これとは逆に景気が拡大基調にあるときには、景気回復が需要を拡大させ、それがさらに景気回復を後押しするという好循環のメカニズムが働きます。このように、マクロ経済全体の景気動向と需要の動きの間には密接な関係が存在します。この点について解明するのが、この章の目的なのです。

景気の波及メカニズム

　景気の波及プロセスにおける需要の重要性を単純な形で見るため、まず簡単な事例を用いて説明しましょう。

　景気が悪くて失業者が大量に発生するのは、企業が労働者を雇わないからです。なぜ企業が労働者を雇わないのかといえば、それは景気が悪くて製品が売れないからです。このように考えてみると、そこには

　　　［景気が悪くてモノが売れない］→［企業が生産を縮小し雇用を減らす］
　　　→［人々の所得が減少してますます景気が悪くなる］

というような景気の悪循環のメカニズムがあります。

　景気が良くなるときには、この逆のプロセスが働きます。すなわち、

［景気が良くなってモノが売れる］→［企業は生産を拡大し雇用も増やす］
→［人々の所得が増大してますます景気が良くなる］

というプロセスになります。

　夏の暑さは、景気の動きに大きな影響を及ぼします。エアコン、夏物衣料、清涼飲料水、ビールなどの売れ行きに大きな影響を及ぼすからです。そして、こうした商品が売れることは、たんにこれらの商品を生産している業界が潤うだけでなく、他の業界にも波及していくのです。

　たとえば、ある夏が非常に暑くて、平年よりも100億円余分にエアコンが売れたとしてみましょう。家電メーカーは100億円分余分にエアコンを生産・販売します。この売上の増加分100億円は、家電メーカーやその下請けの部品メーカー、そして家電小売店などの利潤や労働者の賃金増加として、（経済全体として）100億円の所得増加をもたらします。しかし、経済全体の所得や生産の増加はこれだけにとどまりません。

　所得が増大した家電メーカーの従業員は、その一部を衣服・レジャーなどの商品の購入にまわすでしょう。その結果、これらの商品やサービスを扱っている企業の売上が増加し、生産活動も拡大するでしょう。そこで働く人々の所得も増えます。すると、今度はこの人々がいろいろな商品の購入を増やすはずですから、そのような需要の増大が見られた商品の生産をしている企業の生産も増大します。

　このような二次的・三次的な需要の波及の大きさは、所得の増加分のうちどれだけが消費にまわされるかによって影響を受けます。所得が増えても人々が消費を増やさないなら、需要の波及はほとんどありません。これに対して、所得の増加分の相当部分が消費の増加にまわるなら、需要の波及効果は大きくなります。

　以下でもう少しくわしく説明しますが、ここで重要な意味を持つのが、限界消費性向と呼ばれる概念です。─1

　限界消費性向とは、所得の増加のうちどの程度の割合が消費の増加にまわるのかを表わした指標です。みなさんの収入が来月から1万円増えたとしたら、みなさんはそのうちどれだけを消費にまわし、どれだけを貯蓄に残しますか。かりに8000円は消費にまわすと答えるなら、その人の限界消費性向は0.8ということになります。経済全体でも、同じようにして限界消費性向というものが

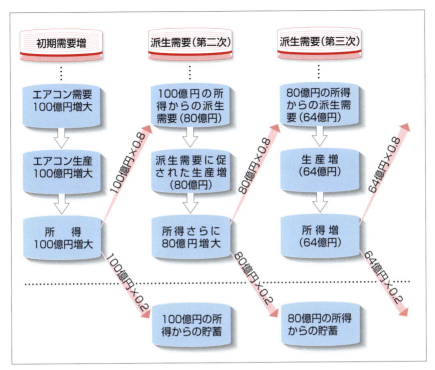

図3-1 需要の波及と乗数プロセス

エアコンの需要増大として出てきた初期需要は、所得の増大を通じて、つぎつぎに新たな波及需要を発生させます。

あり、この大きさが需要の波及効果の大きさを決定するのです。

　図3-1は、限界消費性向を0.8としたときの、エアコンの需要増大の波及プロセスを例示したものです。エアコンの売上が100億円増えて、業界の所得も100億円増えたときの、需要の波及プロセスを表わしています。もし経済全体の限界消費性向が0.8であるなら、所得増加分100億円の8割、すなわち80億円が新たな需要の増大となって現われるはずです。その中身は、衣服、レジャー、

---

1 ― 限界という概念　経済学の教科書にはしばしば限界（英語では marginal）という表現が出てきます。何かが少し変わったとき、それに対してどう反応するのかというのが限界ということの意味です。たとえばここで限界消費性向という概念が出てきましたが、これは所得が少し増えたとき消費がどれだけ増えるのかという概念です。限界という考え方は初学者にはわかりにくいものだと思いますが、経済学の基本的な考え方ですので、身につけてほしいものです。

飲食など、さまざまな分野に広がっているはずです。

　図にも示したように、このように経済全体に二次的需要で波及した需要は、さらに三次、四次と、つぎつぎに派生需要をもたらしていきます。このような需要の派生プロセスが終了するまでには、相当の時間がかかるでしょう。しかし、ここでは単純化のためにそうした時間的経過を無視して派生需要をすべて足し合わせてみます。くわしい計算の方法は後で説明しますが、当初の100億円の分も含めて派生需要をすべて足し合わせると500億円になることがわかります。すなわち、当初の100億円のエアコンへの需要増加は、最終的には500億円にまで膨れ上がるのです。しかも、そのうちの400億円分は、その大半がエアコン以外の財・サービスに対する需要となっています。

　このように、需要増大が生産増大と所得増大を生み出し、これがつぎつぎに派生需要を生み出し、その結果、経済全体の需要・生産・所得が雪だるま式に増えていくプロセスを乗数プロセスと呼びます。

　乗数プロセスは、マイナス方向にも働きます。景気が悪いときには、これが大きな問題になります。たとえば冷夏で例年よりもエアコンの需要が落ち込めば、それは家電メーカーなどの業績に影響を及ぼし、残業代カット、ボーナスカット、パート労働削減などを通じて、関係する労働者や企業の所得を減らします。その所得の減少はこれらの人々の需要を低下させますので、他の財・サービスの需要減少という形で他の産業へ波及していきます。このようなマイナスの波及プロセスも上で説明したプロセスと同じように二次、三次、四次と広がっていくのです。

限界と平均

　経済の議論には、ここで取り上げた限界消費性向の他、限界貯蓄性向、平均消費性向、平均貯蓄性向などの用語がしばしば出てきます。ここでこれらの用語の関係を簡単に説明しておきましょう。

　限界消費性向は、すでに説明したように、所得が少し増えたときにそれに反応して消費がどれだけ増えるかを示した数値です。たとえば、限界消費性向が0.8であるなら、所得の増加に対して、その80％が消費にまわることになります。逆に所得が減少したときには、所得の減少分の80％の金額の消費の減少が見られるということになります。乗数の概念の説明にあったように、経済の動きを見るうえで所得の増減に消費がどの程度反応するのかが重要な意味を持って

います。その反応の大きさを示したのが限界消費性向です。

限界貯蓄性向は、限界消費性向とセットになるものです。たとえば限界消費性向が0.8なら、限界貯蓄性向は0.2となります。所得が増えたとき、その80％が消費にまわり、残りの20％が貯蓄にまわることになります。一般的に限界消費性向と限界貯蓄性向の数値は、足すと１になります。

平均消費性向は、限界的な変化に対する反応ではなく、所得全体に占める消費の割合を表わしたものです。たとえば年間所得が500万円の人が消費に350万円使っていたら、平均消費性向は0.7あるいは70％ということになります。平均貯蓄性向はその裏側ですので、この場合、平均貯蓄性向は0.3あるいは30％ということになります。平均貯蓄性向や平均消費性向は、その経済が全体としてどれだけ貯蓄や消費の意欲が強いかを表わしています。

限界と平均という二つの概念は、経済学でいろいろな形で出てきます。限界税率と平均税率、限界費用と平均費用、限界輸入性向と平均輸入性向などです。この二つの概念を混乱しないように気をつけてください。

限界消費性向と乗数

以上で例を用いて説明した乗数プロセスについて、もう少しくわしく説明します。この項は多少テクニカルですので、とばして読んでもかまいません。いま、当初の需要の増加額を A（上の例では100億円）、限界消費性向が c（上の例では0.8）であるとします。繰り返しになりますが、限界消費性向とは、所得の増加のうち、どれだけの割合が消費の増加となるかを示したものです。

さて、一次需要の増加が A であれば、それによって A だけの所得増加ともなるので、二次の派生需要は cA、三次の派生需要はそれにさらに c を掛けて c^2A、四次は c^3A となります。このような派生需要をすべて足し合わせると、

$$A+cA+c^2A+c^3A+c^4A+\cdots = A(1+c+c^2+c^3+c^4+\cdots)$$

となります。

これは初項 A、公比 c の無限等比級数となっています。したがって、この和は $A/(1-c)$ となります。無限等比級数の和は、初項÷（1−公比）となるということを、高校の数学で学んだと思います。—2

さて、この和のなかの $1/(1-c)$ の部分を、乗数（あるいは乗数値）と呼びます。当初の需要に対して、派生需要も含めたすべての最終的な需要が何倍に

まで拡大するかを示しています。たとえば、$c=0.8$であった上の例では、乗数値は5になります。ですから、100億円の当初のエアコンの需要増に対して、最終的な需要はその5倍の500億円となります。

　限界消費性向が1に近いとき、すなわち、人々が所得増のほとんどを消費にまわすときには、乗数値も大きくなります。それだけ二次、三次の派生需要が大きくなるからです。乗数の考え方は、マクロ経済の需要メカニズムについて考えるうえで、重要な意味を持っています。

　第一に強調しておかなければならないことは、乗数メカニズムの存在のために、経済のどこかに起こった需要の増大や減少の動きが、乗数プロセスを通じて経済全体に拡大して波及するということです。そのため、需要が大幅に不足した景気低迷や需要が拡大しすぎた景気過熱の状態がしばしば生み出されるのです。経済の景気をほどよい状態にしておくために、需要の管理という視点が必要となってきます。

　第二に、こうした乗数プロセスを利用して、経済に需要を起こしたり、あるいは経済の需要を抑えたりすることも可能となります。そのための手法が財政政策や金融政策です。たとえば、政府が公共工事を増やせば、そこで生み出された需要増が乗数プロセスを通じて経済全体に拡大して広がります。逆に、過熱した景気を冷やしたいときには、増税を行なえば消費が抑えられ、それがまたマイナスの乗数プロセスを通じて需要を減少させていくのです。

生産・所得・需要の相互メカニズム

　以上で説明した考え方をさらに進めれば、経済全体の需要がどのように決まるのかがわかります。以下でこれを説明していくわけですが、話をもっとも簡

2─等比級数と経済学　高校の授業で学んだ等比級数が出てきて、また数学かと恐怖感を持った読者もいるかもしれません。もちろん、本書のような入門書で数学について深刻に考える必要はありませんが、等比級数の考え方は経済学の至るところに出てきます。これは、ここの乗数の議論にも見られるように、ある出来事がつぎつぎに波及効果をもたらし、それがすべて集計されたときの大きさを見るためには、どうしても等比級数の考え方が必要になるからです。

　簡単な計算の手法だけ示せば、派生需要の総和をDとすると、

$$D = A + cA + c^2A + c^3A + \cdots$$
$$\underline{-)\ cD = cA + c^2A + c^3A + c^4A + \cdots}$$
$$(1-c)D = A$$
$$\therefore D = \frac{A}{1-c}$$

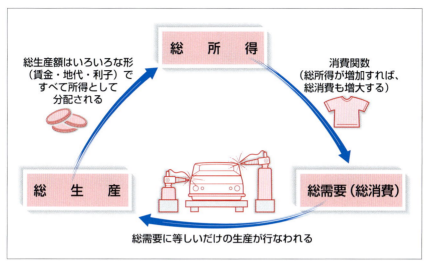

図3-2 生産・所得・需要の連鎖のイメージ

生産が行なわれることで、所得が生み出されます。その所得によって需要が生み出され、それが生産を誘発し、それがさらに所得を生み出すという連鎖が働きます。

単なところからはじめるため、まず、経済の需要はすべて家計（消費者）による消費という形をとると考えてみましょう。企業による投資、政府による政府支出、海外との貿易などについては、後で順次導入していきます。

図3-2は、マクロ経済全体における、生産、所得、需要の関係を示したものです。この図から、総生産、総所得、総需要が、ひとつのサイクルの上で同時に決定されることが読み取れると思います。—3

すなわち、総需要が総生産を決め、総生産が総所得を決め、そして総所得が総需要を決めるのです。以下、この三つのチャネルを説明しましょう。

まず、総需要から総生産への関係ですが、これは、総需要がそれに等しい総生産をもたらすという単純なものです。需要の裏付けがないかぎり生産が行なわれません。たとえば景気が悪い状況では、企業は十分な生産余力を残しながら、需要に見合った分だけしか生産しません。

3—生産・所得・支出　マクロ経済学を学ぶうえでもっとも重要なことは、生産されたものが所得になり、その所得が支出されるということから、この三つが最終的に同じ金額になるということを理解することです（三面等価）。この関係の下で、マクロ経済は動いています。

68　Part1　マクロ経済学の基礎

　つぎに総生産から総所得への関係ですが、これについては、すでにGDPや
GNPの三面等価として1章で説明しました。生産として生み出された国民所
得は、国民への所得としてすべて分配されます。所得の形態は、賃金、地代、
配当、利子などさまざまな形態をとりますが、これらは結局のところ生産活動
によって生み出された所得を分配したものなのです。そもそも、生産によって
生み出された以上のものを所得として支払うことは無から有を生じることにな
りますし、逆に、生産によって生み出されたものの一部がだれの所得にもなら
ないということもありえません。

　最後に、総所得が総需要を生み出すメカニズムについて説明しましょう。こ
こでは、とりあえず需要として消費しか考えていません。したがって、総需要
とは消費のことです。所得と消費の関係を表わしたものが消費関数と呼ばれる
ものです。これについては後でくわしく説明しますが、要するに所得が大きい
ほど消費も大きくなるという関係を示したのが消費関数です。

　さて、以上の三つの関係を一巡することで、生産、所得、需要が決定されま
す。以下に示すように、これを式の形で示すと、きわめて簡単な形になります。

消費関数と生産・所得・需要の決定

　図3-2で示した生産・所得・需要の同時決定を、明示的な形で解くために
は、消費関数を導入する必要があります。消費関数とは、図3-3に描いたよ
うな所得と消費の間に成立すると考えられる関係を表わしたものです。—4

　この図には、横軸には所得、縦軸には消費がとられています。図には右上が
りのグラフが描かれていますが、これは所得が高くなるほど消費も多くなるこ
とを表わしています。消費関数は通常右上がりになっていますが、これは消
費が所得の増加とともに拡大すると考えられるからです。消費関数については
さまざまな角度からの研究がありますが、ここではとりあえず図3-3に描か
れたような単純な消費関数を考えることにします。

4—消費の理論　入門書である本書の性格からいってあまり深く立ち入ることができませ
　んが、消費の理論というのは、マクロ経済学のなかでももっとも多くの研究が行なわ
　れてきた分野のひとつです。消費が所得の関数であるというここで紹介した単純な見
　方ではなく、資産や所得の変動が消費にどのような影響を及ぼすのかという点が重要
　な論点となってきました。フリードマン、モジリアーニ、ストーンなど、ノーベル経
　済学賞を受賞した多くの経済学者がこの分野の研究に貢献しています。

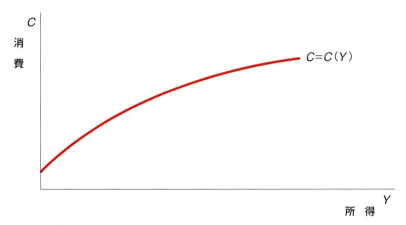

図3-3 消費関数

所得（横軸）が増えれば消費（縦軸）も拡大するという関係を、この消費関数は表わしています。一般的に消費関数は右上がりで傾きは1よりも小さくなっています。

　図3-3のグラフにも書き込まれているように、消費関数は

$$C = C(Y)$$

という関数形で表わすことができます。この関数を用いて、生産・所得・需要の関係を表わすと、

$$Y = Y = C$$

という単純な関係になります。

　この式の最初の式は左辺の生産（Y）が真ん中の所得（Y）に等しくなることを示しています。二つ目の式は所得（Y）と需要（C）が等しくなっていることを示しています。この式消費関数をまとめると、

$$Y = C(Y)$$

となりますが、この式で生産・所得・需要の三つが等しくなる所得（生産、需要）の水準が求まります。

　これをグラフで表わしたのが、図3-4です。この図には、二つの線が描かれています。ひとつは、図3-3と同じ消費関数です。これは横軸の所得に対

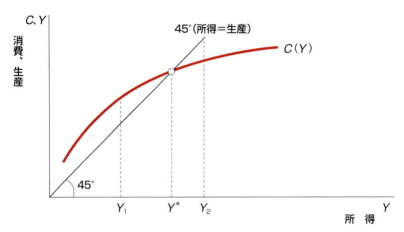

図3-4　45度線を用いた所得の決定

消費関数が45度線と交わるところで、需要（この場合は消費だけ）と所得が等しくなっています。つまりマクロ経済的均衡が成立しているのです。

して縦軸の消費がどのように対応するかを示しています。もうひとつは、45度線ですが、これは横軸にとられた所得と縦軸にとられた生産が等しくなるということを示しています。

さて、図3-4のグラフの上では、マクロ経済の所得＝生産＝需要を満たすのは、二つの線の交点で表わされる所得水準のところです（この点をマクロ経済の均衡点と呼ぶことにします）。これは図の上では、横軸にとられた Y^* という所得水準となります。この所得のときには、そこから生じる消費もちょうど Y^* に等しくなり、所得・生産・需要（消費）がちょうど等しくなっています。─5

マクロ経済の均衡点の内容について理解するためには、所得水準が Y^* よりも高くなったり低くなったりしたとき、どのようなことが起こっているのか確

5─均衡　均衡という表現が経済学にはしばしば出てきます。これも初学者にはわかりにくい言いまわしかもしれませんが、経済学のもっとも基本的な概念です。簡単にいえば需要と供給が等しくなるような状況を表わしていると考えてください。現実の経済がつねにそうした状態にあるわけではないのですが、時間とともに、需要と供給が等しくなるような均衡に近づいていくと考えられるので、均衡のところを中心に考えれば経済の大きな流れがつかめるということです。

> ### Guide to Current Topics
> ## 消費税は景気を悪化させるか

消費税率の引き上げをめぐって、政治の場では激しい議論が行なわれてきました。消費税増税に反対する人たちは、増税をすれば景気に悪影響が出ることを懸念しています。本文中で説明した簡単なマクロモデルでも、増税が景気に悪影響が及ぶことを確認することができます。増税は一般に消費を抑制します。消費が抑えられれば、乗数効果を通じて、経済全体の生産や所得水準も下がるからです。

ただ、現実はそう簡単でもありません。スウェーデンやデンマークの北欧諸国のように、消費税率が25％前後という国もあります。これらの国のほうが、日本よりも所得水準も高いし、経済成長率も高くなっています。消費税率が高いほど経済は停滞するというのは、国際比較で見るかぎりはどうも正しくないようです。

消費税の税収が何に使われるのか、そして消費税も含む税体系全体がどうなっているのかなどによって、経済への影響も大きく異なります。北欧諸国では税負担は重いのですが、その税を利用して手厚い社会保障制度が運営されています。消費税率は高いのですが、その分法人税率を引き下げ、経済活力の維持には配慮した税制になっています。

また、潤沢な税収をもとに手厚い労働者保護制度が確立しているので、企業は従業員の解雇などを柔軟に行っているようです。日本のように企業に雇用維持を強く求めるのではなく、社会全体として労働者を守る制度が確立しており、その分企業に過度な雇用維持責任を押し付けないのです。こうした制度が、北欧の企業の国際競争力を高める結果になっています。

消費税率の引き上げを議論するとき、目先の景気に対する影響と、長期にわたる経済への影響を区別しなくてはいけません。税制の改正は長期的な経済のあり方を決めるものであり、短期的な視野に縛られてはいけないのです。

認する必要があります。

たとえば、図3-4の横軸にとられた Y_1 のように、均衡の所得水準 Y^* よりも低い所得のところではどのようなことが起こっているでしょうか。この場合には、消費関数の位置からも明らかなように、消費（需要）の水準は所得や生産よりも高い水準にあります（消費関数の位置が45度線よりも上にあります）。つまり需要が供給を超過しているのです。もし経済に十分な供給能力があればこの場合には生産が拡大し、所得も拡大していくでしょう。したがって、所得は Y^* の方向に向かって拡大していくものと考えられます。

これに対して、もし所得水準が Y_2 のように Y^* よりも高いと、今度は需要（消費）は生産や所得よりも小さくなります（消費関数が45度線よりも下にあります）。この結果、超過供給の状態が発生し、生産が縮小して、所得も縮小します。この結果、生産や所得は Y^* の方向に向かって縮小するはずです。

結局、所得水準が Y^* の場合にのみ、所得・生産・需要の一致が見られることがわかります。それ以外の所得水準では所得・生産・需要は一致せず、所得や生産の調整が起こります。その結果、所得は Y^* の方向に動いていきます。

需要不足の経済

図3-4で示したマクロ経済の均衡は単純なものですが、マクロ経済の見方に関して重要なメッセージを提示しています。それは、経済全体の所得や生産の水準が需要の規模によって大きな影響を受けるということです。とりわけ重要なケースとして、需要が大幅に不足しているときには、所得が大きく減退し、失業や遊休設備が生じるということです。

この点を図3-5を用いて説明してみましょう。この図は図3-4と同じ図ですが、消費関数が二つ描いてあります。C_1 と C_2 という二つの曲線です。消費は縦軸にとられていますので、C_1 の曲線の場合のほうが、C_2 の曲線の場合よりも消費規模が大きいことがわかると思います。要するに C_1 の場合のほうが消費意欲が旺盛なのです。

さて、もし当初の消費が C_1 のような状態にあったら、マクロ経済の均衡は図の E_1 となり、そのときの所得水準は Y_1 となります。ここで、もし需要が C_2 まで低下したらどうなるでしょうか。図からわかるように、マクロ経済の均衡は E_2 に変わります。そしてそのとき、所得は Y_2 にまで減少してしまいます。

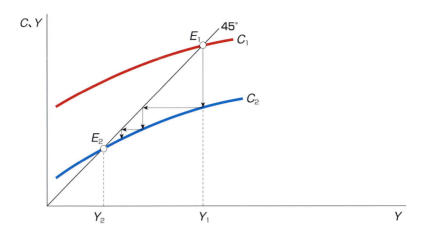

図3-5 需要不足がもたらす影響

消費が赤い線の位置から青い線の位置に減少すれば、それに応じて所得や消費も減少しますが、そのプロセスは階段状の動きとして表わせます。

　二つの均衡を比べるとわかるように、需要が少なければそれに応じて生産も低下します。生産の低下は所得を減少させ、さらに需要の減少を招きます。そうしたプロセスを通じて、所得は Y_1 から Y_2 にまで減少するのです。

　このプロセスは、先に説明した乗数プロセスにほかなりません。これを説明するために、図には矢印でこのプロセスが描かれています。当初、消費が C_1 で表わされるようなものであったとして、突然 C_2 のところまで消費の減退が起こったとしてみます。E_1 から下へ向かって矢印が描かれていますが、これが需要の減退を表わしており、そこでは明らかに生産のほうが需要よりも多くなってしまいます。そこで生産が減少しそれが所得も低下させます。これがつぎの左向きの矢印で表わされる動きです。しかし、もしそこまで所得が下がれば、需要はさらに減少します。これは消費関数 C_2 が右上がり（左下がり）になっているので、所得が下がれば消費（需要）も下がっていくことに対応します。この所得の低下にともなう需要の減少は、図ではつぎの下方向の矢印で表わされています。

　このように、需要減少 → 生産低下 → 所得減少というプロセスがつづいて、最終的には所得が Y_2 のところまできて、経済は新しい均衡にたどり着くので

す。新しい均衡は、元の均衡に比べて、はるかに低い所得、生産、需要となっています。

ケインズ経済学のもっとも重要な貢献は、このような需要不足の均衡の存在を明らかにしたことにあります。需要が不足すれば、生産や所得もそれに合わせて減少し、経済が最終的に落ち着くところでは、大量の失業が発生し、企業が多くの遊休設備を抱えることになるのです。

投資と政府支出

これまでは、需要の項目として消費しか考えませんでした。説明をできるだけ単純化するためです。しかし、財・サービスを需要するのは、消費目的で財・サービスを購入する家計だけではありません。企業、政府、そして海外の国々も財・サービスの重要な購入主体です。ここで、投資と政府支出についてごく簡単に触れておきたいと思います。—6

すでに1章で説明したように、マクロ経済全体の生産を支出項目に分けると、

$$Y = C + I + G$$

となります。ここで、Y は GDP、C は消費、I は投資、G は政府支出を表わしています。説明が繰り返しになりますが、投資（I）とは、企業が設備投資や研究開発投資などの目的で行なう財やサービスの購入を表わしています。また、政府支出（G）とは、政府による財・サービスの購入のことで、これはゴミ処理や教育活動などの政府消費とダムや道路の建設などの公共投資からなっています。

投資や政府支出の水準がどのような水準に決まるかということは、マクロ経済を考えるうえで重要な問題です。企業の投資活動は利子率などの金融動向に大きな影響を受けるでしょうし、政府支出の水準は財政政策の重要な手段となるからです。こうした問題については後にくわしく議論する予定ですが、ここでは投資も政府支出もその水準がどのように決まるかということにはあえて踏

6—景気変動要因としての投資　乗数効果ということからいえば、消費、投資、政府支出、輸出入のどれが動いても有効需要は変化し、景気に影響があります。ただ、現実の経済の動きを見ると、企業による設備投資や在庫投資、そして消費者による住宅投資がもっとも大きく変動します。そういった意味で、乗数効果を通じた景気変動への影響が大きいのは投資ということになります。

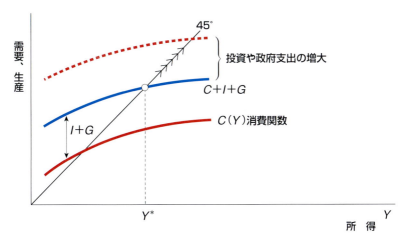

図3-6 45度線のグラフへの投資と政府支出の追加

需要に消費だけでなく投資や政府支出が入った場合でも、これらの需要の総和が所得に等しくなる均衡は、需要（消費＋投資＋政府支出）曲線と45度線との交点となります。

み込みません。外生的に与えられていると考えます。

さて、投資と政府支出が導入されると、図3-4で示したマクロ経済の均衡はどのように修正されるでしょうか。それを図で表わしたのが図3-6です。図3-6には消費関数も描かれていますので、図3-4と比較することでその違いがわかると思います。

投資や政府支出も消費と同じように需要を構成しますので、総需要は消費、投資、政府支出を足したものとなります。ここでは投資や政府支出の水準が外生的に与えられたものと考えていますので、総需要は消費関数に投資と政府支出の分を付け加えたものとなっています。グラフの上では、総需要は消費関数を投資と政府支出の分だけ上方にシフトさせたものになっています。

このように投資と政府支出を加えたマクロ経済の均衡は、これらを加えた新たな総需要の曲線（図の$C+I+G$）が45度線と交わる点で表わされます。この点において、

$$Y = C(Y) + I + G$$

というマクロ経済の均衡が成立します。図の横軸上のY^*がそのときの均衡所

得を表わしていますが、この所得の下では需要（消費、投資、政府支出を足したもの）が生産や所得に等しくなっています。Y^* よりも低い所得では需要のほうが供給を上まわっており、Y^* よりも高い所得では供給のほうが需要を上まわっているのも、図3−4で示した単純なケースと同じです。

さて、図3−6から明らかなように、消費水準と同じように、投資や政府支出の水準もマクロ経済全体の生産や所得水準の決定に重要な意味を持っていることがわかります。投資や政府支出の規模が拡大すれば経済全体の生産や所得の水準はその乗数倍拡大します。

これは図の上で、投資や政府支出が増えたときに総需要の曲線がどのように動くか確認すればわかると思います。もし投資か政府支出が増大すると、総需要の曲線は図の点線で表わしたような位置にシフトします。それによって経済全体の生産・所得・需要の水準は、45度線に沿ってずっと上のほうに移動していくのです。

ここでも乗数メカニズムが働いています。たとえば投資が拡大すれば、それは財・サービスの需要の増加を通じて経済の生産水準を拡大させます。その生産の拡大は所得の増大をもたらしますが、所得の増加によって二次の派生需要が生じます。それでさらに生産と所得が増加し、三次の派生需要が生じます。このようにつぎつぎに派生需要が起こるのは前の説明と同じで、これを累積したものが乗数プロセスとなります。

経済全体の投資がどれだけ行なわれるのかは、企業の投資意欲によって大きく変化します。企業が経済の将来の先行きを悲観的に見ているときには、投資も落ち込みます。逆に景気に対して楽観的であるときには、投資も拡大します。投資はこのような企業による見通しによって大きく変動しますが、それは乗数効果を通じて経済全体の生産や所得をより大きく動かすのです。このように景気が大きく振れながら動いていくことを景気循環といいますが、投資の変動は景気循環の大きな原因であるといわれます。

一方の政府支出ですが、これは政策によってその大きさが決定されます。一般的に景気が悪いときには、景気を刺激するため政府支出も大きくなります。逆に、景気が過熱しているときには、政府支出は抑制されます。このように景気に応じて政府支出を調整するような政策を財政政策と呼びます。

政府支出についても乗数メカニズムが働きます。ですから、たとえば景気が悪いときに政府支出を拡大すれば、乗数プロセスを通じてその何倍もの需要が

●経済学ステップアップ❸●
ケインジアンと新古典派の栄枯盛衰

　ケインジアンと新古典派の学説は、つねにマクロ経済政策のあり方で対立してきました。興味深いのは、時代によって両者の勢力が少しずつ変化しているということです。

　ケインズの学説は、1930年代の世界大恐慌の経験に大きな影響を受けています。第二次世界大戦後の経済秩序の形成は、大恐慌の反省にもとづいています。当然、第二次世界大戦直後からしばらくは、どこの国でもケインジアンの影響力が非常に強かったのです。

　新古典派の重鎮であるミルトン・フリードマンは、一貫して新古典派的な視点で議論を提起していましたが、1960年代ごろまでは、どちらかといえば異端の経済学者としての扱いを受けていた面もあります。

　1970年代になると、ケインジアンと新古典派の勢力図が大きく変わってきます。世界的なインフレと失業に主要国が悩まされ、ケインジアン的な政策の限界が明らかになってきたからです。1980年代以降は、主要国のマクロ経済政策で新古典派の影響力が増してきて、学会でも新古典派的な研究が強い影響力を持つようになりました。

　こうした動きを見て、「ケインズは死んだ」というような論調さえ出てきました。日本の大学でも昔ながらのケインズ的マクロ経済学を「どマクロ」と揶揄する学生もいたようです。

　しかし、1990年代末のバブル崩壊を契機とした日本経済におけるデフレ、そして2008年に起きたリーマンショックによる世界同時不況で、事態は大きく変わりました。流動性の罠などのケインズの学説が再び学界の重要テーマになり、各国の政府もリーマンショック後の景気低迷から脱却するために、ケインズ的な政策を積極的に展開しはじめたからです。不況がケインズをよみがえらせたのです。

経済に生まれることが期待されるのです。

所得水準決定の数値例

上で説明した所得決定のメカニズムを、簡単な数値例を使って説明してみましょう。経済全体の消費関数は

$$C = 50兆円 + 0.8Y$$

とします。ただし、C は消費、Y は GDP です。ここでは、所得が 1 兆円増加するごとに消費が8000億円増えるような消費関数を考えています。このとき、限界消費性向は0.8になっています。

投資と政府支出は外生的に与えられているとして、それぞれ20兆円ずつであるとします。このとき、

$$Y = C + I + G$$

の関係式を使って、

$$Y = 50兆円 + 0.8Y + 20兆円 + 20兆円$$

となり、これを Y について解くと、

$$Y = 450兆円$$

が求められます。

ちなみに、ここで投資が20兆円から30兆円に、10兆円だけ増えたとしてみましょう。このような増加によって、

$$Y = 50兆円 + 0.8Y + 30兆円 + 20兆円$$

となり、

$$Y = 500兆円$$

となることが確認できます。この場合、限界消費性向は0.8ですので、乗数は

$$1 \div (1 - 0.8) = 5$$

となっています。確かに、投資の10兆円の増加によって、GDP はその乗数倍

（5倍）の50兆円増えています。政府支出が10兆円増えたことによってGDPが50兆円増えることも、確認してください。

補論　恒等式と方程式―7

本章で、マクロ経済学の基本的な関係として、

$$Y = C + I + G$$

という関係式を説明しました（ただし、この関係は海外との貿易がない場合です。貿易がなされる場合には、これにさらに財・サービスの輸出入が入ります。ここでは簡単化のため、海外との貿易は考えません）。

そこでは、この関係はつねに成立していると説明しました。生産された財・サービス（Y）は、必ず消費（C）、投資（I）、政府支出（G）のどこかで使われているからです。かりに売れ残った財があっても、それを供給している企業の在庫投資に算入されますので、投資となります。

このように、つねに成立する関係式を恒等式といいます。恒等式とは、ある意味で当たり前に成立する関係のことであり、経済学ではこうした恒等式がしばしば出てきます。いくつか例をあげれば、経常収支の黒字は日本の海外に対する債権の純増になること、政府の財政赤字は新たな国債発行に等しいことなどです。

これに対して、今度は、上記の式を方程式と考えてみましょう。図3-6の議論からも明らかなように、この関係はつねに成立するのではなく、均衡の所得 Y^* のところでのみ成立します。別のいい方をすれば、こうした関係が成立するように生産・所得・需要が Y^* になるという議論を展開したのです。

これまで説明してきたマクロ経済の均衡の方程式は、私たちのマクロ経済に対する見方を定式化したものです。この式が成立するようにマクロ経済が動いていると想定しているわけです。それに対して、恒等式はそうしたプロセスの

7―恒等式と方程式　方程式と恒等式を区別することは、経済問題を理解するうえで重要なことです。数学的な例でいえば、$x(x+1)=x^2+x$ は恒等式です。どのような x についてもこの式は成り立つからです。これに対して、$x(x+1)=0$ という式は方程式です。x が -1 か 0 でないかぎりこの式は成り立たないからです。別のいい方をすれば、方程式を解けば $x=-1, 0$ という解が求まりますが、恒等式を解いても解は求まりません。

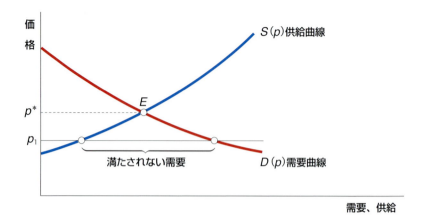

図3-7　価格が固定されているときの需要と供給の均衡

価格が固定されていると、需要と供給が等しくなりませんが、満たされない需要が生じて、恒等的な意味で、事後的な需要と供給は等しくなります。

結果として成り立っている関係式のことであり、それ自体はマクロ経済の調整メカニズムについて何ら示唆を与えるものではありません。

　方程式と恒等式の違いは、通常の需要と供給の関係でも見ることができます。図3-7は、どこでも見かける需要曲線と供給曲線を描いたものです。縦軸に価格が、横軸に需要量や供給量がとられています。私たちは、通常、この二つの曲線の交点（図の E 点）を均衡と考えます。これは式の形で書けば、

$$D(p) = S(p)$$

と表わされます。ここで、p は価格、$D(\cdot)$ は需要を表わす需要関数、$S(\cdot)$ は供給を表わす供給関数です。この式の意味するところは、需要と供給が等しくなるように価格が決まるということです。こうした調整を通じて、結果的には需要と供給は恒等的に等しくなります。

　しかし、恒等的に需要と供給が等しくなるとしても、違った方程式のモデルを考えることができます。図3-7に価格 p_1 が描いてあります。この価格は、上の均衡モデルに比べて安く設定されています。したがって、この価格の下では、潜在的に需要のほうが供給よりも大きくなるはずです（グラフで確認してください）。しかし、かりにこの財の価格は政府の政策で固定されており、p_1

の水準から動かないとしてみます。

このようなモデルでも、結果的に、需要と供給は等しくなりますが、そのプロセスとたどりつく均衡の状況は通常のケースとは大きく異なります。この場合、たとえば財の配給が行なわれたり、あるいは不足する財を手に入れるため店の前に行列ができたりします。それでも、最終的には供給されたものしか需要されないのです。要するに、恒等式として需要と供給が等しいということが成立していても、その過程をどのように想定するのか、すなわちどのような方程式を前提に経済の議論をするのかで、その意味するところは大きく異なるのです。

演習問題

1. 以下の文章の下線部分に用語や数値を入れなさい。

   (1)消費、投資、政府支出が増えれば、それによって生産が拡大し、＿＿＿＿＿＿も増加する。これが、二次的、三次的な＿＿＿＿＿＿の増加をもたらす。このような波及効果が蓄積していくことで最終的な需要の増加は当初の増加よりもはるかに大きくなるが、このようなプロセスを＿＿＿＿＿＿プロセスという。

   (2)所得が増えたとき、そのうちのどの程度の割合が消費に向かうのかを示した指標を＿＿＿＿＿＿というが、これが0.8であるときには、乗数の値は＿＿＿＿＿＿になる。

   (3)GDPはつねに、消費、投資、政府支出、そして＿＿＿＿＿＿を足し合わせたものに等しくなっている。このようにつねに成立している関係式のことを＿＿＿＿＿＿という。これに対して、乗数理論の背後にある考え方はこの式を＿＿＿＿＿＿と見て、均衡が成立するようなGDPを決める式となっている。

2. 以下の記述は正しいのか、誤っているのか、それともどちらともいえないのか、答えなさい。

   (1)限界消費性向が大きいときには、乗数の値も大きくなる。

   (2)限界貯蓄性向が大きいときには、乗数の値も大きくなる。

   (3)限界消費性向がゼロに近いような場合には、乗数もゼロに近くなる。

   (4)平均消費性向が大きくて、限界消費性向が小さいということはありえない。したがって、平均消費性向が大きければ乗数の値も大きくなる。

   (5)乗数プロセスが行き渡るまでには時間がかかるので、限界消費性向が0.8であっても、政府支出の増加によってその年のGDPが5倍増えるということはない。

4

貨幣の機能と信用創造

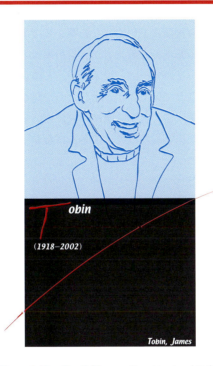

ジェームス・トービン フリードマン（2章扉）が新古典派の重鎮とすれば、トービンはケインジアンの大御所的な存在である。貨幣の理論、成長論など、マクロ経済の多くの分野で貢献するとともに、国際投資に対するトービン税など多くの斬新なアイディアを出している。

マクロ経済を見るうえで、貨幣の動きを見逃すことはできません。物価、為替レート、利子率などは、貨幣の動きと密接なかかわりを持っています。マクロ経済学では、貨幣の動きをとらえるため、貨幣量（マネーストック）という指標を用います。貨幣量とは、要するに、経済に流通している現金と預金の総量のことです。

マクロ経済における貨幣量の動きを見るためには、銀行による預金や貸し出し行動を中心とした金融システムに関する理解が必要となります。政府・中央銀行の政策や銀行の行動などによって経済に流通している貨幣量がどのように変化するかを見ることが、マクロ経済全体の動きを理解するうえで重要になるのです。

この章では、こうした金融システムについて説明します。そして、中央銀行による金融政策が、マクロ経済にどのような影響を及ぼすかについて簡単にふれます。そこで用いられる基本的な考え方が、信用乗数という概念です。中央銀行によって提供されるハイパワード・マネーが、どのようなメカニズムによって貨幣という形で増殖されていくのかを示したのが信用乗数のメカニズムです。このメカニズムを理解することで、金融政策に用いられるさまざまな政策手段が貨幣量にどのような影響を及ぼすか明らかになります。

貨幣とは何か

貨幣とは、そもそも、何のことでしょうか。

すぐ思い浮かぶのは、日常の買い物に利用する紙幣や硬貨です。こうした現金が貨幣であることはだれも否定しないでしょう。しかし、現金だけが貨幣であるわけではありません。多くの経済取引が現金を使わないで行なわれるからです。

私たち個人も、そして企業も、預金を活用してさまざまな支払いを行ないます。個人の場合でいえば、クレジットカードの引き落としや公共料金の振り込みなどが、預金口座を通じて行なわれます。企業も、小切手や手形で支払いをすることが多いのですが、そうした代金の決済は最終的には預金からの引き落としで行なわれます。

このような点から、預金も貨幣に含めて考えるべきであるということになります。クレジットカードや小切手なども貨幣ではないかと考える読者もいるかもしれませんが、これらはあくまで補助的なものであり、最終的には預金口座

を通じて取引が行なわれると考えます。

　マクロ経済において貨幣と呼ばれるものは、通常、現金と預金の金額を合わせたもののことです。もちろん、預金とはいっても、いろいろな形態のものがあります。当座預金は普通預金よりも貨幣としての性質を強く持っています。定期預金になると普通預金よりも貨幣としての性質はさらに弱くなります。—1

　ただ、金融技術の革新によって預金の持つ貨幣的機能は強化されています。クレジットカードの利用が拡大すれば普通預金は現金とほとんど変わらない機能を持つことになりますし、定期預金でもその預金額に応じた金額を自動的に借りることができるという総合口座サービスが普及していますので、普通預金とほぼ同じように利用できるとも考えられます。

　いずれにしろ、マクロ経済を分析する際に用いられる貨幣量の指標としては、現金と預金の一部を足し合わせたものが使われます。現金残高と要求払い預金（当座預金、普通預金など）の残高を足し合わせたものを M1 と呼びます。M1 に定期性の預金も加えたより広範囲の貨幣を M2 と呼びます。以下の議論ではこうした細かい分類の問題はとりあえずは重要ではないので、無視して結構です。

　ところで、経済学的には現金や預金だけが貨幣というわけではありません。取引の媒体として使われるものはすべて貨幣ということになります。

　歴史的に見ると、さまざまなモノが貨幣として使われていることがわかります。古い時代には、貝殻や貴金属などが貨幣として使われてきました。金や銀は世界の多くの地域で貨幣として使われてきました。金や銀で製造された金貨・銀貨が貨幣として使われることはもちろん、金や銀を両替商などに預けたときに渡される預り証が貨幣として通用することもありました。これは現在の紙幣の原型といってもよいかもしれません。

　第二次世界大戦時のドイツ軍の捕虜収容所のなかでは、タバコが貨幣の機能を果たしたといわれます。タバコを吸う人はたくさんいますし、軽量で長持ちします。そこで、タバコを吸わない人もとりあえずタバコに換えておくことで、

1—流動性　貨幣の重要な機能のひとつに流動性というものがあります。つまり、いつでも財やサービスの購入に利用できるという性質です。普通預金はクレジットカードの引き落としに使えますし、現金に替えることも簡単にできるという意味で流動性がありますが、定期預金などの貯蓄性預金は流動性が乏しいといえます。

ほしい商品が出たときそのタバコをその商品に交換するチャンスも大きいと考えます。だから、自分の持っている商品をタバコに換えておくのです。このような形でタバコが収容所のなかで貨幣的機能を持つようになるにしたがって、ますます多くの人がタバコを貨幣として受け入れるようになったのです。—2

　このように貨幣としての機能を果たしているものはたくさんありますが、マクロ経済の議論をするときにはとりあえず、M1やM2などの貨幣指標で考えておけば十分です。ただ、最近は情報技術の革新によって、電子マネーやプリペイドカードなど新しいタイプの支払い手段が当たり前のように使われるようになっています。こうした新しいタイプの貨幣がどのようにマクロ経済に影響を及ぼすのか、そしてそれによって貨幣の指標をどのように変更すべきかということは今後重要な問題として浮上する可能性がありますが、ここではこの問題には立ち入らないことにします。

貨幣の交換媒介機能

　さて、マクロ経済のなかでの貨幣の役割について議論を進める前に、ここで貨幣の交換媒介機能について簡単な例を用いて説明してみたいと思います。

　図4−1に示したような三国間の貿易の例を用いて、貨幣の機能について考えてみましょう。いま、世界には、日本、アメリカ、アラブ諸国しかなく、それぞれが図に示したような需要供給パターンとなっているとします。この図から容易に読み取れるように、このままでは三国間の貿易は成立しません。たとえば、日本の輸出の相手国はアメリカであり、輸入する相手はアラブ諸国ですから、このままでは取引は成立しません。

　この三国間の取引を成立させるもっともてっとり早い方法は、三つの財のうちの一つを貨幣として使うことです。図には石油が貨幣として利用される場合が図示されています。赤い線で示したのは、石油を貨幣として用いたときの石油の動きです。アメリカはアラブ諸国に農産物を輸出し、その代金を石油で支払ってもらいます。これは、アメリカが石油を国内で利用するためではなく、その石油を日本に輸出しそれと交換で日本から自動車を輸入するためです。

2—一般受容性　貨幣の重要な特徴のひとつに、だれでもそれを受け入れてくれるという性質があります。タバコが貨幣になるのは、たとえタバコを吸わない人でも、タバコを持っていれば、だれでも商品に換えてくれるだろうという一般受容性に関する期待があるからです。

Guide to Current Topics

貨幣民営化論

　貨幣は政府や中央銀行などの公的機関が供給するものです。これが世間の常識ですし、現実もそうなっています。しかし自由主義の騎手であるフリードリヒ・ハイエクは、この常識に挑戦し、民間企業が貨幣を発行することのメリットを説きました。貨幣民営化論です。

　ハイエクによれば、政府が貨幣発行権を独占的に持つことは国民の利益になりません。政府はつねに貨幣の増発によって財政赤字を埋めようとする誘因を持っているからです。現実にも、過去に多くの国で貨幣が過剰に発行されて深刻なインフレが起き、国民は大きな被害に遭いました。

　もし民間企業が貨幣を発行することが可能になれば、複数の民間企業の間で貨幣発行の競争が起きます。深刻なインフレ（つまり貨幣の価値低下）を起こすような貨幣は利用されないでしょう。貨幣発行競争によって、価値が下がらない貨幣、あるいは利子やポイントをつけるような貨幣が選ばれるようになるでしょう。ハイエクはこうした複数の貨幣の間の競争の重要性を説いたのです。

　50年以上前にハイエクの議論が出されたとき、多くの人は民間貨幣のイメージを持つことはできなかったでしょう。

　しかし、現代社会では、完全な貨幣ではないものの、疑似的な形のさまざまな貨幣が民間企業によって発行されています。その代表的なものが電子マネーです。Suica、楽天 Edy、WAON、nanaco など、さまざまな電子マネーが発行され、そして競争を展開しています。ビットコインのような仮想通貨もあります。こうした疑似マネーは、その利用が増えるほど、現金と同じようにどこでも通用する貨幣的性格をより強く持つようになります。クレジットカードなども、貯めたポイントでさまざまなサービス提供することで顧客を引きつけようとしています。もっとも、クレジットカードは貨幣を補助するものにすぎませんので、民間貨幣とはいえませんが。

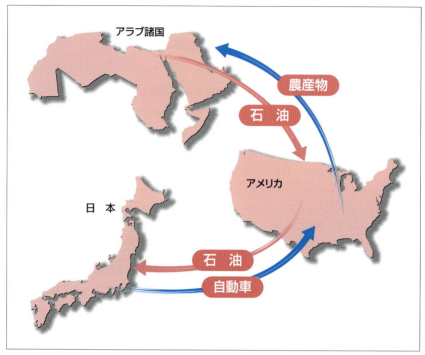

図4-1 石油が貨幣として利用される取引

アメリカとアラブ諸国との間で石油と農産物が交換され、日本とアメリカの間で石油と自動車が交換されることで、結果的に石油が貨幣的機能を果たしています。

　この場合、アメリカにとって石油は財としてではなく、アラブ諸国に農産物を売ってそれで日本から自動車を買うための交換手段としての意味しか持っていません。しかし、石油のこのような交換の媒介機能のおかげで、三国間の貿易はスムーズに行なわれることになります。もちろん、石油の代わりに農産物や自動車を貨幣として用いることも可能です。

　現実の国際貿易においては、石油のような商品が貨幣として使われることはまれです。一般的には、ドルなどの通貨が貨幣として使われます。図4-2は、ドルが国際貿易の交換媒体として使われる場合を図示したものです。日本は自動車の輸出代金をドルで受け取り、それをアラブ諸国に支払うことで石油を輸入しています。アラブ諸国は石油を日本に輸出してドルを受け取り、それを使ってアメリカから農産物を輸入しています。図4-1と図4-2を比べるとわかりますが、図4-1で石油が果たしている役割と、図4-2でドルが果たしてい

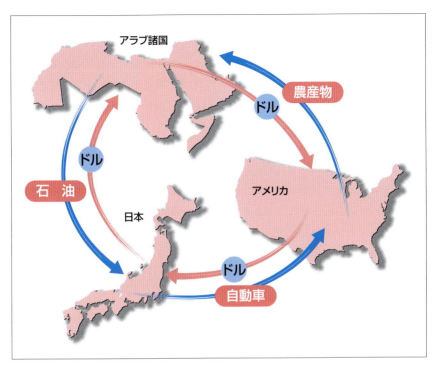

図4-2　ドルが貨幣として利用される取引

ドルが国際通貨として利用されることで、各国は輸出で確保したドルを用いて輸入代金をまかないます。

る役割はまったく同じものなのです。

　現代社会において、貨幣なしには取引を円滑に行なうことはできません。現実の経済では非常に多くの人や企業が経済活動を行なっています。また、非常に多くの財やサービスを売ったり買ったりしたいというニーズがあります。その意味では、現実経済は、図4-1や図4-2を非常に複雑にしたような状況です。そのような社会で、貨幣なしの物々交換で成立する取引は非常にわずかしかないでしょう。

　たとえばリンゴを売って自動車を買いたい人と、ミカンを売ってリンゴを買いたい人との間では取引は成立しません。物々交換が実現するためには、取引相手同士で売りたいものと買いたいものの両方が一致しなくてはいけません。こうしたことを、欲求の二重の一致といいます。そのような売りと買いの欲求が両方とも一致した相手と巡り会うことは奇跡に近いことでしょう。しかし、

リンゴを売って自動車を買いたい人が、リンゴを買いたい人と、自動車を売りたい人の二人を探すことははるかに容易なことです。そしてそのような取引は、貨幣の介在によって可能になります。すべての人が財やサービスを売るときは、まず貨幣に換える。また、人々が財やサービスを買うときにも、貨幣で購入する。このような取引が一般的になれば、欲求の二重の一致がなくても、取引は成立するのです。

金融システムの概観とマネーストックのメカニズム

さて、現実のマクロ経済に戻って、現金と預金の和として定義される貨幣がどのように供給されるか考えてみたいと思います。以下では貨幣量、貨幣供給量、マネーストックなどの用語をほぼ同義のものとして使います。要するに、経済に流通している現金と預金の合計を指しています。

マネーストックのメカニズムについて理解するためには、銀行と中央銀行（日本では日本銀行）の間の関係について押さえておかなければなりません。現金通貨については、それを発行するのは日本銀行です（ただし紙幣は日本銀行券と呼びますが、補助貨幣である硬貨は財務省が発行しています）。しかし、預金を供給するのは民間の銀行です。ただ、以下で説明するように、民間金融機関の供給する預金量についても、中央銀行の行動が大きな影響を及ぼすことになります。

現在の金融システムの下では、銀行は中央銀行なしに活動を維持することはできません。銀行間の資金のやりとりを行なうときには、個々の銀行が日本銀行に預けた預金を通じて決済を行ないます。たとえば、銀行の顧客である企業によって、A銀行からB銀行に対して大きな額の振り込みが行なわれたとしてみましょう。A銀行の顧客の企業が、B銀行の顧客の企業から不動産などの大きな買い物をし、その代金が振り込まれたというような例です。この場合、A銀行もB銀行も日本銀行に口座を持っていますので、この日本銀行の口座のA銀行の預金残高が減少し、B銀行の預金残高が増加することで決済が行なわれるのです。

銀行が中央銀行に預ける資金のことを、中央銀行預け金（リザーブ）と呼びます。こうした準備を用いて銀行間の資金のやりとりができるわけです。こうしたことから、日本銀行は「銀行の銀行」（銀行にとっての銀行）と呼ばれることがあります。

4 貨幣の機能と信用創造　91

　銀行は、本来、預金の引き出しに備えておかなければなりません。そのため
にみずからが適当と判断する額の準備を持ちますが、それは通常、手元に置い
ておく現金か中央銀行預け金という形をとります（この二つを合わせて支払い
準備と呼びます）。預金が多ければそれに応じて、支払い準備が多くなるでし
ょう。

　ただ、現実には、こうした銀行の支払い準備は銀行の自由裁量によって決ま
るものではありません。銀行はみずからが預かる一般預金者の預金の一定割合
を中央銀行に中央銀行預け金として預けなくてはなりません。これを法定預金
準備と呼びます。銀行が預かる預金のどれだけの割合を準備として預けなけれ
ばならないかを示した割合を法定預金準備率と呼びます。

　では、現金はどのように供給されるのでしょうか。これは、銀行が中央銀行
に預けた中央銀行預け金からおろす形で現金化できます。一般の顧客が銀行の
預金から現金をおろすのと同じように、銀行も準備から現金をおろすことがで
きます。

　このように考えると、経済にどれだけの貨幣（現金と預金）が流通するかは、
中央銀行が大きな影響力を持っていることがわかります。このプロセスを説明
したのが、信用乗数プロセスです。ただ、その説明に入る前に、もう少し中央
銀行と民間銀行との関係を見ておく必要があります。—3

ハイパワード・マネー

　マネーストックについて考えるための重要な指標にハイパワード・マネーと
いう概念があります。

　ハイパワード・マネーとは、中央銀行が民間経済主体に対して負っている負
債の総額のことを表わしています。これはベース・マネーとも、マネタリー・
ベースともいいます。中央銀行の負債は通常は、二つの形で出てきます。ひと
つは市中に流通している現金通貨で、そしてもうひとつは銀行が中央銀行に預
ける中央銀行預け金です。

3—流動性の供給　日本銀行は、市中に多くの貨幣が出まわったほうがよいと考えるとき
　　には、銀行への貸し出しを増やしたり、あるいは銀行から国債を買うなどの手法で、
　　銀行が日本銀行に持つ準備を増やそうとします。年末年始のような貨幣の流通が増え
　　そうなとき、あるいは株価低落やテロ事件などで経済がパニックに陥りそうなとき、
　　日本銀行は大量の資金を市中に放出し、銀行の準備を増やす手助けをするのです。

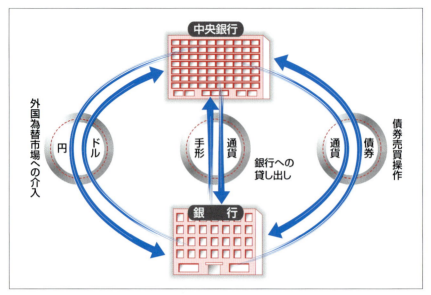

図4-3 ハイパワード・マネーの増減のチャネル

中央銀行からハイパワード・マネーが出ていくためには、中央銀行が手形（貸し出し）、国債、外貨など、何らかの資産を購入しなくてはなりません。

　ハイパワード・マネーは、経済全体の貨幣の中核として、貨幣量（マネーストック）決定において重要な役割を演じます。直感的に考えても、中央銀行が発行した現金の量が拡大したり、銀行が中央銀行に預ける中央銀行預け金の金額が拡大して、銀行が貸し出しを増やせば、それに応じて、市中に流れる現金や預金の額が拡大することはわかると思います。そこでハイパワード・マネーがどのようなメカニズムによって増減するかを知ることが重要になります。

　図4-3は、ハイパワード・マネーの増減のメカニズムが、簡単に説明されています。この図で示されていることは、基本的には単純なことです。中央銀行が市中の金融機関から証券などの資産を購入すれば、それに見合った額だけ中央銀行の負債が増えるということです。つまり、ハイパワード・マネーが増えます。

　たとえば、中央銀行が銀行などから国債を購入すれば、その代金は銀行が中央銀行に持っているリザーブの口座に振り込まれます。それだけハイパワード・マネーが増えたことになります。もちろん、銀行はこれを現金に変えることも可能です。

中央銀行が債券を買うことを買いオペ（買いオペレーション）、売ることを売りオペ（売りオペレーション）と呼びます。中央銀行は金融を引き締めたいときには売りオペを行ない市中金利の上昇を誘導し、逆に緩和したいときには買いオペを行ないます。

銀行は資金繰りの関係上、中央銀行から資金を借りることが可能です。国債などの手持ちの債券を中央銀行に預けることで、それに見合った資金を調達することができます。その場合にも、市中の銀行から中央銀行に資産が移り、それに見合ったハイパワード・マネーの増加が見られます。

外国為替市場における介入もハイパワード・マネーの増減を引き起こす可能性があります。ただ説明が複雑になりますので、外国為替市場や為替介入については、13章および14章でくわしく述べます。

また、ここでは話を単純にするため、中央銀行の行なう金利政策についてはほとんどふれませんでした。現実の金融政策の場においては、ハイパワード・マネーの増減を引き起こすような政策運営のなかで、市場金利を調整することが金融政策の重要な鍵となります。この点についてはつぎの章でくわしく述べます。

信用乗数

貨幣量（マネーストック）は、経済に流通する現金と預金の総和で定義されます。このマネーストックがどのような動きを示すのかを簡単な形で示したのが、信用乗数という考え方です。以下でこの考え方について簡単に説明しましょう。簡単な数式が出てきますが、むずかしくはないと思います。それでもあえてこの項をとばして読んでもさしつかえありません。

信用乗数の基本式は、数学的には、ごく単純な四つの式から導くことができます。最初の二つの式は、マネーストックとハイパワード・マネーの定義式です。マネーストックを M、ハイパワード・マネーを H で表わすとすると、それぞれ

$$M = C+D \tag{4-1}$$

$$H = C+R \tag{4-2}$$

という形で表わされます。

ここで C は市中に流通している現金の総額、D は銀行に預けられる預金の

総額、R は銀行が中央銀行に預けている預金準備の額を表わしています。マネーストックは現金と預金の和ですので（4-1）式が成立します。ハイパワード・マネーは現金と預金準備（日本銀行預け金）の和ですので（4-2）式が成立します。

残りの二つの式は、現金および預金準備と預金額の間の関係を示した式です。すなわち、

$$C = \alpha D \tag{4-3}$$

$$R = \lambda D \tag{4-4}$$

という式です。（4-3）式の右辺の α は現金預金比率（現金保有性向）と呼ばれるもので、経済全体で現金と預金の比率がどの程度の割合であるかを示した数値です。（4-4）式の右辺の λ は預金準備率と呼ばれるもので、銀行が預かった預金のどのくらいの割合を預金準備として保持しているかを表わした数値です。すでに説明したように、銀行は預金の一定割合を預金準備として中央銀行に預けることを義務づけられています。銀行がぎりぎりの預金準備しか持たないときには、λ（預金準備率）はこの法定預金準備率になりますが、それ以上の余分な準備を持つ場合には、λ は法定預金準備率よりは大きくなります。

さて、（4-3）式と（4-4）式を（4-1）式と（4-2）式に代入すると、それぞれ、

$$M = \alpha D + D \tag{4-1)'}$$

$$H = \alpha D + \lambda D \tag{4-2)'}$$

となります。したがって、（4-1）′ を（4-2）′ で割ることで、

$$\frac{M}{H} = \frac{1+\alpha}{\alpha+\lambda}$$

あるいはこれを書き換えた

$$M = \frac{1+\alpha}{\alpha+\lambda} H \tag{4-5}$$

という式が求まります。つまり、マネーストックは、ハイパワード・マネーの一定倍になっているという関係が求まったのです。この倍率 $(1+\alpha)/(\alpha+\lambda)$ の

4 貨幣の機能と信用創造　95

●経済学ステップアップ●
貨幣の理論

　貨幣とは不思議なものです。印刷された紙切れが価値を持ち、商品などと交換できるからです。製造コストでは1枚数円程度と思われる1万円札が、1万円の価値の商品と交換できるのです（だから、ときどき、偽札が出てくるのでしょう）。

　貨幣の価値はどのように維持されるのか、そして貨幣はどのように生成されるのか、ということは経済学で古くから論じられてきた重要な問題です。

　貨幣の価値は、それがいつでも、だれに対しても、そしてどのような財やサービスにも換えられるという期待にもとづいています。いつでも商品などに換えられるから、とりあえず貨幣を持っていることに意義があるのです。そして多くの人がそのような貨幣の価値を認めれば、結果として、いつでも商品などに換えられるという貨幣の価値はより強固なものになってきます。

　歴史的にはこうした貨幣価値への期待は、多くの人が価値を認めるであろうと考えられる金や銀などを利用することで実現してきました。しかし、使い勝手という意味では紙幣や預金を利用した決済などの現代的貨幣のほうが便利で、そこで政府が貨幣の価値を制度的に担保しようとする兌換性を持たない貨幣ができたわけです。

　金や銀のような実体ではなく、約束事にもとづいた貨幣の存在を、経済理論的に掘り下げようとすると、なかなかやっかいな作業となります。他の人が貨幣の価値を認めるから自分も認める、それがまた他の人の貨幣に対する評価を上げるという、社会的なプロセスを明らかにしなければならないからです。そして、こうした社会的なプロセスはゲーム理論や期待の理論など、抽象度の高い理論的分析を用いて議論することができるのです。

　日本のような国にいると、円という通貨が当たり前のように使われています。しかし、南米や東南アジアの国々などの発展途上国では、ドルなどの通貨が自国通貨と混在して使われています。こうした現象が起きるのは、自国通貨が貨幣としての価値をしっかりと確立していないからです。

ことを信用乗数と呼びます。

この信用乗数の式は、あくまでハイパワード・マネーとマネーストックの関係を示したものにすぎません。実際のマネーストックがどのように決まるかという点については、金融政策がどのように運営されるのか、人々の現金保有性向がどのようなものなのか、銀行の準備の持ち方がどうなっているのかなどによって変わってきます。

信用乗数の背後にあるメカニズム

上で説明したハイパワード・マネーとマネーストックの関係は、つぎのように理解することができます。—4 ハイパワード・マネーとは、中央銀行の債務のことで、銀行による中央銀行への預け金（預金準備）か市中で流通する現金という形を持ちます。

このうちの現金は、それ自体が貨幣（マネー）という形で市中で利用されますが、預金準備は預金という形の間接的な貨幣となります。銀行は一定の比率 λ で預金と預金準備の比率を維持しようとします。したがって、ハイパワード・マネーの増加などで預金準備が増えていれば、それに応じて預金も拡大しているはずです。事後的には、λ という比率で預金準備と預金額は比例的な関係にあります。

以上を整理するなら、ハイパワード・マネーとして出ていった中央銀行の債務は、現金の形か、預金準備の形で保有されます。前者はその額だけ貨幣として機能し、後者はその$1/\lambda$ 倍の預金を生み出し、これも貨幣として機能します。後者の部分が大きいほど、すなわち預金準備率が小さいほど、ハイパワード・マネーに対するマネーストックの比率は大きくなります。一方、人々が現金よりは預金として持とうとする性向が大きいほど（すなわち α が小さいほど）、ハイパワード・マネーに対するマネーストックの比率は大きくなります。すなわち、信用乗数は大きくなるのです。

信用乗数のメカニズムは、図4-4で示されている、預金が新たな預金を生み出すというような、預金の自己増殖メカニズムが関係してきます。これを説明するため、まず現金を無視した簡単なケースを考えてみましょう。

いったん銀行に預けられた預金を、銀行はそのままにはしておきません。利

4—以下の説明は、補論でもう一度理論的に取り上げます。

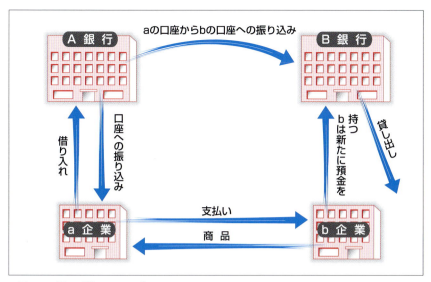

図4-4 信用乗数のメカニズム

銀行が行なった貸し出しは、現金として引き出されない限り、どこかの銀行の預金として戻り、それがまた貸し出しにまわされます。

益をあげるためには、銀行は預金として預かった資金を他の経済主体に貸し出さなくてはならないのです。そして、このように貸し出された資金は、引き出されて現金として保有されない限り、預金としてどこかの銀行に戻ってくるのです。図の例を用いて、もう少しくわしく説明してみましょう。

いま、A銀行がa企業に一定額の資金を貸し出したとしてみます。貸し出しは、通常、a企業がA銀行に持つ預金口座に振り込まれるという形をとります。このままでも、貸し付け額だけ新たな預金が生じたことになります。しかし、a企業はこの資金を使うためにA銀行から資金を借りたわけで、a企業の預金は通常は取り崩されます。

もし、a企業が銀行から借りた資金で他の企業（b企業）への支払いを行なえば、a企業の預金からb企業の預金への振り込みが行なわれるだけですので、全体としての預金の総額は変化しません。

b企業はA銀行以外の銀行（B銀行）に口座を持っているのかもしれません。そのときは、A銀行の預金量が減る分だけB銀行の預金が増えるので、経済全体としての預金量は変化しません。図では、A銀行からB銀行への振

り込みが行なわれています。このような決済は、二つの銀行が中央銀行（日本銀行）に保有する預金準備を通じて行なわれます。

b企業は、a企業から振り込まれた資金を財や資産の購入、あるいは賃金の支払いなどにあてるかもしれません。その場合にも、支払いが銀行の口座間の振り込みなどで行なわれるかぎり、経済全体の預金の額は減少しません。

「カネは天下のまわりもの」ですので、a企業が銀行から借りた資金は財・資産などの取引を通じて多数の経済主体の間を動くことでしょう。しかし、その途中でだれかの手元に現金として残されないかぎり、必ず預金として残されることになります。

このようにしてA銀行からa企業に貸し出された資金は、現金としてだれかの手元にとどめられた部分以外は、すべて新たな預金として銀行に戻ってきます。そして銀行はこの預金をもとに新たな貸し出しを行ない、それが前と同じようなプロセスでまた新たな預金を生み出します。これが預金の自己増殖メカニズムです。

銀行は、預金をすべて貸し出すことはできません。一部を預金準備として持つ必要があるからです。預金準備は銀行が預かる預金の総額に比べてかなり小さな額ですみます。預金として預かったもののうち、預金準備を引いた残りは、新たな貸し出しとして外に出て行く資金となります。これは、すでに説明したように、現金として保有される部分を除いては、預金の形で銀行部門に戻ってきます。この預金から預金準備を引いた残りが、新たな貸し出しとしてまた外に出ていくのです。

このように、現金の形あるいは預金準備の形で漏れていく分だけ次第に金額が減少していきますが、預金は貸し出しを通じて預金を生み出すという形で、多くの増殖を繰り返します。しかし、このような増殖作用によってつぎつぎと生み出される預金の総額は、無限へと発散するのではなく、ある有限の値にとどまります。そして、増殖の結果生み出される派生預金の大きさは、人々がどの程度現金を保有しようとしているのか、また預金準備率がどのような比率であるかに依存して決まります。人々が現金を選好するほど、また預金準備率が高いほど、上で説明したプロセスからの漏れが大きくなるので、預金の額も小さくなります。これは、すでに説明した信用乗数の考え方にほかなりません。最後の補論では、この信用乗数をここでの預金の派生メカニズムの観点から導出します。

信用乗数とマネーストックの変化

信用乗数の理論によれば、マネーストックの量 M は、

$$M = \frac{1+\alpha}{\alpha+\lambda}H$$

という形で表わされます。すなわち、ハイパワード・マネーの量（H）、預金準備率（λ）、現金預金比率（α）に影響を受けるのです。これらが変化すれば、当然、マネーストックも変化します。

たとえば、ハイパワード・マネーが増加すれば、通常はマネーストックも増加します。預金準備率や現金預金比率が一定であれば、ハイパワード・マネーの増加に対して、その乗数倍の規模でマネーストックが増加します。公開市場操作などで中央銀行が市中の債券を購入（買いオペ）すれば、その分だけハイパワード・マネーが増えます。これはマネーストックを拡大させることを通じて、景気刺激効果を持ちます。

つぎに、ハイパワード・マネーが一定であっても、預金準備率（λ）が低下すればマネーストックが増加します。すでに説明したように、預金準備率は法定預金準備率によって大きな影響を受けますので、たとえば法定預金準備率を低下させるような政策はマネーストックを増加させ、景気刺激効果を持ちます。逆に法定預金準備率が引き上げられれば、マネーストックは減少します。その結果、市中金利は引き上がる可能性が高まります。

つぎに、現金預金比率（現金保有性向）について説明しましょう。人々の現金保有性向が高くなると、預金が現金として引き出されますので、預金の自己増殖作用が弱まります。したがって、ハイパワード・マネーが一定の下では、現金保有性向の高まりはマネーストックを低下させることにつながります。

年末年始など、人々の消費活動が活発になって現金保有性向が高くなっているときには、ハイパワード・マネーを一定にしておくとマネーストックは急速に収縮してしまいます。そこで、中央銀行は、現金の需要が高まるような時期には、積極的にハイパワード・マネーを拡大して、マネーストックの減少を防いでいます。

マネーストックと大恐慌、そして日本の金融危機

ここで、以上で説明した信用乗数のメカニズムを理解する格好の事例をひと

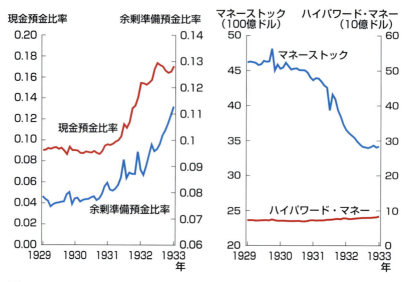

出所：Milton Friedman and Anna Schwartz, *A Monetary History of the United States, 1867-1960* (Princeton University Press, 1963)

図4-5 大恐慌時のアメリカの余剰準備預金比率と現金保有性向

つ取り上げましょう。それは1930年代のアメリカの大恐慌の事例です。

　1929年のウォール街の株の大暴落に端を発したアメリカの大恐慌は、金融市場に大きな影響を及ぼしました。簡単にいってしまえば、人々は銀行の破綻のリスクを強く感じて現金保有性向が高くなりました。これは、一般の消費者が現金を手元に置いておく傾向が強くなっただけでなく、企業もいざというときに備えて手元流動性を高めることを意味します。

　もうひとつの大きな動きは、銀行の行動です。銀行経営への不安の高まりのなかで、銀行は預金の引き出しに備えて大量の準備を持つ必要に迫られました。そこで、貸し出しを抑えて、法定準備を超えた余分の準備を積むようになったのです。

　図4-5は、この時期のアメリカにおける現金預金比率と余剰準備預金比率（預金に対する余剰準備の比率）の動きと、同時期のハイパワード・マネーとマネーストック（M1）の動きをとったものです。図から明らかなように、銀行危機の高まりのなかで、現金保有性向と余剰準備預金比率は急速に高まっています。そのなかで、マネーストックは大幅に低下しているのです。

信用乗数の式でいえば、現金保有性向の高まりはαが上昇することを意味します。また、銀行が多くの余剰準備を持つことは、λの上昇で表わされます。そこで、ハイパワード・マネーが一定の下では、こうした過程によってマネーストックは急速に低下していくことになります。図に示した状況はこうしたことが起きていることを表わしています。

こうしたデータを分析したフリードマンとシュワルツはその著書のなかで、アメリカの恐慌が悪化した原因を金融政策の失敗に求めました。図4-5にもあるように、ハイパワード・マネーがほぼ一定の水準であったので、現金保有性向や余剰準備の高まりは、マネーストックを大幅に減少させる結果になり、それが景気の回復を妨げたというのです。彼らが指摘するのは、もし積極的にハイパワード・マネーを増やす政策がとられていれば、マネーストックの低下を防ぐことができ、あれほどの景気悪化は避けられたはずだというものです。

フリードマンとシュワルツの議論がどの程度正しいのかは、その後いろいろな議論が出ていますので、ここではこれ以上深入りしません。ただ、バブル崩壊で信用不安に陥った日本のマクロ経済においても同様のことが起こったことは注目に値します。

一連の銀行倒産や金融不安のなかで見られたことは、人々の現金保有性向が高まったということです。国民は預金をおろして現金を持とうとしました。銀行の預金は不振ですが、銀行の貸し金庫は大盛況であるという笑えない冗談がささやかれたりしました。この時期、家庭用の金庫もずいぶん売れたようです。

企業のほうも、万一の場合に備えて、流動性を確保することに奔走しました。借りられるだけのお金は借りて、それを現金などの形で蓄えておくのです。取引相手が倒産した場合、あるいは銀行からの追加融資が得られなくなったときなど、不測の事態に備えたのです。

一方銀行のほうですが、これも預金引き出しなどに備えて余剰準備を積む傾向が強くなったようです。金利が非常に低かったことも、銀行が余剰準備を持つことを促進したのかもしれません。

日本でも、上で説明したようなことが1990年代末の金融危機の時期に起きました。日本長期信用銀行や北海道拓殖銀行をはじめとして、全国の大小の金融機関がつぎつぎに破綻するなかで、預金者のなかには銀行預金を引き下ろして現金を保有する人が出てきました。こうしたなかで日本の現金預金比率は高まっていったのです。

102　Part1　マクロ経済学の基礎

　金融機関のほうも、いざというときのために手元に厚めの資金を準備するようになっていました。当然、預金準備率も上昇していました。

　このように、高い現金預金比率と高い預金準備率で、日本の信用乗数の値は大きく低下しました。日本銀行は懸命にハイパワード・マネーを増やしましたが、マネーストックを増やすことは容易ではありませんでした。当時の日本では、大恐慌時のアメリカと似た金融状況にあったわけです。この点については、流動性の罠という現象として、12章でくわしく説明します。

補論　信用乗数のメカニズム—5

　本文で説明した信用乗数のメカニズムについて数学的な解説をしておきます。まず、単純なケースとして、現金がまったくないケースから考えてみます。この場合に、中央銀行が ΔR だけの追加的なハイパワード・マネーを供給したとしてみましょう。これはすべて預金準備となっているはずです。この追加的準備は銀行から見れば余分な準備ですので、それは貸し出しにまわるはずです。すなわち、ΔR だけ貸し出しが増えます。

　ここでは現金のない単純なケースを考えていますので、追加的な貸し出し ΔR はすべて、どこかの金融機関に預金増として戻ってきます。銀行は、この ΔR だけの預金の増加のうち、預金準備 $\lambda \Delta R$ だけは新たな準備として積み増し、残りの $(1-\lambda)\Delta R$ を新たな貸し出しにまわします。そしてこの貸し出しも新たな預金としてどこかの金融機関に戻ってきますので、そのうちの $\lambda(1-\lambda)\Delta R$ が追加的なリザーブとなり、残りの $(1-\lambda)^2\Delta R$ だけが追加的な貸し出しにまわされます。

　このようなプロセスを通じて、追加的な貸し出しは、

$$\Delta R + (1-\lambda)\Delta R + (1-\lambda)^2\Delta R + (1-\lambda)^3\Delta R + \cdots$$

となります。これは初項が ΔR で公比が $1-\lambda$ の等比級数ですので、その和は $\Delta R/\lambda$ となります（等比級数の和の公式は、前章で説明したように、初項 ÷ (1− 公比) です）。つまり、追加的な ΔR のハイパワード・マネー（この場合

5—乗数メカニズムとの類似性　3章でコメントしたように、経済現象には等比級数として波及メカニズムを累計していくという形のものが少なくありません。ここで説明した信用乗数と3章の乗数メカニズムの類似性に気づいた読者も多いでしょう。

にはすべてが預金準備）に対して、預金量（貸し出し量）はその$1/\lambda$倍に膨れ上がるのです。

　参考までにコメントしておきますが、本文中で導出した信用乗数$(1+\alpha)/(\alpha+\lambda)$に$\alpha=0$を代入すると、ここでの$1/\lambda$という信用乗数の式が出てきます（この場合は人々が現金を持たないので$\alpha=0$となります）。

　つぎにもう少し現実的なケースとして、人々が現金を持つ場合を考えてみます。この場合に、中央銀行がΔRだけの追加的準備（ハイパワード・マネー）の増加を行なったとしてみましょう。上の場合と同じく、銀行はこのΔRだけの準備が余分ですので、貸し出しにまわします。ただ、現金がない上のケースと違うのは、こうした新たな貸し出しに対して、その一部が現金という形で保有されるということです。現金と預金の比率がαですので、全体のうち$\alpha/(1+\alpha)$が現金に、$1/(1+\alpha)$が預金となります。したがって、ΔRの貸し出しのうち預金で戻ってくるのは、$\Delta R/(1+\alpha)$です。

　銀行はこの預金のうち、λの部分を預金準備としておき、残りの$(1-\lambda)\Delta R/(1+\alpha)$を貸し出しにまわします。すると、そのうちの、$1/(1+\alpha)$の分が新たな預金として戻ってきます。その預金額は、$(1-\lambda)\Delta R/(1+\alpha)^2$となります。以上のプロセスをすべて足し合わせると、預金と現金の追加額の和は、

$$\Delta R+\frac{1-\lambda}{1+\alpha}\Delta R+\frac{(1-\lambda)^2}{(1+\alpha)^2}\Delta R+\cdots$$

となります。これは初項ΔR、公比$(1-\lambda)/(1+\alpha)$ですので、その総和は，等比級数の和の公式を用いて、$[(1+\alpha)/(\alpha+\lambda)]\Delta R$と計算することができます。この式の信用乗数部分の$(1+\alpha)/(\alpha+\lambda)$は、本文で説明した信用乗数と同じになっていることがわかると思います。

演習問題

1. 以下の文章の下線部分に用語や数値を入れなさい。

　　(1)マネーストック（貨幣量）とは、市中に流通している＿＿＿＿＿＿＿と＿＿＿＿＿＿＿の和のことである。これは中央銀行のバランスシートの負債の額でもある＿＿＿＿＿＿＿の＿＿＿＿＿＿＿倍の規模になるという。

104 Part1 マクロ経済学の基礎

(2)ハイパワード・マネーは、市中に流通している＿＿＿＿＿＿と銀行が中央銀行に
保有する＿＿＿＿＿＿の和に等しい。金融政策ではこのハイパワード・マネーの
量を調整することでマネーストックに影響を及ぼすことができるが、中央銀行
が市中から＿＿＿＿＿＿や＿＿＿＿＿＿を購入すれば、ハイパワード・マネーは増
加する。

(3)中央銀行が＿＿＿＿＿＿オペを行なったり、＿＿＿＿＿＿を引き上げたりすれば、
一般的にはマネーストックは減少する傾向にあり、その結果、市中の金利は以
前よりは＿＿＿＿＿＿なると考えられる。

2. 以下の記述は正しいのか、誤っているのか、それともどちらともいえないのか、
答えなさい。

(1)人々が現金を持つ性向が高くなるほど、信用乗数の値は大きくなる。

(2)一定のハイパワード・マネーの下で預金準備率が引き上げられれば、マネース
トックの額は小さくなる傾向にある。

(3)外国為替市場で円売り介入（ドル買い介入）が行なわれれば、日本のハイパワ
ード・マネーは増加し、その結果、マネーストックも増加する。

(4)貨幣とは、現金や預金だけとは限らない。

5

貨幣需要と利子率

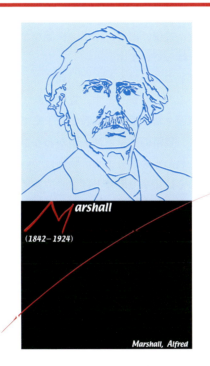

アルフレッド・マーシャル　ピグーやケインズなどを門下生に持つ、ケンブリッジ学派の創始者。代表作である『経済学原理』は多くの経済学者に影響を及ぼし、そこにあるさまざまなアイディアはいまもよく引用される。

前章で説明したように、中央銀行から出ていくハイパワード・マネー（ベース・マネー）が核になって、経済に流通する貨幣量が決定されていきます。これは、需要と供給という考え方でいえば、貨幣の供給サイドの話です。マクロ経済における金融市場の役割を理解するには、同時に、貨幣の需要サイドも考えなくてはなりません。

マクロ経済を考える際、貨幣市場とのかかわりで重要ないくつかの変数があります。利子率（金利）、物価、為替レートなどです。これらの変数を理解することなしに、マクロ経済について語ることは不可能であるといってもよいでしょう。

前章で議論したように、中央銀行の金融政策は貨幣供給量に大きな影響を及ぼしますが、それを通じて利子率、物価、為替レートなども大きな影響を受けます。これらの変数はまた、投資、消費、輸出、株価など、マクロ経済の重要な動きとも深いかかわりを持っています。

この章では、これらの変数のなかでもとくに、利子率が貨幣の需要、供給とどんなかかわりを持っているのか考察します。貨幣需給という金融的な側面と、投資や生産などの実物的側面を結ぶ重要な変数が利子率であるからです。

物価や為替レートなども、貨幣の需給と深いかかわりがありますが、これらについては他の章でよりくわしく考察します。物価についてはこの章でも若干は触れますが、よりくわしくは10章で取り上げます。為替レートについては、13章で取り上げたいと思います。

利子率とは何か

みなさんは日常生活のなかで、さまざまな利子率（金利）に出会うと思います。銀行に預金すると利子がつきます。銀行から住宅ローンを借りたり、消費者金融業者から消費者ローンを借りれば、そこにも利子がつきます。政府の発行する国債を購入しても、そこには利子がつきます。質屋に品物を預けてお金を借りた場合にも、その商品を引き出すときには利子に相当する部分を加えて払わなくてはいけません。—1

1—*質屋の利子率*　時計を質屋に預けて1万円を借りたとしましょう。この時計を1年以内に取り戻すためには、1万5000円払わなければいけないとします。さもないと、質草の時計は流されて（売り払われて）しまいます。この場合、質屋の利子率は1万円に対して5000円ですので、50％ということになります。

以上で取り上げたのはごく一部の例であり、世の中には実にさまざまな利子率（金利）があります。そしてこれらの利子率はそれぞれが勝手な動きをするわけではなく、相互に緊密な関係を持っています。乱暴ないい方をすれば、金融市場が逼迫すればすべての利子率は高くなり、金融市場が緩めばすべての利子率は下がります。

もちろん、経済の動きについてきめ細やかに見るためには、個々の利子率の動きに配慮する必要があります。たとえば、政府の発行する国債のような安全な資産の利子率（利回り）と破綻する可能性のある企業が発行する社債の利子率には大きな違いがあるでしょう。リスクの大きな債券はそれだけ利子は高くなるはずです。─2 安全な資産と危険な資産の利子率（利回り）の乖離（開き）は、経済が安定しているか不安定であるかなどによって、変化します。経済が不安定で、多くの投資家が安全な資産に逃げようとするときには、安全資産と危険資産の利子率の開きは拡大するでしょう。金融市場で活躍するヘッジファンドなどは、こうした金利の開きを利用して大きな利益をあげようとします。

また、同じ金利であっても、短期と長期の金利では大きな違いが出てきます。たとえば同じ預金金利であっても、普通預金のようにいつでもおろせる短期預金の利子率と、定期預金のようにある程度の期間預ける約束をする預金では、その利子率は違います。一般的には長期間預ける預金の利子率のほうが高くなる傾向があります。銀行から住宅ローンなどを借りる場合でも、長期間利子率を固定させて借りる固定金利型の借り入れと、経済動向によって借り入れ金利を変動させる変動金利型借り入れでは、当然、その金利水準は違います。こうしたことは、銀行の窓口に行けば簡単に確かめられるはずです。

銀行から住宅ローンを借りるとき、変動金利で借りるか固定金利で借りるかは迷うところです。変動金利で借りれば当面は低い金利で得をしたように思います。しかし、将来金利が上がると、変動金利では借り入れ金利の見直しがあって金利が引き上げられる可能性があります。これに対して、固定金利で借りれば、10年とか20年金利が固定されていますので、将来金利が引き上げられる

2─リスクプレミアム　リスクの高い資産の利回り（利子率）は、安全資産の利回り（利子率）よりも高くなります。危険な資産ほど利回りは高くなりますが、危険資産の利回りと安全資産の利回りの差をリスクプレミアムといいます。

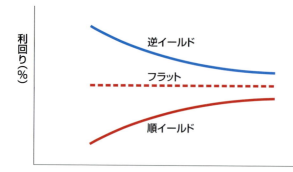

図5-1 イールドカーブ（利回り曲線）

横軸を右方向にいくほど、長期の金利に対応します。たとえば順イールドのケースでは、長期の金利ほど高くなっています。

リスクはなくなります。

　図5-1は、イールドカーブ（利回り曲線）と呼ばれるもので、期間によって利子率（金利）がどのように違うかを示したものです。金融市場の状況によっては、このイールドカーブが急傾斜になる場合、すなわち短期金利に比べて長期金利が非常に高くなる場合も、逆にイールドカーブの傾斜が緩やかになったり逆傾斜になる場合、すなわち短期金利に比べて長期金利があまり高くなかったり、かえって低くなる場合も起こりえます。―3

　金融の問題についてくわしく考えるためには、上記のような安全資産と危険資産の金利の乖離や、短期金利と長期金利の差などを考慮する必要があります。ただ、マクロ経済を考えるときには、とりあえずこうしたさまざまな金利をひとまとめに単純化し、単一の金利（利子率）として考えることが少なくありません。現実にはいろいろな金利があるのですが、それをひとまとめとして考えるのです。

3―**逆イールドの場合**　将来的に利子率が下がっていくと考えられるときには、利子率が高いうちに長期で運用しようとしますので、長期の資金供給が短期の資金供給よりも増えて、結果的に長期の利子率が短期の利子率よりも低い状態、つまり逆イールドの状態になることがあります。

Guide to Current Topics

金利とリスク

　本文中で説明したように、債券などの金利はリスクを反映した水準になっています。リスクが高い資産や債券は、そのリスクプレミアム分だけ金利や利回りが高くなっているのです。そして金利は、リスクの評価の変化によって大きく変動することになります。欧州諸国の国債の金利の動きを見ると、リスクと金利の関係について興味深い動きが見られます。

　欧州がユーロという共通通貨の採用に踏み切ったのは、1999年のことです。それ以前は、ドイツ、フランス、イタリア、ギリシャなど、それぞれの国は独自の通貨を採用していました。そのため、当然、それぞれの国の財政リスクなどに応じて、国債の金利水準には大きな格差がありました。ドイツやフランスなどの国債は、ギリシャやイタリアなどの国債に比べ、リスクは高くないと考えられていました。ですから、当然、金利も低くなっていたのです。

　ところが、共通通貨ユーロの導入によって、ユーロ加盟国の国債の金利が非常に近い水準に収斂していきました。ギリシャの国債であろうが、ドイツの国債であろうが、同じユーロという通貨制度の下にあるので、国債のリスクもそれほど違いはないと市場は評価したのです。ギリシャのように国の財政に問題が生じたとしても、他の欧州諸国の支援が入る、という期待も含まれていたのでしょう。

　2008年のリーマンショック以降、ギリシャやスペインなどで財政危機の懸念が高まると、こうした状況は一変してしまいました。同じ共通通貨ユーロに参加する国であっても、ドイツやフランスの国債の金利は2％前後という低い水準であるとき、ギリシャ国債の金利は30％以上の水準にまで跳ね上がったのです。スペイン国債の金利も6％を超えるような状況になりました。これは市場が、ギリシャやスペインの財政破綻のリスクが高いと判断したことを意味しています。日々の金利の動きから、市場が欧州の各国のリスクをどう評価しているかがわかります。

貨幣需要関数

　貨幣の需要について考えるためのもっとも基本的な概念は、貨幣需要関数です。以下で説明するように、貨幣需要関数とは、人々が保有しようと考える貨幣量を、所得と利子率の関数として表わしたものです。

　家計であれ企業であれ、マクロ経済のなかで経済活動をしている経済主体はさまざまな金融資産を保有しています。現金、預金、株式、社債、国債などです。こうしたなかで、現金や預金の部分を貨幣と呼ぶことは前章で説明しました。

　預金のなかには貯蓄型の定期預金のように国債や社債と遜色のない金利を提供する資産もありますが、現金は金利がつきませんし、普通預金も高い金利はつきません。それでも人々が貨幣（現金や普通預金など）を保有しようとするのは、日々の買い物などをするとき、貨幣を保有しているのが便利だからです。ただ、国債や社債など他の金融資産の金利が高いほど、そうした資産をより多く持とうとして、それだけ貨幣の保有を節約しようとするはずです。逆に、他の金融資産の金利が低ければ、そうした資産を持つ意味もありませんので、資産のうちより多くを現金や預金の形で持とうとするはずです。

　現金や預金は、非常に安全な資産です。株のように大きな価格変動はありません。また、いつでも商品の購入や資産の購入にまわせるという便利さがあります。このような貨幣の性質をさして、貨幣は流動性を持つといいます。いつでも商品や他の資産に変えられるということを流動性というのです。ですから、利子が低ければ、人々は資産の多くを貨幣（現金や預金）の形で持とうとするのです。

　以上のことを整理すれば、つぎのような非常に単純な関係が導き出されます。すなわち、利子率が低いほど人々が保有しようとする貨幣量（貨幣需要）は大きくなる、という関係です。

　貨幣需要の大きさに影響を及ぼすもうひとつの重要な変数があります。それは所得です。以下で説明するように、貨幣保有量は、人々が行なう取引額と密接な関係があります。一般的に所得水準が高くなれば、それだけ取引額も増え、それに応じて貨幣需要も大きくなるはずです。つまり、所得が高いほど貨幣需要は大きくなる、という関係が成立します。

　以上の二つをまとめると、

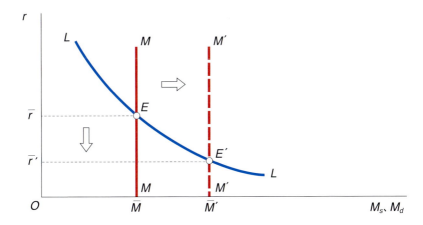

図5-2 貨幣の需給均衡と貨幣供給量の変化

貨幣供給が$\bar{M}$から$\bar{M}'$へと拡大するのにともない、金利は貨幣需要曲線LLに沿って低下していきます。

$$M = L(Y, r) \tag{5-1}$$

という形の貨幣需要関数を考えることができます。ここでMは貨幣量、Yは名目GDP、rは利子率、そして$L(\cdot)$は貨幣需要関数を表わしています。この貨幣需要関数は、貨幣需要が、GDPの増加関数、そして利子率の減少関数であることを表記したものです。

図5-2の右下がりの曲線LLは、GDPであるYが固定されているときの、利子率r（縦軸）と貨幣需要M_d（横軸）との関係を表わしています。GDPの水準を固定しているのは、あくまでもグラフを描くための便宜上のものです。曲線LLが右下がりになっているのは、利子率rが低い水準にあるほど、人々は手元により多くの貨幣を保持しようとするので、それだけ経済全体としての貨幣需要も増加すると考えられるからです。

図5-2のE点は、貨幣供給量（経済に流通している貨幣量）が横軸に示した$\bar{M}$のときの、貨幣市場の均衡を表示したものです。MM線は、このときの貨幣供給線とでも呼ぶべきものです。これが垂直になっているのは、貨幣供給量が利子率とは独立であるということによります。$\bar{M}$という貨幣供給量のもとでは、利子率の水準が図の$\bar{r}$の水準に等しいとき、貨幣市場は均衡しま

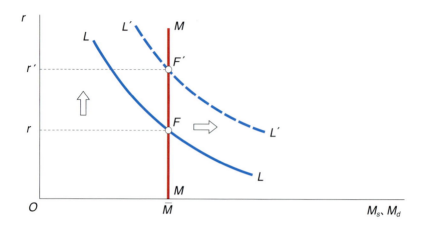

図5-3 貨幣需要の増大の影響

所得が増加すれば貨幣需要も増えます。これは貨幣需要曲線のLLからL'L'へのシフトとして表わされ、それによって利子率は上昇します。

す。つまり、貨幣需要と貨幣供給が等しくなるのです。もし利子率rが$\bar{r}$よりも高いと、貨幣需要量は貨幣供給量よりも小さくなりますし、利子率が$\bar{r}$よりも低いと、貨幣需要量は貨幣供給量よりも大きくなります。

　では貨幣量が変化したら、利子率はどのように変化するのでしょうか。ただし、便宜上、GDPであるYの水準は変化しないものとしてみます。図5-2の上では、貨幣供給量が横軸にとられた$\bar{M}$から$\bar{M}'$へと増加すると、それにともない均衡点はEからE'へとシフトし、利子率は$\bar{r}$から$\bar{r}'$へと低下するでしょう。要するに、貨幣供給量の増加によって金融が緩和され、利子率は低下するのです。

　つぎにGDPであるYの水準が変化したとき、貨幣市場の均衡はどのようになるか、図5-3を用いて考えてみましょう。上で説明したように、GDPの増大は貨幣需要を増大させます。これは図の上では、貨幣需要曲線の右方へのシフトとして表わされます。図の曲線LLはGDPの増加前の貨幣需要、曲線$L'L'$はGDPの増加後の貨幣需要を表わしてます（なぜ右方シフトするか考えてみてください）。—4

　垂直線MMによって示される貨幣供給のもとでは、GDPの増加によって均衡点はFからF'へと移動します。その結果、利子率は上昇します。これはつ

ぎのように理解すればよいでしょう。GDP の増大は貨幣需要の増大をもたらしますが、貨幣供給量は一定ですので、貨幣需要の増大を抑える力が働かないかぎり、貨幣市場は均衡しません。ここでの利子率の上昇は、このような貨幣需要を抑える働きをしています。

ところで、上で説明した貨幣需要関数は、名目数値上の需要関数です。この貨幣需要関数を少し変形して、実質数値上の需要関数を考えることもできます。それは、

$$\frac{M}{p} = L(y, r) \tag{5-2}$$

という形で書かれます。この需要関数が（5-1）式で表わした名目の貨幣需要関数と違うところは、まず左辺が名目貨幣量 M を物価 p で割った実質貨幣量（実質貨幣残高ともいいます）になっていることです。もうひとつは、右辺の貨幣需要関数のなかの GDP が名目 GDP である Y ではなく、それを物価水準 p で割った実質 GDP である y（ただし $y = Y/p$）になっているということです。これらの点についてもう少しくわしく説明しましょう。—5

貨幣の価値は、その経済の物価水準に影響を受けます。いくら貨幣量が増えても、物価が上昇していればその価値も低下します。物価が高い経済ほど、貨幣の価値は低くなります。逆に、物価水準が低ければ、貨幣の実質価値も高くなります。そこで、貨幣量を物価で割ることで貨幣の実質価値を表わすことができます。これが、（5-2）式の左辺の M/p であり、このことを実質貨幣量とか実質貨幣残高と呼びます。

名目貨幣量と同じように、実質貨幣量への需要にも、利子率が影響を及ぼします。利子率が高ければ実質貨幣量への需要は小さくなりますし、利子率が低くなれば実質貨幣量への需要も大きくなります。そこで、実質貨幣量で表わした貨幣需要関数（5-2）式の右辺には、（5-1）式と同じように利子率が入って

4—貨幣需要関数の右シフト　GDP が増えると、同じ利子率に対して以前よりも貨幣需要が増えます。これはグラフの上では貨幣需要曲線が右にシフトするということです。

5—名目変数の実質化　経済変数には名目変数と実質変数があるということを 1 章の脚注 9 で説明しましたが、理論的には名目変数を物価で割ることで実質値になります。ここでは名目 GDP を物価で割ることで実質 GDP に、名目貨幣量を物価で割ることで実質貨幣残高になります。

いています。

　ただ、実質貨幣量の需要に影響を及ぼすのは、名目GDPというよりは、実質GDPであると考えるべきです。物価の上昇にともなう名目GDPの増加は名目で見た貨幣需要には影響を及ぼしますが、実質貨幣量への需要には影響を及ぼさないでしょう。実質貨幣量の需要に影響を及ぼすのは実質GDPであると考えるのが自然であると考えられます。

国債価格と金利

　上で説明した貨幣需要関数の背後には、貨幣と他の金融資産との代替関係があります。貨幣と代替関係にある資産は、国債、社債、株式などさまざまなものがありますが、とくに国債が重要であると考えられます（国債とは政府が発行する債券のことです）。

　国債の発行残高の規模はたいへんに大きなものです。政府の財政赤字が累積しているということもあって、日本の国債残高は、2024年3月末の時点で約1105兆円となっています。上の貨幣需要関数のなかに入っている利子率として、現実の経済でいちばん近いものは国債の利回りであるといってよいでしょう。日々の新聞やテレビの経済ニュースでも、長期金利の指標として国債の利回りが報道されています。

　国債価格と国債利回りの間の関係は、わかりにくいので少し説明しておく必要があります。簡単にいえば、国債価格が安くなるほど、国債の利回りは高くなり、国債の価格が高くなるほど、国債の利回りは低くなるということです。

　この関係を理解するためには、もっとも単純な債券の種類である割引債を使って説明するのがいいでしょう。割引債とは、発行してから一定期間たった後、あらかじめ決められた価格で発行主体（国債であれば政府）が買い取る（これを償還といいます）という債券です。─6

　いま、償還期間が10年の割引債が3年前に発行されたとしてみましょう。すると、あと7年でこの債券は償還になるのですが、そのときの償還価格（あら

6─**債券**　債券とは、一定期間後にあらかじめ決めた価格で買い戻すという約束の下で販売する証券です。クーポン（利子部分）がついた利付き債券や、利子は付かないが償還価格よりも安く売ることで実質的に利子がつく割引債などがあります。政府が発行する債券を国債、地方自治体が発行する債券を地方債、そして企業などが発行する債券を社債といいます。

かじめ決められた買い取り価格）は１万円であるとしてみます。

この債券はすでに発行されていますので、その価格は市場の需給を反映して変化します。証券会社などを通じて債券を売買できるわけですが、需要が強ければ債券価格は上昇し、需要が弱ければ債券価格は下落します。

かりにいま、債券の価格が9000円であるとしてみましょう。つまり、9000円払えば、債券が買えるわけです。この債券を購入して７年間、償還まで持ちつづければ１万円で売れるわけですから、債券を購入する収益は1000円ということになります。これは9000円に対する1000円、つまり約11％となります（1000を9000で割ることで求まります）。７年間で11％の利回りが出るわけですから、年率に直すと1.57％ということになります。つまり、７年後に１万円で償還される割引債が9000円で購入できるのであれば、その利回りは（年率で）約1.57％ということになります。

もしこの債券の価格が8000円であればどうでしょうか。この場合には8000円に対して2000円の収益が７年間で生じることになります。これは25％ということになりますが、年率に換算するために７で割れば、年率3.57％という利回りが出てきます。

以上からわかるように、市中で流通している債券が安く購入できるほど、その債券からの利回りは大きくなります。つまり債券価格が安いほど、債券の利回りは高くなり、債券価格が高いほど、債券の利回りは低くなるのです。

現実の国債は、割引債ではなく、毎期一定の利子がつく利付き債券であることが多いようです。この場合にはすでに発行されて流通している国債を買えば、一定期間後に決められた価格で償還されるだけでなく、それまで毎期一定の利子（これをクーポンといいます）がつきます。この場合には、国債の利回りの計算は多少複雑になりますが、国債の価格が高いほど利回りが低く、国債の価格が安いほど利回りが高くなるという、基本的な原理に違いはありません。図５−４は、利付き債の仕組みを図解したものです。上の議論の参考にしてください。

ちなみに、日本の国債利回りは非常に低くなっています。2024年４月時点では0.76％（10年物国債）という低い水準です。これだけ国債利回りが低いということは、国債価格が非常に高くなっていることを意味します。

巨額の赤字をため込んでいる日本政府の発行している国債の価格が高いということは、ある意味では非常に不自然なことです。政府の赤字がこれ以上拡大

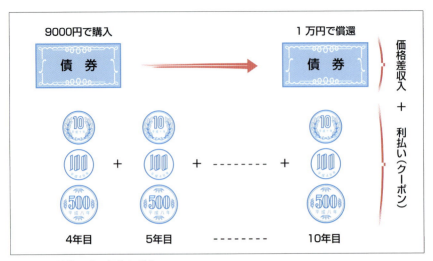

図5-4 債券の流通価格と利率

債券は、償還時には一定価格で買い取ってもらえるので、流通価格（購入時の価格）が安いほど結果的に利回りは高くなります。

すれば、国債の価格は暴落するかもしれないと、警鐘を鳴らす経済学者も少なくありません。もし国債の価格が暴落すれば、それは国債利回りが高くなるということを意味します。当然、それに合わせて他の金利も高くなっていくでしょうから、金利上昇の影響が経済に及ぶことになります。─7

貨幣保有動機とその機会費用

さて、貨幣需要関数の背後にある貨幣の保有動機や、その利子率との関係についてもう少しくわしく説明してみましょう。

人々は、さまざまな理由によって貨幣を保有しようとします。一般的には、つぎの三つの貨幣保有動機が重要であるといわれます。第一は取引動機と呼ばれるものです。実際に財やサービスを購入するためには貨幣が必要となります。そのために、つねにある程度の貨幣を手元においておく必要があります。─8

7─銀行が保有する国債　銀行などの金融機関も大量の国債を保有しています。もし国債の価格が下がれば、金融機関の資産の目減りが生じますので、経営にも影響が出てきます。

5 貨幣需要と利子率　117

●経済学ステップアップ●
金融工学の理論と実践

　金融工学という言葉を耳にしたことがあると思います。株や債券、あるいはその派生商品（デリバティブズ）であるオプションなどの価格や収益の動きを数理モデルで分析し、投資やファイナンスへのアドバイスをしようとするものです。

　確率論、測度論、微分方程式、関数解析など、高度な数学を駆使し、工学的であるということで「金融工学」という用語が使われますが、りっぱな経済学の分野です。

　金融工学の存在を世界中に広げたひとつの事件に、LTCM事件がありました。金融工学の分野でノーベル賞を獲得したロバート・マートン教授やマイロン・ショールズ教授も名を連ねるLTCMというヘッジファンドが、金融工学の手法を駆使して目覚ましく高い投資収益をあげていたのですが、ロシア経済の混乱などから大きな損失を出し、破綻してしまったからです。

　経済学の最先端の金融工学がこれほど金融ビジネスに入り込んでいたということ、そしてもっとも優秀な経済学者がかかわったヘッジファンドでも大きな損失を出すということの二重の意味での驚きがあったわけです。

　こうした出来事とは別に、金融工学は確実に証券市場や投資家の分野に浸透しています。鉛筆をなめてグラフを描いたり、過去の経験にもとづく直感だけで投資運用ができる時代ではありません。企業収益動向やマクロ経済状況などのデータを、きちっとした理論的枠組みで分析するためには、金融工学でつくり出された分析手法が必須となっています。

　金融の世界は多くの不確実性に直面しています。また、先物と直物、個別銘柄と市場インデックス、自国通貨建て証券と外貨建て証券、短期金利と長期金利など、さまざまな証券や市場は、相互に密接な関係にあります。こうした不確実性と市場間の関係をモデルのなかに組み込んでコンピュータを動かして結果を出すためには、高度な数学が必要になってくるのです。

8—買い物をするたびに資産を現金などの貨幣に換えるのは手間もコストもかかりますので、給与などで受け取った現金や預金の振り込みの一定部分はそのまま貨幣の形で保有するということです。

第二は予備的動機と呼ばれるもので、突然支払いが必要となることに対処するため、いざというときのためのいくばくかの貨幣を手元に置いておくというものです。

第三は資産保有動機と呼ばれるもので、貨幣を資産として持とうとする動機です。一般的には、株や債券で保有したほうが利子や配当が多く稼げるのですが、株や債券は価格が変動しますのでリスクがあります。そこで安全資産としての貨幣が、資産の一部として保有されるのです。

このように多様な動機で貨幣が保有されるわけですが、人々が保有する貨幣の額は金利の変化によって調整されると考えられます。金利が低いときには、国債など他の資産を持っていてもメリットが少ないので、多少多めに貨幣を持つでしょう。これに対して、金利が高いときには、国債や定期預金など金利の高い資産で持ち、必要に応じてこまめにそうした資産を貨幣に換えて利用しようとするはずです。

貨幣需要関数を説明したとき、利子率が高いほど貨幣需要は小さくなると説明しました。利子率が高ければ、貨幣以外の資産を持つことで得られる利益が大きくなるからです。これを別のいい方で表現すれば、利子率が高いほど貨幣を保有することの機会費用が大きくなるといいます。

機会費用とは、ある行為を行なうことで失われる他の機会からの収益のことです。貨幣保有の機会費用とは利子率のことです。貨幣を保有することによって、そうでなければ他の資産を保有することによって獲得できた利子が失われるということです。

機会費用（opportunity cost）という概念は、経済学でしばしば用いられますので、ここで簡単に説明しておきましょう。まず、ひとつ具体的な例から考えてみたいと思います。─9

いま、日本人旅行者がパリに来ていて、帰国前の最後の夕食をAという店で食べるか、Bという店で食べるかを決めなければいけない状態にあるとします。旅行の最後の晩ですので、両方の店で食べることはできません。もしA

9─機会費用の例　ある人が自分の土地を利用して商売していますが、あまりもうかっていません。「どうせ自分の土地でただだから」と割り切っていますが、これは機会費用のことを理解していません。もしその土地を他人に貸したり、あるいは売却すれば得られるであろう利益、つまり土地を自分で利用することの機会費用を忘れているからです。

の店で食べるとしたら、そのためのコスト（費用）は何でしょうか。もちろん、レストランに支払う料金がコストであることはいうまでもありません。しかし、それ以外にAで食べたために、「Bの店へ行くことができなかった」という意味でのコストを考えなければなりません。これが機会費用です。

ある行為を選択するための機会費用とは、そのために獲得する機会を失った利益のことを指します。上の例の場合には、Bのレストランで食事をすることから得る喜びからBの料金を引いたものが、Aのレストランへ行くことの機会費用となります。要するに、機会費用とは、目に見える形で支払われる費用ではなく、得られなかった利益という意味での目に見えない形のコストです。

以上の説明をもとに、貨幣保有の機会費用について考えてみましょう。ある期間貨幣を保有するということは、その間、他の資産（たとえば証券）を保有することを放棄することにほかなりません。したがって、貨幣を保有することで、他の資産を保有していたら得られたであろう利益を放棄したことになります。これは上で述べた機会費用そのものであることは容易に理解できることと思います。

貨幣の流通速度

つぎに、以上で説明した貨幣需要関数の背後にある、貨幣の流通速度という考え方について説明したいと思います。貨幣流通と経済で行なわれる取引の関係を考えるうえで、貨幣の流通速度という考え方は重要な意味を持ちます。

そのまえに、つぎのような問題について考えてみてください。いま、ある週刊誌の発行部数が5万部であったとしましょう。このとき、その週刊誌の読者数も5万人であると考えてよいでしょうか。答えは否です。雑誌はまわし読みが可能だからです。何人かで共同購入することができますし、図書館・古本屋・喫茶店、あるいは電車の網棚の週刊誌を読むこともできます。もし、1冊の週刊誌が平均2人に読まれているのであるなら、実際の読者数は10万人ということになります。

本や雑誌のようにひとつのものを複数の人が楽しむことのできる商品は、市場で売買される量という見せかけの需要と供給以外に、販売量に1冊当たりの読者数を掛けた真の需要についても考えなくてはいけません。貨幣の需要について考える場合には、この点が決定的に重要なものとなります。

2012年5月末時点で、日本には約550兆円分の貨幣（現金＋預金通貨：いわ

ゆる M1）が流通していました。しかし、これは実際に取引に用いられた貨幣量ではありません。もし、貨幣が平均して1年に1度しか、ひとつの経済主体から別の経済主体へ移動しないのであれば、取引に使われた貨幣量は550兆円となります。しかし、ひとつの貨幣、たとえばある1万円札が、同じ人のところに1年間もとどまっていることはむしろまれなケースであるように思われます。貨幣はより頻繁に人々の間を流通するでしょう。たとえば、貨幣が1年間に平均4回異なった経済主体の間を移動すれば、1年間に取引に使われた貨幣の総額は、550兆円の4倍である2200兆円になります。

貨幣が平均して1年間にいくつの経済主体の間を移動するかということを、貨幣の流通速度と呼びます。この流通速度を V で表わすと、つぎのような関係が成り立つことがわかります。

$$MV = 取引総額（年間） \tag{5-3}$$

ただし、M は貨幣量であり、これに流通速度 V を掛けた MV は、1年間に取引に用いられた貨幣量となります。もしすべての経済取引が貨幣を用いて行なわれるのであれば、すべての取引において取引額に等しいだけの貨幣が、一方の人から他方に支払われます。したがって、MV は1年間の取引総額に等しくなるはずです。もし一部に物々交換が行なわれていれば、MV は取引総額よりも小さくなります。現代社会では物々交換は無視できるほど小さいので、(5-3) 式は近似的に成立すると考えてよいでしょう。図5-5は、この点を図解したものです。

(5-3) 式は、貨幣需要について考える際の重要な拠り所となります。経済全体の取引額が増大すると、それに応じて MV の値も大きくなる必要があります。この MV の増大は、貨幣量 M が増大するか、流通速度 V が高まるか、あるいはこの両方が起こるかで実現されます。

(5-3) 式の右辺の経済全体の取引額は、二つの理由で増大します。ひとつは、経済が好景気となって生産・消費・雇用が拡大し、その結果、財・サービス・資産などの取引量や取引回数が増大した場合です。もうひとつは、生産・消費の活動水準は変化しなくても、物価が上昇したために1回当たりの取引金額が大きくなる場合です。したがって、経済の活動水準が高まるか物価が上昇したとき（あるいは両方とも起こったとき）には、取引総額も増大し、その結果、貨幣量 M が増大するか、あるいは M が変化しないときには流通速度 V が高

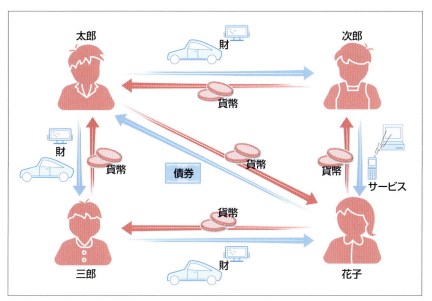

図5-5　取引の二面性

一般的には、すべての取引の裏側には貨幣の動きがあります。したがって、取引総額は貨幣の利用額（貨幣量×流通速度）に等しくなります。

まるわけです。流通速度がどのような水準になるのか、あるいはそれがどのような要因によって変動するかは、貨幣量と経済活動水準や物価の間の関係を考えるうえで重要な点となります。

貨幣の流通速度の決定

　貨幣の流通速度は、個々の経済主体が自分の手元にどれだけの貨幣を持とうとするかということによって決定されます。人々ができるだけ貨幣以外の収益を生む資産（株・債券など）を持とうとすれば、貨幣の流通速度は高まります。人々ができるだけ貨幣を持とうとしなければ、人々の手元に貨幣がとどまる期間は短くなるでしょう。なぜなら必要がないかぎりは、人々は手元にある貨幣をできるだけ他の収益を生む資産に換えようとするからです。

　しかし、いったん経済に生み出された貨幣（現金＋預金通貨）は、現金が日本銀行に回収されるか預金が消滅しないかぎり、経済のどこかに存在しています。この意味で、貨幣はトランプ・ゲームのババ抜きと同じです。だれもババ

のカードをできるだけ早く手離そうとします。しかし、ゲームが終了するまでは、ババはだれかの手元にあります。したがって、その間ババは人々の間を速いスピードで移動することになります。貨幣の場合も同じで、人々が貨幣を手元に置こうとしなければ、それだけ速いスピードで貨幣は経済内を流通するのです。

　では、人々はどの程度の量の貨幣を、どのくらいの期間保有しようとするのでしょうか。これは、貨幣と代替的な資産である株・債券・貯蓄性預金などの収益率に大きく依存します。これがすでに説明した利子率です。利子率が高いときには、人々は貨幣を持とうとしません。経済全体としても少ない貨幣で取引が行なわれようとします。そこで貨幣の流通速度は速くなるはずです。これに対して、利子率が低くなれば、貨幣が多く保有され、貨幣の流通速度も遅くなります。

ケンブリッジ方程式

　議論を先に進める前に、いわゆるケンブリッジ方程式について簡単に説明しておきましょう。(5-3) 式は抽象的レベルでは理解可能であっても、実際にとらえることはなかなか困難です。1年間に経済内で行なわれた全取引の総額を求めることは容易ではないからです。しかし、貨幣需要関数のところで説明したように、取引総額はその経済の国内総生産（GDP）と強い正の相関を持っていると考えられます。したがって、この関係を使って (5-3) 式を別の形に書き換えることが可能です。

　いま単純に取引総額と GDP（Y で表わすことにします）の間に比例関係があるとしますと、

$$取引総額 = \alpha Y \tag{5-4}$$

となります。ただし、α は比例定数で正の実数です。(5-4) 式を (5-3) 式に代入すると、

$$MV = \alpha Y$$

が得られ、これを変形すると、

$$M = \frac{\alpha}{V}Y = kY \quad \text{ただし、} k = \frac{\alpha}{V} \tag{5-5}$$

という式が導かれます。すなわち、貨幣量 M と GDP（Y）との間には、k という比例定数を通じた正の相関関係が存在することがわかります。(5-5) 式を ケンブリッジ方程式 と呼び、k を マーシャルの k と呼びます。—10

　k の値は貨幣の流通速度 V の値と逆相関の関係にありますので、流通速度が上昇すればそれにともなって k の値は下落します。その意味で M と Y は厳密な意味で比例関係にあるわけではありません。以下で説明するように、k がつねに一定の値をとるのはごく特殊な場合だけに限られます。k がどのような要因によって変化するのかという問題は残りますが、ケンブリッジ方程式は貨幣と GDP 水準の間の関係を考える際に便利な式です。

貨幣供給と物価

　貨幣量と物価の間には密接な関係があります。図 5 - 6 は、世界各国の1980年代、1990年代、2000年代の貨幣供給の伸び率と物価上昇率の関係をとったものです。一般的に、貨幣量が増えている国では物価も上昇しており、貨幣量が増えていない国では物価も安定しています。

　ここで、物価という用語を曖昧な形で使っていますが、物価の厳密な定義は10章まで待ってください。ただ、私たちは日常会話でも物価という言葉を使います。「日本の物価は高い」あるいは「最近は物価があまり上がらない」などという会話を交わします。ここで私たちが物価ということで頭に描いているのは、いろいろな財・サービスの価格の平均的な動きのことだと思います。以下の議論も、とりあえずそのような理解で進めていくことにします。

　物価には、モノやサービスの価格の平均的な姿という面とは別のもう一面があります。それは、貨幣の購買力という面です。

　貨幣 1 単位（たとえば 1 円）でどれだけのモノが買えるでしょうか。物価が高ければ少ししか買えないし、物価が低ければたくさん買えます。ですから、物価が高いほど貨幣の購買力は低くなります。物価は貨幣の価値と考えること

10—マーシャル（Alfred Marshall）は20世紀初頭、イギリスのケンブリッジ大学の教授　として活躍した経済学者です。

124 Part1 マクロ経済学の基礎

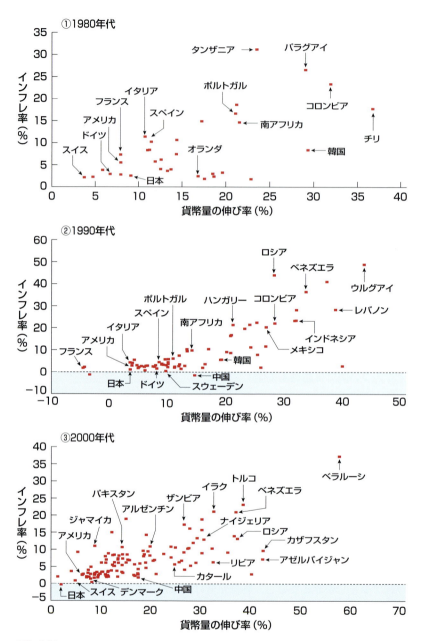

出所：IMF, *International Financial Statistics*.

図5-6　主要国の貨幣量の伸びと物価上昇率

もできます。

　経済におけるすべての取引が貨幣を使って行なわれるとしてみましょう。現実にも、物々交換はあまりないでしょうから、そう考えてもおかしくありません。その場合には、すでに（5-3）式で説明した関係とほぼ同じく、つぎのような関係式が成り立っていると考えられます。

$$MV = pT \tag{5-6}$$

ここで、M は貨幣量、V は貨幣の流通速度、p は物価、T は取引量を表わしています。この式を貨幣数量式（あるいはフィッシャー交換方程式）と呼びます。これについて簡単に説明しておきましょう。

　M についてはすでに説明しました。経済に流通している貨幣総量で、具体的には経済に流通している現金と預金の和と考えればよいでしょう。つぎに、貨幣の流通速度ですが、これもすでに説明したように、一定期間内（ここでは1年と考えればよいでしょう）に貨幣が平均して何回使われるのかを表わしています。これもすでに説明しました。貨幣量に流通速度を掛けた MV は、1年間に貨幣が全部で何円分使われたかを表わしています。

　つぎに右辺の pT を説明しましょう。まず、p は物価を表わしていると考えてください。すでに述べたように、現実の物価は指数の形でしか表わせませんが、ここではあくまで抽象的に物価を考えます。また、T ですが、これは経済のなかで一定期間（1年間）に何回の取引が行なわれたかを表わすものです。現実には1回ごとの取引でその大きさは異なりますが、ここでは平均的な取引を考え、その回数として T を考えるわけです。1回の取引で p（物価）の額だけ取引が行なわれるので、1年間の総取引額は pT となります。

　要するに、貨幣数量式とは、1年間に行なわれる取引総額（取引量に物価を掛けたもの）は、使われた貨幣総額（貨幣量に貨幣の流通速度を掛けたもの）に等しくなるという関係を表わしたものです。それぞれの変数は非常に抽象的なものであり、現実にそのままの形でとらえることができるわけではありませんが、この式は以下のような重要な見方を提示します。

　いま、T と V はあまり変化しないとしてみましょう。すなわち、経済で行なわれる取引量（これは経済活動の水準を表わしています）と、貨幣の流通速度は一定とします。その場合は、貨幣量と物価は比例関係にあることがわかります。一定の取引量と流通速度の下では、貨幣量が多いほど物価も高くなって

いるのです。ただし、これは「貨幣量が増えるから物価が高くなる」という因果関係を意味しているとはかぎりません。物価が上がるから貨幣量が増えるということもありうるでしょうし、あるいは別の要因で貨幣量と物価の両方が増えるということもありえます。

貨幣量と物価

さて、貨幣量と物価の関係について考えてみましょう。以下の議論を単純にするため、利子率の変化は無視することにします。私たちが関心を持っているのは、中長期的な関係ですので、利子率の変化にこだわる必要はないでしょう。

この場合にはマーシャルの k は一定ですので、(5-5) 式のようなケンブリッジ方程式が成立します。これを変化率の関係で示すと、つぎのようになります。$y＝Y/p$ に注意してください。

$$\frac{\Delta M}{M} - \frac{\Delta p}{p} = \frac{\Delta y}{y} \tag{5-7}$$

この式の導出についてくわしい説明は省きますが、とりあえずつぎのように考えてください。まず $\Delta M/M$ ですが、これは貨幣量の増加率を表わしています。ΔM は貨幣量が一定期間（たとえば1年間）にどれだけ変化したかを表わしています。つまり貨幣の変化量です。これを貨幣量そのもので割ることで、貨幣量の変化率となります（変化率については、2章を参照してください）。$\Delta p/p$ は物価上昇率を表わしています。(5-7) 式の左辺は実質貨幣残高 M/p の変化率をとったもので、実質貨幣残高の変化率は、貨幣量の変化率から物価上昇率の変化率を引いたものとなります（この数学的な説明を省きますが、その意味については何となくわかると思います）。

つぎに右辺ですが、マーシャルの k は変化しませんので、実質GDPの変化率 $\Delta y/y$ だけが残ります。1章で見たように、実質GDPの変化率とは、経済成長率のことです。

さて、(5-7) 式を物価上昇率についての式に書き換えると、

$$\frac{\Delta p}{p} = \frac{\Delta M}{M} - \frac{\Delta y}{y} \tag{5-8}$$

となります。

5 貨幣需要と利子率　127

　この式の意味するところは、物価上昇率は貨幣の増加率と経済成長率の差となるということです。たとえば経済成長率が2％の国で、貨幣量が5％で増えていけば、物価は3％上昇するということになります。あるいは、経済成長をしていない国（成長率がゼロということ）では、物価上昇率は貨幣の増加率と等しくなります。これからわかることは、一定の経済成長率の下では、貨幣の増加率が高いほど、物価上昇率も高くなるということです。

演習問題

1. 以下の文章の下線部分に用語や数値を入れなさい。
   (1)利子率にはいろいろなものがあるが、安全資産に比べて危険資産のほうが、利回りが高くなる傾向がある。危険資産の利回りが安全資産の利回りを上まわる部分を＿＿＿＿＿という。また短期と長期の金利にも差が出るが、通常は＿＿＿＿＿の金利のほうが高くなる。このような短期から長期まで期間と金利の関係を示したものを＿＿＿＿＿という。
   (2)貨幣需要は通常、所得（GDP）の＿＿＿＿＿関数、そして利子率の＿＿＿＿＿関数となっている。こうした需要関数の下では、貨幣供給量が増えると利子率は＿＿＿＿＿なる。また、一定の貨幣供給の下で所得が増加すると貨幣需要は＿＿＿＿＿するので、その結果、利子率は＿＿＿＿＿なる。
   (3)貨幣の保有動機には、＿＿＿＿＿動機、＿＿＿＿＿動機、＿＿＿＿＿動機がある。
2. 以下の記述は正しいのか、誤っているのか、それともどちらともいえないのか、答えなさい。
   (1)イールドカーブが逆イールドになる可能性があるのは、将来金利が低下していくと予想されるときである。
   (2)市中で流通している既発の国債の価格が高くなれば、国債の利回りも高くなる。
   (3)金利が高くなるほど、国債保有のための機会費用も大きくなる。
   (4)何らかの理由で貨幣需要が増加すれば、金利は上昇する傾向にある。

6
財政政策の基本的構造

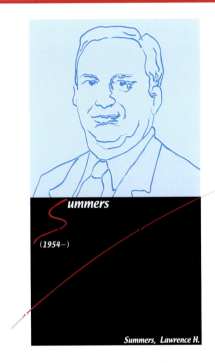

ローレンス・サマーズ 非常に若くしてハーバード大学の教授になった俊英。多くの学術論文を発表したのち、その後世界銀行のチーフエコノミストなどを経て、クリントン政権の財務長官に就任。さらにオバマ政権誕生時には国家経済会議委員長も務めた。

130　Part1　マクロ経済学の基礎

　本章では、公的部門の活動がマクロ経済の動きにどのような影響を及ぼすのかを考察します。政府はさまざまな形で税金を徴収し、それを公共サービスや公共投資の形で支出しています。その金額は多くの国で時代とともに拡大しており、政府の活動の影響を無視して経済の動きを分析することは不可能であるといっても過言ではありません。

　政府の収入と支出はつねに等しくなっているわけではありません。景気対策などで積極的に支出を増やしたり減税をすれば、その分政府の財政は赤字になります。この赤字を補うため、政府は国債や地方債などを発行します。こうした行為自体は財政政策の手法として意味のあることですが、債務が拡大しつづければ財政政策の運営もむずかしくなります。

　本章では、財政政策の手法としてどのようなものがあり、それがマクロ経済のなかでどのような位置にあるかを説明します。また政府の債務が拡大したときに起こるさまざまな影響についても考察します。現代の日本経済においては、拡大する政府債務が大きな政治問題になっていることはよく知られているとおりですが、それをどのように見るのか説明することも、本章の目的です。

大きな存在の公的部門

　経済における公的部門の存在はますます大きくなっています。経済で生み出される所得の相当な部分が税金という形で政府に吸い上げられていきます。そして税金などの収入を利用して、さまざまな政府活動が行なわれます。教育、医療、福祉、その他諸々の行政サービスなどの政府消費、そして道路・港湾・空港などの公共投資など、公的部門が行なう経済活動は年を追うごとに大きくなってきています。

　図6-1は経済全体のなかに占める公的部門の規模を示す指標のひとつである国民負担率の推移を示したものです。国民負担率とは、国民所得（NI）に対する租税（直接税プラス間接税）と社会保障費の占めるシェアを表わしたものです。この指標を見ても、いかに政府部門の存在が大きいかがわかると思います。

　国民負担率に示される支出面以外でも、公的部門はさまざまな形でマクロ経済に大きな影響を及ぼしています。たとえば、2023年3月末の時点で、国と地方を合わせた政府債務の額はおおよそ1270兆円です。その大半は政府が発行する国債や地方債の形となっています。これは家計が保有する約2056兆円の金融

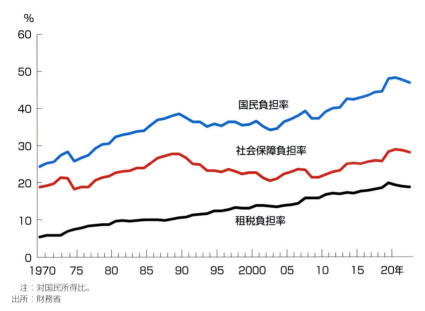

注：対国民所得比。
出所：財務省

図6-1　国民負担率の推移（1970～2023年）

資産の約60％の規模になっています。金融市場においても政府は大きな影響を及ぼしています。政府の債務や財政収支の動向が、利子率をはじめとする金融市場の動向を左右する大きな攪乱要因となりうるのです。

マクロ経済学における政府の役割、とりわけ財政政策の機能について見るためには、政府活動のなかの歳入（税収などの収入）と政府消費や公共投資などの歳出に分けて考えると便利です。

政府の活動は、毎年の予算にもとづいて運営されています。財政の予算はおおむねつぎのような制約を満たすと考えてよいでしょう。

$$\text{政府財政収支} = \text{租税収入} - \text{財政支出}$$

租税収入と財政支出の差が財政収支になりますが、それがプラスのときには財政黒字、マイナスのときは財政赤字といいます。赤字になれば、その分は民間部門から借金をしてまかなわなければなりません。そのために発行する債券が公債で、これには国が発行する国債と地方政府（自治体政府）が発行する地方債が含まれます。—1

歳入の主たる部分は、税金からなります。政府はさまざまな経済活動に税金

を課しています。個人の所得に課す個人所得税、消費支出にかかる一般消費税、ガソリンやタバコなど個別の商品にかかる物品税、貿易にかかる関税、企業の所得に課される法人税、不動産などにかかる固定資産税、預金金利や株式の売却益にかかる税金など、実に多様な税が存在します。

　これらの税金は、政府の収入を確保するという主たる目的以外にも、実に多様な機能を果たしています。所得水準の高い人ほど税率が高くなるという累進構造を持つ個人所得税は、人々の所得格差を縮める所得再分配効果を持っています。ガソリンなどに課される税はエネルギー使用を抑制する誘因を持たせることで環境問題対策という側面も持っています。―2 固定資産税などは、地価高騰を抑える効果を持ちます。

　歳出は、医療・年金・警察・教育・国防・福祉・一般行政サービスなど、政府の日々の公的サービスである政府消費と、道路・港湾・空港など、公的資本に投資される公共投資、そして債務に対する利払いなどからなります。

　図6-2は日本の一般会計の歳出と歳入の内訳を示したものです。これを見れば、政府の歳入と歳出の構造がどうなっているのかよくわかると思います。

景気対策としての財政政策

　財政制度がマクロ経済学の観点から重要なのは、それがマクロ経済の動きに大きな影響を及ぼすからです。政府は景気対策として、財政制度をフルに活用します。

　たとえば、景気が低迷しているとき、景気を刺激するためにどのような財政政策が行なえるか考えてみましょう。財政政策によって景気を刺激する手法は、基本的に二つあります。ひとつは減税、そしてもうひとつは財政支出拡大です。

　減税にはいろいろな形態がありますが、もっともわかりやすいのは所得減税でしょう。可処分所得という概念がありますが、これは所得から税の支払いを

1―これ以外に、公的な法人が発行する債券もありますが、ここではそこまでくわしく立ち入りません。

2―炭素税　ガソリンなどの化石燃料を燃やすと二酸化炭素が発生しますが、大気中の二酸化炭素の増加が地球温暖化の原因となるといわれます。地球温暖化を防ぐためには、化石燃料の利用を制限しなくてはいけませんが、そのための手法のひとつとして、ガソリンなどの化石燃料の利用に税金をかけるという方法があります。これを炭素税といいます。税金が環境政策の手法となる一例です。

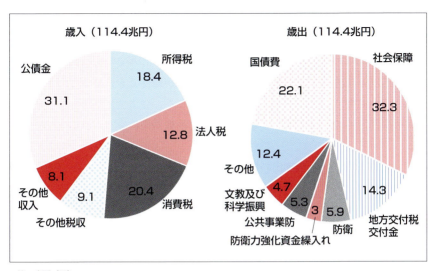

注：内訳（％）。
出所：財務省

図6-2　一般会計の歳入と歳出（2023年度）

引いたものです。もし政府が減税を行なえば、一定の所得でも可処分所得は増えます。それによって、支出が拡大することが期待されます。―3

　企業投資を刺激する減税政策としては、投資減税が有効です。投資減税とは、より積極的に投資を行なえばそれだけ企業が支払う法人税が少なくなるようなインセンティブを提供するものです。たとえば、パソコンなどの機器を購入すれば、通常の税制ではその経費は、何年かの減価償却の期間に分けて経費として控除されるのですが、もしそれが購入の最初の年に全額一括控除してもらえるのであれば、企業は積極的にパソコン導入をしようとするでしょう。パソコンに投資した分税金が低くなるということで、投資減税による投資増大効果が見込めるのです。

　景気刺激効果が期待できる減税には、このほかに住宅取得減税などもあります。住宅投資は非常に大きな景気刺激効果がありますので、住宅取得にともな

3―後でくわしく議論しますが、こうした減税政策がほんとうに支出刺激効果を持つのかという点について、大きな論議となっています。学説によっては、所得減税はまったく景気刺激効果がないという主張もあります。

いさまざまな減税の恩典を提供すれば、それによって景気刺激効果が期待できるのです。

財政政策のもう一方の柱は、財政支出を利用することです。景気が悪いときには、公共事業を増やし、それで景気刺激効果が期待できます。こうした公共事業はそれ自体が需要拡大要因となるだけでなく、経済全体に幅広く景気拡大の波及効果をもたらします。3章で説明した乗数効果にもとづく景気刺激策です。

減税であろうと、財政支出の拡大であろうと、その財源をどこかで確保しなくてはなりませんし、いずれの場合も政府による刺激政策は、結果的に財政赤字幅を拡大させます。本章の冒頭に示したように、財源不足は公債発行でまかなうしかありません。ある意味では、財政赤字を増やすということが、景気刺激策を行なっているということでもあります。

ただ、マクロ経済の多くの問題と同じように、ここで因果関係（causality）—4 に注意しなくてはいけません。政府が意図的に財政赤字を増やそうとする行為は、それが減税であろうと財政支出拡大であろうと、景気刺激効果があります。他方、景気が良くなっているときには、その結果として財政赤字幅は減少するか、あるいは財政黒字幅が拡大するでしょう。なぜなら景気が良くなれば、税収が増えるからです。このように政府の意図的な政策としての財政収支から景気への因果関係と、結果としての景気状況から財政収支への因果関係を混同しないようにしなくてはいけません。この点は、つぎの項で説明するビルトイン・スタビライザーの考え方と深いかかわりがあります。

財政制度とビルトイン・スタビライザー

財政政策というと、景気状況に対応して、政府が能動的に対応するというイメージが強いようですが、それだけが財政政策の機能ではありません。実は、

4—因果関係　1章の脚注4でも述べましたが、経済の議論をするとき、因果関係に注意しなくてはいけません。どちらが原因でどちらが結果であるかをきちっと認識する必要があるのです。「貨幣量が増えると物価が上昇する」というときは貨幣量から物価への因果関係が存在します。それに対して、「物価が上昇したら、貨幣量を増やさざるをえない」というときには、物価から貨幣量への因果関係が存在するのです。貨幣量と物価の間の関係を考えるときには、両方の因果関係がある可能性があるのですが、それぞれの個々の現象で因果関係がどういう方向にあるのかを、つねに意識する必要があります。

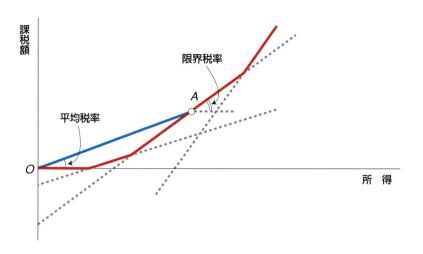

図6-3　累進課税

所得が非常に少ない人は課税額がゼロで、そこから所得が上昇していくにつれて税率が上がっていくことが読み取れるはずです。

　政府が積極的に対応しなくても、財政制度そのものが景気を安定化させる機能を持ちます。これを、財政のビルトイン・スタビライザー（自動安定化装置）機能といいます。

　ビルトイン・スタビライザー機能とは、景気が悪化してきたときには、自動的に減税や財政支出拡大が起こり景気を刺激し、逆に景気が過熱してきたときには、自動的に増税や支出削減が起こるような仕組みが、財政制度のなかに備わっていることを指しています。

　財政制度のなかに組み込まれているビルトイン・スタビライザー機能には、多様なものがあります。そのもっとも代表的なケースとして、個人所得税における累進課税について簡単に説明しておきましょう。

　多くの国の所得税は、ほとんどの場合、累進的構造を持っています。図6-3は、累進税の形態を図で示したものです（日本の所得税の体系も、おおむねこのような形をとります）。縦軸には所得税、横軸には課税対象となる所得の額がとられています。この図で限界税率は、折れ線の各線部分の傾きで表わされています。この傾きが次第に大きくなっていますので、所得が高くなるほど、限界税率も高くなっています。―5

この図に示したような税体系では、平均税率も所得とともに増加しています。平均税率とは、課税額を所得額で割ったもので、総所得額のうちどの程度の割合が税としてとられるかを表わしています。図のうえで、平均税率が所得とともに高くなっていることを確認してください。

累進的な所得税は、課税後の可処分所得を平等にする働きがありますから、所得分配の平等化の観点から、多くの国で支持を受けています。ただ、累進課税はマクロ的な観点からも重要な役割を演じており、それが自動安定化装置（ビルトイン・スタビライザー）としての役割です。

景気が悪化してくると、人々の所得も減少していくでしょう。すると累進税率の下では、所得減税効果が出てきます。所得が減った結果、以前よりも税率が下がるからです。逆に景気が過熱してくると人々の所得も増えるので、累進税の下では所得税は結果的に増税されることになり、景気抑制効果が働くのです。この場合、景気の状況に応じて税制をいじるわけではないのですが、累進税という仕組みの結果、景気の状況に応じて自動的に景気安定化の方向に徴税機能が働くことになります。

累進的構造は持っていなくても、他の税にも自動安定化装置的機能が備わっています。たとえば法人税は、企業があげた利益に課されます。大きな利益をあげた企業には巨額の法人税がかかりますが、利益をあげられない企業には法人税がかけられません。一般的に、景気が悪化すれば企業の利益は低下していきますので、法人税の額も減少し、結果的な意味での減税効果が働きます。一方で、景気が過熱してくれば、企業利益も拡大しますので、法人税の徴収額も増え、これが景気を抑制する機能を果たします。

財政の支出面で自動安定化装置（ビルトイン・スタビライザー）機能を果たす例としては、たとえば失業保険があります。失業保険とは、リストラや倒産などで職を失った人が、つぎの職を探すまでの間、期間を限定して所得補助を

5—累進度が下がる傾向にある主要国の所得税　近年、各国の所得税の累進度は下がる傾向、つまりフラット化する傾向にあります。日本の場合でいえば、かつては国税と地方税を合わせて高額所得者向けの最高税率が93％であったものが（ただし、賦課制限80％）、現在は50％にまで下げられています。アメリカなどでは、もっと大胆なフラット化が行なわれており、最高税率は低くなっています。こうした傾向が見られるのは、あまりに極端な累進度で最高税率を高くすると、高い所得を生み出し経済活動の拡大に貢献する高額所得者の勤労意欲を挫いたり、あるいは所得税率の低い海外への逃避を促すということになりかねないと考えるからでしょう。

しようとする制度です。景気が悪化すれば失業者が増えますので、失業保険の給付も増えるでしょう。これは結果的に財政支出拡大効果を持つという意味で、自動安定化装置の機能といえるのです。

　財政政策というと、景気の状況を見ながら政府が積極的に対応する部分だけが強調されがちなのですが、実は目に見えにくいこうした自動安定化装置としての機能の重要性を認識しておく必要があります。

国と地方政府

　財政政策とはいっても、単一の政府によって行なわれていると、単純化して考えることはできません。国、都道府県、市町村など、国と地方政府の間の役割分担があるのです。そして、その役割分担のあり方についても、さまざまな論議が提起されています。以下では、都道府県と市町村をとくに区別せず、地方政府と総称して、国と対比しながら議論をします。

　国、地方政府はともに、すでに説明してきた徴税機能と支出機能を持っています。徴税については、国に納める税金（たとえば個人所得税や法人税など）と、地方に納める税金（たとえば住民税や固定資産税など）があって、それに応じてそれぞれの政府（国と地方政府）に税金が入ります。

　一方で国、地方の政府はそれぞれの政策にもとづいて支出を行なっていきます。国防、外交、国家的な投資プロジェクトなど、国家レベルでの支出は国が行ないます。他方で、地域での教育、医療・福祉、下水道や公共交通などの地域サービスなどは、地方政府が行ないます。

　ただ、日本の財政の重要な特徴は、こうした国と地方のレベルの税収と支出の金額の間に大きなギャップがあり、それに応じて、巨額の資金移転が国から地方政府に対して行なわれているということにあります。図6-4は、このような国と地方の財政収入と財政支出の構造を大まかに図解したものです。

　この図を見てもわかるように、日本の財政構造の重要な特徴のひとつは、税収（財政収入）が国に集中し、支出は地方政府に多くあるということです。大まかにいってすべての税収の63.4％は国の収入として入り、地方政府には36.6％の税収しか入りません。一方で支出で見ると、これが逆転して全体の55.7％ぐらいが地方政府による支出となります。

　当然のことながら、こうしたギャップを埋めるため、国から地方政府に対して膨大な資金の移転が行なわれています。つまり、地方政府の財政活動のかな

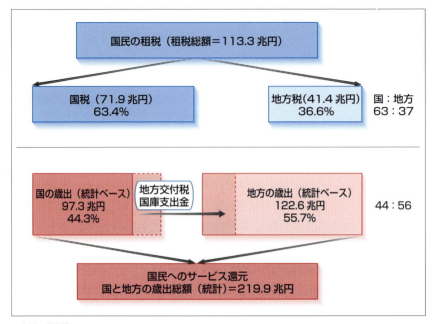

出所：税務署

図6-4　日本の財政構造（2021年度）

りの部分は、国からの財政移転によって埋められているのです。──6

　財政移転にはいろいろなものがありえますが、とくに重要なものは二つあります。ひとつは補助金と呼ばれるもので、国の各省庁の政策を反映して提供される補助金をそれぞれの地方政府が利用して、地元での政策を行ないます。図6-4の国庫支出金がこれにあたります。たとえば国がIT（情報通信技術）振興のための補助金政策を立ち上げれば、それぞれの地方政府はそれに合った政策を打ち出し、国からの補助金を利用して政策を遂行するのです。こうした補助金は、産業振興、農業、医療・福祉、国土整備、教育など、さまざまな分野で提供されており、ある意味で国の省庁の縦割り構造を反映した政策が、地方政府に降りていく形になっています。

6──県知事には中央政府の官僚出身者が多い　県知事には中央政府の官僚、とくに旧自治省の出身者が多くおります。また、県庁の重要ポストである副知事や総務部長などには、中央官庁の役人が出向することが少なくありません。財政資金だけでなく、人材的にも中央官庁から地方自治体への移動が見られます。

Guide to Current Topics

ネズミ講の構造

　ネズミ講というものを知っていますか。仲間をつのって1万円ずつ集めます。そして仲間にこういうのです。あなたの子供（もちろん本当の子供という意味ではなく新たな仲間という意味）を3人集めてください。それぞれから1万円ずつ集めれば、あなたに1万5000円あげます。

　現実には、もう少し巧妙な仕組みが考えられるのですが、いずれにしろこの仕組みは、動いている限りはすべての人の利益となります。仲間になるのに1万円払わなくてはいけませんが、3人の子供を見つけてくれば1万5000円入ってきます。30人の子供をつくれば、15万円入ります。

　こうしたネズミ講がときどき世の中に出てきます。もちろん、これは犯罪です。ネズミ講の仲間が順調に増えている間はだれも損はしないのですが、必ずどこかで新規加入の枯渇が起こるのです。ネズミのように子供を倍数的に増やしていけば、どこかで枯渇するのです。

　驚くべきことに、年金制度にもこのネズミ講的構造が隠されています。若者の人口が多かったとき、若者が年金として預けたお金の一部が、その時代の高齢者へ年金として支払われました。つぎつぎと多くの若者が生まれてくる限りは、この順送り的構造はうまく機能します。

　しかし、少子高齢化ということで、新しく生まれてくる若い世代の人口は減少傾向にあります。かつて年配の人の年金を支えた世代が高齢化しても、つぎの若者にはそれを支えるだけの人数がいないのです。ネズミのようにたくさんの子供を産みつづけるのであれば、こうした年金制度はうまく機能するのでしょうが、日本人はネズミのようには子供をたくさん産まなくなったのです。

　日本の年金制度の最大の問題は、こうした順送りの構造からどう脱却するかということです。順送り構造をやめれば、いまの若者が年金のために支払った資金は、彼らが歳をとったときに使えるようにしなくてはいけません。すると、いまの高齢者の年金は一般財源から賄うしかないのです。

国から地方への財政移転のもうひとつの形は、地方交付税交付金と呼ばれるもので、簡単にいえば、国から地方への一般的な財源移転のことです。それぞれの地方政府の税収状況、人口など、さまざまな要因によって国からそれぞれの地方政府に支払われる交付税の金額が決められますが、この仕組みはたいへん複雑になっています。人口の頭割りで支払われる交付税が決まるというような単純なものであれば話は違うのでしょうが、現実には国から支払われる金額が地方政府の行なう政策に大きな影響を与えます。そこで国から交付税を引き出せるような政策をとるという誘因が地方政府に出てくることになります。

このような財政政策は、結果的に日本の財政を大きくゆがめてしまっているという批判が多く出ています。地方政府は補助金や交付税を多く取ることに配慮することになり、それがそれぞれの地域にとってもっとも望ましい財政政策運営を行なうことを阻害するだけでなく、国・地方を合わせた日本全体の財政構造をゆがめているのです。財政赤字や政府債務を削減するうえでも、国と地方政府の財政的関係を改革することが必要となるはずです。

ここではその改革のくわしい方向について述べる紙幅はありませんが、一般論としてつぎのことがいえると思います。財政の基本は、国民の乏しい所得から取り上げる税金を利用して支出を行なうということです。そこで、支出を行なうことによる財政的痛みを政府が感じるような仕組みが必要となります。

現在の財政制度ですと、地方政府が支出を拡大することは、その地域の人々の税の負担が重くなるというよりは、国から地方への財政移転が増えるという結果になることが多いのです。そこで地方政府は国から補助金や交付税でどれだけお金を取ってくるかということに、大きなエネルギーを注ぐことになります。もちろん、そうした財政支出の拡大は日本国民全体の財政負担の増加になります。しかし個別レベルでそうした財政負担の意識は生まれにくいのです。

地方レベルで独自性を持って行なうことが望まれる政策については、できるだけその権限を地方に移譲し、補助金など国のコントロールを行なうことをやめていく。そして巨額の地方交付税交付金で国から地方に財政移転するよりは、それぞれの地方政府により多くの税収が入るように税制の制度を変えていく。こうした権限の地方政府への委譲が求められます。こうした一連の動きを地方分権への動きといいます。

もちろん、日本が一国として統一的に行なっていくべき政策もあるでしょうから、補助金がまったく必要ないということではありません。また地域レベル

での政策とは一線を画した外交や科学技術振興などは国が遂行すべき分野として残るでしょう。さらには、東京などのように財政基盤が豊かな地域と、北海道や沖縄などのように財政基盤が弱い地域の間で格差が生じにくいように財政移転が行なわれる必要がありますので、地方交付税交付金の制度のなかにも残されるべき部分もあります。

　要するに程度問題であり、日本の場合には明らかに、地方分権の方向に動いていくべき状況にあるのです。そうした構造的な改革が、財政運営の効率化につながるだけでなく、財政赤字や政府債務の増加を抑えるというマクロ経済的な財政目標を実現するうえでも重要になっているのです。

政府の課税活動と乗数プロセス

　3章でマクロ経済の乗数プロセスについて議論したときには、政府の徴税活動やそれが有効需要に及ぼす影響について考えませんでした。この点について以下で考察します。

　乗数プロセスは、通常、税体系によって影響を受けます。これは、つぎのように考えれば理解しやすいでしょう。乗数プロセスとは、投資や政府支出の増大によって生産が拡大したとき、それが追加的所得の増大をもたらし、それがさらに消費を拡大し生産を刺激するというものでした。もし、所得増加分の一部が税金として政府に持っていかれるのであれば、投資や政府支出の増大によってもたらされる所得増加の一部は政府にとられ、その結果、追加的な消費の増加額も小さくなるのです。

　以上の点を式のうえで確認しましょう。いま単純化のため、政府の課税は、

$$T = tY - T_0 \tag{6-1}$$

という式にもとづいて行なわれるとしましょう。ただし、tは限界税率、T_0は定数、Yは所得水準、そしてTは総税収です。限界税率とは、所得の増加に対して、そのうちどの程度の割合が税にとられるかを表わした数字です。限界税率が0.2であれば、所得の増分のうち2割が税にとられることになります。この式によると、所得が増加すれば、そのうちtの割合ずつ税にとられることになります。tは0と1の間の数で、T_0は正の数です。したがって、所得がある水準以下（T_0/t以下）であれば、「負の税金」を払うことになります。これは、政府から所得補助をもらうことにほかなりません。

家計にとっての可処分所得（Y_d）は、所得 Y から税金 T を引いたもの

$$Y_d = Y - T \tag{6-2}$$

となり、消費額はこの可処分所得の関数として、

$$C = cY_d + C_0 \tag{6-3}$$

と決まります（c は限界消費性向です）。この（6-3）式は、3章で議論した消費関数の所得を可処分所得に置き換えただけのものです。

　財市場の均衡条件は、3章と同じように、

$$Y = C + I + G \tag{6-4}$$

と書くことができます。前と同じように、投資 I と政府支出 G は外生的に決まるものとしましょう。すると、(6-1)、(6-2)、(6-3) 式を (6-4) 式に代入して、

$$Y = [c(1-t)Y + cT_0] + (C_0 + I + G) \tag{6-5}$$

が導かれ、これを変形して、

$$Y = \frac{1}{1-c(1-t)}(C_0 + I + G + cT_0) \tag{6-6}$$

となります。3章の場合と同じく、右辺の係数 $1/[1-c(1-t)]$ が乗数となっています。所得に税がかかる場合には、その分だけ乗数効果も小さくなり、乗数値も小さくなります。図6-5は、このことを図解したものです。この図にも表わされているように、政府への税収は、乗数プロセスの「漏れ」となり、それだけ乗数値を小さくしてしまうのです。

財政収支の長期的意味

　つぎに、長期的な観点から見た財政収支の問題について考察しましょう。図6-6は、国債と地方債の発行残高と対 GDP 比率の推移を表わしたものです。平成に入って日本の不況が長期化するなかで、政府の税収が落ち込み、景気対策のための財政支出が増えたため、政府の債務である国債発行残高が急速に増大していることが読み取れます。—7

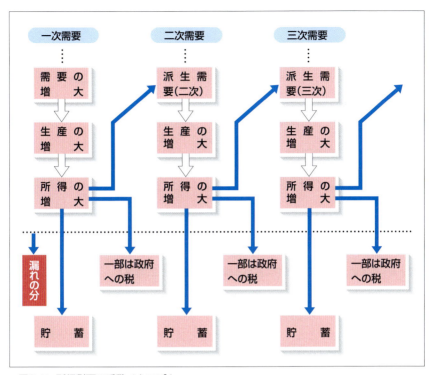

図6-5 所得税下の乗数メカニズム

所得に課税されると、所得増大の一部が政府への税収として漏れてしまい、その分だけ派生需要が小さくなり、乗数値も小さくなります。

政府の財政政策は、つねにつぎのような予算制約のもとで行なわれています。

　　　財政支出＋政府負債への利払い ＝ 税収＋公債残高の変化

　政府の収入は税収であり、これで通常の政府支出と負債に対する利払いをまかないます。もし、税収だけでこれらをまかなうのに十分でなければ、残りは公債発行という形で補うしかありません。公債が発行されれば、その分だけ政

7―**日本は世界最大の政府債務国**　政府が抱える債務の規模（債務額の対GDP比数値）では、日本は世界最大の規模です（2012年現在）。この状態は当分解消されないでしょう。日本よりもはるかに公的債務比率の小さなイタリアやスペインなどの国が深刻な財政危機に陥っていることを考えると、安定して財政赤字をつづけている日本の状況は特異といえます。

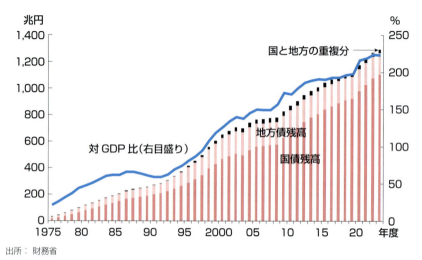

出所：財務省
図6-6　国債地方債残高とGDPに占める割合（1975～2023年度）

府の財政収支は赤字となります。政府負債とは、政府の財政赤字の累積額のことで、その時点での公債残高に等しくなります。

　この政府負債残高は今後どのような方向に動いていくと考えられるでしょうか。もし、政府支出が大幅に抑制されるか、大きな増税が行なわれるのであれば、財政収支は黒字に転じ、その黒字分だけ公債を償還（政府による買い戻し）できるので、政府の債務残高は次第に減少していくでしょう。そもそも行財政改革の狙いもそこにあったと考えられます。ただ、現在の日本のように、過去から蓄積された膨大な政府債務が存在するときは、その債務の利払いだけでも大きな額となり、債務の元本を減らしていく大幅な財政収支の改善を期待するのはむずかしいと思われます。

　そこで、プライマリー・バランスの考え方が出てきます。プライマリー・バランスとは、政府の収入である税収と、公債の利払いや元本償還などの公債費を除いた政府支出（純粋の政府支出）の差で見た財政収支のことです。これがほぼゼロになっているとき、プライマリー・バランスが実現しているといいます。

　日本における財政再建の目標は、このプライマリー・バランスを実現することです。もしプライマリー・バランスを実現することができたら、とりあえず

6　財政政策の基本的構造　　145

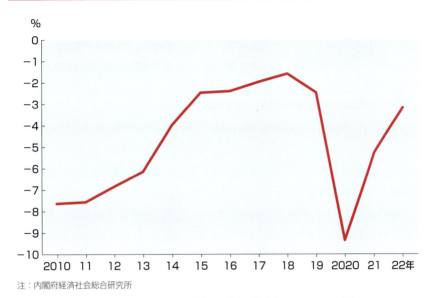

注：内閣府経済社会総合研究所

図6-7　日本のプライマリーバランス（対GDP比）の推移（2010～2022年）

政府債務が無制限に膨れ上がることを抑えることができるからです。財政再建とは、政府の借金（政府債務）をゼロにするということではありません。政府が一定額の負債を抱えていることは不自然なことではありません。重要なことは、政府債務が膨張しないようにプライマリー・バランスを達成するということなのです。

　図6-7は、最近のプライマリーバランスの動きを示したものです。リーマンショック（2008年）や東日本大震災（2011年）の影響で、2010年代のはじめごろは、日本のプライマリーバランスは7％を超えるような深刻な赤字の状態にありました。しかし、その後財政健全化の努力によって、2019年に向かってプライマリーバランスの赤字は縮小していきました。ただ、2020年からのコロナ危機での景気後退に対応するため財政支出が膨らみ、プライマリーバランスは再び大きく赤字になっています。

　政府の債務状態を示す指標として、政府債務額の対GDP比（政府負債額をGDPで割った値）を用いることが多いのですが、これが拡大していくか縮小していくかは、経済成長率と金利の大小関係が重要な要素となります。プライマリー・バランスが実現しているときでも、政府債務に対する利払いは新たな公債発行でまかなわなければなりません。これは負債の増加要因です。これに

図6-8 経済成長率と金利が債務に及ぼす影響
政府債務の大きさは、通常、その国の経済規模であるGDPで割った値で表わされますが、これは利子率と経済成長率の変動によって増減します。

対して、経済成長はGDPを引き上げることで、政府債務の対GDP比を下げる要因として働きます。

この点は図6-8に例示してありますが、経済成長率が金利よりも高いときには、分母の増加率のほうが分子の増加率よりも高くなり、政府債務の対GDP比は次第に低下していきます。経済成長率が金利に比べて高いときには、金利により債務が拡大する以上のペースでGDPが増大していくので、政府の負債の対GDP比は次第に減少していくのです。

第二次世界大戦後の先進工業国において一般的にいえることは、経済成長率は非常に高い状態にあったために、それが政府債務の問題を軽くしてくれたということです。政府の債務の金利よりもGDPの成長のほうが高かったからです。このような状況下では、政府が多少赤字を出したからといって、債務の対GDP比は増えていきません。

残念ながら、現在の日本経済は少子高齢化に直面して、高い経済成長率は望めません。幸いなことに金利も当面は低い水準を維持していますので、債務がGDPに比べてとくにいちじるしく拡大するような経済環境にはありません。

しかし、もし金利が経済成長率よりも高くなりその状態がつづけば、公債の金利負担が大きくなり、政府負債の対GDP比も拡大してしまいます。その意味で政府債務の問題は非常に深刻であるといえます。政府支出の削減か、増税か、さもなければ景気の回復による税収の増大が見込まれないかぎり、政府債務は雪だるま式に増えていくことになります。—8

公債負担の問題

政府債務が拡大していけば、将来ある時点で増税をして公債を償還する必要が出てきます。理論的には、政府は将来にわたってずっと債務を負いつづけるということも考えられますが、経済成長率よりも金利のほうが高い状態では、

そのような状態を維持することは不可能で、どこかの時点で増税による償還の問題が起きてきます。

　増税で公債の償還をするのは将来の世代です。では、現在の政府が財政赤字政策をとって公債を発行するということは、将来世代にとって負担となるのでしょうか。一見すると、将来世代の負担となるように思われますが、この問題はそれほど単純なものではありません。

　いま、公債のほとんどが国民によって保有されているとしましょう。対外累積債務を持った国ならいざしらず、日本のような国ではこの前提はおおむねあてはまります。─9 そのような国が債務を償還（返却）するために増税を行なったとしたら、そのときのカネの流れは、増税を通じて国民から吸い上げられ、公債の償還を通じて国民に戻されるという形をとります。つまり、増税による政府債務の償還とはいっても、その債務は国民に対するものですので、カネは公債を持っていない人から公債を持っている人に流れることになります。

　このような政府債務返済によるカネの流れは将来世代の間で分配上の変化はもたらしますが、将来世代全体に対する負担となるかどうかは明らかではありません。確かに、公債を保有している人は当然の権利としてそれを償還してもらっているのですし、公債を保有していない人は公債償還のための増税をされているのですから、全体としては将来世代は負担を強いられているように見えます。しかし、そういった個々の経済主体の意識を離れて、経済全体で見ればカネは経済のなかを還流しているだけですので、政府の債務の将来世代への影響は全体としてはないともいえます。

　たとえば、両親あるいは祖父母がなくなって遺産が残ったとします。この遺産は子供や孫のものとなります。一方、祖父母や両親の時代に膨れ上がった公

8─デフレで膨らむ政府債務　日本経済では一般物価水準が下がるデフレ状態がつづきました。デフレの下では、物価水準が下がるため、実質経済成長率がゼロであれば、名目経済成長率はマイナスになります。一方、利子率はゼロ以下になりません。そこで名目利子率のほうが名目経済成長率よりも高い状態がつづいています。本文の議論から明らかなように、こうしたデフレ状態では、たとえプライマリー・バランスを実現しても、政府債務は拡大していってしまいます。

9─対外債務の大きい国の例　ギリシャのような国では、政府債務の多くが外国の金融機関などへの債務（外債）という形をとります。このような国で政府債務が膨らむと、追加的な政府債務を確保することがむずかしくなります。ギリシャの財政再建がむずかしいと見れば、外国の投資家は非常に高い金利でないと追加的な外債発行に応じませんので、政府の資金調達がむずかしくなります。

的債務は、これもすべて子供や孫の債務（税負担）となります。今の世代が将来世代にどれだけの債務を残すのかというのは、この遺産と債務負担のどちらが大きいかによります。日本のように政府の債務の大半が国民の貯蓄で賄われているかぎり、マクロ全体で見れば将来世代に負担は残していないということになります。これが上で説明したことです。

　現在の財政赤字による政府債務の累積が将来世代の負担となるかどうかは、政府負債という帳簿上の問題ではなく、そのような財政赤字が資本蓄積などにどのような影響を与えるのかを見なくてはいけません。たとえば、政府赤字が、公務員の給料や社会保障などの政府消費によるものであるとしてみましょう。このような政府消費の増大は、金利の上昇を通じて民間投資を抑制する効果を持ちます（クラウディング・アウト効果）。投資の抑制によって資本蓄積が抑えられれば、それだけ将来の生産能力が低下し、将来の GDP も低くなるでしょう。このような形の財政赤字は明らかに将来世代に対して負担となります。

　これに対して、財政赤字の原因が公共投資目的であったとしたらどうでしょうか。道路や港湾などの公共投資は、将来世代の所得を増大させたり、生活を豊かにする効果を持っています。―10

　もちろん、公共投資の場合でもクラウディング・アウト効果は働きますので、民間投資は抑制されるでしょう。すると重要なのは、公共投資とそれによって阻害された民間投資と、どちらが将来世代に大きく貢献するかということです。もし前者のほうが将来世代への貢献度が大きいのであれば、公共投資による財政赤字は将来世代にとって負担とはいえません。

　以上の点は、つぎのような比喩を用いて説明することもできます。親が酒を飲むために借金をして債務を残せば、それは子供の負担となりますが、土地を買うために借金をし、借金の利子よりも土地の値上がり率のほうが高ければ、その借金は子供の負担にはなりません。この点については、後で触れる政府のバランスシートの問題ともかかわってきます。

10―むだの多かった日本の公共投資　もっとも、公共投資がすべて有効に行なわれているというわけではありません。日本の場合、ほとんど自動車が通らないところにりっぱな高速道路ができたり、採算性などを無視した地方空港が建設されたりしています。

●経済学ステップアップ●
世代会計

　公的債務の規模が大きくなればなるほど、将来世代の税負担は重くなります。また、今のように給付に厚く負担が軽い年金や医療の制度を持続していくことはむずかしいので、将来は年金や医療の給付が削られ、負担が重くなることが予想されます。こうした一連の動きから明らかなのは、現在の高齢者世代は制度の恩恵を大きく受けるのに対して、今の若い世代、あるいはこれから生まれてくる将来世代は重い負担を課されるということです。

　こうした世代間による、恩恵と負担の違いを数値で評価する代表的な手法として世代会計という考え方があります。世代会計とは、それぞれの世代が生涯に受ける恩恵と負担を計算しようというものです。

　現在の制度を前提とすれば、各世代は、生まれてから死ぬまでに総額でどれだけの税金や社会保障費の負担をし、どれだけの年金・医療・介護の恩恵を受けるのか計算することができます。計算の対象は一人ひとりの個人ではありません。それぞれの世代（たとえば昭和20年生まれの世代、あるいは平成5年生まれの世代など）の平均寿命、それぞれの年齢の時の当該世代全体の医療費や社会保障費の負担の平均額として計算することができるのです。

　さまざまな研究者や政府資料によって、この世代会計の数値を見ることができます。どれを見ても、現在の高齢者世代と若年世代が、生涯において受ける恩恵と負担で、大きな世代間格差が存在することがわかります。とくに、これから生まれてくる将来世代の負担は非常に重く、恩恵は相対的に小さくなっています。

　世代会計の手法を使えば、どのような政策を行なえばこうした世代間格差を埋めることができるのかという点も分析することができます。消費税の引き上げ、相続税の増税、高齢者の医療費負担の引き上げなど、さまざまな制度変更の影響が世代会計の考え方を用いることで分析されています。

減税政策の有効性に対する疑問：リカードの仮説

　すでに説明した財政政策による景気安定化は、ケインジアンのマクロ経済政策の根幹です。このようなケインジアンの考え方に対して、マネタリストないし新古典派のグループからつぎのような批判が出されています。ケインジアンによれば、景気の悪いときに減税をすれば、消費が刺激され乗数プロセスに乗って、生産や雇用も拡大することになります。マネタリストは、消費者が合理的であるかぎり、そのような減税政策では消費は刺激されないと主張します。

　将来を考えない一時点の静学的なマクロ・モデルを使えば、所得減税は景気刺激効果を持つはずです。所得減税分だけ国民の可処分所得が増加しますので、国民は以前よりも多く消費しようとします。それが乗数効果を通じて、マクロ経済を刺激するのです。

　しかし、いったん多時点の視点を持ち込むと、この議論は大きく修正される可能性があります。それは「現在の減税は将来の増税をもたらす」と考えられるからです。

　政府は普通、所得税減税の財源を国債を発行するという形の借金に求めます。こうして発行された国債は、将来どこかの時点で償還されなくてはなりません。そのための資金は、将来の増税でまかなわれます。このように考えれば、現在の減税は実は将来の増税を意味することになります。

　それでも消費者は、現在の減税によって目先の可処分所得が増えるのですから、消費を増やすのでしょうか。近視眼的な行動をする人であれば消費を増やすかもしれません。しかし、経済学の世界では、普通は合理的な行動を基準として考えます。合理的に考えれば、現在減税してもらっても、その分将来増税されるのですから、将来の増税に備えて貯蓄しようとするはずです。

　多時点モデルの世界の消費者は、現在から将来に至る各時点の消費を調整しながら、自分の一生の効用を高めるような行動をしています。つまり、消費行動とは目先だけ見た無計画な行動の結果ではなく、自分の一生の計画にもとづいた計画的な行動ととらえるのです。貯蓄は、現在の消費を抑えて将来の消費を増やす手段として、多時点間の消費を調整する手段なのです。もし、政府が現在減税を行なって将来増税するということが予想されるなら、合理的な消費者は減税分を貯蓄でとっておき、将来の増税に備えるはずです。

　国民の多くが（全部とはいいませんが）このような合理的な行動をとるなら、景気刺激を狙った減税政策はほとんど効果を持たないことになります。このよ

うな考え方がリカード仮説です。リカード仮説の本質は、政府の政策は多時点間の制約の下にあり、それを国民が理解していれば減税政策は効果を持たないというものです。

リカード仮説に対する多くの初学者の反応は、人々がそれほど合理的に行動するだろうかという疑問です。確かに、政府が減税したとき、それが将来の増税であるというのは、経済学者でなければ考えないことかもしれません。そこまで人々が考えて行動するのか、そして本当に減税に効果がないかどうかは、結局は実証分析によって判断するしかありません。

ただ、最近の日本の状況を見ると、こうした考え方が必ずしも荒唐無稽ではないようにも考えられます。政府は景気を刺激するためにさまざまな形で減税を行なっています。しかし、そうした減税にもかかわらず、消費は十分には拡大しないのです。国民の意識には、政府の財政状況が今後きびしくなっていき、年金などの支払いも先細りになるのではないかという不安があります。だから、減税があってもそれを消費にまわすのではなく、貯蓄にまわしてしまうのです。このような状況は、リカード仮説の想定する世界とそれほど大きくは違いません。

ところで、リカード仮説が学界でもう一度大きく取り上げられるきっかけになったのは、ロバート・バローが、この問題を遺産動機の問題として取り上げてからです。上で説明した形でのリカード仮説であれば、たとえば高齢者は将来の増税の時点ではすでにこの世にいない可能性も大きいので、減税に反応して消費を増やすだろうと考えられます。要するに、かりに現在の減税が将来の増税を意味したとしても、現在の国民が将来の増税の時点で確実に税金を払うことにはなりませんので（そのとき生きていなければ税金を払わなくてよいわけです）、やはり減税は消費拡大効果を持つのではないかと考えられるのです。

これに対して、バローは、多くの国民には子供や孫がいる。そして子孫に遺産を残すことは、親の世代にとっては重要なことである。そこでかりにいま減税してもらっても、それが将来自分の子供や孫への増税になるのであれば、それに備えるために貯蓄を増やして遺産として残そうという行動に出るだろう。このように遺産を通じて家計は将来につながっていくので、個々人の寿命はあっても、家計の寿命は永遠でリカード仮説は成り立つ。これがバローの議論の論拠です。

バローの議論の信憑性については、これまたいろいろな議論があると思いま

す。ただ、遺産という視点を出したことは重要で、それがマクロ経済全体にどのような影響を及ぼすのかということは、いろいろな問題を議論するときに重要な論点となります。現に日本の典型的な家計を見ても、親から相続した不動産や資産が家計の資産のかなりを占めていると考えられますので、こうした遺産にかかわる行動は重要な意味を持ちます。

また、後で取り上げるテーマですが、経常収支の動きを考えるときには、国民の貯蓄行動が重要な意味を持ちます。一般的に貯蓄が多いほど、経常収支の黒字幅は拡大します。日本の経常収支の今後の動きを考えるとき、これからは高齢化が進展するので、貯蓄は次第に低下し、日本の黒字幅は縮小していくだろうという議論があります。しかし、もし高齢者の遺産を残す選好が強ければ、高齢化が進展しても貯蓄率はあまり低下せず、経常収支の黒字の減少幅もそれほど大きくない可能性も考えられます。この意味で、遺産はマクロ経済現象に大きな意味を持つのです。

演習問題

1. 以下の文章の下線部分に用語や数値を入れなさい。

(1)景気が悪くなると税収が落ち込んでくるが、こうした動きは結果的に景気の落ち込みを軽減する効果があるといわれる。これを財政制度の＿＿＿＿＿＿機能という。税収が落ち込めば、その財源の穴埋めは＿＿＿＿＿＿の発行でまかなう必要がある。

(2)国債の償還や利払いを除いて財政収支がバランスしている状態を＿＿＿＿＿＿が実現している状態という。これが実現していれば、政府債務は国債の＿＿＿＿＿＿分だけ増えていくが、GDP が＿＿＿＿＿＿のスピードで増えていくので、債務と GDP の比率が大きく膨らんでいくことは少ないと考えられる。もっとも、経済がきびしい＿＿＿＿＿＿に陥っていると、名目金利はマイナスにはならないのに対して、名目の経済成長率はマイナスになるので、プライマリー・バランスを実現しても債務は膨れ上がっていく。

(3)減税政策が景気刺激効果を持つかどうかは論争となっている。減税を行なうためには財源を＿＿＿＿＿＿にゆだねなければならないが、それは将来の＿＿＿＿＿＿を意味する。したがって、景気刺激効果をあまり持たないだろうというのが、＿＿＿＿＿＿の考え方である。

2. 以下の記述は正しいのか、誤っているのか、それともどちらともいえないのか、答えなさい。

(1)限界所得税率が高い経済は、そうでない経済よりも一般的に乗数が大きくなる傾向がある。

(2)所得税の累進度が高い経済ほど、ビルトイン・スタビライザー効果が強く働く。

(3)デフレ経済であれば、物価が上がらないので、政府の債務は膨れ上がらなくてすむ。

(4)減税をしても、それは国債の発行でまかなわなければいけないので、そうした政策は景気刺激効果がない。

7 財政・金融政策とマクロ経済

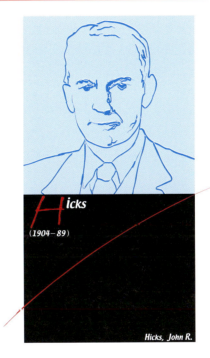

ジョン・R. ヒックス その主要著作『価値と資本』でミクロ経済学の一般均衡理論の基礎を築いたことであまりにも有名だが、彼が書いた小さな解説論文で使われた IS-LM 分析がマクロ経済学の多くの教科書で使われることになる。

政府はさまざまな政策手法を駆使して、マクロ経済の安定化に取り組んでいます。景気低迷期には、雇用の拡大や投資の増大を目的とした景気刺激策がとられ、景気が逼迫して物価や株価・地価が高騰する兆しを見せているときには、景気にブレーキをかける政策がとられます。

政府のマクロ経済政策の目標は、単一ではありません。雇用の確保、安定的な経済成長の実現、物価の安定などが代表的なものですが、健全な財政状況の確保、極端な円高・円安の阻止なども、マクロ経済政策運営において重要な関心事です。そしてこうした多様な目標は、ときに相互に矛盾するものであり、政策目標の間で調整が必要になります。

さらに問題を複雑にするのは、政策手段が多様であり、しかもその手段の担い手が複数の組織に分散しており、これらの組織の意思決定が必ずしも一致していないことです。税や公共支出が中心となる財政政策と、中央銀行がつかさどる金融政策がマクロ経済政策の中心的なものです。これらをどのように使い分け、多様な政策手段の間の調整をどのように行なうかは、マクロ経済政策の運営のむずかしいところです。—1

この章では、マクロ経済政策の基本的事項について説明します。よりテクニカルな問題は Part 2 に譲るとして、ここでは、財政政策や金融政策がどのような形でマクロ経済に影響を及ぼすのか、できるだけ簡単な形で説明しようと思います。

政策目標と政策手段

マクロ経済政策の運営においては、さまざまな経済指標がその評価や判断に利用されます。表7-1は、そのような経済指標のなかの代表的なものを整理してまとめたものです。この表の項目は、二つの目標（ターゲット）に分類されています。最終目標と中間目標です。

最終目標とは、マクロ経済政策運営が最終的に目標とするような指標です。雇用の確保、物価の安定、適切な経済成長などは、それ自身が経済政策の目標として考えられるものです。

1—中央銀行への押しつけ　政府債務が増えているときには、景気が悪化しても積極的な財政刺激策がとりにくいものです。そこで、中央銀行に過度に金融緩和を求めるような圧力がかかることがあります。財政が出動するのか、それとも金融政策を積極的に打ち出すのか、政府と中央銀行の間でしばしば意見の違いが表面化します。

7　財政・金融政策とマクロ経済　　**157**

表7-1　政策目標となるマクロ経済指標の例

最　終　目　標	中　間　目　標
物価の安定	為替レート
適切な経済成長	金　利
雇用の確保	財政収支
	国際収支

　これに対して中間目標とは、それ自身がマクロ経済政策運営の直接的な目的ではないものの、最終的な目標と重要な関連を持っており、政策の効果を判断したり、政策の方向を考えるうえで重要な意味を持つ指標です。中間目標の代表的な例として、為替レートや金利水準をあげることができます。為替レートの水準そのものは直接的に国民の経済厚生にかかわるものではありませんが、貿易や国際投資、あるいは国内物価などに大きな影響を及ぼすものとして政策運営において注目されます。これは金利水準も同じです。金利の場合には、それだけでなく、金融政策の直接的なコントロールの対象ともなっています。

　いうまでもないことですが、中間目標と最終目標の分類はあくまでも便宜的なものです。どちらに分類してもおかしくない指標もあります。また、政策の最終目標として何を掲げるかは、その国の政策運営の姿勢にもかかわってきます。たとえば、物価の安定を最重要の最終目標に掲げる政府もありますし、物価そのものにはあまり深い関心を持たず雇用や成長に主たる目標を置く政府もあるでしょう。

　つぎに、政策手段としてどのようなものがあるか整理してみましょう。表7-2に、主たる政策手段を整理してみました。マクロ経済政策は、財政政策と金融政策に大きく分けることができます。—2

　財政政策とは、政府の支出額や税を調整することでマクロ経済に影響を及ぼそうとする政策です。金融政策とは、金融市場や外国為替市場に働きかけて金利や為替レートを通じてマクロ経済に影響を及ぼそうとする政策です。乱暴に

2—サプライサイド政策　マクロ経済政策として、サプライサイド政策が導入されることもあります。サプライサイド政策とは、企業活動や消費活動を活性化させるような規制緩和政策や税制の改定などのことです。たとえば、規制緩和によってIT投資を活性化させるというような政策は、サプライサイド政策の一例です。

158 Part1 マクロ経済学の基礎

表7-2 代表的な政策手段

財政政策	税の調整 政府支出の調整
金融政策	金利調整 マネーストックの調整 外国為替市場への介入

いえば、財政政策は財務省をはじめとする政府が行なうものであり、金融政策は中央銀行が行なうものです。

　財政政策は、大別して、政府支出の調整を通じた政策と、税の調整による政策があります。この点については、すでに6章でくわしく説明しました。政府は、公共投資や政府消費などさまざまな財・サービスへの支出を行なっていますが、こうした政府の活動は日常的な公共サービスの一環として行なわれるだけではありません。景気の好不況に応じて、政府支出の水準を調整するのです。たとえば景気の悪いときには、公共投資などを増やしますし、景気が過熱しているときには公共投資を減らすのです。そのような公共支出の財源は、税で徴収することもできますし、政府の借金である国債（国）や地方債（地方自治体）などの公債を発行してまかなうこともできます。

　財政政策のもうひとつの手法は、税の調整によるものです。一般的に景気が悪いときには減税をし、景気が過熱しているときには増税を行ないます。例として減税を考えてみると、個人所得税への減税、企業に対する投資減税、不動産取引税の軽減など、いろいろなタイプの減税が考えられます。個人所得税の減税は消費を刺激する効果が期待できますし、投資減税は投資を促進することが期待できます。このような税の調整を通じて消費や投資を刺激するのです。

　つぎに金融政策について見てみましょう。金融市場の基本的な構造については、すでに4章で説明しましたが、中央銀行は公開市場操作などの形で金融市場に資金を供給したり、市場から資金を引き揚げたりすることができます。このような政策によって市場の金利も影響を受けます。この場合の金利とは、企業が金融機関から資金を借りるときの金利である借り入れ金利、預金者が受け

7 財政・金融政策とマクロ経済　159

Guide to Current Topics

金融政策への政治的介入

　財政政策は政府が行ない、金融政策は中央銀行が行なうという政策主体の役割分担があります。また、中央銀行の行なう金融政策に政治が介入しないよう、中央銀行の独立性が多くの国で制度として確立しています。日本の場合には、国会の承認を得る人事を通じて選ばれた総裁・副総裁を含む9名の日本銀行政策委員会委員が構成する金融政策決定会合で金融政策が決定されます。政府関係者はオブザーバーとしてこの会議に出席はするものの、金融政策に関与することはできません。

　しかし、多くの途上国では、政治や政府による金融政策への介入が見られます。財政規律の弱い国では、政治家は財政赤字のつけを通貨発行にまわそうとするからです。本来は増税や歳出削減を通じて財政をバランスさせるのが好ましいのですが、なかなかそうなりません。その結果として、多くの国が激しいインフレを経験しています。金融政策がきちっと機能するためには、中央銀行の独立性をしっかり守っていくことが重要なのです。

　では、先進国では政治による金融政策への介入はないのかといえば、必ずしもそうではありません。長引くデフレで、政治家のなかには日本銀行の金融政策を公然と批判する人がいます。もっと貨幣を発行してデフレを止めなければいけないという主張も政治家から出ています。なかには、「日本銀行法を変えてでも金融政策を変えさせる必要がある」と脅しをかける政治家もいるのです。

　公的債務が膨らんで財政政策の機動的運用に限界が見えてきた現在、政治家や政府が金融政策に期待を寄せる気持ちはわかります。金融政策のあり方について外から意見を述べることにも意味はあります。総裁などの選任に関して政府や立法府が関わるのも当然です。ただ、その枠を超えて、日本銀行による政策決定に政治的な圧力をかけることにより、結果として金融政策をゆがめることがあってはならないのです。財政政策に限界が出るなかで、今後ますます金融政策への政治の介入圧力は強くなることが懸念されます。

取る預金金利など、さまざまなものを含んでいます。一般的に金利が高くなるほど、景気に対しては引き締め気味に働きます。金利が高ければ企業は投資をある程度控えようとするからです。逆に金利が低くなれば、投資などが刺激されて景気を刺激する効果があります。このような効果を狙って金融政策が行なわれるのです。

表7-2には、金融政策のひとつとして外国為替市場への介入も入れてあります。外国為替市場やそこでの為替レートの決定などについては13章と14章でくわしく説明しますが、外国為替市場への介入とは簡単にいえばつぎのようなことを指します。外国為替市場とは、円、ドル、ユーロなどの通貨間の取引が行なわれているところであり、その通貨間の交換比率が為替レートです。たとえば円ドルレートが80円であるというときには、1ドルが80円と交換されるということを意味します。

為替レートは、マクロ経済の動きに大きな影響を及ぼします。円高になれば輸出が困難になり、場合によっては景気を悪化させるような影響を及ぼすこともあります。逆に極端な円安になれば、海外から輸入される商品（たとえば石油）が高くなり、国内の物価上昇の原因ともなりかねません。そこで、政府・中央銀行としては、外国為替市場での売買に介入することで為替レートをコントロールしようとします（ここで「政府・中央銀行」と書いたのは、外国為替市場への介入の主導権を持っているのが、国によっては政府であったり、中央銀行であったりするからです。日本の場合には、財務省が主導権を持って日本銀行に委託して介入を行なっています）。—3

円高を阻止するためには、政府・中央銀行は手持ちの円を売却してドルを買えばよいことになります（これを円売り介入、あるいはドル買い介入といいます）。もっとも、外国為替市場で日々取引されている通貨の金額は膨大なものであり、政府がわずかな額だけ介入してもほとんど効果がないといわれることもあります。

なお、表7-2に記したもの以外にも、さまざまなマクロ経済政策の手段があります。たとえば、景気が低迷しているときには失業率なども高くなります

3—デフレ対策としての円安誘導政策　日本経済は深刻なデフレに陥っています。このデフレを解消する手法として、為替レートを円安に誘導できないかという議論が出ています。円安になれば海外からの輸入品の価格は上昇するし、輸出企業の業績も上がるので、デフレ解消に役立つのではないかと考えられているのです。

が、失業者に失業保険を支払ったり、あるいは企業が雇用を維持するように補助金を出したりするのも、景気変動の影響を小さくするという意味で、マクロ政策のひとつと考えることができます。

　また、景気が低迷しているとき、中小企業などを資金繰りなどの面で補助するという、融資を通じた支援が行なわれますが、これも景気対策という意味でマクロ経済政策のひとつといえなくもありません。

金融政策の影響

　財政政策や金融政策がマクロ経済に及ぼす影響について見るためには、若干の技術的な準備が必要になります。これは、この章の後半で扱います。ここではそういったむずかしい問題に入り込まない範囲で、代表的なマクロ経済政策としての金融政策や財政政策の影響について整理しておきたいと思います。

　まず金融政策について考えてみましょう。金融政策にもいろいろな手法がありますが、ここではもっとも標準的なものとして、中央銀行が市中の債券を売買する公開市場操作を想定します。図7-1に、以下で説明する金融政策の波及経路の概略が図示されていますので、参考にしながら以下の説明を読んでください（実はこの図は1章の図1-1と同じものです）。

　中央銀行が市中の債券を購入すればそれだけハイパワード・マネーが増大して、金融は緩和されます。その結果、市中のさまざまな金利（利子率）も低下するでしょう。逆に中央銀行が債券を売却すれば市場から資金を吸い上げる形になって金利は上昇します。以下では、金融緩和のケース、すなわち金利が低下する場合で考えてみます。

　図7-1にもあるように、金利の引き下げによる金融緩和は経済活動にいろいろな影響を及ぼします。まず、金利が低下すれば、投資が拡大するはずです。企業は以前よりも低い金利で資金を借りられるようになりますので、より積極的に投資しようとするでしょう。家計部門も、住宅ローンの金利が下がれば、住宅を購入しようとする人も増えるでしょう。金利低下は消費活動も活性化させる可能性があります。消費者ローンやクレジットカードを利用して消費をしようとする人にとっては金利低下は消費拡大誘因となるでしょう。また金利が下がれば貯蓄にまわるはずの資金の一部が消費にまわるかもしれません。

　つぎに、金利は為替レートなどへの影響を通じて、貿易にも大きな影響を及ぼします。一般的に金利が下がると、為替レートは円安（その国の通貨安）に

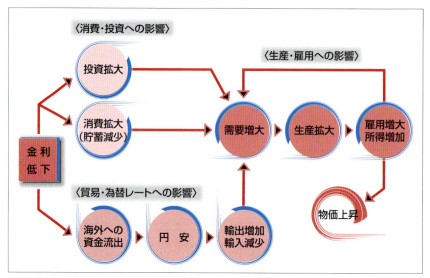

図7-1 金融政策の波及経路
金利低下は、消費や投資を拡大するとともに、為替レートの円安への変化を通じて貿易にも影響を及ぼします。

なります。金利が下がれば、国内で資金運用をする魅力が低下しますので、資金を海外で運用しようとする人が増えるでしょう。つまり資金流出が起こります。このような資金の動きは円を売ってドルを買う、つまり円をドルに換える動きになりますので、為替レートは円安方向に動くはずです。

為替レートが円安方向に動くと、貿易にはどのような影響が出るのでしょうか。円安になれば、海外から輸入する商品の価格は高くなります。たとえば、為替レートが1ドル130円から1ドル150円の方向に円安になれば、1個1ドルの商品は130円から150円になるという計算になります。商品価格が高くなるので、輸入が減少するはずです。一方の輸出については、日本の製品が海外で安くなりますので、輸出は増えるはずです。たとえば1台200万円の自動車は、1ドル130円であれば約1万5400ドルですが、1ドル150円で約1万3333ドルになる計算になります。輸出が拡大し、輸入が減少すれば、貿易収支の黒字は拡大します。

図7-1に示したのは、金融政策の波及経路のなかのごく重要な部分だけです。これ以外にも、金利の低下は経済にさまざまな影響を及ぼします。

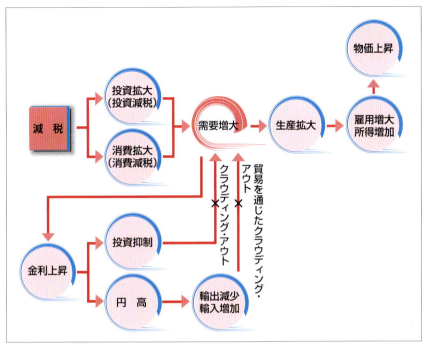

図7-2　財政政策(減税)の波及経路

減税は需要を拡大するためGDPの増大要因ですが、同時に金利を引き上げることで投資を減らすというクラウディング・アウト効果も持ちます。

減税の影響

つぎに財政政策のマクロ経済に及ぼす影響を見るために、減税が行なわれた場合について考えてみましょう。図7-2を用いて説明します。

減税にはいろいろな形が考えられますが、ここではそのもっとも標準的なものとして、所得税減税を考えます。所得税減税にもいろいろな形態がありますが、たとえば所得税の一部を一律に返してくれる一括減税を考えてみましょう。

減税によって家計が消費に使える可処分所得は増加します。このとき、家計は、通常はその可処分所得の増加をすべて貯蓄してしまうのではなく、一部を消費の増大に振り向けるはずです。要するに、所得税減税によって消費が刺激されます。—4

3章で説明したように、消費の増加は乗数プロセスを通じて、経済全体の有効需要を拡大していきます。それは所得、雇用、生産などを拡大する効果を持

ちます。景気を刺激するという意味では、金利低下と似たような影響を及ぼす
わけです。

しかし、同じ景気刺激効果があるといっても、減税は金利については金融緩
和とは逆の効果を持ちます。減税政策によって経済全体の景気が拡大していけ
ば、資金需要も増大します。資金需要の拡大は金利を引き上げる効果を持つは
ずです（くわしくは後で、IS-LM 分析を用いて説明します）。

金利が上昇すれば、為替レートは円高になるはずです。これは、先に説明し
た金融緩和の場合とちょうど逆になります。円高は輸出を抑え、輸入を拡大さ
せます。これは上で説明した金利下落のケースとちょうど逆になります。

このように、同じような景気刺激効果がある金融緩和と減税は、金利や為替
レートには逆の影響を及ぼします。こうした違いは、二つの政策の組み合わせ
を考えるときなど、重要な意味を持ちます。

政策手段と政策目標の対応

以上で説明したように、マクロ経済政策は複数の政策手段を用いて、複数の
政策目的を実現しようとします。その結果、政策手段の間の調整や、政策目標
間の矛盾という問題が出てきます。

容易に想像できると思いますが、政策手段の数と政策目標の数の大小関係は
非常に重要な意味を持ちます。もし政策手段の数よりも政策目標の数のほうが
多ければ、すべての政策目標を完全に達成することはできません。この点を具
体的な例で見るため、たとえば政策手段が金利の調整という手段だけに限られ、
政策目標が景気回復と貿易黒字解消の二つがある場合を考えてみましょう。

景気を回復させるためには、金利を下げていかなくてはなりません。しかし、
金利を下げると、図7−1を用いて説明したように、為替レートは円安方向に
動くと考えられます。円安になれば、輸出は拡大し、輸入は減少するので、貿
易収支の黒字は拡大してしまいます。

この場合、金利を下げれば景気は刺激されますが、為替レートは円安方向に
動きますので、貿易収支の黒字は拡大します。一方、貿易黒字を減らすために

4−リカード仮説　もっとも、減税をしても、それが将来の増税につながるということを
　　国民が認識していたら、減税の景気刺激効果は弱くなります。これが、6章で説明し
　　たリカード仮説です。

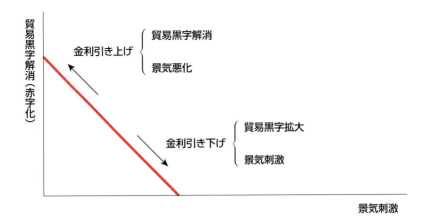

図7-3 トレードオフの関係

二つの目標を一つの手段で達成しようとする場合、どちらか一方を重視すれば他方が犠牲になるというトレードオフの関係になります。

は円高になるように金利を上げればよいのですが、それでは景気刺激効果は弱まってしまいます。要するに、景気刺激と貿易黒字解消という二つの政策目標の間にはトレードオフの関係が成立しています。図7-3はこの関係をイメージ図で描いたものです。

この例はあくまでもひとつの簡単なケースですが、より一般的にいえることは、政策目標の数のほうが政策手段の数よりも多いときには、すべての政策目標を完全に達成することはできないということです。どれかの政策目標を重視すれば他の政策目標が犠牲になります。そこで、政策運営においてどの目標をどの程度重視するか判断することが必要になってきます。

もちろん、政策手段の数が十分にあれば、すべての政策目標を実現することが可能になります。たとえば上のケースで、金利のコントロールという政策以外に、減税という財政政策も利用することができるとします。金融政策（金利政策）と財政政策が景気と貿易収支に及ぼす影響は、それぞれすでに図7-1と図7-2で説明しました。金利を下げる金融政策は、景気は刺激しますが、貿易収支の黒字を拡大する効果を持ちます。一方の減税政策は、景気を刺激するとともに、貿易黒字を減少させる効果を持ちます。

この場合、一見、減税政策だけで景気刺激と貿易収支の黒字削減という二つ

の目標を同時に達成できるように思われます。ただ、減税政策だけで両方の目的をちょうどよい具合に実現することは困難です。そこで金融政策と減税政策をうまく組み合わせて使う必要が生じます。

金利政策と減税政策は、景気と貿易収支に及ぼす影響の方向が異なるので、両者を組み合わせることによって、景気刺激と貿易黒字縮小という二つの目標を同時に実現することができます。どのような組み合わせが必要かということは、二つの政策の効果の大きさに依存して決まりますので、ここでは一般的なことはいえません。ただ、政策手段の数が増えていけば、政策目標の達成もより容易になるということは直感的にわかると思います。

フィリップス曲線の議論

さて、財政政策や金融政策を用いてマクロ経済の状況を望ましい水準に持っていくとして、それをどのような判断基準で行なったらよいのでしょうか。ケインジアンの立場でこうした問題を考えるときの重要な拠り所となったのが、イギリスの経済学者フィリップスが発見した、フィリップス曲線と呼ばれる関係でした。

フィリップス曲線は図7-4に描かれているように、失業率とインフレ率の間に見られる関係です。横軸にとられた失業率とは、労働者のうち何パーセントが失業しているかを表わした数値です。これが高いほど、失業が深刻であることを示しています。縦軸にとられたインフレ率（物価上昇率）は物価が何パーセントで上昇しているかを表わした数値です（失業やインフレの問題については、Part 2でくわしく議論します）。

フィリップスは、失業率とインフレ率の間に、図7-4のような右下がりの関係が存在することを確認しました。すなわち、失業率が高いときほどインフレ率は低く、失業率が低くなるときにはインフレ率は高くなるという関係です。これはつぎのようなことを意味しています。景気が悪いときには、失業率が高くなるとともに、インフレ率が低くなるが、景気が過熱しているとインフレ率は高くなるものの、失業率は低くなるのです。—5

5—フィリップス曲線はトレードオフの関係　トレードオフの関係、つまり一方の目的を達成するためには他方を犠牲にしなくてはいけないという関係は、あらゆる経済問題の基本です。フィリップス曲線についても、インフレ率と失業率の間にトレードオフの関係が成立しています。

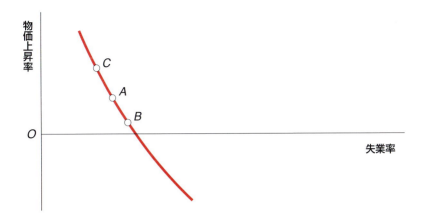

図7-4 フィリップス曲線

ケインジアンは、失業率と物価上昇率の間にはトレードオフの関係があり、マクロ経済政策によってもっとも望ましい状態を実現すべきだと考えました。

　極端に高いインフレも、極端に高い失業率も望ましくありません。そこで、たとえば図のA点のような失業率とインフレ率がもっとも望ましいとすれば、そこに経済を持ってくるようにすればよいわけです。もし現状がB点のようなところ、すなわち望ましいA点に比べて失業率が高くインフレ率が低くなっていれば、金融政策や財政政策を駆使して景気を刺激します。逆にC点のようなところにあり、望ましいA点に比べてインフレ率が高く失業率が低ければ、財政政策や金融政策を引き締め気味にして景気を冷やそうとするでしょう。

　こうした政策の基本は、経済の景気の状況を見ながら、それを望ましい方向に修正するように政策を用いるというものです。このような政策の手法を、ファイン・チューニング（微調整）といういい方をすることがあります。また、状況に応じて対応するということで、裁量的政策ともいいます。

フリードマンによる批判

　上で説明したような失業とインフレの間のトレードオフの関係は、1970年代以降、次第に希薄になってきました。—6

　インフレ率が高くなると、当初は失業率が下がる傾向がありましたが、イン

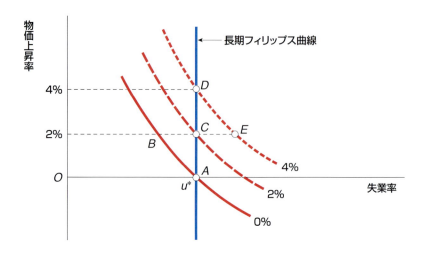

図7-5 フリードマンのフィリップス曲線と自然失業率

フリードマンは、長期的な失業率が垂直線によって示される自然失業率に収束することを、長期と短期のフィリップス曲線という概念を用いて説明しました。

フレ率が高いままの状態にあると、失業率は次第に高くなり元の水準に戻ってしまいます。一方、インフレ率が下がると一時的に失業率は高くなりますが、これもインフレ率が低いままだと、失業率は元の方向に下がっていきます。

この関係を見ていると、あたかも失業率は長期的な安定的水準が決まっており、一時的なインフレ率の上昇は失業率を一時的に下げますが、時間がたてば失業率は元の水準に戻ってしまい、逆に一時的なインフレ率の低下は失業率を一時的に引き上げますが、これも時間がたてば失業率は元に戻る傾向が見られます。

このような関係から、フリードマンは図7-5のような関係が成立すると考えました。要するに、長期的には図に描かれた垂直線のような関係が成立しており、いかなるインフレ率であっても失業率はある一定の値をとるというものです。このような失業率を<u>自然失業率</u>といいます。一時的なインフレ率の上昇

---

6 ― 1970年代は世界的なインフレ時代　1970年代には2度の石油ショックがあり、主要先進国の多くは高い物価上昇率に悩まされました。日本は1970年代前半の第一次石油ショックで1年間に物価が20％以上も上がる狂乱物価に悩まされました。

は一時的に失業率を自然失業率よりも低くさせますが、人々がその高いインフレ率に慣れてしまうと、失業率はまた元の自然失業率に戻ってしまいます（図7-5のA→B→Cの動き）。逆に一時的にインフレ率が下がると失業率は上がりますが、人々がその低いインフレ率に慣れると失業率も元に戻ります（図のD→E→Cの動き）。

　もしこのように、長期的に失業率が自然失業率の水準に安定しているのであるなら、一時的に失業率を下げるために景気刺激策をとるのは好ましくないことになります。なぜなら、景気を刺激してインフレ率を高め一時的に失業率を下げても、いずれは失業率は元に戻ってしまうからです。それだけでなく、インフレ率まで以前より高くなってしまうのです。—7

　もちろん、マクロ経済政策によってインフレ率を下げることはできます。景気を引き締めるような財政・金融政策を行なえばよいのです。しかし、フリードマンのフィリップス曲線の議論によれば、インフレ率を下げるためには、一時的に失業率が上昇するという苦しみを受けることになります。そうした調整を通じてインフレ率を下げることができるのです。

　現実的には、1970年代に蔓延したインフレを抑えるため、アメリカでは70年代末からたいへんきびしい金融引き締め政策がとられました。それによってインフレを抑えることには成功しましたが、その過程で一時的に景気が悪化するという代償を支払う結果になったのです。

　こうした点を受けて、フリードマンの考え方に大きな影響を受けた新古典派のマクロ経済学者たちは、伝統的なケインジアンが提案するようなファイン・チューニング型のマクロ経済政策の効果に疑問を提示しています。彼らによれば、景気の状況によって金融政策や財政政策を頻繁に動かすのはかえって経済の不安定を招く結果になります。それよりは、マクロ経済が安定的になるよう、マネーストックの成長率を安定させたり、財政収支のバランスを維持することが重要であるというのです。

7—スタグフレーション　失業率とインフレ率を足し合わせた数値をミゼリー指数（悲惨指数）ということがありますが、1970年代後半のアメリカはこの指数がたいへん高くなってしまいました。これは景気が悪く失業率が高いのに、物価が上がる状態がつづいたからです。このような状況をスタグフレーションといいます。これは不況（スタグネーション）とインフレーションを合成した用語です。

裁量かルールか

1章でも触れたように、マクロ経済政策の運営のあり方に関するケインジアンと新古典派の論争は、マクロ経済学の展開のなかで重要な位置を占めています。大胆なまとめ方をするなら、ケインジアンの政策観と新古典派の政策観はつぎのように整理できるのかもしれません。

■ **ケインジアン**

マクロ経済は政策的な介入がないままでは、大きな変動を起こす可能性が大きい。それが失業やインフレなどの問題につながる。そこで、政府や中央銀行は、経済の状況を観察しながら、景気を平準化するような財政政策や金融政策を適切なタイミングで行なう必要がある。

■ **新古典派**

政府が財政・金融政策で頻繁に介入するのはマクロ経済の安定性をかえって損ねる。マクロ経済政策の最大の課題は、マネーストックなどの金融政策の中間指標を安定的に維持することで、経済に安定感を与えることである。財政政策についても、安易な減税は効果がないので、それよりは財政収支バランスを維持する努力が必要である。

こうした政策観の違いの背後には、経済の動きに関する政府の影響力の評価についての、二つの学派の違いがあります。ケインジアンは、政府の政策によって経済変動を小さくできるという見方に立っていますし、新古典派は政府による政策的介入はかえって経済変動を大きくする可能性が高いという見方に立っています。

もともと、ケインズ自身の議論以来、ケインジアンの考え方には「官僚聡明論」的色彩が強く、賢明（聡明）な官僚・政府によって経済のコントロールは可能であるという考え方が出ています。一方、新古典派は、「市場万能」的な色彩が強く、政府が市場をコントロールしようとしても、結局は市場を混乱させるだけであるという考え方となっています。

ケインジアン的な姿勢を貫くとすれば、マクロ経済政策は裁量的になります。要するに、マクロ経済政策は経済の状況に応じてそれを改善するよう、裁量的に行なわれるべきであるという考え方です。これに対して、新古典派的な姿勢

7 財政・金融政策とマクロ経済　171

●経済学ステップアップ●
経済政策のゲーム理論的分析

　現代経済学において、ゲーム理論は重要な分析手法となっています。ミクロ経済学、とくに上級レベルでは、ゲーム理論は必須科目となっています。そしてマクロ経済学の世界でも、ゲーム理論的な思考の重要性が増しています。

　マクロ経済政策の運営においても、ゲーム理論的な状況が見られます。政府と民間経済主体の関係を考えたとき、政府が政策を行ない、それに民間経済が反応するというのが、これまでのオーソドックスな経済観でした。しかし、現実には、政府は民間経済の反応を見ながら政策を微調整しますし、民間経済も政府の政策形成プロセスを観察しながらみずからの行動を決定していきます。つまり、政府と民間の間の関係がゲーム理論で扱われるような相互依存関係の状況にあるのです。

　こうした世界では、景気を見ながら政策を調整していくという裁量的な政策姿勢だけでは、政府の期待する成果は得られないでしょう。景気が悪くなれば政府が何とかしてくれるという期待が、民間の行動をゆがめる可能性もあります。

　そこで本章で議論したように、政策について一貫したルールを確立し、それを提示することで民間経済主体の行動を秩序あるものにする必要があります。財政政策や金融政策の運営にあたって、状況に応じた場当たり的な対応をすることではなく、長期的にマクロ経済の安定的な環境を提供するルールにもとづいて運営されることであるという、ルール重視の姿勢が必要になるのです。こうした点を理論的に分析するためには、ゲーム理論が大きな威力を発揮するのです。

　ゲーム理論の手法を利用して、さまざまなマクロ経済問題が分析されています。財政政策や金融政策の運営にかかわる基本的な問題だけでなく、マクロ経済政策の国際協調の問題、政策決定にかかわる政治経済学的分析など、その応用範囲は多岐にわたります。本書ではこうした点にはほとんど触れることができませんでしたが、興味のある読者は本書の姉妹編である『ミクロ経済学・第2版』（日本評論社）の10章を参照してください。マクロ経済政策の例も取り上げてあります。

を貫くなら、マクロ経済政策はルールの固持ということになります。マクロ経済政策の目的は、マネーストックの成長率を一定に維持するとか、財政収支のバランスを図るというような政策のルールを守ることに重点を置くべきで、それによってマクロ経済を安定的にできるという考え方です。

　現実の政策運営においては、両派の議論のどちらかに極端に傾くというよりは、その中間的なところを狙う場合が多いようです。あまり単純なルールの固持でもなく、しかしルールなき裁量政策でもないような、現実的なマクロ経済政策運営が求められるということでしょう。

IS-LM 分析

　以下では、IS-LM 分析—8 というマクロ経済学の基本的な分析手法を用いて、財政政策や金融政策について、さらにくわしく分析してみましょう。IS-LM 分析の考え方とは、マクロ経済の短期的な動きが、財・サービスの市場と金融市場の相互連関のなかで決まってくるというものです。そして、財政政策や金融政策などのマクロ経済政策の影響を分析するためにも、この二つの市場の相互依存関係を理解しておくことが重要となります。

　二つの市場を結ぶ鍵となる変数が、金利（利子率）です。金利は金融市場の動きによって決定されますが、それは投資や消費の変動を通じて財・サービスの需要の大きさにも影響を及ぼします。したがって、マクロ経済の動きを見るときには、金利の動きに注意を払うことが必要となるのです。金融政策はこの金利に影響を及ぼすことでマクロ経済の動きをコントロールしようとする政策です。

　財政政策は、金融市場に直接働きかけるわけではありませんが、間接的に金利に大きな影響を及ぼし、政策の本来の意図が実現されないことがあります。景気刺激を狙った減税や公共投資が、資金市場を逼迫して金利を上昇させ、それが結果的に消費や投資を一部抑制し、景気刺激効果が低下してしまうことがあります。これを、財政政策のクラウディング・アウト効果と呼びます。

8—IS-LM とは　I は投資（Investment）、S は貯蓄（Saving）、L は流動性（Liquidity）、M は貨幣（Money）の頭文字を表わしています。

資産市場と財市場の接点：利子率とGDP

　資産市場と財市場はさまざまな経済変数で結ばれていますが、そのなかでもとりわけ重要であると思われるのが、利子率とGDPです（このほかに、為替レートなども両市場を結ぶ重要な役割を演じます）。この二つの変数が資産市場で演じる役割については、5章で説明した貨幣需要関数を思い起こしてもらえば十分でしょう。

　利子率が高くなれば、人々は貨幣保有量をできるだけ減らして、他の資産に切り換えようとします。また、GDPの水準が高くなれば、それに応じて経済内の取引も活発になりますので、貨幣に対する需要は増大します。したがって、この二つの変数が変化すれば、それによって人々の資産需要パターンは変化するでしょう。逆に、資産の供給が変化すれば、利子率やGDPは大きな影響を受けることになります。

　では、利子率とGDPは、財市場ではどのような役割を演ずるのでしょうか。まず、GDPですが、これについては新たに説明を加える必要はないでしょう。GDP自身が財市場の活動水準を示す重要な指標ですし、消費や輸入などはGDPの水準と強い相関関係を持っています。すなわち、GDPが増加すれば、消費や輸入も刺激されます。

　利子率が財市場において演ずる役割については、多少説明する必要があるでしょう。3章で乗数プロセスについて説明したときには、経済全体の投資額がどのようなメカニズムで決定されているかという点については説明しませんでしたが、じつは利子率の水準は投資額の重要な決定要因であると考えられます。なぜなら、利子率は資金を借りる立場の経済主体にとっては資金を調達するためのコストとなるからです。

　企業は投資を行なうための資金の多くを、銀行からの借り入れ、債券や株式の発行という形でまかなっています。利子率が上昇すれば、それにともなってこれらの資金調達の利子コストも増大し、企業の投資意欲はそがれることになります。ある企業は、利子率が低くなるまで投資計画の一部を延期するかもしれませんし、別の企業は投資計画を断念するかもしれません。このような理由により、利子率が高くなるほど投資水準は低くなると考えられます。

　投資水準は、乗数プロセスの引き金を引くことで、経済全体の生産水準・所得水準に重大な影響を及ぼします。したがって、利子率も、投資の変化を通じて、財市場の活動水準、とりわけGDPに大きな影響を与えます。他の事情が

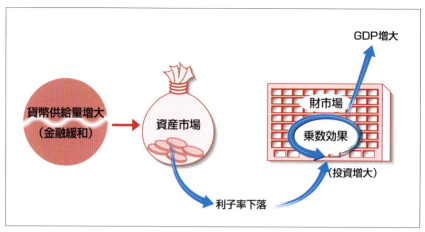

図7-6 金融緩和の波及メカニズム

金融緩和政策とは、資産市場で金利低下を促す政策であり、投資などの拡大を通じて経済活動に影響を及ぼそうとします。

一定であるならば、利子率が低くなるほど、投資が刺激されて、GDPの水準も高くなります。

　図7-1と図7-2を用いて示した金融政策や財政政策の影響は、財市場と資産市場の関連を例示したものとして理解することもできます。どちらの場合にも、利子率とGDPが二つの市場の間を連結する役割を演じていることがわかると思います。前の議論を多少繰り返す形になりますが、IS-LM分析のメカニズムをきちっと理解してもらうため、ここでもう少しくわしく説明したいと思います。

金融政策と有効需要

　図7-6に示したように、貨幣量の増減は、利子率の変化とそれが投資額に及ぼす影響を通じて、有効需要やGDP水準に大きな影響を及ぼします。景気が悪化しているときに、金融政策当局が金融を緩和して景気の拡大を図ろうとするのは、このメカニズムを利用することにほかなりません。ここでの金融政策の本質は、利子率を「てこ」として、投資を刺激したり抑制したりすることにあります。以下では金融緩和のケースを中心として、金融政策のメカニズムについて検討します（金融引き締めについても同じように分析することができます）。

7 財政・金融政策とマクロ経済　175

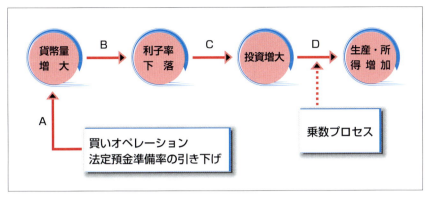

図7-7　金融緩和の波及経路

金融緩和が経済に及ぼす影響は、図の四つのプロセスに分解して考えることができます。

　図7-7は、図7-6を多少書き換えたもので、金融緩和の波及プロセスを示しています。この政策の波及ルートは、図におけるA、B、C、Dの四つのステップからなっています。すなわち、買いオペや法定預金準備率の引き下げは、市中に流通している貨幣量（マネーストック）を増大させ（ステップA）、それによって利子率は低下します（ステップB）。利子率が低下したことにより、投資は刺激され（ステップC）、それによって起こった乗数メカニズムが経済全体の生産や所得を増加させる（ステップD）、という波及ルートです。以下、このルートの各ステップについて、もう少しくわしく検討しましょう。

　ステップAについては、4章で説明しました。買いオペレーションや法定準備率の引き下げなどの政策は、市中に流通する貨幣量を増大させます。ステップDは、3章の中心課題でした。投資が増大すれば、それによって乗数的需要拡大プロセスが引き起こされ、投資増大の乗数倍の大きさの生産・所得・支出が生み出される、というのがそこでの議論のエッセンスでした。AとDのステップについては、これ以上触れずに、以下ではBとCのステップに議論を集中します。

　ステップBとCから、つぎのことがわかると思います。すなわち、①貨幣量の増加が利子率を大幅に引き下げるほど（ステップBの問題）、そして②投資が利子率低下に敏感に反応するほど（ステップCの問題）、金融政策の効果は大きくなります。したがって、現実の金融政策が働くかどうかは、この二つの条件がどの程度満たされているかということに大きく依存します。

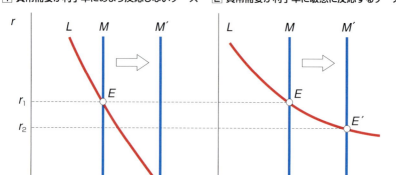

図7-8 貨幣供給量の増加と利子率

貨幣需要が利子率にあまり反応しないケース①のほうが、貨幣供給量が増えたときの利子率の変動幅は大きくなります。

では、どのような状況のとき、利子率は、貨幣の増大に対して敏感に反応して低下するのでしょうか。ステップBの問題は、5章の貨幣需要関数についての議論を思い出していただければ、容易に解答を見つけることができます。ステップCの問題は、後で考えます。

図7-8の二つのグラフにおいて、右下がりの曲線Lは、貨幣需要曲線と呼ばれるもので、縦軸上にとられた利子率rが下がるほど、横軸上にとられた貨幣需要M_dが増加することを表わしています。MとM'は貨幣供給を表わしており、貨幣（供給）量が、横軸上にとられた$\bar{M}$から$\bar{M}'$の水準に増加すると、それにともなって貨幣供給曲線はMからM'へとシフトします。E点は貨幣供給量が$\bar{M}$のときの均衡点、E'は$\bar{M}'$のときの均衡点です。

二つの図を比べると、貨幣需要曲線の傾きが水平に近い②のケースのほうが、貨幣供給量の増加が利子率を引き下げる力が弱いことがわかります。貨幣需要曲線Lが水平に近いということは、わずかの利子率低下に対して、人々の貨幣需要量が大幅に増大するということを意味します。このような場合には、貨

幣供給量が増大したとしても、わずかに利子率が低下するだけで貨幣需要量が大幅に増大し、増加した貨幣供給量を吸収してしまいます。利子率があまり下がらないのですから、金融政策の効果も弱いものとなります。

これに対して、[1]のケースのように、貨幣の需要曲線の傾きが急であるときには、わずかな貨幣供給量の増大によって、利子率は大幅に低下します。この場合には、人々の貨幣需要量は利子率にあまり敏感に反応しません。したがって、貨幣供給量が増大したときには、それを需要に吸収させるために利子率が大幅に低下することになります（図では r_1 から r_3 まで低下）。

ところで、貨幣需要曲線が極端に水平に近くなっているときには、貨幣量が変化しても利子率はまったく変化しません。ケインズは、このような状況を流動性の罠（liquidity trap）―9 と呼びましたが、このような状況下では金融政策はまったく効果を持たなくなります。

つぎにステップＣの投資の利子率に対する反応について、少し触れておきましょう。図7–8にも示されているように、利子率が下がったとしても、それによって投資が刺激されなければ、金融政策の効果は失われます。すでに説明したように、一般的には、利子率が低くなれば資金を借り入れる利子コストが低下しますので、投資は増大するはずです。しかし、いくら利子率が低くても、企業に投資意欲がなければ、投資は増大しません。不況が深刻化して、多くの企業が保守的になり投資を控えようとしたら、利子率が低下したからといって投資は増大しないかもしれません。このような場合には、金融政策の効果は非常に弱いものとなります。

財政政策とクラウディング・アウト効果

財政政策は、金融政策とともに、有効需要を刺激あるいは抑制するためのマクロ政策の重要な柱です。金融政策の場合と同じように、その効果を正しく把握するためには、資産市場と財市場の関連を考慮に入れる必要があります。3章の乗数分析では、政府による財政支出の増大は、その乗数倍の生産や所得の増大を生み出すと説明しました。しかし、これは財市場だけに限定した議論にもとづいて導かれた結論であり、資産市場と財市場の連関を考慮に入れると、この結果はかなり修正されることになります。

9―流動性の罠については、12章でくわしく議論します。

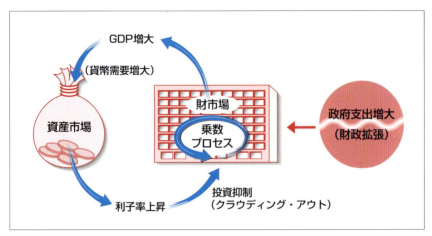

図7-9 財政支出とクラウディング・アウト効果

財政政策による需要拡大は、資産市場で利子率を上昇させるという副作用を持っており、これが需要拡大の効果を弱めるクラウディング・アウトを引き起こします。

　図7-9を見てください。3章で議論したのは財市場だけの世界ですので、図7-9では右側の財市場の活動（すなわち政府支出増大からGDP増大のところまで）の部分のみがこれに対応します。しかし、実際には資産市場を通じての利子率上昇の効果がともないます。これは、資産市場も考察の対象に含めてはじめて分析可能となります。

　財政支出増大にともなう利子率上昇は、以下で説明するクラウディング・アウト効果を引き起こします。これは財政政策の効果について論ずるさいに重要になります。図7-10は、図7-9を書き換えたもので、財政支出増大の波及プロセスを、いくつかのステップに分けて表示したものです。なお、以下では財政支出（政府による財・サービスの購入）の増大は、すべて公債の発行でまかなわれていると仮定します。

　すなわち、財政支出の増大は、乗数プロセスを通じGDPを増加させます（ステップA）が、同時に貨幣需要も増大させます（ステップB）。貨幣需要はGDPの増加関数ですので、GDPが増大すれば貨幣需要も増大するわけです。ところが、財政支出の増大は貨幣供給には影響を与えないので、貨幣需要の増大によって利子率は上昇します（ステップC）。その結果、投資が抑制され（ステップD）、それが乗数プロセスを通じてGDPを減少させる方向に持って

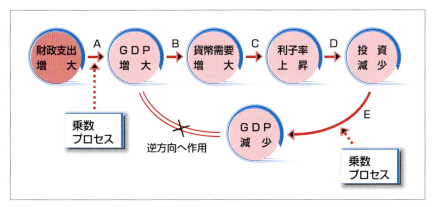

図7-10 財政支出増大の波及経路
財政政策の効果は、図の五つのプロセスに分解して考えることができます。

いきます（ステップ E）。以下で、各ステップについても少しくわしく検討してみましょう。

　ステップ A は、すでに 3 章で説明した乗数のメカニズムにほかなりません。政府支出の増大は、その乗数倍の生産と所得の増大を生み出します。これに対して、ステップ B から E までのルートは、GDP を減少させる方向に働きます。利子率の上昇によって投資は抑制され、これが乗数プロセスを通じて GDP の水準を引き下げるのです。この効果は、クラウディング・アウト効果と呼ばれます。このように呼ぶのは、政府支出の増大が利子率を引き上げることを通じて民間投資の一部を「押しのける（crowd out）」結果になっているからです。

　クラウディング・アウト効果が強く働くときには、それが財政政策本来の景気刺激効果を打ち消してしまうので、財政政策の効果は非常に小さなものとなってしまいます。しかも、クラウディング・アウト効果は、政府活動の拡大が民間活動を阻害することですので、財政政策の是非を論ずるさいには重要な論点になります。したがって、この効果が強く起こるのはどのような場合であるかを検討することは、財政政策を論ずるさいの重要なポイントとなります。

　図 7-10 からも明らかなように、①所得増が貨幣需要に及ぼす影響（ステップ B）が大きいほど、②貨幣需要増大が利子率を引き上げる効果（ステップ C）が強いほど、そして③利子率の変化に対して投資が敏感であるほど（ステップ D）、クラウディング・アウト効果は強く働きます。このうち、①と③の

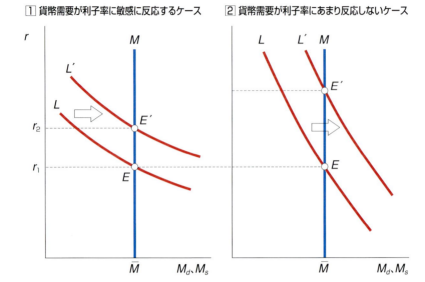

図7-11 所得増大が利子率に及ぼす影響

貨幣需要が利子率に大きく反応するケース①のほうが、所得が増大したときの利子率の変動幅は小さくなります。

条件は、このままの形でその意味は明らかであると思いますので、以下では②について検討してみたいと思います。

　貨幣需要の増大によって利子率がどの程度上昇するかという点について、図7-11を用いて説明しましょう。財政拡張によってGDPが増加すると、貨幣需要も増大します。これは図の上では、貨幣需要曲線がLからL'へと右方にシフトすることによって表わされます。貨幣需要曲線Lは、縦軸上にとられた利子率rの各水準のもとでの貨幣需要量を横軸座標の上に表わしたものです（たとえばLのもとで、利子率がr_1であれば、貨幣需要量は$\bar{M}$です）。もし、GDPが増大したら、どの利子率のもとでも貨幣需要は増加するので、貨幣需要曲線は、全体として右方向へシフトします。図ではこれはL曲線からL'曲線へのシフトとして表わされています。

　図7-11の①は貨幣需要が利子率に敏感に反応するケース、②はあまり反応しないケースを表わしています。明らかに、②のケースのほうが利子率の動きは大きくなります。これは、つぎのような理由によります。貨幣供給量が固定

されているかぎり、所得増によって増大した貨幣需要は、利子率の上昇を引き起こします。なぜなら、利子率上昇と所得増大の二つの効果が打ち消しあって、はじめて貨幣需要は元の水準にとどまることができるからです。さもないと貨幣の需給は一致しません。

もし、貨幣需要が利子率に敏感に反応すれば、わずかの利子率上昇で、貨幣の需給は一致するでしょう（1のケース）。しかし、貨幣需要が利子率にあまり反応しない場合には、利子率が相当高いところまで上昇して、はじめて貨幣の需給は一致します（2のケース）。後者の場合には、クラウディング・アウト効果は、かなり強く働くことになります。

「積極的な財政政策が行なわれると、市中の利子率も高くなる」とよくいわれますが、これは以上のことをさしています。1980年代前半のアメリカでは、巨額の財政赤字が高い利子率と共存する状態にありました。財政赤字が高利子率の最大の原因であるといわれています。

ところで、クラウディング・アウト効果を避けるためには、どのような政策を行なえばよいのでしょうか。財政支出の増大とともに金融も緩和する、というのがこれに対するひとつの解答ですが、この点についての検討は課題として読者のみなさんに残しておきます。

最後に、財政政策と金融政策の効果の大きさを比べてみると、つぎのような逆の結果が得られていることに気づくと思います。すなわち、金融政策が強く働くのは、貨幣需要が利子率にあまり反応せず、投資が利子率に敏感に反応する場合ですが、このような場合には財政政策の効果は非常に弱くなります。この点は、つぎのように理解することができるでしょう。金融政策が有効であるためには、利子率が動いて投資が刺激されなくてはなりませんが、財政政策においては、利子率や投資の変化は政策の阻害要因でしかありません。

IS-LM モデルのエッセンス

最後に上で説明した *IS-LM* 分析を、数式を利用しながらもう一度説明したいと思います。

IS-LM 分析のエッセンスは、財市場と資産市場を均衡させる GDP（Y）と利子率（r）の水準について考えることにあります。財市場と資産市場の均衡式は、つぎのような形で与えられます（これらの式の内容は以下で説明されます）。

$$Y = [C_0 + cY] + I(r) + G \qquad \text{(財市場)} \qquad (7\text{-}1)$$
$$M = L(Y, r) \qquad \text{(資産市場)} \qquad (7\text{-}2)$$

（7-1）式は、3章で説明した式で、GDP である Y が、消費（$C_0 + cY$）、投資（$I(r)$）そして政府支出（G）の和に等しいことを表わしています（海外との貿易は行なわれていないものとしています）。C_0 は独立的消費、c は限界消費性向を表わす定数です。投資が $I(r)$ と記されているのは、投資額は利子率 r に依存するということを表わすためです。利子率 r が高くなるほど、投資額は低くなると仮定します。政府支出 G は、以前と同じく政府が決定する政策変数であるとします。

（7-1）式は、3章で説明したように、

$$Y = \frac{C_0 + I(r) + G}{1 - c} \qquad (7\text{-}3)$$

という形に、書き換えることができます。すなわち、GDP の水準は $C_0 + I(r) + G$（独立的消費と投資と政府支出の和）に乗数 $1/(1-c)$ を掛けたものになっています。（7-3）式から容易に読み取れると思いますが、利子率 r の水準が低くなるほど、投資 $I(r)$ の増加を通じて GDP である Y は大きくなります。

図7-12の右下がりの曲線（IS 曲線）は（7-1）式あるいは（7-3）式を満たす r と Y の関係を表わしています。これが右下がりになっているのは、上で述べたように、利子率 r が低くなるほど投資が増大し、GDP である Y が大きくなるからです。

IS 曲線は、外生変数 $C_0 + G$ を与えたときの、r と Y との関係を表わしています。したがって、もし、外生変数である C_0 や G が変化すれば、それにともなって IS 曲線もシフトすることになります。たとえば、G の増大は、他の条件一定のもとで、Y の水準を引き上げますが、これは IS 曲線を右方へシフトさせることになります（なぜ IS 曲線がシフトするのか考えてください）。

つぎに、資産市場（貨幣市場）の均衡式である（7-2）式について考えてみましょう。（7-2）式の左辺の M は貨幣供給量を表わしており、これは政策当局によって決定される変数であるとします。右辺の $L(Y, r)$ は、5章で説明した貨幣需要関数で、貨幣需要が GDP である Y の増加関数、利子率 r の減少関

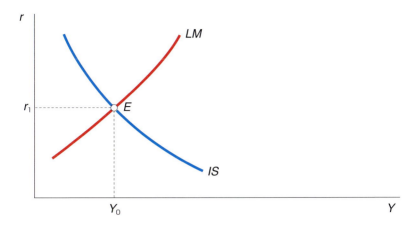

図7-12　*IS-LM*曲線

マクロ経済の均衡は、財市場の均衡を表わす*IS*曲線と資産市場の均衡を表わす*LM*曲線の交点によって示されます。

数であることを表わしています。

　この (7-2) 式の関係をグラフに描くと、図7-12の *LM* 曲線のような右上がりの曲線が描けます。これが右上がりであるのは、つぎのように考えればよいでしょう。貨幣供給量 M が一定ですので、貨幣需要もこれに等しく一定でなければなりません。もし、Y が増加すると、それにともなって貨幣需要が増加しようとするのでこれを打ち消すために利子率が上昇しなくてはなりません。図7-12の *LM* 曲線上に沿って右上方に移動していくと、Y の増加による貨幣需要の増大と、r の上昇による貨幣需要の減少が、ちょうど打ち消しあった形になっています。

　LM 曲線は、外生変数である貨幣供給量 M を与えたときの、貨幣市場を均衡させる r と Y の組み合わせを表わしています。したがって、貨幣供給量 M が変化すれば、*LM* 曲線もシフトすることになります。たとえば、M が増大すれば、*LM* 曲線は右方へシフトします。なぜなら、貨幣供給の増大にともなって貨幣需要も増大するためには、r が減少するか、Y が増大するかしなくてはならないからです。この点は、後の議論で重要になりますので確認してください。

　以上で説明した *IS* 曲線と *LM* 曲線の交点（図7-12の E 点）は、財・サー

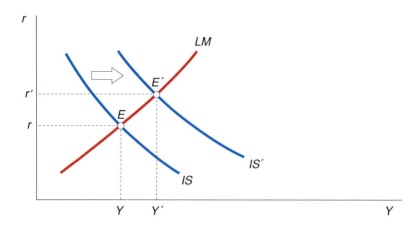

図7-13 政府支出増大の効果

財政政策によって需要を拡大すれば、IS曲線が右にシフトし、利子率とGDPはともにLM曲線に沿って大きくなります。

ビス市場と貨幣市場の両方を均衡させる r と Y の組み合わせを表わしています。財・サービス市場を均衡させる r と Y の組み合わせは IS 曲線上のそれであり、貨幣市場を均衡させる r と Y の組み合わせは、LM 曲線上のそれになります。両方の市場を均衡させる Y と r の組み合わせは、交点の E しかありません。

IS-LM 分析は、比較静学分析に用いることができます。比較静学分析とは、経済の与件に変化が生じたとき、内生変数にどのような影響が及ぶかを分析することです。IS-LM 分析では、外生変数である財政支出や貨幣供給の水準が変化したとき、GDP や利子率がどのような影響を受けるかという問題になります。

まず、財政支出額（G）が増大することの影響を見てみましょう。図7-13は、財政支出が増大したときの変化を図示したものです。すでに説明したように、G が増大すると、IS 曲線は図の IS から IS′ へと右方向にシフトします。他方、LM 曲線のほうは、G が増加しても変化しません。この結果、均衡点は E から E' へと移動し、利子率は上昇し GDP も増大します。この点は、前の言葉による説明と同じ結果になっています。

つぎに、貨幣供給量（M）の増大の効果について考えてみましょう。これも

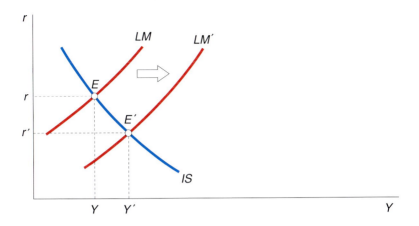

図7-14 貨幣量増大の効果

金融緩和政策は、LM曲線を右方向にシフトさせますが、IS曲線に沿って利子率は低下し、GDPは増大します。

すでに述べたように、M の増大は LM 曲線を右にシフトさせます。他方、IS 曲線のほうは、M の変化には影響を受けません。図7-14は、M の増加の影響を IS-LM 曲線上で示したものです。IS 曲線は変化しませんが、LM 曲線は M の増大の結果、LM から LM' の位置へ移動します。この結果、均衡点は E から E' へ移動します。図から明らかなように、貨幣量の増大の結果、利子率は低下し、GDPは増大します。この点も、すでに説明した結果と同じになっています。

演習問題

1. 以下の文章の下線部分に用語や数値を入れなさい。

    (1) IS 曲線とは、＿＿＿＿＿を均衡させるような利子率とGDPの関係を、また LM 曲線とは、＿＿＿＿＿を均衡させるような利子率とGDPの関係を表わしたものである。両者が交わる点がマクロ経済の均衡を表わしている。ここで貨幣量が増えるような金融政策が行なわれると、＿＿＿＿＿曲線が右側にシフトし、金利は＿＿＿＿＿し、GDPは＿＿＿＿＿する。他方、財政支出が増えるような財

政拡大政策が行なわれると、＿＿＿＿＿＿曲線が右側にシフトし、金利は＿＿＿＿＿＿し、GDP も＿＿＿＿＿＿する。

(2)経済政策の目標の数が経済政策の手段よりも＿＿＿＿＿＿と、すべての政策目標を同時に達成することができなくなる。こうした状態にあるとき、経済政策目標の間に＿＿＿＿＿＿の関係があるという。

(3)景気を刺激しようとして積極的な財政政策を行なうと、＿＿＿＿＿＿が上昇して消費や＿＿＿＿＿＿がかえって抑制され、景気刺激効果が期待どおりには出ないことがある。こうした現象を、財政政策の＿＿＿＿＿＿効果と呼ぶ。

2. 以下の記述は正しいのか、誤っているのか、それともどちらともいえないのか、答えなさい。

(1)貨幣需要が利子率の変化に強い反応を示すとき、貨幣供給量を増やしても金利があまり下がらないので、金融政策の景気刺激効果は非常に小さくなる。

(2)貨幣需要が利子率の変化に強い反応を示すとき、財政政策を行なっても利子率があまり上がらないので、クラウディング・アウト効果が小さくなり、財政政策の効果は大きくなると期待できる。

(3)投資が利子率の変化にあまり影響を受けないときには、貨幣供給量を増やして金利を下げても、投資が増えないので景気刺激効果は小さい。

(4)投資が利子率の変化にあまり影響を受けないときには、財政刺激政策を行なっても、クラウディング・アウト効果があまり大きく出ないので、その景気刺激効果は大きくなる。

8

総需要と総供給

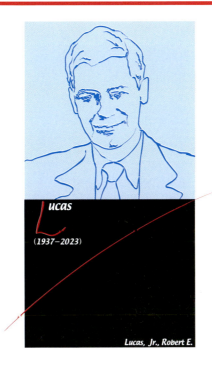

ロバート・ルーカス　フリードマン（2章扉）が戦後のマクロ経済学の新古典派の第一世代であるとすれば、ルーカスはそれを発展させた第二世代のリーダーである。合理的期待形成理論を使った分析でケインジアンの政策に対して痛烈な批判を展開した。

2章で説明したように、マクロ経済の動きは、需要と供給という両方の視点から見ることが必要です。有効需要の増減が生産と物価の動きにどのように振り分けられるかが、このようなアプローチで明らかになるのです。この章では、総需要曲線と総供給曲線という考え方を導入することで、2章で取り上げた問題をよりくわしく分析します。

マクロ経済の変動が物価と生産の動きにどのように分解されるのかという問題は、経済学の研究者の間で大きな論争の対象となってきました。いわゆるケインジアンと新古典派の間の論争です。市場の調整能力が有効に働いていると考える新古典派は、完全雇用がつねに実現されており、有効需要の変動はもっぱら物価の変動という形で表われるという市場観を提示します。これに対して、ケインジアンは短期的には物価は粘着的であり、有効需要の変動が生産や雇用の変動を引き起こすと考えます。こうしたマクロ経済の見方の違いは、経済政策の考え方の違いとなって表われます。

二つの学派の違いは、総供給曲線の形状によって表わすことができます。この章では、こうした視点から二つの学派の違いを説明します。ただ、マクロ経済学の考え方は二つの学派に二分されるというように、あまり単純に考えるのは好ましくないでしょう。多くの学者はケインジアンか新古典派というよりは、その中間的な見方をします。ここでケインジアンと新古典派という二つの学説を対立的に書くのは、あくまでも議論の違いを鮮明にするためです。

名目値と実質値

これまで本書で扱った GDP、消費、投資などの変数は、すべてその時点の価格で評価したものであり、名目変数と呼ばれるものです。名目変数とは、単位を通貨価値（たとえば円）でとったもので、物価が変化するとそれに応じて変化するような変数です。

たとえば、GDP の例でいえば、生産量はまったく変化しなくても、物価が2倍になったら GDP も2倍になります。これに対して、物価が変化しなくても、生産量が2倍になれば GDP も2倍になります。同じ GDP が2倍になるのであっても、物価が上がって2倍になるのと、生産量が増加して2倍になるのでは、まったく違ったことです。

このように、GDP の変化を生産量の変化と物価の変化に分けて考えるため、GDP をつぎのように分解します。

$$Y = p \cdot y \tag{8-1}$$

ただし、Yは（名目値でとった）GDP、pは物価水準、yは総生産量を表わしています。yは実質変数と呼ばれるもので、物価の動きとは独立な動きをします。—1

すべての名目変数は、GDPと同じように、物価と実質変数の積の形に書き換えることができます。たとえば、財・サービスの需要項目である消費（C）、投資（I）、政府支出（G）は、それぞれ

$$C = p \cdot c, \;\; I = p \cdot i, \;\; G = p \cdot g$$

となります。ただし、c、i、gはそれぞれ実質変数である消費量、投資量、政府支出量となります。

実質変数のなかでとりわけ重要なものに、実質貨幣残高があります。これは名目貨幣量Mを物価pで割ったものとして、M/pで定義されます。実質貨幣残高とは、現在市中に流通している貨幣量でどれだけの財・サービスが購入できるかを表わしたものです。いい換えると、財・サービスの単位で表わした貨幣量ということになります。財・サービスを1単位購入するためには、pだけの価格つまり物価分の金額を支払わなくてはなりませんから、貨幣量Mで購入できる財・サービスの量はM/pとなるのです。

物価pは貨幣と財・サービスの交換比率を表わしたものと考えることもできます。財・サービス1単位を購入するためにはpだけの貨幣が必要となります。逆に、1単位（1円）の貨幣で$1/p$だけの財・サービスを購入することができます。$1/p$のことを、貨幣の購買力と呼びます。物価が高くなるほど、貨幣の購買力は低下します。

物価水準の決定：総需要と総供給

物価はどのような要因によって影響を受けると考えられるでしょうか。個々の商品の価格の動きについて調べるときには、需要・供給曲線を用いて分析す

1—物価指数　10章で説明するように、現実の経済を分析するときには、物価はいろいろな財の価格の上昇を指数化した物価指数を用います。物価指数の考え方はそこで説明しますが、ここで物価と呼んでいるのはこうした指数をより理論的に抽象化した概念です。

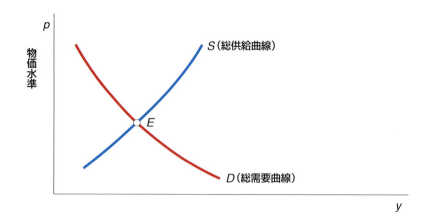

図8-1 総需要曲線と総供給曲線

経済の均衡は、需要サイドを表わす総需要曲線と、供給サイドを表わす総供給曲線の交点の物価と実質GDPで示されます。

ることができます。しかし、物価の動きとはいろいろな商品やサービスの価格の総体的な動きのことですので、野菜など個々の商品の価格の動きとまったく同じように説明することはできません。たとえば、貨幣量の増加や為替レートの変化はインフレーション（物価上昇）の原因となりますが、これらの要因は、個々の財の価格について考えるときにはあまり問題にはされません。

　しかし、マクロ経済学でも、個々の財・サービスに関する需要・供給曲線と類似の概念を用いて、物価水準の動きについて分析します。図8-1はこれを表わしたものです。この図の縦軸には物価（p）がとってあり、横軸には総生産量（y）がとってあります。右下がりの曲線 D は総需要曲線と呼ばれるもので、右上がりの曲線 S は総供給曲線と呼ばれるものです。物価が上がるほど需要が減って供給が増えるという点では、通常の需要と供給の関係と変わりはありません。以下で説明する総需要・総供給の考え方は、需要・供給による価格決定の理論を、物価水準の決定の問題に応用したものと考えることができます。─2

　個々の商品の価格と同じように、物価も、経済全体としての需要と供給をバランスさせる水準に決まります。たとえば、経済全体としての需要が供給を上まわるときには物価水準が上昇し、その結果、需給が一致するところに物価水

8 総需要と総供給　191

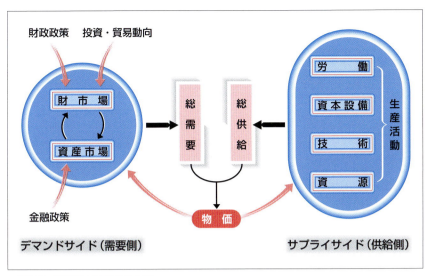

図8-2 総需要と総供給の中身

*IS-LM*曲線で表わされる需要サイドと、生産活動を示した供給サイドの関係から、物価や生産量が決まります。

準が決まるわけです。その基本的な考え方は2章で説明しましたが、そこで用いたことをもう一度図8-2として再現し、この図を用いて説明しましょう。

　この図の左側には、総需要の決定プロセスが描いてあります。これをデマンドサイド（需要サイド）と呼びます。デマンドサイドは、基本的には、これまで説明してきたことを表わしています。財市場と資産市場で均衡をもたらすような生産量や物価の動きを表わしています。

　これに対して右側はサプライサイド（供給サイド）を表わしています。経済に財・サービスが供給されるためには、それが実際に生産されなくてはなりません。そのためには、労働や資本あるいはエネルギーといった生産要素が投入される必要があります。このうち労働投入量は、景気によって大きな影響を受けます。失業率が上がれば労働投入量も減少し、生産も低下するでしょう。資

2—相対価格と絶対価格　ここでいう物価は、別のいい方をすれば絶対価格に関する問題です。これは相対価格の問題とは区別しなくてはいけません。輸入増加の結果、衣料品の価格が下がったというような現象は、衣料品が他の製品に比べて相対価格が下がったという現象ですが、一般的な物価水準が下がったというのは絶対価格にかかわる現象です。

本の量にしても、過去の投資による資本蓄積によって影響を受けますし、石油価格の変化が起これば、エネルギーの供給条件にも影響が及ぶでしょう。このような生産に影響を及ぼす要因は、財・サービスの供給に及ぼす影響を通じて、物価の動きにも影響を及ぼします。―3

総需要

　まず、需要サイド（デマンドサイド）について説明しましょう。1章で説明したように、マクロ経済全体としての財・サービスへの需要は、消費・投資・政府支出・純輸出（輸出マイナス輸入）に分解することができます。これらの需要の各構成項目がどのように決定され、またそれらが全体としての総需要にどのような影響を及ぼすかという点については、これまで検討してきました。ここで、新たに付け加える点はあまりありません。図8-2の需要側の部分は、これをまとめたものです。政府支出・輸出・投資の増加は、乗数プロセスを通じて、乗数倍の需要増をもたらします。また、利子率の変化を通じて、資産市場の動きも、総需要に影響を及ぼします。

　図8-1の右下がりの曲線 D は、以上のように決定される総需要の水準が物価とどのような関係にあるかを示したもので、これを総需要曲線と呼ぶことはすでに述べました。この曲線に示されているように、一般に物価水準が低くなるほど総需要は増加します。この点については多少くわしい説明が必要ですので、以下で検討しましょう。

　7章で説明したように、総需要の水準は、IS 曲線

$$Y = C(Y) + I(r) + G \tag{8-2}$$

と、LM 曲線

$$M = L(Y, r) \tag{8-3}$$

によって決定されます。ただし、Y は総需要（あるいは GDP）、C は消費、I

3―石油ショック　1970年代には、2度の石油ショックがありました。中東の紛争などが原因で国際的な石油価格が大幅に上がり、日本経済は大きな打撃を受けたのです。こうした問題は、ここでのフレームワークでいえば、サプライサイド（供給側）のショックとして分析されます。後で説明する総供給曲線を使えば、石油ショックは総供給曲線が上にシフトする現象として表わすことができます。

Guide to Current Topics

サプライサイド政策

　財政政策や金融政策だけで経済の活力を生み出すことは不可能です。経済が持続的に成長していくためには、供給側（サプライサイド）での改革が必要となります。規制緩和、貿易自由化、教育やイノベーションへの支援など、供給サイドから経済を活性化させようという政策を一般的にサプライサイド政策と呼びます。

　日本には、サプライサイド政策によって経済を活性化する余地が多くあります。その典型が、経済連携協定（EPA）や自由貿易協定（FTA）を諸外国と積極的に提携していくことによる、海外市場へのアクセス強化と国内市場の開放化です。

　経済連携協定は、国境での貿易制限を撤廃するだけでなく、日本国内の改革を促進することにもなります。東南アジアの介護士や看護師を積極的に引き受けること、農業強化策を進めていくことなどが、経済連携協定とともに論議されていますが、こうした改革で経済を活性化させることが期待されます。

　サプライサイド政策は、さまざまな分野で考えることができます。最近までに実際に行なわれたり、あるいは議論されている例をいくつかあげてみましょう。ブロードバンドの普及を促したNTTの通信網の開放、羽田空港の国際線への開放、不動産証券化の制度強化、郵政の民営化、電力における小売り自由化やスマートメーターの導入、発送電分離（発電と送電の切り離し）、風力や太陽光発電など再生可能エネルギー利用拡大のための諸政策、電子カルテや電子レセプトの導入など医療における情報通信技術利用の強化など、いろいろな分野で改革が行なわれています。こうした改革策をひとまとめにして経済成長を促そうとすることを、成長戦略と呼ぶことがあります。ただし、個別分野ではまだまだ改革への抵抗が根強く、なかなかうまくいかない面があります。

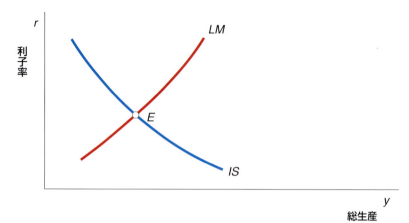

図8-3 実質変数の上での IS-LM 曲線

実質GDP（横軸）と利子率（縦軸）の上でもIS曲線とLM曲線が描けますが、これをベースに総需要曲線も描けます。

は投資、G は政策変数として外生的に決まる政府支出の水準、M は貨幣供給量、そして L は貨幣需要関数です。ここで、消費（C）は GDP（Y）の増加関数、投資（I）は利子率（r）の減少関数、そして貨幣需要（L）は GDP の増加関数かつ利子率の減少関数であると考えます。ここでは単純化のため、海外との取引はないものとして議論を進めますが、海外との取引があっても議論にほとんど変更はありません。

このように決定される名目 GDP を物価と生産量の動きに分けるため、この IS-LM の式を実質変数で表わしたものに書き換えます。まず (8-2) 式の両辺を物価 p で割って、

$$y = c(y) + i(r) + g \tag{8-4}$$

を得ます。この式の各変数は、元の式の変数の名目値を実質値に書き換えたものです。実質値ベースで見ても、消費は（実質値ベースの所得である）生産量に依存して決まります。

同じようにして、(8-3) 式を実質値に書き換えると

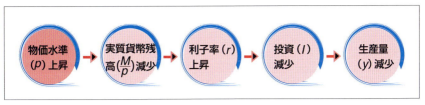

図8-4 物価上昇が財・サービスへの需要に及ぼす影響

物価が上がれば、実質貨幣残高の減少を通じて総需要が減少する、ということが総需要曲線の背後にあります。

$$\frac{M}{p} = L(y, r) \tag{8-5}$$

となります。左辺は実質貨幣残高の供給であり、右辺は実質貨幣残高への需要です。ここで注意しなくてはならないのは、実質貨幣残高への需要に影響を与えるのは、実質の変数である総生産量（y）であって、名目値である総所得ないし総生産額（Y）ではないということです。

(8-4)、(8-5) 式から、物価水準 p を所与とすれば、図8-3のような IS-LM 曲線を描くことができます。このグラフでは、横軸には名目の GDP（Y）ではなく、実質の生産量（y）がとられています。

さて、総需要曲線とは、このような実質ベースの IS-LM 曲線の交点によって決まる生産量 y が物価水準 p の変化とともにどのように動くかを示したものです。物価水準 p が高くなると、(8-5) 式の左辺の実質貨幣残高 M/p が減少します。この結果、LM 曲線は左方にシフトして、金利 r が上昇し、y が減少します。すなわち、p が上昇すると y が減少するのです。総需要曲線が右下がりになっているのはこのためです。

このような物価水準 p と生産量 y の関係は、図8-4に示したような形で理解することもできます。この関係は、7章で説明した貨幣供給量の変化が GDP に及ぼす影響と基本的には同じものです。すなわち、物価 p の上昇は、実質貨幣残高を低下させ、それが金利を引き上げ、投資を減少させ、生産量を減少させるのです。

物価 p 以外の変数で、IS-LM 曲線のいずれかをシフトさせる要因は、総需要曲線の位置を動かします。具体的には、貨幣量 M や政府支出 g の増大は、生産量 y を増やすので、総需要曲線の位置を右方向へシフトさせます（この点

については各自検討してください）。

総供給

　つぎに、供給サイド（サプライサイド）について説明しましょう。経済におけるいろいろな財の供給は、労働・資本設備・原材料などを投入した生産プロセスを通じて行なわれます。したがって、現存する労働・資本設備・資源の量や使用可能な技術のレベルによって、その経済で供給可能な財の量の上限が決められます。経済ではつねに技術的に可能な最大限の財・サービスが供給されているわけではありません。失業している人がいたり、遊休設備があったりすれば、生産・供給される財・サービスは少なくなります。

　このような生産プロセスを通じて供給される財の総量を総供給と呼びます。総供給の短期的変動を引き起こす要因としてもっとも重要なものは、失業・操業短縮などにともなう労働力投入の増減です。失業率が上昇しているときには、生産に投入されている労働量も少なくなっていますから、総供給の水準も低下します。長期的には、総供給の水準は投資による資本蓄積や技術進歩の程度にも影響を受けます。税制なども投資に大きな影響を与えますので、長期的な総供給に影響を及ぼすと考えられます。—4

　以上のように、長期的には総供給はさまざまな要因によって影響を受けますが、短期的には雇用量が総供給の水準のもっとも重要な決定要因となります。設備の操業度などの要因も短期の総供給の水準に影響を及ぼしますが、以下では雇用以外の短期的な総供給の変動要因は考えないことにします。そのような前提のもとでは、雇用が多いほど総供給の量も大きくなります。

雇用量の決定と労働市場—5

　では、雇用量はどのように決定されるのでしょうか。この点について考えるためには、労働市場について分析し、雇用量がどのように決定されるか検討す

4—技術進歩の影響　本章の注3で、石油ショックは総供給曲線の上方へのシフトとして表わされるといいましたが、技術進歩は、供給能力を拡大させるサプライサイドの「ショック」ですから、総供給曲線を下方（右方）へシフトさせる要因として表わすことができます。

5—本章では労働市場をもっとも単純化した形で扱います。失業問題などについてよりくわしくは9章を参照してください。

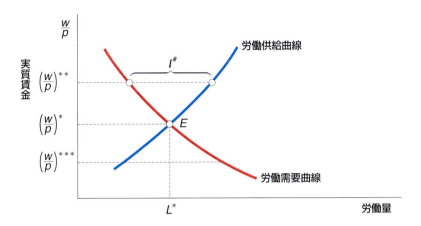

図8-5 労働市場の均衡

労働市場は、実質賃金(縦軸)と労働量(横軸)の間で描いた労働需要曲線と労働供給曲線の交点によって均衡を示すことができます。

る必要があります。図8-5は、マクロ経済全体で見た労働の需要と供給を表わしたものです。縦軸には賃金を物価で割った実質賃金がとられており、横軸には労働の需要と供給がとられています。

縦軸にとられている、賃金を物価で割ったものを、実質賃金率と呼びます。また、これと対比するため、通常の賃金を、名目賃金率と呼びます。名目賃金率は、労働者の労働供給を考えるうえでそれほど意味のある概念ではありません。いくら名目賃金率が高くても、物価が高ければ労働者の生活水準はそれほど高くないでしょう。労働者の雇用条件を考えるのに重要なものは、一定時間働くことでどれだけの財が購入できるかということです。実質賃金率はこれを表わしています。実質賃金率が高いほど、労働者は一定時間働くことで、より多くの財を購入することができます。名目賃金率が高くても、あるいは物価が低くても、実質賃金率は高くなりますが、労働者にとって見れば、どちらであっても同じことです。

さて、図8-5の右上がりの曲線は、労働供給曲線と呼ばれるもので、労働者による労働供給行動を表わしています。これが、右上がりになっているのは、実質賃金率が高いほど、より多くの人が働こうとし、またそれぞれの人がより長時間働こうとするからです。

図8−5の右下がりの曲線は、労働需要曲線と呼ばれ、企業による労働需要を表わしています。これが右下がりであるのは、労働需要が実質賃金率の減少関数であることを意味します。労働者を雇って生産を行なっている企業にとって、賃金が低いほどより多くの労働者を雇おうとする意欲が強くなります。これは、ひとつには賃金が低ければそれだけ低コストで生産ができ、安い価格でたくさん売ることができるからです。さらには、賃金が安ければ、機械などの使用を控えて、労働力で代替しようとするかもしれません。

企業にとって重要な賃金とは、名目賃金ではなく、実質賃金です。この点については、労働者と同じです。物価は企業の供給している財の平均的な価格でもありますので、経済全体で見たときの実質賃金率とは、企業の売る財の価格と名目賃金の比率ということになります。実質賃金が低くなるのは、物価に比べて名目賃金が下がるか、あるいは名目賃金率以上に物価が上がることですので、どちらの場合にも、企業はより多くの労働者を雇用しようとするでしょう。

つぎに、以上で説明した労働の需要・供給曲線を用いて、労働市場の均衡について考えてみましょう。もし賃金も物価も自由に調整されるのなら、労働市場の均衡はつねに需給の一致するところにくることになります。これは図8−5では点Eになります。このとき、実質賃金率は$(w/p)^*$の水準に、雇用はL^*の水準に決まります。もし実質賃金率が図の$(w/p)^{**}$のように均衡水準よりも高いところにあれば、労働供給量は労働需要量をl^*だけ上まわってしまいます。これは実質賃金を下方に下げる圧力を加えるでしょう。これに対して、もし実質賃金率が均衡水準より低い、図の$(w/p)^{***}$のような水準にあれば、労働需要のほうが労働供給よりも大きくなります。このときには、実質賃金率に上方へ動かす圧力がかかります。

新古典派の総供給曲線：賃金が伸縮的なケース

賃金も物価もスムーズに動くときには、雇用水準は物価水準とは独立に決まります。この点はつぎのように確認することができます。物価が上昇したときには、それに比例して名目賃金の水準は引き上げられ、もとの均衡（完全雇用）の状態が実現します。逆に、物価が下がったときには、名目賃金も比例的に下がって、実質賃金率を図8−5の$(w/p)^*$の水準に維持し、完全雇用の状態が保たれます。─6

図8−6は、このような物価水準と雇用量の関係を図示したものです。この

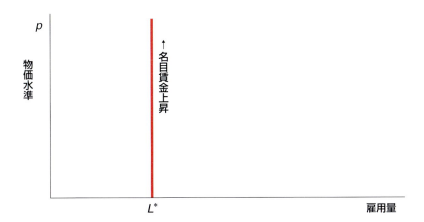

図8-6 新古典派のケースにおける物価と雇用量の関係

新古典派の世界では、物価が変化してもそれに応じて名目賃金が調整されるので、つねに完全雇用が実現しています。

線が垂直線になっているのは、雇用量が物価水準とはかかわりなく、つねに完全雇用の状態にあることを表わしています。図8-6の直線上を上の方向にいくほど、名目賃金も高くなることは説明するまでもないでしょう。

すでに説明したように、短期においては、経済全体の雇用量と総生産量の間には、強い相関関係があります。したがって、雇用量が物価水準からほぼ独立的であるならば、生産量も物価水準から独立になります。図8-7は、このような状況での物価水準と生産量の関係を示したものです。これを、新古典派のケースの総供給曲線と呼びます。賃金が伸縮的に動くときには、総供給曲線は垂直線となります。

ケインジアンの総供給曲線：硬直的賃金のケース

総供給曲線は、つねに図8-7のように垂直線になるとは限りません。以下

6—失業問題　失業は、もし賃金が十分に伸縮的であれば起こりえない現象です。失業している人でも、大幅な給与ダウンを受け入れれば新たな仕事は見つかるはずです。現実の世界で多くの失業があるのは、そこまで給与を引き下げたくないと考える労働者が多いからです。ケインジアンでは、こうした現象を賃金の下方硬直性として扱います。

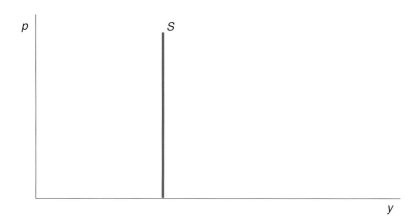

図8-7 新古典派の総供給曲線

新古典派の世界では、賃金が柔軟に調整され完全雇用がつねに実現されると考えますので、総供給曲線も垂直になります。

で説明するように、もし賃金が硬直的であれば、総供給曲線は右上がりになります。現実の経済を見ると、失業が存在しても賃金の水準はなかなか下がりませんし、逆に労働の超過需要があっても、賃金はなかなか上がっていきません。このような賃金の硬直性は、さまざまな理由によるものと考えられます。

ひとつには、賃金が多くの場合契約によって決まるものですので、雇用状況が変化したからといって、そう簡単には変えられないということがあります。さらには、労働者が企業で仕事をするためには経験や訓練によって技能を身につける必要があるので、失業者がたくさんいるからといって、すぐに低い賃金で技能を身につけていない人を雇うこともできないでしょう。このようなさまざまな要因によって、賃金には硬直性があると考えられます。

賃金の硬直性をもっとも極端な形で分析するため、名目賃金が下方硬直性を持つと仮定してみましょう。賃金の下方硬直性とは、賃金が上方向には伸縮的に動くが、下方向にはまったく動かないという状況です。すなわち、労働が超過供給の状態にあって失業が生じていても、賃金はまったく下がりません。これに対して、労働が超過需要の状態にあるときには、賃金は上方に調整されます。これを図8-5で見ると、実質賃金が $(w/p)^*$ より高い水準にあって失業が存在していても実質賃金は下がらないのに対して、実質賃金が $(w/p)^*$ より低

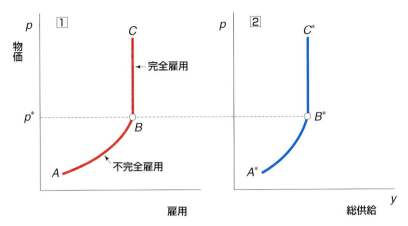

図8-8 ケインジアンの総供給曲線

ケインジアンの世界では、賃金が下方硬直的であると考えますので、曲線の右上がりの部分のように、物価上昇とともに生産量や雇用量が増えるという関係になります。

い水準にあり労働が超過需要の状態にあるときには、名目賃金が上がり（そしてその結果実質賃金も上がり）、均衡点 E に到達するというものです。

以上のような名目賃金の下方硬直性の仮定のもとでの物価と雇用量との関係は、図8-8の①のようになります。物価が非常に低いときは、実質賃金は非常に高い水準にあり、労働市場は超過供給の状態になり、大量の失業が生じます。賃金の下方硬直性のため、失業が存在しても名目賃金は下がりません。物価が上昇していくと、名目賃金が動かないので実質賃金は低下していき、雇用量も増大していきます。これが、図の A から B までのプロセスです（この間名目賃金は動きません）。

物価水準が、図の B を越えてさらに上昇していけば、失業はまったくなくなります。もしここで名目賃金が変化しないままさらに物価が上がりつづけたら、労働市場は超過需要の状態になってしまいます。しかし、名目賃金は上方には伸縮的ですので、物価とともに名目賃金も上昇します。その結果、図8-8の p^* 以上の物価水準のもとでは、名目賃金も物価とともに動き、雇用は完全雇用水準である B の水準に維持されます。図8-8の②は、このような賃金の下方硬直性のもとでの、物価と生産量の関係を示した総供給曲線です。

新古典派のケース(1)　総需要のシフトによる物価上昇

　総需要曲線が右方へ移動すれば、それによって物価水準は上昇します。図8
−2にも示してあるように、貨幣供給量の増大（金融政策の緩和）、政府支出の
増大、輸出の増加、投資の増大などが、このような総需要の増大（総需要曲線
の右方シフト）を引き起こします。

　ひとつの例として、貨幣量の増大にともなう物価上昇について考えてみまし
ょう。金融政策当局が買いオペや預金準備率の引き下げなどを行なうと、市中
で流通する貨幣量は増大します。この結果、利子率が下がり、投資が刺激され
ます。投資の増大は、乗数プロセスを通じて、総需要を乗数倍だけ増加させま
す。

　このような総需要の増大により、いろいろな財の需要が増大します。しかし
総供給量は変化しませんので、多くの財において需要が供給を上まわるように
なり、これらの財の価格が上昇します。このような財の価格の上昇の結果、経
済全体の物価水準も引き上げられます。

　では、このような物価水準の上昇は、経済にどのような調整を引き起こすの
でしょうか。物価が上昇すると、それによって経済全体の取引額も増大します。
なぜなら、取引量が変化しなくても、個々の財の価格が高くなる分だけ、1回
ごとの取引額が大きくなるからです。取引額の増大により、人々の貨幣需要も
増加し、利子率が引き上げられます。利子率の上昇は投資を抑制し総需要を減
少させますので、需給のギャップも縮小します。結局、当初の貨幣供給量拡大
によって引き下げられた利子率が元の水準に戻されるまで、物価水準は上昇し
ます。最終的には、貨幣量の増加率と同じだけ物価も上昇し、利子率・生産
量・需要量などは、元の水準にとどまることになります。

　図8−9は、以上の動きを図の上で表示したものです。総需要曲線は当初
DD の位置にあり、A 点が均衡点、物価水準は p^* の水準にあるとします。こ
こで、貨幣量が増大すると、利子率下落を通じて投資が拡大し、総需要が増大
します。この結果、総需要曲線は D^*D^* の位置へ移動し、総需要は y_1 の水準
となります。総供給は y^* ですので、ここで需要は供給を超過しており、物価
が上昇しはじめます。物価の上昇にともなって、利子率が上昇し投資が減少し
ますので、総需要は D^*D^* 上を B から C の方向へと動きます。最終的な均衡
点は C 点となり、これを当初の A 点と比べると、物価水準は p^* から p_1 へと
上昇していますが、供給量や需要量には変化がないことがわかります。

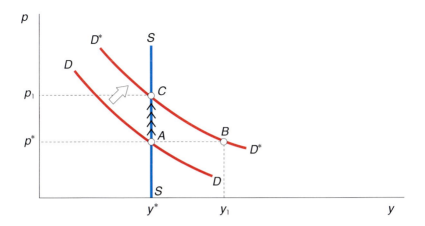

図8-9 新古典派のケースにおける総需要の増大の影響

新古典派のケースでは、需要が拡大してもすべて物価上昇に吸収され、生産量や雇用量には大きな変化はありません。

政府支出の増大や輸出の増加によっても図8-9に示したような動きが引き起こされます。その基本的メカニズムは貨幣量増大のケースと同じですので、これらのケースについて検討することは課題として残しておきます。

新古典派のケース(2) 供給サイドの変化と物価上昇

つぎに、供給側（サプライサイド）の変化が物価に影響を及ぼすケースについて考えてみましょう。戦争などによる資本設備の破壊、原燃料の輸入量の減少などは、すべて総供給の減少を引き起こし、物価上昇の原因となりえます。ここではひとつの例として、海外からの原燃料の供給が減少したケースについて考えてみましょう。

海外からの原燃料の調達が以前より困難になると、国内の総供給量も低下します。これは図8-10では、SSからS^*S^*への総供給曲線の移動という形で表わされています。いま、当初の物価水準がp^*であるとすると、総需要はy^*、総供給はy_1となりますので、財市場に超過需要が生じ、物価は上昇しはじめます。この物価の上昇によって、総需要はDD上をAからCの方向へ移動していき、物価水準がp_1の水準まで上がったところで、総需要と総供給は一致します。このように、総需要の水準が一定のまま、総供給の水準が下落すると、

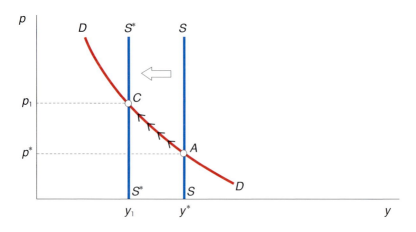

図8-10 総供給の変化と物価

供給量が供給ショックで低下すれば、それに応じて物価は上昇していきます。

需給にギャップが生じ、物価は引き上げられることになります。

　上のケースとは逆に、総需要の水準が一定のまま、総供給の水準が引き上げられれば、物価は下落します。総供給の水準を引き上げる要因はいろいろありますが、その代表的なものとしては、技術進歩や資本設備の拡大などをあげることができます。

　ところで、総供給の水準は、総需要の動きと密接なかかわりを持っています。資本設備の蓄積量は総供給の水準の重要な決定要因ですが、それは過去からの投資の累積額によって大きな影響を受けます。過去からの投資額が大きければ、それだけ資本設備の水準も高くなり、総供給の水準もまた高くなります。このような投資や資本設備を通じての需要側と供給側の関係は、マクロ経済政策の効果を考えるうえで重要な論点となります。

　たとえば、総需要を高めるため、金融政策を用いる場合と財政政策を用いる場合とを比較してみましょう。金融が緩和された場合には、利子率が引き下げられ投資が刺激されます。したがって、そのような政策がしばらくつづけられるならば、資本設備は増大してゆき、総供給の水準も高まってゆきます。これに対して、もし財政拡張政策がとられれば、利子率は引き上げられ、民間の投資は抑制されます（クラウディング・アウト効果）。その結果、総供給の水準

●経済学ステップアップ●
景気刺激 vs. 財政規律

　本文中で説明したケインジアンと新古典派の政策論争は、現実に行なわれている経済政策論争のなかにも色濃く反映しています。とくに、景気低迷と財政問題が共存する多くの先進工業国において、景気刺激を優先するのか、それとも財政規律を優先するのかという対立となって現われています。

　日本ではこれは、消費税率を一刻も早く引き上げるべきか否かという論争という形をとってきました。景気刺激が重要と考える人たちは、景気低迷しているなかで消費税率をあげればますます景気が悪くなり、かえって税収なども減ってしまうと警告します。それよりはまずは景気刺激策によって景気を好転させることができれば、税収も増えるだろうと主張します。

　これに対して増税派は、増税を先送りして財政悪化がさらに進むことは、非常に危険だと主張します。一刻も早く財政規律を取り戻せるように、まずは増税が必要だと主張します。

　財政危機に苦しんだ欧州でも同じような議論が行なわれていました。ギリシャやスペインなど財政危機にある国は、増税やきびしい歳出削減を行ない、一刻も早く財政規律を取り戻すべきだ、と主張するのが財政規律派です。しかし、あまりにきびしい財政健全化策はギリシャやスペインの経済をどん底に落ち込ませ、財政再建どころか経済そのものを破壊しかねない。そこで、財政再建策については様子を見ながら慎重に行ない、同時に景気刺激策を行なうことが必要である、という景気刺激優先の考え方をする人も多くいます。

　経済危機のなかでのギリシャやフランスの2012年の選挙では、財政規律か景気優先かが大きな論争になりました。ギリシャでは財政規律を進めてきた与党に対して批判的な政党が大きく票を伸ばしました。フランスでも、財政規律を強調してきたサルコジ大統領から、景気への配慮を重要視するオランド大統領に政権交代が起こったのです。

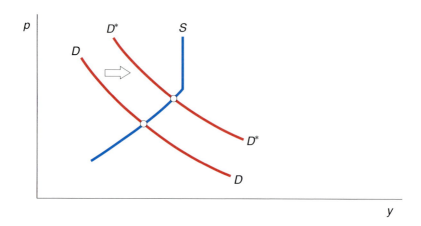

図8-11 賃金の下方硬直性のもとでの総需要の増大
ケインジアンのケースでは、需要が拡大すれば物価が上昇するだけではなく、生産量や雇用も拡大していきます。

も下がります。

このように、短期的には同じような効果を与える政策でも、供給側（サプライサイド）に及ぼす影響が異なれば、中長期に経済に及ぼす効果も異なってきます。サプライサイド経済学という考え方がありますが、この立場に立つ人々の基本的論点は、以上の視点にもとづいています。すなわち、政府が行なう財政・金融政策や税制などは投資や貯蓄に及ぼす効果を通じて、総供給の水準に大きな影響を及ぼすので、このような効果を考慮に入れた政策の立案・運営が必要であるというものです。

ケインジアンのケース

賃金に硬直性があり、総供給曲線が右上がりになっても、以上で述べたのと基本的には同じような分析が可能です。ただ、この場合には、雇用水準や生産量も物価といっしょに変化します。

図8-11は、貨幣量の増大や政府支出の増加などで総需要が拡大したときの変化を総需要・総供給曲線上で示したものです。この場合も、基本的な動きは古典派のケースと同じですが、大きな違いがひとつあります。

総需要の増大によって物価が上昇すると、名目賃金の硬直性のもとでは、実

質賃金が低下します。これが雇用を増大させるので、生産量も拡大します。これは、図の上では総供給曲線上の右上方向への動きで表わされます。

演習問題

1. 以下の文章の下線部分に用語や数値を入れなさい。

(1) GDP や貨幣量のように、その時点の価格を用いて評価した変数を_____変数という。これらを物価指数などで調整して物価変動の影響をなくした変数を_____変数というが、たとえば GDP を_____で割れば_____GDP になるし、貨幣量を物価で割ったものは_____となる。

(2) マクロ経済の_____や_____の動きは、消費・投資・政府支出などの_____の動きと、生産要素を利用した生産活動を表わした_____の動きの相互作用のなかで決まってくる。ケインジアンの世界では、_____曲線は右上がりになると考えるが、新古典派の世界では、これが_____になると考えられる。後者では、つねに_____が成立していると考えるからだ。

2. 以下の記述は正しいのか、誤っているのか、それともどちらともいえないのか、答えなさい。

(1) 賃金に下方硬直性があると、総供給曲線は垂直になる。

(2) 総供給曲線が右上がりであるということは、完全雇用が実現していないということである。

(3) 物価が下落していれば、実質 GDP で見て成長していても、名目 GDP が減少するということが起こりうる。

(4) 技術進歩が起きて生産性が上昇すれば、生産量が上昇し、物価が下落する。これは新古典派でもケインジアンでも同じだ。

(5) 貨幣量を増大すれば総需要が増大するので、物価は上昇傾向を示す。これは新古典派でもケインジアンでも同じだ。

Part 2

マクロ経済学の応用

Part 2 では、Part 1 で説明したマクロ経済学の基本的な考え方を利用して、マクロ経済のさまざまな側面についてより深い考察を行ないます。それぞれの章は独立に読むことができますので、とりあえず興味のある章から読んでいってもかまいません。

9章は失業問題を中心に、労働市場の構造について考察します。10章はインフレやデフレなど、物価問題について説明します。11章では財政危機や財政再建の問題を取り上げます。12章では、デフレ下の金融政策という戦後日本がはじめて直面した経験をベースに、金融政策についてより深い議論を展開します。

13章と14章は開放マクロ経済学といわれる分野で、海外との貿易や資本移動を考慮に入れたマクロ経済の姿について議論します。為替レートの動き、通貨制度の選択、経常収支問題など、開放マクロ経済のいろいろな面について説明します。15章では、マクロ経済のより長期的な現象である経済成長や経済発展のメカニズムについて解説します。

各論ということもあって、一部には Part 1 より少し高度な議論が出てくる場合もあります。しかし大半は、はじめて経済学を学ぶ人にもわかりやすいような平易な説明になっていると思います。序章でも触れたように、マクロ経済学の考え方に慣れるためには、できるだけいろいろな現象やその説明に触れる必要があります。そうした意味では、Part 2 で取り上げたさまざまなマクロ経済現象の説明に触れてもらうことによって、マクロ経済学の考え方により親しんでもらえるのではないかと思います。

Part 2で扱っている内容は、テレビや新聞などで日々取り上げられている経済現象であり、政府レベルで激しい論争が繰り広げられている経済問題ばかりです。教科書の説明を片手に、新聞や雑誌で取り上げられている経済問題について考えてみるのも有益なことです。

9
労働市場の機能と失業問題

ジョージ・アカロフ 主要著作は「レモンの市場」という不完全情報に関するミクロ経済分析の論文であり、情報の経済学の基礎を築いた。情報の経済学は、マクロ経済学にも大きな影響を及ぼし、ケインジアン的な立場でマクロ経済問題に関する論文も書いている。

マクロ経済について語るときに、雇用問題を抜きにすることはできません。景気が悪くなれば失業者が増え、多くの家計を直撃することになります。そうした状況で景気を刺激するためにマクロ経済政策を行なうことは、雇用を確保するためであるといっても過言ではありません。過去の景気後退の時期にも雇用問題が深刻な社会問題になったことがしばしばありました。

1990年代、バブル崩壊とそれにつづく金融危機のなかで、雇用状況が悪化しました。とくに大きな影響を受けたのは、就職活動を行なっていた大卒や高卒などの若者でした。これらの世代は就職氷河期世代と呼ばれます。新卒の時期に希望するような職場に就職できなかった若者は、その後も就労機会に恵まれず、低賃金の非正規労働で働きつづけたり、フリーターとして不安定な生活をつづけたりせざるを得ない人が多く出たのです。雇用条件の悪化は一時的な問題ではなく、その人の一生に影響を及ぼす問題なのです。

この章では、マクロ経済の動きやマクロ経済政策について、雇用という視点から見ます。キーワードとなる賃金や失業率などの概念について理解を深めてください。

社会問題化しつつある失業

失業は、生身の人間の生活を直撃する深刻な問題です。一家の稼ぎ手の父親が失業すれば家族の生活が打撃を受けます。経済的な面だけでなく、会社を首になり新しい仕事がなかなか見つからないことは、人間としての尊厳を傷つけられる気持ちにつながることもあります。景気の低迷のなかで自殺者が増加しているのも、失業率の増加という現象とけっして無関係ではありません。現在失業していない人にとっても、周りで失業が増加するなかでは、その危機に怯えることになります。

失業はさまざまな要因で起こります。もっとも重要なのは、景気の低迷によって企業の雇用意欲が低下することで生じる失業です。しかし、マクロ経済全体の景気が悪くなくても失業は起こりえます。たとえば産業構造が大きく変化しているときには、衰退していく産業と新たに規模を拡大している産業が共存します。衰退していく産業は多くの雇用を吐き出しますが、そこで働いていた人の持っている技能は新たに興る産業ですぐに使えるとはかぎりません。そこで、このような産業の転換のなかで失業が生じます。

もうひとつの例としては、地域的な失業の問題があります。—1 経済的に停

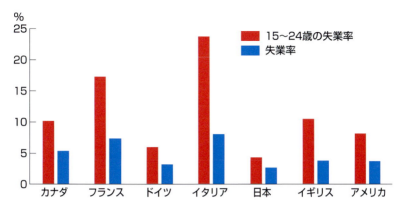

出所：OECD, *Short-Term Labour Market Statistics*
図9-1　主要国の若年失業率と失業率（2022年）

滞している地域とそうでない地域があるとき、本来であれば前者から後者へ労働者が移ることで労働の需給は調整されうるのですが、現実には多くの人はいま住んでいるところを離れたがらないものです。そうした状況でも、地域的な失業は生じます。

　雇用問題に関連して注目すべき点に若年労働の雇用問題があります。図9-1は、日本も含む主要国の失業率と若年失業率の値を比べたものです。若年失業率とは、15歳から24歳までの人口の失業率をとったものです。

　どの国でも若年失業率が非常に高いことがわかると思います。失業問題はすべての世代に関わる問題ですが、とくに若年労働の雇用問題はどこの国でも深刻な社会現象となっています。

雇用指標としての完全失業率と有効求人倍率

　これまでくわしい定義をすることなく、失業率あるいは完全失業率という用語を使ってきましたが、この概念について簡単に説明しておきます。

　潜在的に就業者たりうる人は、実際には三つのタイプに分かれます。第一のタイプは、実際に働いている人（就業者）、第二のタイプは働く意思は持って

---

1 ― 工場の海外移転　日本の地方都市には、大企業の工場によって多くの雇用が生み出されている地域も少なくありません。しかし、中国・東南アジアなどの安い賃金を求めて日本企業が海外に工場移転させる一方で、日本国内の工場閉鎖がつづき、それが地域の経済的停滞や失業問題の原因になってきました。

いるが、仕事がなく失業している人、そして第三のタイプは、働く意思がなく
仕事に就いていない人です。ただ、ここで働く意思がないというのは、正確に
は所得を稼ぐような意味での仕事に就く意思がないという意味で、たとえば専
業主婦は実際には働いているわけですが、これは働く意思がないという意味で
第三のタイプに入れられます。

　仕事をして所得を稼ぐ意思がある人たち、すなわち第一と第二のタイプの人
を合わせて、労働者と呼びます。失業率はこの労働者のうち失業している人の
割合を表わしています。もちろん、就業している人と失業している人の数をす
べて数え上げることができるわけではありませんので、サンプルを抽出して推
計して求めることになります。—2

　景気に関連して用いられるもうひとつの雇用指標に有効求人倍率があります。
これは職業紹介所に寄せられている求人数と求職者数の比率をとったものです。
図9-2に1970年以降の有効求人倍率の動きをとったグラフが描かれています。

　有効求人倍率は1という水準を基準として考えます。これが1であるときは、
求人数と求職者数が同じであるということで、労働市場の需給がバランスして
いると考えられます。労働市場の需要が強くなっているときには有効求人倍率
は1を超えて大きくなり、逆に雇用状況が悪く供給のほうが大きいときには有
効求人倍率は1を割って大きく落ち込みます。図9-2を見ると、第一次石油
ショックの少し前の1970年代はじめ、バブル景気の80年代末から90年代はじめ、
そしてコロナ禍前の2010年代末は有効求人倍率が非常に高く、逆に長引く不況
のなかで90年代後半以降は非常に低くなっていることがわかります。

　失業率と有効求人倍率は景気に対して非常に似かよった動きをします。ただ、
有効求人倍率が一致指標であるのに対して（景気動向に先がけて動く先行指標
は新規求人数）、失業率のほうが遅行指標（景気に遅行した動きをする経済指
標）であるといういい方をする人もいます。いずれにしても、こうした複数の
指標を見ながら、雇用情勢や景気についての判断をしていくわけです。—3

2—パート労働　日本の女性労働の重要な特徴として、主婦層を中心にパート労働人口が
　　多いということがあります。これらのパート労働者のなかには適当な仕事がないと就
　　業をあきらめる人も少なくありません。この人たちは本来は就業の意欲を持っている
　　わけですが、就業者として分類されず失業率の数字にも入らないことになります。日
　　本の失業率の低さのひとつの要因は、こうしたパート労働による調整があるという議
　　論もあります。

●経済学ステップアップ●
実証研究が盛んな労働経済学

　本章では、失業など労働市場の問題のごく基本的なことしか説明しませんでしたが、労働市場の研究を行なう労働経済学は多くの研究成果が出されている重要な研究分野です。この分野の特徴は、実証研究がとくに活発に行なわれている点にあります。

　労働市場に関しては、実にさまざまな統計があります。失業率や賃金などの基本的な統計はもちろん、多様な雇用形態——たとえば常用労働、パート、派遣社員など——の動き、賃金のくわしい構造、労働統計の国際比較など、実に多様なデータがあります。

　こうしたデータを利用して、労働市場のさまざまな側面に光を当てようとする実証研究が多く出されています。同じ失業という現象でも、失業者が長期間失業状態にあるのか、それとも比較的短期間につぎの仕事を見つけることができるのかといった違いは、データでくわしく分析できます。また、失業者の年齢構造や職種、またそういった構造に影響を及ぼすと考えられる要因などについても、詳細な分析ができます。

　労働や雇用という現象は、家計単位での他の経済活動と深いかかわりを持っています。教育は人的資本への投資という側面を持っていますし、主婦が働きに出るかどうかの選択は、家庭内での仕事、家族構成、税制などに大きく影響を受けます。こうした家庭内での主婦のさまざまな活動を家庭内労働としてきちっと分析し、女性の労働参加率の行動パターンや、子供の数の選択や育児について分析することも、労働経済学の重要な研究分野となります。

　政府や民間研究機関によって個々の家計や個人に対するくわしい聞き取り調査の資料がありますので、そうした資料（マイクロデータ）を統計的に解析することで、人々の働き方や家庭内での活動についての実証研究を行なうことができます。

　日本の労働市場には独特な慣行や構造があります。終身雇用や年功賃金、企業別労働組合、大企業と中小企業の労働市場の二重構造などです。こうした現象が現実にあるのか、あるとしてそれはどう変化しているのかといったことを分析することも、実証分析の重要な課題です。

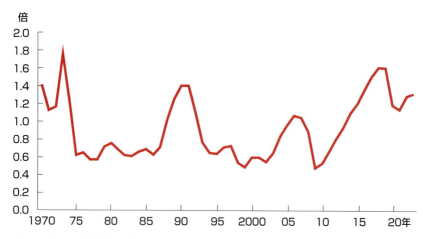

出所：e-Stat「一般職業紹介状況」
図9-2　有効求人倍率の推移（1970〜2023年）

自然失業率

　失業率はけっしてゼロになることはありません。一方で仕事を探している失業者が存在すると同時に、他方で求人をしている雇用者が存在するというのが普通だからです。失業者はこれまで働いていた仕事を離職することで生じます。解雇される場合、会社が倒産した場合、そして自己都合で会社を辞める場合など、離職にはさまざまな理由が考えられます。このような離職は毎日のように生じます。同時に、毎日のように新規の求人も出てきます。

　経済の構造はつねに変化しており、失業者と求人が共存しているからといってつねに労働の需給がマッチするわけではありません。失業者の持っている技能が求人をしている企業の求めている技能と同じであるとは限りません。また、失業者の住んでいる地域と求人が発生する地域が隣接しているとも限らないからです。

　労働市場での動きを簡単な図に示せば、図9-3のようになります。この図には三つのタイプの人が示されています。第一は実際に仕事をしている人（就

3━地域によって異なる雇用指標　失業率や有効求人倍率は地域によって異なります。たとえば、沖縄などは失業率が一般的に高いことで知られています。地域による雇用指標の違いで、地域による景気の違いを知ることができます。

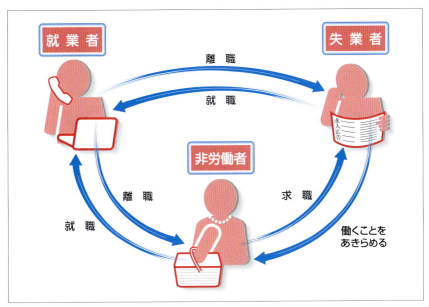

図9-3 労働市場の移動のイメージ

すべての人は、就業者、失業者、非労働者のいずれかに分類されます。労働市場では、日々この三つのカテゴリー間の移動が起きています。

業者）、第二は失業者、そして第三は仕事をする意思を持っていない非労働者です。

　この三つのプールの間で、毎日のように人が動きます。非労働者や失業者が仕事につけば就業者に変わります。たとえば学校に行っている若者は非労働者ですが、就職活動の結果仕事につけば、就業者に変わります。就業者が仕事を失った場合には、二つのケースが起こりえます。ひとつは新たな仕事を探す場合で、これは失業者になったことを意味します。もうひとつは引退するか就業することをあきらめる場合で、この場合には非労働者に換算されます。失業者でも、なかなか仕事が見つからずに働くことをあきらめれば、非労働者になります。

　このように、景気の良し悪しにかかわらず、経済にはつねにこのような三つのプールの間で人の動きがあります。したがって、つねにある程度の構造的な失業が存在することになるはずです。このような構造的な失業を失業率で表わしたのが自然失業率です。

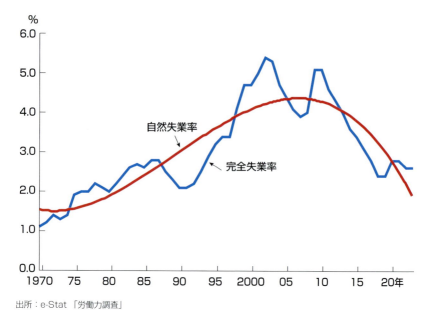

出所：e-Stat「労働力調査」

図9-4　完全失業率と自然失業率（1970～2023年）

　現実の失業率はこの自然失業率に等しくなるわけではありません。景気が良いときには、現実の失業率は自然失業率よりも低くなるでしょうし、景気が悪くなれば自然失業率よりも高くなるはずです。

　自然失業率と現実の失業率との関係を理解してもらうため、図9-4に自然失業率を描いてみました。自然失業率については正確な定義があるわけではありませんが、それが構造的な失業の部分であるとすれば、図9-4に描いたように、失業率のトレンドラインで自然失業率が表わされると考えても差し支えないでしょう。このトレンドラインは私が手書きで書き入れたものです。

　1970年代以降、日本の自然失業率は傾向的に上昇してきており、現実の失業率は自然失業率の周囲を変動しています。景気の良いときには失業率は自然失業率を下まわり、景気が悪いときには自然失業率を上まわります。―4

　日本の自然失業率が傾向的に高くなっているのには、さまざまな要因が考えられます。第一には、産業構造が大きく変化するなかで、離職者が新たな職を探すことがより困難になっているという要因が考えられます。第二には、技術革新のなかで、単純労働に対する需要が低下したため、技能を持たない人の就

職が困難になっており、それが結果的に失業者数を増やしているという要因が考えられます。第三には、人口が高齢化するなかで、新たな就職機会を見つけることがより困難な中高年の失業者の割合が増えていることも考えられます。第四には、失業保険やその他の社会保障が整備されるなかで、失業していてもある期間は生活が保障されるので、それが失業期間を長引かせているということも考えられます。

現実の失業率を、自然失業率とそれ以外の部分に分けて考えることは、政策的には重要なことです。失業率が上昇しているとき、それが自然失業率を超えた景気低迷にもとづくものであるなら、景気対策をきちっと行なわなければ失業率を下げることはできません。しかし、自然失業率が上昇しているときに景気対策によって失業率を下げようとすることは、結果として景気過熱を起こし、一時的に失業率を下げることはあっても、早晩、自然失業率に戻るようなリバウンドが働くことになるでしょう。

自然失業率を下げるためには、構造的な政策が必要になってきます。後で触れる雇用調整の援助などはそうしたことを狙った政策であるといえます。

産業構造の調整と摩擦的失業

自然失業率の背景にあるような失業を摩擦的失業と呼ぶことがあります。日常的に発生する離職者がすぐに新しい仕事に就くことができず、失業者の状態でいることをいいます。上で述べたように、離職率が高くなるほど、そして再就職率が低いほど、失業率は高くなります。このような離職率や再就職率を決定する要因としてどのようなものがあるか考えることで、失業問題にどのように対処するべきかの示唆が得られることになります。

摩擦的失業が大きくなるのは、産業構造の変化が激しいときです。産業はつねに成長と衰退を繰り返しており、次第に規模が小さくなり雇用を減らしていく産業と、急速に成長して雇用を吸収していく産業があります。戦後の日本でいえば、農業や軽工業などは雇用を減らしてきており、それに代わるものとし

4—構造調整と自然失業率　自然失業率が高いことは、つぎに述べるように必ずしも悪いことだけでもありません。経済が大きく構造変化しているときには、古い産業から成長産業に多くの労働者が移りますが、その過程で自然失業率も高くなります。しかし、こうした高い自然失業率の存在は、経済がダイナミックに変化していることの結果でもあるわけです。

てサービス産業や情報産業などが雇用を増やしています。

こうした産業構造の調整が激しいときに、失業率がある程度高くなるのは避けられません。労働者が衰退産業から新規産業に移行していくのは、産業構造の調整をスムーズに進めていくためにも必要なことです。そして、衰退産業からはじき出された労働者の持っている技能が新規産業に必要なものであるとはかぎりませんので、その調整の過程で失業が生じるのです。そうした意味では、自然失業率が高くなっていることは、産業構造の調整が活発に行なわれているということもできます。

ただ、産業の調整過程で生じる失業は、しばしば社会的には大きな問題を生じさせます。そのひとつとして地域的な問題があります。雇用を吐き出している地域と、新たな雇用を生み出している地域は、地理的に隣接しているとは限りません。しかし、労働者はそう容易には居住地を変えることはできません。そこで、一方で大量の失業者を抱えた地域と、他方で人手不足の地域が併存することになりかねません。

こうした問題が起こらないように、地域的につねに新たな雇用を生み出すような産業を育てたり、あるいは外から企業を誘致するといった地域産業政策が必要となります。また、労働者が容易に新規産業へ移ることができるような技能修得の支援なども必要となります。

地域問題がなくても、職を失った労働者が新しい職場で仕事を見つけることは容易ではありません。新しい職場に関する情報は十分ではありませんし、また労働者の技能について求職者の側に十分な情報がもたらされるとも限らないからです。そこで、就職や求人を斡旋する組織が重要な意味を持ってきます。ハローワークなどの公的な職業紹介所はそうした目的でつくられたもので、それなりの役割を果たしてきました。しかし、これまでは私的な職業斡旋ビジネスが規制によって制限されてきたため、求人と求職者を十分にマッチさせることができなかったことも事実です。最近では職業斡旋事業、人材派遣業などで規制緩和がすすみ、摩擦的失業も市場メカニズムで解決しようとする動きが見られます。

最低賃金の議論

賃金は市場の需給によって決まるものです。ただ、そうしたなかで、政策的に決められる例外的な賃金があります。最低賃金と呼ばれるものです。表9−

1は、2023年の日本のいくつかの地域の最適賃金を取り上げたものです。その地域の実情を考慮に入れながら、賃金は最低でもどれくらいの水準以上でなくてはならないのか政府が決めています。

その意味で、最適賃金は市場で決まるものではなく、政策的な意図を持って決められるものです。企業は最低賃金を下まわる賃金で労働者を雇用することは認められません。その結果、最低賃金が引き上げられれば、企業が支払う賃金も高くなります。もともと最低賃金で働いていた人の賃金は当然として、最低賃金よりも少し高い賃金で働いていた人たちの賃金も上昇する傾向があります。

最低賃金制度が機能することで、労働者が不当に安い賃金で働かされることを防ぐことができます。また、労働者間の賃金格差を緩和する効果も期待できます。政府は賃金そのものに介入することはできませんが、最低賃金だけは政策として動かす余地があるのです。

2013年からはじまったアベノミクスとその後のマクロ経済政策において、賃上げを実現することの重要性が叫ばれました。物価が上がっても賃金が上昇しなければ、実質賃金が低下してしまうからです。ただ、市場で決まる賃金に政府が介入することはむずかしいため、唯一政府の介入余地がある最低賃金の引き上げ幅を拡大しようという機運が高まっています。

最低賃金制度は多くの国で導入されており、政策手段として広く受け入れられています。表9-2は、主要国での最低賃金を比較したものです。日本の最低賃金は諸外国に比べてけっして高くはありません。

旧来の経済学の世界では、最低賃金の導入に反対する経済学者も少なくありませんでした。それは、市場メカニズムを無視して恣意的に最低賃金を導入することが、市場のゆがみをもたらすと懸念されたからです。

もっとも大きな懸念は、最低賃金が引き上げられると雇用が縮小するというものです。賃金が上がれば企業は雇用を減らそうとするでしょう。それによって、最低賃金が引き上げられる前には職があった人も、職を失うことになりかねません。企業のほうでも、最低賃金が上がればコスト上昇要因となります。そのため、最低賃金に近い労働に多くを依存している中小企業は、とくに最低賃金引き上げに反対を表明するのです。

最低賃金を上げれば雇用が減少するという論点は、最低賃金引き上げへの反対論としてとくに有力であるように見えます。雇用を失うような結果になれば、労働者にとっても好ましくないことだからです。少し前までは、こうした視点

Part2 マクロ経済学の応用

表9-1 日本の地域別最低賃金（2023年度）

北海道	宮城	東京	愛知	大阪	広島	福岡	沖縄
960	923	1,113	1,027	1,064	970	941	896

注：表内の数値は最低賃金の時間額で、単位は円。
出所：厚生労働省

表9-2 主要国の最低賃金

オーストラリア	カナダ	フランス	ドイツ	日本	韓国	イギリス	アメリカ
13.6	11.1	13.8	13.6	8.5	9.5	11.8	7.3

注：表内の数値は最低賃金の時間額で、単位は（2022年を基準とする購買力平価の為替レートで換算した）ドル。
出所：OECD.Stat, *Real Minimum Wages*

から最低賃金制度に懐疑的な議論が少なくありませんでした。

ところが、労働市場でのデータを精査すると、最低賃金を引き上げても雇用が顕著に減少しないケースがいくつも見られるのです。賃金を上げれば雇用は減少するはずだ、という単純なことが起きていないことがデータで確認されるのです。

学問としての経済学は、理論と検証の繰り返しのなかで発展します。最低賃金を上げれば雇用は減少するはずだという仮説（理論）がどんなにもっともらしく見えても、データがそれを裏付けることができなければ、その仮説は棄却されます。さまざまな実証研究が明らかにしたことは、最低賃金が引き上げられても雇用が減少するとは限らないということなのです。

労働市場は複雑なメカニズムで動いているため、「最低賃金を引き上げても雇用は縮小しない」という状況を説明する理論を提起することは可能です。最低賃金を引き上げても雇用は減少しないということが実証的に裏付けされ、その理論的構造が明らかになれば、最低賃金を高くしていく政策への支持が広がると考えられます。

失業保険

失業保険（雇用保険）は、現代社会で個人の生活を守るうえでは重要な存在となっています。万が一職を失った場合には、ある一定期間、就業時の所得の

一定割合を支払ってくれるのが失業保険です。失業保険制度は、労働者の生活不安を解消するために重要な制度ではありますが、しかし、同時に失業を増やす影響を持つともいわれています。

　労働者が失業したとき、もし失業保険で所得が保障されていなければできるだけ早く仕事を見つけようとするでしょう。失業期間は所得がなくなるからです。そのために、多少条件が悪くても新しい就業のチャンスがあったらそれを受け入れるでしょう。しかし、失業保険で一定期間所得が保障されているなら、悪い条件であせって仕事につく必要はありません。時間をかけてじっくりと仕事を探せばよいのです。このため、失業保険があるときのほうが、再就職率は低くなると考えることができます。

　また、離職率にも失業保険は大きな影響を及ぼします。失業保険があるときのほうが、ないときよりも、労働者は比較的気楽に離職することができるからです。したがって、失業保険の制度が手厚いほど、離職率も高くなると考えられます。

　このように、失業保険が手厚くなれば離職率が高くなり、再就職率が低くなりますので、両方から失業率が高くなります。失業保険が失業を増やすというのはこのようなことを指しています。—5

　だからといって、失業保険という制度をやめてしまえばよいというわけではありません。ただ、安易な失業保険は再就職の意欲を弱める効果がありますので、失業保険の年限、保険支給条件などをチェックし、求職活動などに悪影響を及ぼさないような制度設計が必要となります。

賃金の下方硬直性

　失業率にもうひとつ大きな影響を及ぼすものとして、賃金の下方硬直性があります。かりに失業者が多くても、賃金が十分に下がれば、企業の雇用意欲も高まるはずです。そうならないのは、賃金が十分に下がらないからです。賃金

5—モラルハザード　保険を手厚くすると、どうしてもそれに依存しようとする人が増えます。たとえば、失業保険が手厚くなれば、安易に離職をする人が増えるというような現象です。このように保険の存在によって経済行動にゆがみが生じる現象を一般的に、モラルハザードといいます。モラルハザードについては、ミクロ経済学でくわしく解説されます。たとえば拙著『ミクロ経済学・第2版』（日本評論社）の12章、13章を参照してください。

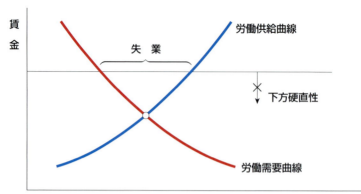

図9-5 賃金の下方硬直性と失業

賃金が高止まりしていると、労働需要よりも労働供給が大きくなり、失業が生じることになります。

が下方硬直的であれば失業が解消しにくいということは、図9-5を用いて説明することができます。

この図には労働需要曲線と労働供給曲線が描かれています。縦軸には賃金が、そして横軸には労働需要量と労働供給量がとられています。ここでの重要なポイントは労働需要曲線が右下がりになっていることで、要するに、賃金が低くなれば企業はより多くの労働者を雇おうとしていることを表わしています（供給曲線については以下の議論に大きな影響はないので、とりあえず通常の右上がりの曲線を描いてあります）。

さて、失業が生じるのは、労働の需要と供給を等しくさせるような点よりも賃金が高い水準にあるときです。図ではそのような状況が描いてあります。このような高い賃金水準では、労働供給に比べて需要が小さくなりますので、満たされない需要の部分が失業となるわけです。もし賃金が十分に下がれば、このような需要と供給のギャップは解消し、失業もなくなるはずです。しかし、現実の経済には失業が生じても賃金が下がりにくいようなさまざまなメカニズムが存在します。─6

賃金の下方硬直性をもたらす要因としてはいくつかのものが考えられます。第一に、すでに欧州の事例で触れた労働組合の存在です。労働組合はすでに雇用されている労働者の雇用条件を守るため、賃金の引き下げに抵抗します。そ

のためには、ストライキなどの強行手段に出ることもあるでしょう。このため、企業としては多くの失業者がいるような状況でも低い賃金でそうした人たちを雇うことができず、比較的高い賃金と失業が共存することになります。

　第二には、単純な労働者については、最低賃金制度が賃金の下方硬直性として効いてくることがあります。多くの国では労働者に最低限の所得を確保させようとする目的で、最低賃金制度を設けています。このような制度はすでに雇われている人にとっては有利に働くかもしれませんが、もっと安い賃金でも働きたいと考えている失業者にとっては不利に働きます。アジアの途上国などに行くと、多くの工場では最低賃金に近い賃金で多くの人が働いています。それでも働きたい人はたくさんいるということですので、そのような最低賃金の存在によって働く機会が得られず失業している労働者もたくさんいると考えられます。事実、こうした国のなかには都市に大きなスラムがあり、そこでは仕事にありつけない人々が廃品回収などの仕事を行なっています。

　第三に、以上のような制度的要因とは別に、賃金はそもそも下がりにくい構造となっているようです。これは公共料金や工業製品の価格が下がりにくいということと、似た側面を持っています。野菜などの生鮮食品の価格は、需給のバランスが崩れれば大きく価格が下がることがあります。しかし、公共料金や工業製品の価格は、需給が変化したからといってすぐに価格が大きく下がるものではありません。賃金にも似たようなところがあって、失業が増えたからといってすぐに賃金が調整されるものでもないのです。

効率性賃金仮説

　以上で説明したような制度的な要因以外に、経済に内在するメカニズムから賃金の下方硬直性が起こるケースがあります。こうした現象は、効率性賃金という考え方によって説明されています。

　一般的に賃金が高くなるほど、労働者の労働意欲は高くなります。たとえば給与が平均よりも高い企業に勤めている労働者にとって、もしその企業を解雇されたらもっと賃金の低い職場に移ることになります。それでは困ると思えば、

6―ワーク・シェアリング　雇用環境がきびしいとき、解雇せずに失業問題に対処しようということで、一人ひとりの労働者の労働時間を減らし、みんなで仕事を分け合おうとすることがあります。こうした行為をワーク・シェアリングといいます。

しっかり働くでしょう。逆に、世間並みの給料しかもらえない職場であれば、その職場にとどまっているために必要以上にがんばって働くということはしないでしょう。

労働者を雇う企業の側から見れば、失業者がたくさんいるからといってむやみに安い賃金しか出さなければ、まともな労働者を雇うこともできないでしょう。また、従業員の労働意欲にも期待できません。

このような効率性賃金のメカニズムが働いているため、失業者が多くいたからといって、簡単には賃金は下がりません。つまり賃金が下方硬直的になっているのです。

効率性賃金として、経済学で議論されている事例にはいろいろなケースがあります。いずれの場合にも、失業が存在しているにもかかわらず賃金が高どまりしているのです。つまり、賃金の下方硬直性が働いているのです。

効率性賃金の事例は、大きく四つに分けることができます。

第一は、文字どおり、賃金の高さが労働者の働き具合にきいてくるケースです。これは発展途上国のケースに当てはまる場合です。発展途上国では労働者の栄養状況が悪いために、働き具合が悪いことがよくあります。この場合には、労働者が十分な栄養を摂取できるように高い賃金を支払ったほうが結果的には企業にとって高い生産性を確保できて有利ということがあります。私がまわったアジアの日系企業の工場のなかには、企業が昼食を準備するケースが多かったように思いますが、工場長に聞いてみると、賃金で支払うと昼食を食べない人もたくさん出てくるので、賃金の一部として昼食を現物支給にしているということでした。

第二は、先進工業国でも当てはまるケースですが、賃金を高くするほど、離職者が減ることから、企業は賃金を高めに設定します。企業としては労働者の離職が多いと新規の補充をしなくてはならないので、離職を抑えるために高い賃金を出すところがあります。この場合には、失業率がある程度高くて外から低い賃金で人を雇うことができても、賃金はあまり下がりません。

第三は、賃金と労働者の質の問題です。一般的に、質の高い労働者ほど高い賃金を志向します。もし企業が賃金を下げると、質の高い労働者は他の企業に移ってしまい、質の悪い労働者だけが残ることになります。したがって、質の高い労働者を確保するために、ある程度賃金を高く設定しておく必要があります。この現象は、逆選択、あるいはレモン市場の問題として、経済のさまざ

9 労働市場の機能と失業問題   227

Guide to Current Topics

誰が雇用を守るのか

　日本の雇用制度の特徴は、終身雇用的な慣行が維持されていて、企業は従業員を解雇することが困難な点にあります。最高裁の判例でも、企業はよほど経営的にきびしい状況にないかぎり、従業員を簡単に解雇できないことになっています。世界でも有数の解雇がむずかしい国といってよいでしょう。

　こうした制度や慣行は、労働者の雇用の安定に寄与しているという面があります。簡単にクビにならないという意味で、雇用の保証があるのです。

　ただ、企業の側から見れば、いったん雇用した従業員は問題があってもなかなか解雇できないので、その分新規雇用に慎重にならざるをえないことになります。とくに景気が悪いときには新規採用に慎重になる企業が多く、若者の雇用が進みません。また、いったん職を失った労働者が、つぎの職場を見つけるのも容易ではありません。

　スウェーデンやデンマークなど北欧諸国は、日本とは違った雇用制度をとっています。政府は非常に手厚い再雇用支援と失業保険制度を提供しているかわりに、企業は比較的簡単に従業員を解雇できるのです。解雇が簡単であることから、企業は比較的気軽に新規採用をすることもできます。

　単純化していえば、日本の制度は雇用維持責任を企業に求める一方で政府による雇用支援や失業者救済策が弱いのに対し、北欧諸国では企業には雇用維持責任を強く求めないかわりに政府による手厚い雇用支援策が行なわれているのです。当然、北欧型の制度は財政負担が重くなります。

　日本型と北欧型のどちらがよいのか簡単に結論を出すことはできませんが、社会構造が大きく変わり、人々がより頻繁に転職をするような社会になれば、日本型よりも北欧型のほうが優れている面もあり、日本もそうした優れた面を取り入れていく必要があると思われます。

な分野に見られる現象として知られています（たとえば自動車の中古市場、保険市場、金融市場における信用割り当ての現象など）。

第四のケースは、賃金の高さが労働意欲に関わるケースです。要するに、高い賃金を出すことによって、労働者の仕事に対する誘因を高めることができるのです。

景気変動と失業

これまでは、もっぱら構造的な失業を中心に議論しました。しかし、現実の経済においては、景気の波のなかで生じる失業率の変化も重要な問題です。政府の景気対策において失業問題がつねに論じられるのも、そうしたことと関連しています。

こうした問題にある程度明確な見方を提示するためには、短期のマクロ経済変動モデルを使わなくてはなりません。そこでは、雇用とともに、生産、物価、為替レート、金利などが動きます。こうした点については7章の議論を参照してください。

景気が悪化すると、企業の生産活動が停滞して、労働需要も低下します。新規雇用の抑制、解雇や早期退職などの雇用カット、残業時間の減少などの労働時間の短縮、パート・アルバイト・派遣社員の圧縮など、さまざまな形で労働需要の低下が生じます。

図9-6に示した労働需要曲線と労働供給曲線の上では、このような景気低迷にともなう労働需要の減少は、労働需要曲線（図のL_D線）が左方向へシフトするという形で表わされます。図の上で容易に確認できるように、一定の賃金のもとでは労働の需要と供給のギャップが大きくなり、失業が増加することがわかります。

もちろん、この場合でも、賃金が低下すれば労働需要が増え、失業の増加はある程度食い止められます。しかし、これまで説明してきたように、さまざまな理由によって賃金水準が硬直的になっているので、景気低迷は失業を増やすことになります。

このような景気低迷による失業の増加は、失業率の増大をもたらします。ただ、景気低迷による失業の深刻さは、失業率だけで判断することはできません。かりに失業者が増えても、短期間で新たな仕事を探すことができるなら、失業問題はあまり深刻ではないからです。しかし、現実には、景気が悪化して失業

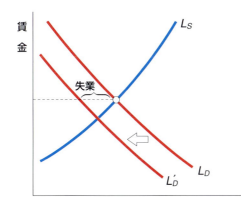

図9-6 労働需要のシフトと失業

賃金が一定の下で労働需要が減少すれば（労働需要曲線の左シフト）、それだけ失業は拡大することになります。

が増えるときには、失業者が新たな職を見つけることはむずかしくなります。

さて、政策的にこのような失業問題を解決するためには、どうしたらよいのでしょうか。もっとも重要なことは、景気対策こそ失業対策であるということです。景気を回復させることなく、小手先の政策によって雇用を増やそうとしても、あまり効果がないことは明らかです。財政政策や金融政策が雇用対策のもっとも基本的なものとなります。

ただ、直接的に労働市場に介入する雇用政策も意味がないわけではありません。日本においてはこれまでは、企業に雇用を確保してもらうよう労働者の賃金の一部を政府が負担する雇用調整給付金制度が頻繁に利用されてきました。こうした制度は確かに失業を抑える役割を果たした部分がありますが、政府に大きな財政負担がかかり、かつ雇用の流動性を損なうものとなります。

そこで近年は、雇用を守るための補助金ではなく、失業した人がより容易に新しい仕事を見つけられるような雇用情報の整備や技能訓練の支援などに重点を移すべきであるという見方が強くなってきています。現在の日本のように経済の構造変化が大きくなってくると、雇用を守るという旧来の発想ではなく、失業した人が職を確保できるようにするという労働の流動化促進のほうが有効な雇用政策であると考えられます。─7

穏やかなインフレと労働市場の新陳代謝

　労働市場で新陳代謝がどれだけ強く働くのかは、経済の活力に大きな影響を及ぼすものです。労働市場の新陳代謝機能の重要性を理解してもらうために、デフレからの脱却のなか、労働市場でどのような動きが起きたのか考えてみましょう。

　2000年から2020年ごろまで、日本は深刻なデフレ状態にありました。デフレといっても、物価や賃金が大きく減少するというよりは、物価や賃金がまったく上がらない状況が何年もつづいたのです。この時期、経済全体の平均賃金がほとんど動かなかっただけでなく、個々の企業や産業の賃金も動きませんでした。デフレは、多くの企業の賃金を固定させてしまったのです。賃金には下方硬直性が働くので、賃金を大幅に下げる企業は多くはありません。社会全体の平均賃金が動いていないということは、賃金を大きく上げた企業も少なかったということなのです。

　企業間で賃金やその上昇率に大きな違いがなければ、労働者が企業間を移ることは少ないでしょう。賃金が停滞する経済は、労働移動も少ない停滞型の経済でもあるのです。失業率は低かったかもしれませんが、経済は停滞し、労働市場の新陳代謝があまり働かない状態だったのです。

　2021年から2022年にかけての新型コロナウイルスの世界的感染やウクライナ戦争の影響を受け、世界的にインフレが激しくなりました。日本もその影響を受け、物価や賃金が上昇をはじめました。経済全体としての賃金が上昇をはじめると、賃金上昇のペースに企業間や産業間の格差が生まれるようになります。

　経済全体の平均的な賃金上昇率が０％に近いときには、多くの企業の賃金上昇率も０％に近いものでした。しかし、経済全体の平均的な賃金上昇率が２％から３％に上がっていけば、一方では賃金がまったく上がらない企業から、他方で４％から６％程度上がる企業まで、賃上げの大きさにばらつきが生まれるようになります。

　企業によって賃上げの大きさの格差が出てくると、賃上げのできない企業か

7─セーフティネット　最近よく使われる言葉ですが、要するに万が一職を失っても最低限困らないような雇用対策を政府が行なうことです。綱渡りの綱から落ちても網（ネット）が守ってくれるという意味から使われます。不良債権処理や公的組織の民営化など構造改革的政策を進めれば失業が増える可能性がありますので、セーフティネットの存在が重要となります。

ら、賃上げ幅の大きな企業へ労働者が移動することになります。これは転職ということもあるし、新規採用の労働者が賃上げ幅の大きな企業に集中するということもあります。こうした労働移動のなかで、労働生産性も高まっていくのです。

　一般に、賃上げ幅が大きな企業や産業は、ビジネスが成長している分野でもあります。労働生産性の伸びも大きく、そうした産業により多くの労働が移るような動きがつづけば、社会全体としての労働生産性も上昇するでしょう。これが新陳代謝の結果です。デフレ経済から物価や賃金が上昇する経済に移行することは、労働市場の新陳代謝機能を高め、経済を活性化することになるのです。

崩れる終身雇用制と失業問題

　日本の失業には、現在崩れつつあるといわれる終身雇用制が深くかかわっています。

　戦後の日本の労働市場には、終身雇用や年功賃金という慣行が顕著に見られました。もちろん、すべての業種や労働者が終身雇用の下にあったというのではありませんが、国民の多くがサラリーマンになったこと、そのなかでもとくに大企業のホワイトカラーが終身雇用で守られていたこと、そしてその賃金体系が年功賃金制になっていたことは、戦後の日本の労働市場の重要な特徴でした。

　なぜ、日本でこれだけ終身雇用・年功賃金が普及したのかということについてはいろいろな学説がありますが、有力なひとつの説明は、戦後の日本経済が先進工業国へのキャッチアップのプロセスにあり、急速な経済成長を遂げていたことにその理由を求めています。

　高度経済成長期の日本では、若い世代の割合が多く、しかも経済は急速に成長していました。そうした状況下では、若い人の賃金を少し低めに抑えることで、40代、50代の労働者の賃金を相当高くすることができます。年配の労働者の比率が少ないからです。それだけでなく、退職するときに支給される退職金についても、世界的に例を見ないほど高い金額を出すことができました。

　若い人の年齢が上昇してくるときには、つぎの若い世代がまた支えてくれます。つぎつぎに若い世代が出てきて、経済が成長しているかぎりは、このような世代間の順繰りの移転がうまくいったのです。ちょうど日本の年金制度が、

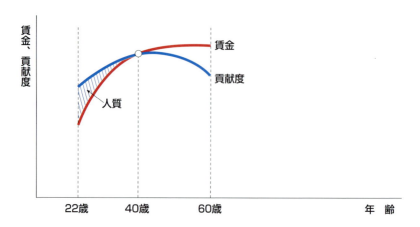

図9-7 年功賃金制の概念図

ある年齢までは貢献度よりも賃金が低くなっていますが、その年齢を超えるとこの関係が逆転しています。

若い人から同じ時代の高齢者への移転という形をとったのと似通ったメカニズムです。—8

図9-7は、年功賃金制の特徴を非常に単純化したものです。この図の横軸には年齢が、そして縦軸には賃金と労働者の企業への貢献度（労働者の生み出す価値）が記されています。まず賃金ですが、これは年功賃金制ですので、年齢とともに上昇していき、最後のところで大きな退職金をもらいます。もう一方の貢献度のほうについてはいろいろな見方があると思いますが、おそらく図に描いたような形になっているのではないでしょうか。すなわち、若いうちは貢献度ほどは賃金をもらえないが、年齢が高くなると貢献度以上に賃金をもらうという構造になっているのです。

図9-7では40歳のところで二つの線は交差しています。この図で斜線の部分として人質と記してありますが、40歳までは、貢献度分だけの賃金はもらえません。しかしそれは人質として会社があずかるだけで、40歳を越えて働けば貢献度以上の賃金として返してもらえるのです。かりに賃金構造がこのような

8—**戦後的現象としての日本的雇用慣行**　終身雇用や年功賃金というと、何となく古くからの日本の慣行のように考える人がいるかもしれませんが、戦前はこうした慣行はあまり広範には見られなかったようです。戦中から戦後にかけて形成され、戦後の高度経済成長の時代に日本全体に広がったという見方が有力です。

> ### Guide to Current Topics
>
> # 失業率は低いほどよい？

　本文中で説明したように、経済で新陳代謝による労働移動が起きていれば、それに応じて失業率も若干は高くなります。一般的に、アメリカは日本に比べて失業率が高い傾向にありますが、それは必ずしもアメリカの雇用環境のほうがきびしいということを意味しません。

　失業率はどこの国でも雇用状況を判断するための重要な指標ではありますが、失業率だけに頼って労働市場の状況を判断することはむずかしいのです。そこでアメリカなどでは、失業率に加えて、新規の雇用者数に注目して政策判断が行なわれています。この数値が増えているとすれば、それは労働市場における需要が強いということを意味します。

　新規雇用の数が増えているときには、より多くの企業が新規に労働力を確保しようと動いています。そのために、これまで以上に高い賃金を提示する企業も少なくありません。労働者のなかにはより高い賃金を求めて労働移動する人も多く、労働移動がより活発になれば、失業率は増えながらも新規雇用が増えるというようなことも起こるのです。

　そこで金融政策などの決定を行なう際、失業率に加えて新規雇用の増加の指標が注目されます。新規雇用が強すぎるような状況では、労働市場で過剰な需要が生じているわけで、賃金引き上げ圧力が強くなります。これはインフレを抑制するという意味では好ましくありません。そこで金利引き上げなど金融抑制政策がとられることになるのです。一方で新規雇用の伸びが大きく落ち込んでいる状況では、景気が下方傾向に向かっていることが懸念されます。賃金上昇圧力も弱くなっているでしょうから、金利を引き下げるなどの金融緩和政策がとられることになります。

　新規雇用のデータは月によって変動するものなので、これだけをもって政策判断をすることはむずかしいのですが、金融政策において労働市場の動きは重要な注目点であり、失業率や有効求人倍率に加えて、新規雇用の大きさが政策判断に反映されることになります。

形をとっているとき、労働者はこの企業に長くいようとする誘因を持ちます（もっとも、最初の2〜3年では転職が多いかもしれませんが、それは現実にも観察されることです）。したがって、企業のほうも、労働者は中途退職しないだろうことを当てにできるのです。

　この点は、キャッチアップ過程にあった戦後の日本企業にとっては重要なことでした。海外の技術や経営手法を学んで、それを現場で日本向きに改良する。これが日本の多くの企業の技術改良でした。そこで、現場でのOJT（オン・ザ・ジョブ・トレーニング、つまり現場での技能修得）が重要となり、そうした形で技能を身につけてくれた労働者が企業に残ることが重要であったのです。外からどんどん新しい血を入れるのではなく、新卒で入れた労働者が企業とともに技術を蓄積し、それを後継者に伝えていく仕組みが構築されたのです。

　このような日本型の仕組みは、高度経済成長とキャッチアップ型経済という二つの前提が崩れて、変わらざるをえない状況になっています。高齢化時代では、年功賃金制を維持することは非常にむずかしくなっています。年配の労働者が多いのに、年齢とともに賃金を上げていったのでは、企業は破綻してしまいます。

　またキャッチアップの状態を脱して世界のフロンティアで競争を余儀なくされている日本企業は、海外からの技術導入で成長をつづけていくことはできなくなっています。そこでOJTだけでなく、専門的技術や能力を持っている人を積極的に登用していく必要があります。それは、終身雇用や年功賃金の仕組みとはあい矛盾するものである場合も少なくありません。

　終身雇用にこだわることは、結果的に若年労働の失業率をあげる結果ともなっています。日本では労働者を解雇することが諸外国よりもむずかしくなっています。解雇がむずかしければ、どうしても新規採用に慎重にならざるをえません。それでも高い成長がつづき強い労働需要があった時期は問題なかったのですが、景気が低迷すると若者の雇用に深刻な影響を及ぼすことになります。

　労働市場への入り口である新卒採用で雇用されなかった若者は、その後も就職で苦労することになります。パートやアルバイトあるいは派遣労働などの非正規雇用をつづけることを余儀なくされる若者が増え、なかには仕事につくことをあきらめる人も少なくありません。こうした若者は職場で技能をつけていく機会を失うので、その後も望むような職につくことができにくくなるのです。

　バブル崩壊後の景気低迷の時期に新卒採用の時期を迎えた世代を、就職氷河

期世代と呼ぶことがあります。1990年代前半から2000年代はじめごろまでの時期に新卒採用の時期を迎えた世代です。この時期の新卒採用が冷えこんだため、この世代のなかには非正規雇用のままでいる人が多く出ました。その人たちのなかにはすでに40歳を超える人もいますが、正規雇用の職が得られず、職場での技能修得の機会もなく、低賃金の職に甘んじています。

さらに2008年のリーマンショック後の景気低迷で、雇用状況が急速に悪化しました。この影響で新卒市場の雇用も急速に悪化し、第二次就職氷河期になるのではないかという恐れがあります。

新卒採用の時期につまずくと、その影響が一生ついてまわるというのは、現在の日本の雇用制度が抱える大きな欠陥です。解雇規制を緩めて新卒採用をしやすくするようにする必要があると思われます。また、失業者や非正規労働者が技能を修得してより高い賃金の職に付きやすくなるような支援策を強化する必要があります。

補論　自然失業率の決定

自然失業率の水準はどのような要因によって決定されるのでしょうか。

図9-3を見ればある程度の想像はつくと思いますが、雇用者が仕事を離れていく離職率、そして失業者や非労働者が就職する就職率の大きさに依存するものと考えられます。離職率が高いほど、そして就職率が低いほど、自然失業率は高くなるはずです。そしてそうしたことが構造的に起きていれば、自然失業率も高くなります。

こうしたことを、具体的な数値で見るため、図9-3を単純化した図9-8を用いて、自然失業率の値を計算してみましょう。図9-8では、図9-3には含まれている非労働者の部分を無視してあります。したがって、仕事をやめて退職する人や、学校を卒業して新たに労働市場に入ってくる人は無視してあります。労働者は、単純に、就業者のプールと失業者のプールの間を移動します。

ここで、就業者の人数を E、失業者の人数を U とし、両方を合わせた労働者の数を L としてみます。もちろん、

$$L = E + U$$

が成り立っています。また自然失業率は、

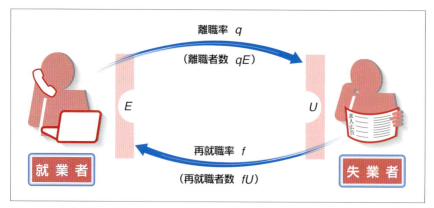

図9-8　自然失業率の導出

就業者の離職率と失業者の再就職率という二つのパラメーターによって、自然失業率の水準を求めることができます。

$$自然失業率 = \frac{U}{L}$$

となります。

　さて、ここで二つのパラメーターを導入します。ひとつは離職率（qで表わします）で、これは就業者のうち、毎期何パーセントの人が離職するかを表わした数値です。もうひとつは再就職率（fで表わします）で、これは失業者のうち、何パーセントが再就職できるか表わした数値です。

　さて、景気が大きく変動するなかでは、離職者と再就職者の数は一致するとはかぎりません。景気が悪化しているときには離職者数のほうが再就職者数よりも大きく、失業者数、失業率とも上昇しているでしょう。景気が好転しているときには逆のことが起こります。ただ、自然失業率を考えるためには、構造的に安定的なところでの失業率を考えるわけですから、ちょうど離職者と再就職者の数がバランスするところでの自然失業率を考えればよいわけです。

　上で導入した記号を用いれば、離職者の総数は、就業者に離職率を掛ければよいので、qE となります。一方、再就職者の総数は、失業者数に再就職率を掛ければよいので、fU となります。この二つがバランスする状況を考えればよいので、

$$qE = fU$$

が成立するはずです。この式を変形すれば、

$$\frac{q}{f} = \frac{U}{E}$$

となります。したがって、自然失業率は、

$$自然失業率 = \frac{U}{E+U} = \frac{\dfrac{q}{f}}{1+\dfrac{q}{f}} = \frac{q}{q+f}$$

となります。

　ここで考えている簡単なケースでは、自然失業率は離職率と再就職率の簡単な関数として表わされます。離職率が高くなれば自然失業率は高くなり、再就職率が高くなれば自然失業率は低くなります。

　ここで、たとえば毎月、就業者のうち1％が離職し、失業者のうち15％が仕事につくとしてみましょう。これを上の公式に代入すると、

$$\frac{0.01}{0.01+0.15} = 0.0625$$

となります。すなわち、このときの自然失業率は6.25％ということになります。

　このモデルは非常に簡単な関係を表わしていますが、同時に重要な指摘をしています。それは、離職率を低くすること、あるいは再就職率を高くすることによって、失業率を下げることができるということです。

演習問題

1. 以下の文章の下線部分に用語や数値を入れなさい。

　⑴働く意欲がある人のなかで失業している人の割合を示した指標が＿＿＿＿＿であり、求人数と求職者数の比率をとったものを＿＿＿＿＿という。どちらも雇用状況を判断するうえで重要な指標である。

　⑵どんなに景気が良くても、失業率はゼロにはならない。完全雇用に近い状態にあるような失業率のことを＿＿＿＿＿というが、現実の失業率がこれよりも低

いと、_____が上昇する傾向があるといわれる。

(3)かなりの失業があっても賃金が下がるとは限らない。モラルハザードなどに対応するため賃金が下がらないとする考え方を_____仮説という。

2. 以下の記述は正しいのか、誤っているのか、それともどちらともいえないのか、答えなさい。

(1)失業保険の給付条件をきびしくすれば、失業率は増加する傾向を示すだろう。

(2)有効求人倍率が高くなれば、いずれ失業率も高くなっていく傾向がある。

(3)経済が急激な構造調整期にあるときには、自然失業率は低くなる傾向がある。

(4)賃金の下方硬直性が弱ければ、失業率は低くなる。

10
インフレーションとデフレーション

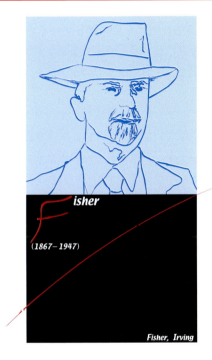

アーヴィング・フィッシャー　利子率と物価の関係に関するフィッシャー効果であまりにも有名であり、20世紀のアメリカが生んだもっとも偉大な経済学者である。いろいろな奇行が逸話として残っている経済学者だが、1929年の株の暴落が読めず財産の多くを失う。

240　Part2　マクロ経済学の応用

　物価は、上がりすぎても、下がりすぎても困るものです。物価が持続的に上昇していくことをインフレーション（インフレ）、物価が持続的に下がっていくことをデフレーション（デフレ）と呼びます。

　インフレは多くの国が経験しています。現在でも世界の多くの新興工業国や発展途上国では激しいインフレが起きています。物価の上昇は、食料やその他の生活必需品の価格上昇という形で、庶民の生活を直撃します。これが原因で暴動が起きることも少なくありません。

　デフレは、それほど多くの国で見られる現象ではありません。ただ、日本では1990年代の後半からデフレが顕在化し、世界でもまれな例として、長期のデフレがつづきました。デフレから脱却すべく、政府も日本銀行も懸命な対応をとってきました。

　第二次世界大戦後、本格的なデフレを経験しているのは日本だけですが、1930年代の世界大恐慌のときには、多くの国で深刻なデフレが起きました。物価、賃金、企業収益、株価など、あらゆるものが下落をつづけ、景気の低迷がつづいたのです。

　この章では、デフレとインフレについて論じます。マクロ経済の病理現象ともいえるデフレとインフレについて学ぶことは、マクロ経済の深層を理解するうえで重要なことだと思います。日本が苦しんできたデフレとはどのような現象なのか？　なぜデフレからの脱却はむずかしいのか？　将来、日本に激しいインフレが起きる可能性があるのか？　そのときには、どのような問題が経済に生じるのか？　こうした点について考えることが本章の目的です。

日本を襲ったデフレ

　1990年代後半の金融危機をきっかけに、日本経済はデフレに陥ってしまいました。図10-1に1990年代以降の消費者物価上昇率の動きが示してあります。この図からも日本の物価が1990年代以降の多くの年で下落していることが読み取れると思います。

　物価が下がる直接的な原因は景気の悪化にあります。景気が悪化し、家計による消費や企業による投資が減少すれば、マクロ経済全体での需要が減少していきます。この需要の低迷が物価を押し下げる力となって働くのです。

　ただ、戦後何度も景気後退期はありましたが、それが物価を下げるまでに至るケースはありませんでした。それだけ1990年代以降の景気後退は深刻なもの

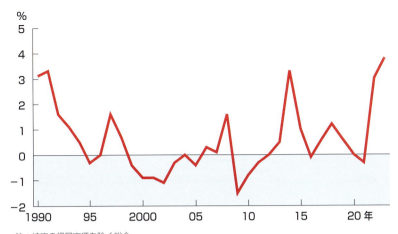

注：持家の帰属家賃を除く総合。
出所：e-Stat「消費者物価指数」
図10-1　消費者物価指数上昇率の推移（1990～2023年）

でした。1990年代後半の金融危機で、多くの金融機関や企業が倒産し、経済に深刻な影響を及ぼしたからです。

　デフレが深刻化し、そして長期化する背景には、デフレ・スパイラルと呼ばれる連鎖があります。物価の下落がつづけば、人々は今後もさらに物価が下がっていくと考えます。つまり、デフレ予想が国民や企業の意識のなかに定着していくのです。これが物価だけでなく、賃金や雇用にも悪影響を及ぼします。景気の悪化だけでなく、物価も下落していけば、企業の売り上げもそれだけ名目値で大きく落ち込んでいくことになります。

　1990年代後半以降のデフレのなかで、興味深いことに、家計や企業の金融資産の保有額は大幅に増加しています。デフレの不安のなかで、支出を抑え、貯蓄に励む家計の姿が目に浮かびます。企業も先行きの売り上げに悲観的になり、投資をするよりも、余剰資金を貯蓄しようとしたのです。

　日本銀行は、デフレを止めるため、大胆な金融緩和策をとってきました。政策金利を下げつづけ、ゼロ金利に近い状態がつづいています。図10-2は、日米欧の政策金利（短期金利）のこの15年ほどの動きを見たものですが、日本の政策金利が非常に低い水準にとどまっていることがわかると思います。もっとも、2008年のリーマンショック以降は、欧米でもデフレや金融混乱を避けるた

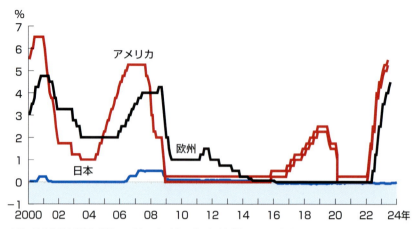

出所：日本は日本銀行無担保コールレート（オーバーナイト物）、アメリカはBoard of Governors of the Feceral Reserve System, Intended federal funds rate、欧州はEuropean Central Bank, Key ECB interest rates, Main refinancing operations

図10-2　日米欧の政策金利の動き（2000〜2024年3月）

め、大胆な金融緩和が行なわれていることが読み取れます。また、2022年ごろからインフレの流れが激しく、欧米では政策金利が大幅に引き上げられています。

　残念ながら、政策金利をゼロに近いところまで下げても、デフレを解消することはできません。流動性の罠と呼ばれる状態に陥ってしまうのです。金利をマイナスにすることはできません。しかし、物価は下がっているので、名目金利はゼロに近いのに実質金利は物価下落率分だけプラスという状態がつづいています。金利ゼロに近い状態でデフレがつづくと、金融政策の威力は弱くなるのです。流動性の罠については12章でくわしく取り上げます。

物価下落を引き起こすもの

　物価下落の要因は二つあります。これを8章で説明した総需要曲線と総供給曲線を用いて説明しましょう。

　図10-3は、8章の図8-1を再現したものです。この図の縦軸には物価水準が、横軸には実質GDP（総生産量）がとられています。右下がりの総需要曲線は物価が低くなるほど需要量が増えるということを表わしており、右上がりの総供給曲線は物価が上がるほど供給量が増えるということを表わしています。現実の物価と生産量はこの二つの曲線の交点で決まります。

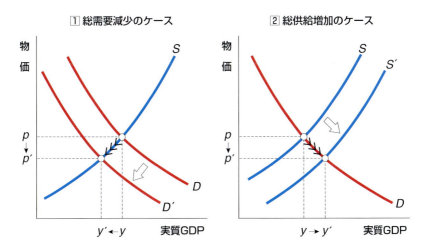

図10-3　物価下落の二つのケース

総需要が減少するときは物価下落と生産量の減少が同時に起きますが、総供給が増加するときには物価下落が生産量の増加をともないます。

　さて、この図の上で縦軸にとられた物価が下がるのには、二つのケースがあることがわかります。総需要曲線が左下にシフトした場合（①のケース）と、総供給曲線が右下にシフトした場合（②のケース）です。それぞれのケースをグラフに例示してあります。

　総需要曲線が下がる場合には、経済全体の需要が減少して、それが物価を引き下げていきます。このとき、経済の生産量もこれに応じて減少していきます。

　一方、総供給曲線が右下にシフトすることでも、物価は下がります。中国など賃金の低い国から低コストの商品が大量に入ってくるのは、総供給曲線のシフトと考えられます。また、国際的な石油の市況が大幅に下がるような場合にも、総供給曲線が下がります。これらの場合にも物価は下がりますが、ただ総需要の減退によって起こる物価下落とは違って、生産量などはむしろ増加していく傾向にあります。これらの点は図の上でも確かめることができるでしょう。

　デフレと呼ばれるような物価下落と景気低迷が同時に起きるような状況は、総需要曲線が下方向にシフトした場合と考えるべきでしょう。バブル崩壊後の景気低迷のなかで、政府は財政支出増大や金利引き下げで景気刺激を行なっていましたが、それでも追いつかず物価が下がりはじめているのです。

デフレの功罪

　デフレでもっとも大きな影響を受けるのが、大きな債務を抱えている経済主体です。1990年代末からの日本のデフレでは、政府が大きな影響を受けています。

　日本の政府は巨額の債務を抱えています。発行ずみの国債や地方債などが、その債務の主たる中身です。これらの債務はその名目価値が固定されています。デフレで物価が下落していけば、その負債の実質価値は高くなってしまうのです。

　政府は税収を上げて債務を減らしたいと考えているはずです。しかし、デフレで名目の税収は減るばかりです。巨額の債務をかかえながら、デフレで税収が減少するわけですから、財政運営はますますきびしくなるわけです。

　もちろん、デフレによって得をする人もいます。現役時代に貯めた貯蓄を持って、引退した人たちです。デフレになれば、預貯金の実質価値は増えることになります。デフレで物価が安くなれば、貯蓄資金の購買力が上がるからです。

　このようにデフレで、目先の利益を得る人もいますが、経済全体で見ればデフレの状況がつづくことは好ましいことではありません。デフレのなかで景気が低迷すれば、人々の間に閉塞感が蔓延します。雇用状況の悪化は人々を苦しめます。雇用の悪化にはいろいろな理由があるので単純な決めつけはできませんが、デフレのもとで日本の失業率は高い水準にあります。

　20歳代の若者の死亡原因で一番大きなものは自殺です。こんなことは海外ではほとんど起こりません。若者の死亡は、事故や病気による死亡のほうが大きいのが普通です。デフレがもたらす閉塞感が若者の高い自殺率になって出ているという見方もできます。

海外からやってきたインフレ

　20年以上も、日本ではデフレの状態がつづきました。日本銀行の大規模な金融緩和政策にもかかわらず、日本の物価が上昇していく気配は見られませんでした。そうした流れが大きく変わったのが2022年ごろからです。海外で突然激しいインフレが起こり、それが日本の物価にも反映されてきたのです。

　この時期、50年か100年に一度しか起こらないようなショックが世界経済を襲いました。ひとつは新型コロナウイルスによるパンデミック、そしてもうひとつはウクライナへのロシアの侵攻を契機とした地政学的なリスクの高まりで

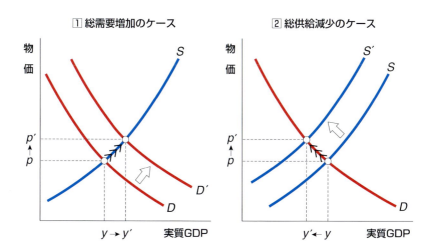

図10-4 物価上昇の二つのケース

総需要が増加するときは物価上昇と生産量の増加が同時に起きますが、総供給が減少するときには物価上昇が生産量の減少をともないます。

す。パンデミックで大きく需要が減少しましたが、その大きな反動として需要が速い勢いで回復しました。これがとくに顕著であるのがアメリカでした。コロナ禍からの回復による需要拡大は素早かったものの、供給の回復が追いつきませんでした。

マクロ経済面で供給が需要に追いつかない供給不足、あるいは需要過多の状態が起きたました。そして、需要増に供給が追いつかなかった多くの分野で価格引き上げが起きました。また、需要過多あるいは供給不足は労働市場でも起き、人手不足で賃金の上昇圧力が強くなりました。こうした状況は、図10-3の逆の状況を示した図10-4を用いて理解することが可能なはずです。

コロナ危機によって一時的に需要も供給も大きく減少しました。ただ、しばらくしてコロナ禍からの回復のなかで需要は増加したのに、供給が追いつかず、需要過多（供給不足）の状態になり、図にもあるように物価や賃金を押し上げたのです。

コロナ禍からの反動がアメリカなどでインフレ圧力となっていましたが、これにつづいたのがロシアによるウクライナへの侵攻の影響です。世界の穀倉地帯や産油国であるこの地域で起きた戦争により、石油、天然ガス、穀物などの価格が上昇をはじめました。このような一次産品は世界的な規模で取引されて

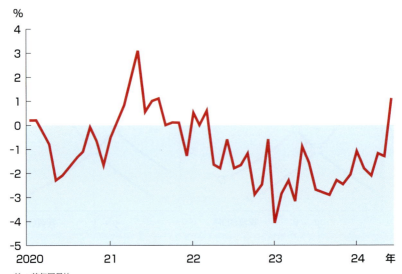

注：前年同月比。
出所：厚生労働省「毎月勤労統計調査」

図10-5　実質賃金上昇率の推移（2020年1月～2024年6月）

いるので、その価格上昇の影響は世界に広がっていきました。

　当初、日本から見たら、この世界的なインフレの動きは対岸の火事のようなものでした。原材料などで輸入する食料や原油などのコストは上がったものの、その影響を受けたのは食品産業のような輸入依存度の高い産業だけだったのです。デフレが20年以上もつづいた日本では、大半の商品の価格はほとんど上昇することはありませんでした。

　物価指数で見ても、輸入品の価格を反映した輸入物価指数は高い上昇率であるのに、国内の多くの財やサービスの価格を反映した消費者物価はほとんど上がらない状態がつづきました。以下で説明するように、ここで賃金の動きが大きく注目されることになるのです。

求められる賃上げ

　海外から輸入するエネルギーや食料の価格が上がっても、それに反応してすぐに日本国内の賃金が上がるわけではありません。大企業の賃金は春に集中している労使交渉（春闘）で決まります。中小企業の賃金交渉もそれを見て進められます。長い期間デフレがつづいた日本では、賃上げのスピードが鈍く、物

価上昇のスピードに追いついていません。

図10‐5は2020年以降の実質賃金の上昇率をグラフにしたものです。実質賃金とは賃金を物価で割ったもので、これが上昇しているときには、賃金が物価よりも大きく上昇しています。つまり、物価を考慮に入れても労働者の取り分が増えていることになります。これに対して実質賃金が低下しているときには、賃金が物価ほど上がっていないことになります。物価上昇のため、労働者の実質的な取り分が減っているのです。

図10‐5に見られるように、2022年以降、日本の実質賃金は下がりつづけています。図10‐5にあるように、このころから日本の物価は上昇のスピードを上げていますが、賃金の上昇が追いつかず、労働者の実質的な取り分が減っています。せっかくデフレ脱却の流れになっているのに、賃金が物価の上昇に追いつかないようでは、景気が失速することになってしまいます。

そこで、政府や経済界で賃上げを求める声が強くなりました。こうした声が後押しとなって、賃上げの機運が盛り上がりました。少子高齢化で労働力不足が深刻になってきたことも、賃金を引き上げる要因となりました。賃金が上昇をはじめることで、インフレの中身が変化することになります。

それまでは、海外のインフレがエネルギーや食料の価格上昇を通じて日本国内の物価上昇を引き起こす輸入型のインフレでした。日本の物価は上がってはきていましたが、輸入依存度の大きな一部の産業の価格が上がるだけでした。これに対し、賃金が上がりはじめると、人件費の増加を通じて多くの産業で値上げが広がることになります。賃上げが物価上昇をもたらし、物価上昇がさらに賃上げを促すという国内型のインフレが日本に広がることになります。

長くつづいたデフレを脱して日本が穏やかなインフレ軌道に乗るかどうかは、賃上げが継続するかどうかに大きくかかっているのです。

多くの国を悩ませてきたインフレ

一方、戦後多くの国は、インフレに悩まされてきました。インフレとは、物価が持続的に上昇していく現象です。

年に1000％をも超えるような超インフレ（これをハイパー・インフレといいます）を経験したラテンアメリカ諸国のような状況にはなりませんでしたが、第一次石油ショックが起きた年の翌年の1974年には、日本のインフレ率は20％を超えた値になりました（これは消費者物価指数で測ったものですが、物価指

数については後で説明します）。—**1**

　このようなインフレがなぜ起きたのか、その原因の追究はさておき、インフレによって国民の多くが大きなダメージを受けることはまちがいありません。インフレによってもっともきびしい影響を受けたのは、高齢者世帯です。高齢者の多くは、老後のために、銀行預金や郵便貯金などで貯蓄してきました。ところが、インフレによってこうした預貯金の価値が大幅に目減りしたのです。

　私は、ある雑誌につぎのような内容のエッセイを書いたことがあります。

　「老人の家に夜中に忍び込んでタンスのなかの生活資金を盗んでいく泥棒があるとすれば、多くの国民はその理不尽さに憤慨するでしょう。しかし、インフレはすべての高齢者の家庭に公然と押し入り、老後の生活費のために貯めておいた預貯金の５分の１以上を持っていってしまったのです。かりに20歳から60歳まで40年間こつこつ貯めたお金であれば、その５分の１ですから、８年分の蓄えを持っていってしまうという計算になります」—**2**

　ここで書きたかったことは、インフレの持っている反社会性です。以下で述べるように、インフレには、こうした問題以外に多くの好ましくない面があります。だからこそ、多くの国はインフレ退治、インフレ回避を、マクロ経済政策の重要な目標にしてきたわけです。そして、実際にインフレを退治することは容易なことではありません。あまりに急激にインフレを抑えようとすると、その経済はきびしい景気低迷と失業率の上昇という対価を支払わされることになるのです。

物価は何で測るのか

　私たちが物価という言葉を日常的に用いるときには、いろいろな商品の価格の平均的な動きを指しています。「物価が上がって生活がたいへんだ」、「この

1—狂乱物価の原因　1970年代前半の狂乱物価の原因が何であるのかという点については、さまざまな議論があります。石油ショックで、石油をはじめとする多くの一次産品の価格が世界的に上昇したこと、田中角栄首相（当時）の日本列島改造論が火をつけた建設ブーム、日本銀行が過度な流動性を供給したことなど、いくつかの要因が複合して起きたと考えるべきでしょう。

2—インフレは負債を抱える者にはプラス　もちろん、こうした一方で、借金を抱える企業や家計は、インフレによって借金（負債）の実質価値が下がるという恩恵を受けることも事実です。インフレは資産を持つ者から借金を抱える者への所得移転の効果を持つのです。

ところ物価が落ち着いている」というような会話がなされるとき、消費者の頭のなかにあるイメージはいろいろな商品の価格の動きの平均的な姿だと思います。

　現実にそうした物価を何らかの数字で表わそうとすると、指数という数値の助けを借りなくてはなりません。指数とは、いろいろな商品の価格上昇の程度を平均した数値です。たとえば、95年を基準とした99年の物価指数が115であるというときは、この間に物価がおおよそ1.15倍になった、あるいは物価が15％上昇したということを意味します。

　物価の動きを表わす指標はいろいろあります。消費者物価指数（CPI）、生産者物価指数（PPI）、GDP デフレーターなどです。どのような物価指数を用いるかは、目的によって違ってきます。消費者物価指数とは、消費者が日常的に購入している商品の価格から計算される指数ですし、生産者物価指数は生産者が購入する原材料の価格から計算される指数です。GDP デフレーターについては、すでに1章で説明しました。

　それぞれの物価指数には、独特のくせがあります。生産者物価指数は企業が購入する商品だけが項目に入っているので、算入されている商品が限定されています。たとえば、消費者が購入するようなサービスはいっさい入っていません。消費者物価指数は、消費者が購入する商品やサービスが幅広く入っていますが、季節の野菜の価格などの変動に影響を受けやすくなります。そこでそうした変動が大きい商品を除いた形で指数を出すこともあります。

　このように多様な物価指数があって、それぞれ性格が違うわけですので、目的に応じてこれらを使い分ければよいのですが、そのなかでもっとも利用される頻度が多いのが消費者物価指数でしょう。消費者物価指数を見ることで、消費者が直面している物価の動きがどのようになっているかを知ることができますし、経済関係の契約を物価にスライドさせるときには、この消費者物価指数を用いるのがもっとも適切であるからです。

　消費者物価指数は、消費者が購入するいろいろな消費財の価格変化の加重平均として表わされます。計算上はこれは

$$\frac{\sum p_i{}^* Q_i}{\sum p_i Q_i}$$

と表わすことができます。ただし、$p_i{}^*$ は i 財の比較年における価格、p_i は i

財の基準年における価格、そして Q_i は i 財の基準年における消費量を表わしています。要するに、消費者物価指数とは、基準となるある年のそれぞれの消費財の消費量 Q_i に、比較の年と基準の年のその財の価格を掛けて、それぞれをすべての財について足し合わせた数値の比をとったものとなっています。—3

こうして求めた数値は、実は基準の年と比べて比較の年にそれぞれの財が何倍になっているかを求め、それにその財の消費額のウェイトを掛けて平均したものとなっています。

インフレの社会的コスト

冒頭に述べたように、インフレは国民にとってけっして歓迎すべきものではありません。インフレは社会に対してさまざまな悪影響を及ぼすからです。以下でインフレの社会的コストについて考えてみましょう。

インフレの社会的コストを考えるさい、まず念頭におかなくてはならないのは、そのインフレがある程度予期されたものであるのか、それとも予想もされなかったような突然のインフレかで、その影響の大きさも相当違ってくるということです。

もし人々がインフレをある程度予期するのであれば、人々はそれに対応できるはずです。たとえばすべての物価が2％で安定的に上昇している場合と、物価が安定している場合とでは、それほど大きな違いはありません。—4

しかし、そのような予期できるインフレでもいくつかの大きな問題があります。第一に、商品やサービスによっては、価格が伸縮的に動けるものと、そうでないものがありますので、物価が上昇していく過程で相対価格にゆがみが出る可能性があります。たとえば、野菜や衣料品の価格はインフレの程度に応じ

3—ラスパイレス指数とパーシェ指数　このように、基準年の数量を使って基準年と比較年の物価を比べるような指数を、ラスパイレス指数といいます。これに対して、比較年の数量を使って基準年と比較年の物価を比べるような指数を、パーシェ指数といいます。

4—インフレヘッジ　激しいインフレに襲われている国の人々は、資産をインフレに強いもので持とうとします。外貨建て預金や外国債、株式や不動産、金などの貴金属などは、インフレとともに名目価値が上昇していきますのでインフレヘッジとなります。これに対して、自国通貨建ての預金、債券、現金などは、インフレとともに価値が目減りしていきます。

10 インフレーションとデフレーション 251

Guide to Current Topics

少子高齢化はインフレ社会？

30年近い期間のデフレからようやく脱却しつつある日本経済。今後もインフレ的傾向がつづくのか、それともまたデフレ傾向に戻ってしまうのか。どちらの方向に向かうのかを予想することはむずかしいものです。

意外と多くの人は、またデフレ傾向に戻るだろうと考えているようです。少子高齢化で日本の人口は縮小をつづけています。人口減少によって財やサービスへの需要が減少をつづけ、物価を下げる要因になるというのです。

現実にも、2022年以降2年以上にわたって物価上昇率は2％を超えている状況がつづくのに、長期金利（10年物国債の利回り）は1％前後で推移しています。10年の長期金利が1％という低い水準であるというのは、10年後の物価上昇率は1％以下であると市場が考えていることを意味します。

長期金利は、将来予想される物価上昇率と潜在成長率に財政破綻の国債リスクを足したものと等しくなります。潜在成長率が0％で、国債破綻のリスクがゼロだとしても、予想物価上昇率は1％程度にしかなりません。

しかしよく考えてみたら、少子高齢化社会がデフレ的傾向を生むというのは正しくないようにも思えます。それどころか、少子高齢化が進めばインフレ的傾向になるという見方も成り立ちえます。少子高齢化で人口減少が進めば、確かに需要は縮小していきます。ただ、少子高齢化は供給のほうも縮小させることを忘れてはいけません。

少子高齢化のもとでは、全人口のなかに占める高齢者や子どもの割合が増えます。別のいい方をすれば、生産人口の割合が小さくなります。そうなると需要の縮小ペースよりも、供給の縮小ペースのほうが速くなります。需要よりも供給の減り方が早ければ、全体として超過需要（供給不足）の状況となり、物価は上昇圧力にさらされることになります。少子高齢化による人口構造の変化はインフレ的な性格を持つのです。

現実にコロナ禍後の状況を見ると、人手不足の顕在化によって、賃金や物価が上昇する傾向が強くなっています。少子高齢化による人手不足は、マクロ経済におけるインフレ圧力となっているのです。

本文中でくわしく述べたように、インフレやデフレはさまざまな要因によって起こりえます。人口構造のみで決まるわけではありません。ただ、少子高齢化がインフレ的な要素を持っていることには留意してほしいものです。

てスムーズに動くでしょうが、教育費などの料金は頻繁に動かすことはできません。そこで、そうした価格の間で不自然な調整が起こることになります。

第二に、メニュー・コストといわれる問題があります。商品には値札などがついていますが、インフレの下ではそうした値札を頻繁に取り換えなくてはいけません。そうしたコストは、経済全体で見れば無視できません。

第三に、物価が上がるときには、すでに説明したように、人々はできるだけ貨幣保有を節約しようとします。それは、人々が貨幣を持つことで得られる便益（いつでも商品が買えるという流動性の便益）を減らすということにつながります。インフレによって貨幣が目減りすることに備えて貨幣保有をできるだけ少なくしようとすることが、貨幣の利用価値を下げてしまうのです。

第四に、インフレは税制のゆがみをもたらします。たとえば、投資に対する減価償却制度は、ある時点で購入した機械などを毎年一定割合で減価償却として課税所得からの控除を認めています。しかし、その間物価が上昇していくと、過去の価格（低いときの価格）で計算した控除額は実質的には過小評価されることになります。それだけ、企業は投資の誘因をそがれる結果になります。

多くの税はインフレを前提にしていないので、インフレによって税制のゆがみはいろいろなところに表われます。たとえば、株の売買によって得られたキャピタル・ゲインは課税の対象となります。昨年購入した株が今年物価上昇分だけ値上がりしたとします。この場合には株の実質価値は何ら変化していないので、本来であればキャピタル・ゲイン税を支払う必要はないと考えられますが、制度上は株価の値上がり（たとえそれが一般物価の上昇によってもたらされたものであっても）に対して税金が課されるのです。

以上は、予期されたインフレの社会的コストですが、インフレが大きな社会的コストを持つのは、予期せぬインフレが起きたときです。先に述べたように、突然のインフレは、高齢者に大きな負担を強います。老後のために蓄えた預貯金の価値が非常に短い間に下落してしまうからです。もしあらかじめインフレをある程度予想できるのであれば、物価上昇にスライドするような資産（金、土地、株など）で保有することでインフレの影響を最小化することができますが、高齢者がそうした予想をすることはむずかしいと考えられます。

もちろん、予期せぬインフレによって得をする人もいます。借金を多く抱えている企業や住宅ローンを借りている家計などは、予期せぬインフレが起きれば借金の実質価値が減少しますので、インフレによって利益を得ることになり

ます。

インフレ税

　政府はインフレを起こしたくて起こすわけではありません。しかし、結果的に見れば、インフレを起こしている政府はそれだけ国民から税金を徴収しているのと同じことをしています。こういった現象を経済学ではインフレ税と呼びます。要するに、政府が貨幣を発行するからインフレが起きるとすれば、インフレが起きたことによって民間の人々が保有している貨幣の実質的な価値が減少しますので、この価値の減少という形で政府は税金を取っていることになります。—5

　インフレによって政府がどの程度の税金を取れるかは、簡単な形で計算することができます。いま、政府が新たにΔMだけの貨幣を発行したとしてみましょう。この貨幣発行の具体的イメージは、政府が輪転機で紙幣を印刷し、それを使ったと考えればいいでしょう。ΔMだけの貨幣発行によって政府が得られる実質的な収入は、貨幣価値を実質価値に置き換えて、

$$\frac{\Delta M}{p}$$

となることがわかります。ここで、この式の分母、分子にMを掛けて、

$$\frac{\Delta M}{M} \cdot \frac{M}{p}$$

が政府の実質的な収入になることがわかります。

　さて、このようにして求めた政府の収入はどのような規模になるのか見るために、5章で説明した貨幣供給と物価上昇率の関係式で、経済成長率$g(=\Delta y/y)$がゼロという特殊な場合を考えてみます。その場合には、貨幣供給量の成長率とインフレ率が等しくなりますので、

5—貨幣発行権（シニョレッジ）　貨幣を発行する権利のことを貨幣発行権（シニョレッジ）といいますが、インフレが起きているということは、それに応じた貨幣が追加的に発行されているということです。こうした追加的な貨幣発行は通常は中央銀行による国債の買い上げと連動していますので、貨幣が発行された分、政府が収入を得ていることになります。

$$\frac{\Delta M}{M} = \frac{\Delta p}{p}$$

が成り立ちます。要するに、物価は貨幣供給の増加率と同じスピードで上昇していくのです。

政府の収入は

$$\frac{\Delta p}{p} \cdot \frac{M}{p} \tag{10-1}$$

となります。すなわち、インフレ率に実質貨幣残高を掛けたものが政府の収入になります。より一般的には、政府の収入は、経済成長分を考慮した

$$\left(\frac{\Delta p}{p} + g \right) \frac{M}{p} \tag{10-2}$$

という形で表わすことができます。

このように、政府は貨幣発行権を行使して、国民から購買力を吸い上げることができます。国民の側は税金を支払っているという意識はありませんが、みずからが持っている貨幣の価値が物価上昇によって低下することで、間接的に税を取られることになります。このように貨幣発行がインフレを起こすことで政府が民間から税を徴収することになることをインフレ税と呼びます。

なお、インフレ率が高いほど、政府のインフレ税の収入も高くなるわけではありません。インフレ率と政府税収の関係について一言説明しておきましょう。その鍵となるのは、図10-6に描いたようなインフレ率と実質貨幣需要との関係です。5章では、実質貨幣残高に対する需要は、金利と実質所得の関数であると説明しましたが、実は実質貨幣残高に対する需要はインフレ率にも大きく依存します。

インフレ率が高いときには、貨幣の実質価値はどんどん目減りしていきます。そのようなときには、人々はなるべく貨幣を持たず、物価上昇によって価値の目減りしないような資産（金、不動産、株など）で持とうとするでしょう。したがって、図10-6に描いたように、インフレ率が高くなるほど、実質貨幣に対する需要も減るはずです。

インフレ税の収入はインフレ率（と経済成長率の和）に実質貨幣残高を掛け

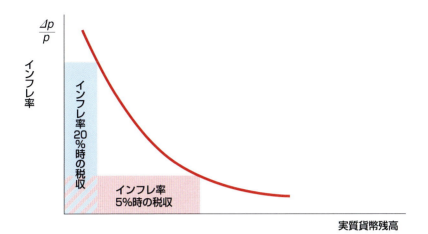

図10-6 インフレ率と貨幣需要関数
インフレ率が高くなるほど、実質貨幣残高は低下します。インフレ税の税収は長方形の面積で表わされます。

たものですので、インフレ率があまり高くなると実質貨幣残高が低くなってかえってインフレ税の税収は減ってしまいます。もちろん、インフレ率が低ければインフレ税の収入が低くなることは説明するまでもありません。ほどほどのインフレ率のところで、(10-1)、(10-2) 式で表わしたインフレ税の額がいちばん大きくなるところがあるはずです。

インフレ税によって政府があげている収入は国によって大きく異なります。スタンレー・フィッシャーの研究によると、アメリカでは政府総収入の3％にすぎませんが、イタリアやギリシャでは政府収入の10％を超えたこともあったということです。

インフレと金利

インフレは金利に大きな影響を及ぼすはずです。かつてのブラジルのように年率で100％を超えるようなインフレを経験した国は、預金や貸し出しの金利も非常に高くなっているはずです。かりにインフレ率が100％を超えているとき、預金金利が数パーセントではだれも銀行に預金などしないはずです。預金の価値が目減りするだけだからです。また、それならだれでも銀行からお金を借りようとするでしょう。インフレの下で借金の価値がどんどん減っていくか

らです。

そこで、一般的にはインフレがあるときには金利も高めに、逆に物価があまり上昇しないときには金利は低めになると考えられます。

こうした点を明確に議論するためには、名目金利と実質金利という二つの金利概念を分けて考える必要があります。名目金利とは、私たちが普通に用いる金利のことで、預金金利や貸し出し金利はすべて名目金利です。これに対して、物価の変動を加味して調整した金利のことを実質金利と呼びます。

実質金利はつぎのように定義されます。

実質金利 ＝ 名目金利－予想物価上昇率

人々が資金を借りたときに負担する金利や資金を運用したときに得る収益としての金利は、物価上昇による目減り分を差し引いたものでなくてはなりません。実質金利とは、このような物価変動のもとでの実際の資金調達のコストや運用の利益を測る手段のことです。名目金利が５％であり、物価が２％で上昇すると予想されているとき、預金者が現実に受け取る収益率は３％ですし、借り手が負担するコストも３％となります。—6

上で述べたように、一般的には、インフレ率が高くなれば、それに応じて名目金利も上昇するはずです。もちろん、インフレ率と名目金利が完全に同じ大きさだけ動くわけではありませんが、もしかりにインフレ率分だけ名目金利が動けば、結果的には実質金利は物価上昇率などからは独立になります。

現実の世界では、実質金利自身が経済の資金需給や景気によって変動しますので、一定の値をとるということはありませんが、インフレ率が高くなるほど、名目金利とインフレ率の動きはより緊密に連動します。たとえば、インフレ率が０％から２％に高まったからといって名目金利が２％高くなるとは限りませんが、インフレ率が100％にまで上がれば名目金利も100％近く上がるはずです。名目金利が物価と同じような動きをする現象をフィッシャー効果と呼びます。

6—物価上昇率ではなく予想物価上昇率と「予想」がついているのは、読者の皆さんにはわかりにくいかもしれません。実質的な金利を判断するさいには、今後の物価の動きは確定していないので、予想物価上昇率を使って実質的な金利を評価することになります。

●経済学ステップアップ●
貨幣錯覚

　商品の価格から賃金まで、日々の経済活動に関わる価格はすべて名目価値で表わされています。しかし、インフレやデフレで物価全体が上下することがあれば、この名目価値にも影響が及ぶことになります。しかし、一般の人はその影響をきちっと理解して行動しているわけではありません。経済学者は名目と実質を区別することの重要性を指摘しますが、現実には多くの人は貨幣錯覚（名目錯覚）と呼ばれる状態に陥っています。実質で考えていないため、その行動もインフレやデフレに影響されてしまうのです。

　この名目錯覚は、ときには社会全体に大きな悪影響を及ぼします。たとえば、1930年代の前半、アメリカでは激しいデフレが起きました。物価が下がりつづけるだけでなく、多くの人が職を失い、失業率も25％近い高い水準になったのです。それでも労働組合などは、賃金を下げることに強く抵抗しました。しかし、これは明らかに貨幣錯覚です。物価が下がっているのですから、その分（名目）賃金が下がっても、実質賃金は下がらないはずです。

　しかし、実際は名目賃金が下がることに強い抵抗を感じる人が多く、名目賃金があまり下がらなかったのです。その結果、物価が下がっている分だけ実質賃金が上昇することになります。当然、企業はますます雇用を控えることになり、雇用状況はさらに悪化してしまいました。人々の名目錯覚がなく、名目賃金を物価並に下げることができれば、雇用状況はもう少しよくなったかもしれないのです。

　最近の日本での貨幣錯覚の例としては、年金の支払い額の問題があります。物価が下がっているのですから、物価スライドで年金支払い額を下げてもよいはずです。ただ貨幣錯覚もあり、それはなかなか政治的に実現していません。その結果、政府の余分な年金負担が数兆円分にもなり、財政を圧迫しているのです。

258　Part2　マクロ経済学の応用

演習問題

1. 以下の文章の下線部分に用語や数値を入れなさい。

　(1)物価を測るための指標はいくつかある。代表的なものとしては、＿＿＿＿＿、
　　＿＿＿＿＿、＿＿＿＿＿などがある。これらはいずれも＿＿＿＿＿の形になっ
　　ており、＿＿＿＿＿の年に対して物価が何倍になったかを表わしている。

　(2)＿＿＿＿＿は負債を抱えている人に恩恵をもたらし、＿＿＿＿＿は資産、とく
　　に名目価値が固定している資産を抱えている人に恩恵をもたらす。

　(3)インフレが起きているときには、必ず＿＿＿＿＿も増大しており、これは間接
　　的に政府の収入となる。これを指して、＿＿＿＿＿税と呼ぶ。

2. 以下の記述は正しいのか、誤っているのか、それともどちらともいえないのか、
　答えなさい。

　(1)インフレが起きていると、投資に対する減価償却の実質評価額が減ってしまう
　　ので、投資の誘因を下げてしまう。

　(2)フィッシャー効果が成立している場合には、実質金利は一定になる傾向がある。

　(3)インフレ率が高くなるほど、インフレ税の額も高くなる。

　(4)デフレの下では物価が下がるので、債務を多く抱えている人の負担は少なくな
　　る。

11

財政破綻と財政健全化

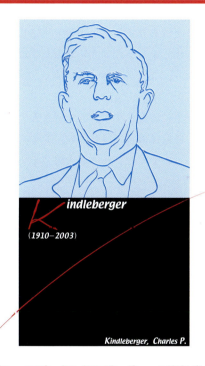

Kindleberger
(1910–2003)
Kindleberger, Charles P.

チャールズ・キンドルバーガー 国際経済の理論から経済学史の研究に転じ、長い生涯を通じて精力的に著述をつづけた。当時80歳を超えていた彼と欧州で開かれた会議でいっしょに食事したときの情熱的な話し方が記憶に鮮明に残っている。バブルの歴史、大恐慌に関する研究などの著作が有名。

「国は破綻しない」と漠然と考えている人は多いでしょう。実際、国が破綻するようなことがあったら、私たちの生活はたいへんなことになってしまいます。公共サービスは滞るし、年金の支払いは遅れるでしょう。社会資本の整備にまわす資金が不足すれば、道路や堤防などの補修にも影響が出てくるかもしれません。

財政破綻は起こるか

2010年前後に欧州で起きた財政危機は、先進工業国でも財政破綻が起こりうるということを明らかにしました。そして財政破綻に近い状態になったギリシャの経済の苦境ぶりを見ると、財政が破綻すると国民の生活がたいへんなことになると実感した人も多いはずです。

国が破綻しないということはありません。1980年代はじめ、ブラジルやメキシコなどの国に巨額の貸し出しを行ったアメリカの大手銀行の経営者は、これらの国へ貸し出した資金は戻ってくるのかと聞かれ、こう答えました。「国は破綻しません。だから大丈夫です」、と。

現実はその逆で、国は簡単に破綻します。もし皆さんの家が住宅ローンなどの借金を返せなくなれば、それは破産（財政破綻）です。貸し手の銀行は、皆さんの資産を根こそぎ持っていくでしょう。個人破産をすればすべての資産を失うことになります。

しかし、国はそうではありません。ブラジルもメキシコも、財政破綻となりました。しかし、だからといってアメリカの銀行や政府がブラジルに侵攻して、ブラジルの資産を没収するというわけにはいかないのです。

過去の歴史をさかのぼると、多くの国が財政破綻を経験していることがわかります。財政破綻をしたことがない国を探すほうがむずかしいかもしれません。日本も例外ではありません。

第二次世界大戦の直後、日本の財政運営は困難に陥り、政府はハイパーインフレを起こしてしまいました。国民が持っていた紙幣や国債は紙くず同様になってしまったのです。激しいインフレを起こし過去の債務を帳消しにするというのは、財政破綻にほかなりません。

それでも日本の経験は、戦争という異常事態の結果という面もあります。戦後から現在に至るまで、途上国や新興工業国で財政破綻を起こした国はたくさんありますが、日本も含めて先進国のなかで財政破綻を経験した国は多くあり

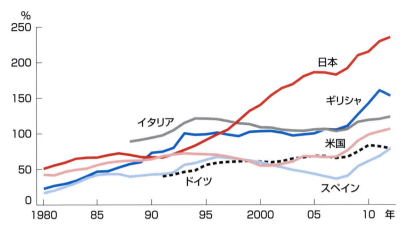

注：数値は一般政府（中央政府、地方政府、社会保障基金を合わせたもの）ベース。2011、12年は見通し。
出所：IMF, *World Economic Outlook Database*, April 2012

図11-1　主要国の債務残高（対GDP比）（1980〜2012年）

ません。

　ただ、1997年のアジア通貨危機のときの韓国のように、先進国の仲間入りを果たしていた国でも、通貨危機がきっかけで財政破綻に近い状況になった国もあります。韓国政府は放漫な財政運営をしていたわけではありません。ただ、通貨制度の問題から大量の資金が韓国から流出し、政府はそれに対応することができず、結果的には諸外国や国際機関に支援を求めざるをえなくなったのです。

　ギリシャの財政危機に端を発した欧州の経済危機は、戦後最初の本格的な先進国の財政危機として注目されます。欧州諸国がユーロという共通通貨を導入しているため、ドイツやフランスのように比較的財政状況が健全と思われる国も、こうした問題に巻き込まれています。

　図11-1にあるように、財政危機にあるギリシャ、スペイン、イタリアのような国は、総じて公的債務残高の対GDP比が大きくなっています。債務の対GDP比が100％を超えるような状況は、財政的にもけっして好ましくありません。市場はそうした状況に危機感を持ち、これらの国の発行する国債を購入しようとしません。それが、債務の大きな国の国債金利をさらに引き上げる結果になります。これで、利子負担が膨れ上がり、財政運営はさらにむずかしくなるのです。—1

気になることは、こうした国々に比べても、日本政府の債務の対GDP比の値はさらに一段と高くなっていることです。この数値の大きさだけをもって財政状況の問題の深刻さを計れるわけではありませんが、国際的に見ても日本の政府債務の状況が異常であることは確かです。

財政破綻とは何か

企業や個人の破綻といえば、その意味は明らかです。企業は負債の利子や元本が返済できなくなった時点で破産になります。企業が破産の申請をすれば、その後は裁判所で債務の調整が行なわれます。企業の破綻への対応は、民事再生、会社更生、清算など、その破綻の状況によって違いはありますが、裁判所の管轄の下に企業の債権債務が整理されます。

個人の場合にも、住宅ローンやクレジットカードローンなどの返済ができなくなれば、個人破産という法的手続きをとります。この場合にも、借金が返せなくなることが、破綻の直接的な原因となります。

政府の場合にも、債務である国公債の償還ができなくなれば、企業や個人と同じような形で破綻ということになります。ただ、政府の場合には、その活動が経済全体に広がっているので、破綻の形態はもっと多様なものになります。

たとえば、財政危機から欧州に支援を求めたギリシャの場合はどうでしょうか。ギリシャの財政状況に市場が不安を感じ、ギリシャの国債の金利は10年物国債の金利でも30％を超えるような高い水準になりました。これは、市場ではほとんど誰もギリシャの国債を新たに買おうとしない状態になっているということです。ということは、ギリシャは新規の国債の発行による財政収入確保という手段をほぼ失ったことを意味します。

それでも、ギリシャ政府は公務員の給与を払いつづけ、教育や医療など、さまざまな公的サービスを提供しつづけなくてはなりません。それを止めてしまえば国家の機能がストップするだけでなく、経済や社会が大混乱に陥るからです。そこで、ギリシャは欧州諸国や国際機関からの支援を求めることになります。財政赤字を埋めるために新たな国債を発行して、資金提供を求めるのです。

1—ソブリンリスク　国債の価格が暴落するリスクを、ソブリンリスクといいます。ソブリンとは、国家のことです。欧州諸国の国債は、2008年のリーマンショック前までは安定していました。しかしリーマンショック後、市場はギリシャやスペインの国債のソブリンリスクを強く意識するようになったのです。

—2

　また、すでに大量のギリシャ国債を保有している金融機関に、その債務の大幅カットを求めます。つまり、借金の半分ぐらいの棒引きを求めるのです。これを金融業界ではヘアカットと呼びます。髪の毛を切って短くするように、借金の一部を切り捨てるからです。

　このような状況にあるギリシャは、すでに財政破綻に近い状況であったといってよいでしょう。

　ギリシャほどきびしい状況ではありませんが、スペインなども財政危機に陥りました。スペインの国債の金利は一時７％を超えるような高水準になりました。スペイン政府はこのままでは新たに国債を発行することもむずかしくなります。債務の利子負担も、財政運営に重くのしかかってきます。

　そこで、この危機を乗り切るため、欧州諸国や欧州中央銀行に支援を求めると同時に、きびしい財政再建策に取り組んでいます。スペインのようなケースは財政破綻とはいいませんが、財政危機状況にあることは事実です。また、ひとつ対応を誤れば財政破綻にまで至る可能性があります。

　ギリシャやスペインのケースからもわかるように、財政危機について考える重要なポイントが国債利回りです。市場が財政状況に懸念を持てば、誰もその国債を購入しようとしないでしょう。この場合には、国債金利は急騰し、国債価格は暴落します。

　国債金利の急騰と国債価格の暴落は、同じことを指しています。金利と国債価格の関係についてはすでに５章でも説明しました。ここで図11－2を使ってもう一度説明しましょう。

　この図には、10年後に償還される国債の価格が縦軸にとられています。国債の価格とは、そのときどきに、国債が売買される価格のことです。投資家や個人はいつでも、金融機関を通じて、そのときどきの価格で国債の売買ができます。

　国債は一定期間がくれば、満期となって償還されます。つまり政府が買い取ってくれるのです。この時の価格が償還価格で、これはあらかじめ決まってい

2―債務を隠していたギリシャ政府　ギリシャの財政危機が起きた直接的な原因は、ギリシャ政府がたくみな操作によって、巨額の債務の存在を隠していたことが表面化したことにあります。

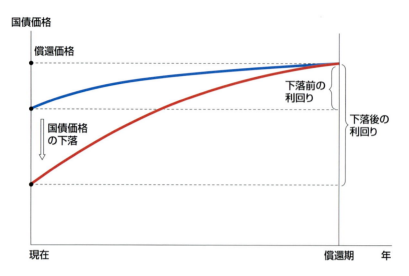

図11-2 国債価格の動きと利回り
国債価格の下落は国債の利回りを引き上げます。

ます。図の縦軸にはこの償還価格も記されています。

　さて、10年後に償還される国債を発行している政府の財政状況に懸念が広がったとき、国債価格はどう反応するでしょうか。

　将来、きちっと償還されるかどうか不安な国債を誰も持とうとしないでしょう。また、すでに国債を保有している人は、価格が下がるまでに急いで売ってしまおうとするでしょう。これが国債の市場価格を下落させていきます。図にも説明がついていますが、国債価格が下がるほど、国債を新たに購入する人にとって、満期まで保有することによる国債の利回りは高くなります。

　国債の価格が低くなるということと、国債の利回りが高くなるということが同じことであるということは、この関係を指したものです。ただ、国債がきちっと償還されるかどうかのリスクが高くなったため国債価格が下がったわけですので、国債の利回りが高いとはいってもリスクも大きくなっています。

　さて、財政危機は政府だけの問題ではありません。政府の国債を金融機関が大量に保有しているので、財政危機は金融問題でもあります。保有している国債の価格が暴落すれば、金融機関は大きな損失を被ることになります。値が下がった国債を市場で売却しようとしても非常に安い価格でしか売れません。そ

うかといって満期まで持っていれば、その間、巨額の会計上の損失を出さなければなりません。また、満期まで国債を持っていたからといって、全額戻ってくる保証はないのです。ギリシャのケースのように、債権のヘアカット（一律削減）を求められるかもしれないのです。

国債の発行規模は巨大な規模になります。たとえば、日本政府の普通国債の発行残高は、2024年時点で、1100兆円を超えていますが、これは金融機関の資産総額のなかの相当部分を占めるような額です。国債の価格暴落は一国の金融機関の存続に関わる深刻な問題となります。

ちなみに、戦後直後の日本のような狂乱物価によって、国債を紙くず同様にするような事態も財政破綻ということができます。財源が確保できなくなった政府にとって最後のよりどころは国債を中央銀行に引き受けさせることです。要するに紙幣を発行してそれで財政赤字をまかなうということです。

現在の法律ではこうした行為は禁じられていますが、財政危機というような非常事態では政治がそうした行為に及ぶ可能性は否定できません。その場合には、政府は債務を踏み倒すわけではありませんが、市場に出まわっている国債がほとんど無価値になり、人々が利用している貨幣の価値も無価値に近くなります。これも形をかえた財政破綻なのです。多くの国では、財政破綻の前後に、激しいインフレが起きます。

欧州を襲った財政危機

2010年前後から顕在化した欧州の財政危機は、戦後の世界経済のなかでも重要な出来事のひとつです。ユーロという共通通貨を導入するという、大実験の結果でもあり、通貨制度の問題としても注目すべき事例です。

通貨制度に関連して、ユーロの問題はまた14章で取り上げます。ここでは、財政危機という視点から欧州危機を取り上げます。以下で説明する日本の場合も含めて、財政危機について考える重要な教訓が得られます。

欧州でなぜ財政危機に陥ったのか、その背景にはいろいろな要因が考えられます。まず、2008年にアメリカで起きたリーマンショックで、世界景気が低迷したことが欧州にも波及したことです。スペインやポルトガルなどではそれ以前に不動産バブルが起きており、リーマンショックにともなう不動産市場の崩壊で、金融機関に大きな損失が発生しました。また、経済全体の景気が落ち込んだのです。スペインはリーマンショック前には財政黒字の状況にあり、それ

ほど不健全な財政運営をしていたようには見えませんでした。ただ、金融機関を守るため政府が大量の資金提供を求められたこと、そして景気低迷で税収が不足したことなどで、一気に財政状況が悪化していったのです。

　欧州の財政危機の重要な特徴は、一国の財政危機が他国へ波及する点にあります。これを伝染効果と呼びます。スペインなどに比べて、ギリシャの財政運営は不健全でした。そうしたギリシャの財政状況の問題が明るみに出ると、それがスペイン、ポルトガル、イタリアなどの周辺国に波及するのです。—3

　長期の国債利回りが30％を超えたギリシャと、7％台にまでなったスペインでは、財政状況の深刻さは比較になりません。それでも、国債に対する不安からスペインやイタリアの国債は売り込まれ、金利は上昇していきます。すでに説明したように、金利が上昇していけば借金の利子負担が膨らんで財政運営はむずかしくなっていきます。また、スペインやイタリアの国債の価格が下落しているとき、それを購入するという資金もなかなか出てきません。

　ギリシャ、イタリア、スペイン、ポルトガルなど、欧州の財政危機で苦しんでいる国も、リーマンショックが起こる前はドイツやフランスなどの国の国債とほとんど同じような金利で取引されていました。同じユーロ傘下の国の国債として、安全な資産と見られていたのです。これらの国に何か問題があれば、欧州全体で支援するという期待があったのでしょう。

　そうした期待感が、ギリシャやスペインの国債のリスクを過小評価する結果になったのです。欧州経済が順調に拡大している間は、こうしたリスクも表面化せず、金融機関は過度にギリシャやスペインの国債に資金を投じてしまったのです。ある種のバブルが起きていたといってもよいと思います。

　財政危機が顕在化してからは、ギリシャやスペインの国債利回りは急騰してしまい、金融機関は大きな損失を被ることになります。その時点では時すでに遅しという状態で、金融機関は大量のリスク資産をかかえていました。

　市場は本来、財政運営に対してチェック機能を持っていると考えられます。不健全な財政運営をしている国の国債は利回りが高くなります。その国の国債は発行しにくくなり、財政負担も重くなります。そうした市場規律が圧力にな

3—伝染効果　危機が短い期間に他の国へと波及することは過去にもしばしばありました。1997年、タイのバーツの暴落に端を発した危機はあっという間にアジア全域に広がり、アジア通貨危機となりました。

り、政府も健全な財政状況を維持しようとするわけです。

　残念ながら、リーマンショック以前は、そうした市場の規律が十分に働きませんでした。だから、金融機関もギリシャやスペインの国債を大量に保有する結果になりました。また、ギリシャやスペインの政府も低利で国債発行ができたので、財政健全化を積極的に押し進めようとする誘因が働かなかったのです。

流動性の問題と健全性の問題

　さて、財政危機に陥ったギリシャなどの国は、どのようにしてこの事態から脱出することができるのでしょうか。ここには二つの問題があります。ひとつは流動性（liquidity）の問題、そしてもうひとつは健全性（solvency）の問題です。

　流動性の問題とは、将来的に債務を返済する能力はあるとしても、当面、資金繰りがつかない状況を指します。何らかの理由で国債の金利が高騰すれば、政府は日々の国債発行ができなくなり、当面の財政運営がつかなくなります。その場合には、一時的に外から資金を融通して切り抜け、後でその借金を返すということが必要になります。

　ギリシャの場合にも、国際機関であるIMF（国際通貨基金）や欧州中央銀行などから資金を融通して、流動性の問題を切り抜けようとしています。さきに触れた1997年に起こったアジア通貨危機のときの韓国も、外貨の資金繰りがつかず政府がIMFなどから資金を融通してもらった経緯があります。韓国の場合はその借り入れを数年ですべて返済してしまったので、この危機は流動性の問題であり、健全性の問題はなかったことがわかります。

　ギリシャの場合には、健全性の問題があり、これが問題をさらに複雑にしています。歳入や歳出の構造に根本的な問題があり、このままの状態では財政運営が成り立たないとき、財政の健全性に問題があるといいます。一時的に資金繰りがつかない流動性の問題とは区別する必要があります。財政を健全化するために、ギリシャ政府は増税や歳出削減を断行しようとしますが、それでも過去からの債務をすべて返済できる見通しは立ちにくいのです。その場合には、債務カットをしてもらわないと財政運営は困難になります。つまり、健全性の問題が存在するのです。

　問題は、こうした国で財政健全化が、それほど簡単なことではないということです。増税や歳出カットをしようとすれば、国民の生活を直撃します。国内

景気も非常にきびしい状況になります。

国民の間に、こうした財政緊縮政策を断行する政府への批判が高まります。選挙でもあれば、緊縮財政を断行しようとする政権ではなく、もっと国民に甘い政策を訴える政党に票が集まることにもなりかねません。しかし、緊縮政策を避けようとする政策では、財政健全化はむずかしくなります。

こうした政治の動きは、国債市場にも悪影響を及ぼします。国債金利はさらに上昇することになります。ますます財政運営がむずかしくなります。また、緊縮財政を実行しないような「甘い」政府には、国際社会も支援の手を差し伸べようとはしないでしょう。—4

このような状況に追いつめられれば、最後は、財政破綻に追いつめられることになります。財政危機にある国民や政府にとっても、国際社会からきびしい緊縮財政を押し付けられるよりも、国債という借金を踏み倒す財政破綻のほうが楽な道に見えるからです。現実には、財政破綻をした国は、きびしいインフレを経験したり、国際社会からの支援を失って財政運営がむずかしくなったりと、経済的な混乱に陥ることになります。

デフレのなかで膨らむ日本の政府債務

図11-3は日本の公的債務の推移を示したものです。公的債務とは国が発行した国債や地方政府が発行した地方債の残高、それに社会保障基金を加えたものです。要するに、政府が抱えている負債の総額を見る簡便な指標です。この図からもわかるように、日本の公的債務は膨らみつづける一方なのです。

日本の政府債務に関して特徴的なことは、これだけ巨額の債務が積み上がっているにもかかわらず、長期国債の利回りが非常に低いことです。図11-4は、10年物国債の利回りの推移をとったものです。10年物国債の利回りは長期の金利の指標として使われるものですが、その国債を10年持ちつづけたときに得られる年率の利回りを示しています。

日本の国債利回りは、かつてないほど低い水準にあります。とくに2008年のリーマンショック後には、その水準をさらに下げています。利回りが低いとい

4—怒るドイツ国民　ドイツ国民は、彼らの税金がギリシャの支援に使われることに批判的です。年金カット、公務員の人件費カットなどの財政健全化策に抵抗するギリシャの国民を見て、「なぜギリシャのためにわれわれの税金を使わなければいけないのか」と考えるドイツ国民も多いのです。

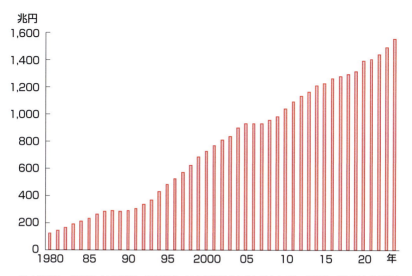

注：数値は一般政府（中央政府、地方政府、社会保障基金を合わせたもの）。2023、2024年は見通し。
出所：IMF, *World Economic Outlook Database*, April 2024

図11-3　日本の公的債務の推移（1980～2024年）

うことは、国債の市場価格が高いということでもあります。これだけ債務額が大きいのに、国債利回りが低い（国債価格が高い）ということは異例なことではあります。一部の経済学者は、国債価格が異常に高いことを合理的に説明できないということで、国債バブルと呼ぶこともあります。

　国債の利回りが非常に低いことの重要な理由は、日本国内の潤沢な貯蓄が国債購入にまわっていることがあります。景気が悪くて消費や投資が伸びないこともあって、2000年以降、日本の家計も企業も旺盛に貯蓄を行っています。この貯蓄資金が金融市場を通じて、国債の購入にまわっているのです。

　預貯金などで貯蓄資金を集める銀行などの金融機関は、景気低迷などで貸し出しを伸ばせないので、巨額の余剰資金を抱えています。その資金が国債購入にまわっているのです。

　デフレがつづいているということも、低金利に影響しています。物価が下落していくという予想がつづけば、名目金利は低くなるからです。金利が低いので、政府は膨大な借金を抱えているにもかかわらず、その利子負担は比較的少なくすんでいます。

　皮肉なことですが、デフレがつづいて人々の消費意欲や企業の投資意欲が低

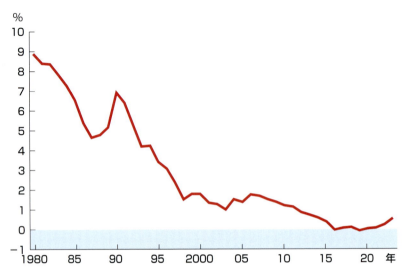

出所：OECD Statistics, *Economic Outlook*, No.115, May 2024
図11-4　10年物国債利回りの推移（1980〜2023年）

いことが、国債を支える膨大な貯蓄資金を金融市場に呼び込んでいます。そのデフレが名目金利を低くしており、つまり国債価格の高止まりの状態を生んでいるのです。政府の債務に対する利子が低いので、財政における国債の利子負担も比較的小さく、財政もまわっているというわけです。

　ギリシャやスペインの国債は海外の投資家や金融機関が大量に保有しているので、簡単に売却されてしまう。日本の国債の大半は日本の国民の貯蓄を通じて日本の金融機関が保有しているので問題ない。こういう議論がよく出されます。—5

　ただ、日本の金融機関も、もし国債の価格が下がるリスクが顕在化すれば、国債を売っていかざるをえないわけです。日本の国債が安定的に保有されていて、財政危機は起こりえないという議論はまちがいだと思います。

　これまでは、日本の財政状況を、政府債務というストックの視点から見てき

5—**国内バイアス**　日本の国債の多くは、銀行や郵貯銀行などの国内金融機関が保有しています。この資金は円建ての資金を持ちたがる傾向が強く、国内バイアスを持つ（国内に偏向している）といわれます。

11 財政破綻と財政健全化　271

Guide to Current Topics

インフレは財政危機を救うのか

　財政問題があっても、最後はインフレによって解消される。漠然とそう考えている人が意外に多いようです。

　確かに、激しいインフレが起きれば、政府の借金はほとんど無価値になります。第二次世界大戦直後の日本は、財政運営に行き詰まり、激しいインフレを起こしてしまいました。人々が持っていた国債や現金はほとんど無価値になってしまいました。これは財政破綻以外の何物でもありませんが、政府はそれによって過去の借金から逃れることができたのです。

　激しいインフレは別としても、もし日本で穏やかなインフレが起きれば政府の財政運営は楽になるのでしょうか？　すでに政府が発行した巨額の国債は、物価上昇でその実質価値が減少します。そのかぎりでは、インフレが起きれば財政運営は、少しは楽になります。

　しかし、現在の日本が直面する財政問題で、どれだけの助けになるかは疑問です。日本の財政で深刻な点は、過去から積み上げてきた巨額の債務もさることながら、少子高齢化で予想される将来の社会保障費の負担の問題のほうが深刻です。残念ながら、インフレが起きても、将来の社会保障負担にはほとんど影響がありません。インフレによって物価が上昇する分だけ、年金や医療の社会保障費も上昇するからです。将来予想される財政負担については、インフレが起きるかどうかはまったく関係ないといってよいでしょう。

　過去からの債務についても、インフレによる軽減効果は限定的です。日本の国債は満期がくれば借り換える必要があります。その借り換えの時点でインフレが起きていれば、インフレに対応しただけ国債の利回りも上昇してしまいます。本文中でフィッシャー効果として説明した現象です。国債の借り換えの時点でインフレ分だけ金利が積み上がれば、それで財政負担軽減効果も消えてしまいます。

ました。つぎに視点を変えて、毎年の歳入と歳出というフローで財政問題を見ると、どうなるでしょうか。

日本の財政の歳出額は112兆円を超える規模です（令和6年度）。これに対して、政府の税収は景気によって変動しますが、70兆円を少し切る水準です。70兆円前後の税収で112兆円を超える歳出を行なう財政状況は、明らかに正常な状態ではありません。

日本の財政の問題は、すでに巨額の公的債務が積み上がっているということだけでなく、毎年膨大な財政赤字が出て、公的債務がさらに増えつづけているということです。図11-3からもこの点は明らかです。少子高齢化が進む日本では、今後、医療、介護、年金などの社会保障費がさらに増大することが予想され、財政運営はさらにきびしくなります。

公的債務はどこまで増えつづけるのでしょうか。公的債務の対GDP比の数値がある水準を超えると、それ以上は財政運営が困難になるという限界点はどこにあるのでしょうか。いつの時点で国債の金利上昇ははじまるのでしょうか。

こうした点に誰も答えられないままに、公的債務は増えつづけていきます。そこでつぎに、この問題について考えてみたいと思います。

日本の財政は持続可能か？

日本の財政は持続可能でしょうか？　つまり、国債の暴落や激しいインフレといった危機的事態を引き起こすことなく、財政の健全化を進めていくことは可能なのでしょうか。

その答えはイエスであるとも、ノーであるともいえます。重要なことは、国民や政治が財政健全化を進める意思と能力を持っているかどうかということです。

財政運営を考えるうえで重要なことは、長期的な意味で財政バランスがとれている必要があるということです。具体的には、

将来にわたっての政府の支出総額＋現在の政府の債務総額
　　＝ 将来にわたっての政府の税収総額

というような、長期的なバランス式が成立していなくてはいけません。

本書は入門レベルの教科書ですので、くわしい数式の展開はしませんが、より厳密ないい方をすれば、「将来にわたっての政府の支出総額」という項目は、

今日から未来までの政府支出の割引現在価値をすべて足し合わせたものです。ここではそのような詳細にはこだわらなくてけっこうです。

　このバランス式の意味するところは、政府といえども、どこかの時点で税金で徴収しないかぎり歳出はできないということです。現在の歳出を現在の税収でまかなえば財政赤字は出ません。しかし、今の日本のように財政赤字を出している国では、その財政赤字を将来の税金で穴埋めしなくてはいけないのです。その間の資金のつなぎをするのが国債というわけです。

　この式でもうひとつの重要な点は、現在すでに政府が抱えている公的債務も、将来のどこかの時点で、税収で返済しなくてはいけないということです。現在の政府債務は将来の国民の税負担ということになります。

　さて、この式を見ると明らかですが、将来、税収で十分に収入を確保することができるかぎり、政府はいくら借金を出しても、あるいは債務を積み上げても問題ないことになります。政府が民間企業や家計と違うのは、政策や制度を変えて増税することができる点にあります。

　政府の財政が維持可能かどうかは、将来、政府が増税か歳出削減を政治的に実現できるか、そして国民がそれを受け入れるかという点にかかわっています。もしそうであるならば、現在、政府が大きな債務をかかえていても問題ないと考えられます。

　日本の場合、すでに巨額の債務をかかえていますが、それでも国債金利が低水準にとどまっている理由は、いざというときには増税をすることができる、と考えられているからです。日本の国民の税負担は、欧州などの先進国に比べてまだ低い水準にあります。欧州並みの税負担まで想定すれば、まだ相当程度に増税の糊しろがあるから大丈夫だということです。—6

　もっとも、将来の増税や歳出削減の程度にも限度があるという見方もあります。こうした悲観的な見方が広がっていけば、国債の利回りが上昇していくこともありえます。

　ギリシャのケースを見ても、国民は増税や歳出削減に感情的に反応することが少なくありません。日本でも、政治家は一般的に増税や歳出削減に消極的で

6—消費税率の引き上げ　2012年8月、激しい政治論戦の末、日本の消費税を、5％から10％に段階的に引き上げる法案が成立しました。市場は、この動きを、財政健全化への政治の意思として受け止めたのでしょうか？

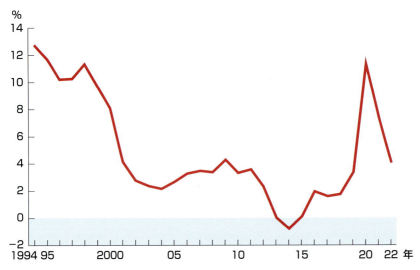

出所：OECD Statistics, *National Accounts at a Glance*
図11-5　日本の家計部門の貯蓄性向の推移（1994～2022年）

す。また、増税や歳出削減をきびしく進めようとする政党はつぎの選挙で敗退することにもなりかねません。財政健全化の政治的な能力が求められるのです。

　また、今の日本のように公的債務の額が異常な規模にまで膨れ上がれば、それを将来の増税や歳出削減で対応することが、ますますむずかしくなります。公的債務の金額が大きくなるほど、財政維持は困難になります。

　さらに、日本で少子高齢化が進んでいることも大きな問題です。高齢化が進むほど、将来の社会保障費は増大していきます。少子化で、現役世代からの税金や社会保険料の徴収が先細る恐れがあります。こうした状況では、現在の債務を将来の増税や歳出削減でカバーすることは困難であるといわざるをえません。

　現在までのところ、国内の潤沢な貯蓄が国債を買い支えています。しかし、人口が高齢化するなかで、家計部門の貯蓄率は確実に低下をつづけています。図11-5はこれを示したものです。

　高齢者の家計は、年金以外での新たな収入はありませんので、どうしても貯蓄を切り崩すことになります。つまり貯蓄性向がマイナスとなります。人口のなかに占める高齢者の割合が増えるほど、経済全体としての家計の貯蓄性向が

●経済学ステップアップ●
景気低迷とビルトイン・スタビライザー

　政府が大量の財政赤字を出しているのは、経済が低迷していることと深い関係があります。財政問題が深刻化しているスペインは、2008年のリーマンショックまでは財政黒字でした。しかし、不動産価格の暴落で景気が低迷して財政状況が悪くなっているのに加え、金融機関への支援や破綻処理に膨大な財政資金が必要となり、スペイン政府の財政は一気に悪化したのです。

　しかし、よく考えれば、景気低迷のなかでの財政状況の悪化は、6章で説明したビルトイン・スタビライザー機能が働いていることでもあるのです。景気が悪化することで失業保険の給付が増え、税収（国民から見れば税負担）が減ることは、その分景気の悪化を軽減することになるからです。

　長くつづく景気低迷のなかで日本の財政が悪化しているのにも、こうした面があります。1990年までのバブルの時期には日本の税収は潤沢であり、財政状況もいまにくらべればはるかに良好でした。バブル崩壊とその後の景気低迷で、法人税や所得税の税収が激減していることが、財政赤字を深刻化させているのです。しかし、こうした財政赤字の深刻化は、景気悪化を食い止めようとするビルトイン・スタビライザーが部分的にでも機能していることを示しているのです。

　景気が悪いときに、無理やり財政赤字を減らそうとするのは、かえって好ましくない、というケインジアンの人たちの主張は、そうした意味では正しい面があります。景気が悪いのですから財政が悪化するのは当たり前で、それを無理に増税や歳出カットで是正しようとすれば、景気はますます悪くなるというのです。

　もちろん、財政規律は重要です。いくら景気悪化に対するビルトイン・スタビライザー機能が働いていても、財政破綻に至っては元も子もないからです。

下がっていくことは避けることができません。日本でもそうしたことが起きているのです。

家計貯蓄が減りはじめても、企業貯蓄がありますので、現在までのところ、国債を購入する国内貯蓄資金は十分にあります。しかし、将来にわたってこうした状況がつづくという保証はありません。

財政健全化をどう実現するのか

GDP の 2 倍前後まで膨れ上がった政府債務を減らすことは一朝一夕にできることではありません。それどころか、当面は、財政赤字を垂れ流して公的債務が増えつづけることを防ぐことが、まず必要となります。

財政健全化を実現するためには、いくつかの重要なポイントがあります。まず重要なことは、市場の不安から国債市場価格が混乱することがないようにする必要があります。そのためには、日本の政府は長期にわたって財政を健全化する意思と能力をきっと持っているということを、市場に向かって明らかにしていく必要があります。

財政健全化を実現するためには、長期にわたって税収を増やし、歳出を抑える努力をつづけることが必要となります。そうしたきびしい対応をするという意思表示をしないと、市場が懸念を持って、国債が売りにでるかもしれないからです。消費税を引き上げていくプロセスをきちっと決め、そして社会保障制度の改革をしっかりと打ち出していくことが求められるのです。

財政健全化の第一ステップは基礎的財政収支を黒字化することです。税収から、国債費や利払いをのぞいた歳出を引いた数字を基礎的財政収支と呼びます。これが黒字化しないことには、政務債務の拡大を抑えることができないからです。

財政健全化は、税収確保と歳出抑制の両方から進めていく必要があります。まず税収確保については、消費税率の引き上げのような増税措置と、経済を拡大させることによって税収の自然増を狙うという 2 つがあります。

この 2 つはともすると相反する影響を及ぼします。あまり拙速に増税をすれば、景気に悪影響がおよび税収がかえって減ることもありえます。一方で、景気を気にしていつまでも増税に踏み切ることができなければ、永遠に財政健全化はできません。

歳出抑制については、社会保障費の抑制が鍵となります。人口が少子高齢化

11 財政破綻と財政健全化　277

するなかで、歳出に占める社会保障費の割合が圧倒的に大きくなっているから
です。社会保障費の抑制は、国民に痛みをもたらすものです。年金の支給開始
年齢を引き上げれば高齢者の生活を直撃します。これは医療費や介護費などの
抑制でも同じです。しかし、何でも政府が面倒を見るというのでは財政は維持
できなくなってしまいます。時間をかけて国民に理解を求め、着実に社会保障
改革をしていくことが必要となります。

演習問題

1. 以下の文章の下線部分に用語や数値を入れなさい。

(1)国債は一定期間がくれば、満期となって＿＿＿＿＿される。ただ、これがきち
っと行なわれるかどうか、不安が広がると、そのような国債は誰も持とうとし
なくなる。その結果、国債の価格は＿＿＿＿＿なり、国債の利回りは
＿＿＿＿＿なる。

(2)欧州の財政危機の重要な特徴は、一国の財政危機が他国へ波及する点であるが、
これは＿＿＿＿＿効果と呼ばれる。1997年のタイの通貨バーツの暴落に端を発
した危機は＿＿＿＿＿と呼ばれるが、これもあっという間にアジア全域に広が
った。

(3)財政健全化の第一ステップは、＿＿＿＿＿を黒字化することである。これは、
＿＿＿＿＿から、国債費や＿＿＿＿＿を除いた歳出を引いた数字であり、これ
が黒字化しないことには、政府債務の拡大を抑えることができない。

2. 以下の記述は正しいのか、誤っているのか、それともどちらともいえないのか、
答えなさい。

(1)不健全な財政運営をしている国は、それほど利子が払えないから国債の利回り
は低いものとなる。

(2)財政危機に陥る国の問題のひとつに、健全性（ソルベンシー）の問題があるが、
これは将来的に債務を返済する能力はあるとしても、当面、資金繰りがつかな
い状況にともなって生じる問題である。

(3)日本の国債の大半は日本の国民の貯蓄を通じて日本の金融機関が保有している
ので、海外の投資家などが大量に国債を保有しているギリシャやスペインの状
況とは異なり、安心である。

(4)基礎的財政収支がゼロである限り、政府債務残高が増加することはない。

12

金融政策と金融システム

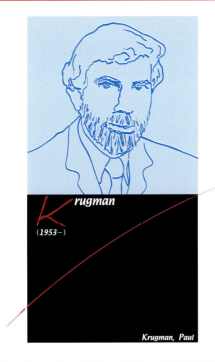

ポール・クルーグマン　現代の国際経済学の第一人者。日本では流動性の罠の研究、調整インフレ論の提唱者として有名である。最近は景気回復のための積極的なケインズ政策の主張が目立つ。彼の自宅に招かれて書斎を見たとき、よく知られているアグレッシブな論客とは別の静かな思索者という面を見た気がした。

本章では、Part 1で取り上げた金融政策や金融市場についての分析を、近年の日本の現状に即してくわしく説明します。

2000年ごろ以降、日本は深刻なデフレになっていきました。デフレを回避するため政策金利を0％にまで下げていったのですが、デフレ状況はなかなか是正されませんでした。これ以上金利を下げることはむずかしいという意味で、金融政策によるデフレ回避は手詰まりになってしまいました。

こうしたなかで、日本銀行が市場から大量の国債を購入するという、いわゆる量的緩和に金融政策の舵を大きく切りました。市場に大量の流動性資金を出すことによって、経済を刺激し、物価を引き上げることができると期待したのです。日本銀行はこれでは十分ではないと判断したのか、政策金利をマイナスにまで下げる、いわゆるマイナス金利政策にまでも踏み込みました。

こうした日本銀行の政策は、旧来の政策の枠をはみ出たもので、非伝統的な金融政策と呼ばれています。これらの政策の評価は定まっていませんが、この章ではこうした近年の非伝統的な金融政策について説明します。また、2021年以降、世界でインフレの流れ広がるなかで、日本でもデフレ脱却の芽が広がっています。この動きがデフレ時代の金融政策を修正する動きにつながっています。こうした近年の動きについてもこの章で取り上げたいと考えています。

金利政策

日本における金融政策の基本は金利（利子率）を管理する金利政策にあるといってもよいでしょう。政策対象となるもっとも重要な金利は、銀行間の短期の貸借が行なわれている金利です。これを短期金利といいます。

4章で説明したように、市中の銀行は中央銀行である日本銀行に預金準備を持っています。この預金準備は、銀行間の資金決済に使われます。銀行の手持ちの現金が不足すれば、日本銀行に預けた預金準備から引き出す形で現金を調達することができます。

市中銀行は、日々の預金や融資などの活動のなかで、手持ちの現金が余ることもあれば、不足することもあります。その現金の過不足を調整するために、日本銀行に預けた預金準備に入れたり引き出したりして調整します。

こうした動きのなかで、預金準備が不足する銀行もあれば、余る銀行もあります。そこで、余った銀行はその分を他の銀行に貸し、預金準備が不足している銀行は資金を借りようとします。これが銀行間の短期市場であり、その金利

が短期金利と呼ばれるのです。

　短期金利は、経済全体の資金の逼迫度を反映して動きます。景気が好調で多くの融資需要があるときには、銀行は積極的に貸し出しに走り、預金準備が不足気味になります。そこで短期市場で資金を調達しようとします。短期金利も高めに動いていきます。逆に、経済全体が低調で資金需要が少ないときには、短期金利も低下傾向になります。

　中央銀行は、こうした銀行間の短期貸借市場に、資金を出したり、この市場から資金を吸収したりすることができます。そうした行為によって、短期金利は実質的に中央銀行のコントロール下にあります。短期金利を調整するのが、中央銀行の金利政策です。

　たとえば、景気が悪いとき、中央銀行は短期金利を下げようとするでしょう。短期金利が下がれば、中長期の金利もそれにつれて下がっていくことが期待されます。銀行の貸し出し金利や預金金利は、短期金利が下がれば、それにつれて下がっていくはずです。また、銀行は短期金利が下がれば、市場から資金を調達し、貸し出しをより積極的に行なおうとするでしょう。逆に、景気が逼迫して、インフレなどの懸念が出てきたときには、短期金利を引き上げるような政策がとられます。

　多くの国は、銀行間の貸し出し市場における短期金利を金融政策のコントロール下においています。たとえばアメリカでは、フェデラル・ファンド・レート―1 と呼ばれる金利がそれにあたります。

　図12－1は短期金利（政策金利）の動きを示したものです。この図を見ても、近年の経済の動きや金融政策の展開がよくわかると思います。1980年代後半のバブル形成期には、日本の短期金利は比較的低い水準を維持していました。これが金利安からバブルへの動きにつながったものと考えられます。1988年ごろから短期金利が上昇していますが、これはバブルを潰すために金融が引き締められていることを示唆しています。金融引き締めで短期金利も高めに推移し、

1―フェデラル・ファンド・レート　最近は経済が国際化しておりますので、テレビなどの経済ニュースではアメリカの金融政策の動向も取り上げられることが少なくありません。日本のコールレートに対応するのは、アメリカではフェデラル・ファンド・レートと呼ばれるもので、アメリカの中央銀行であるフェデラル・リザーブはこのフェデラル・ファンド・レートをコントロールすることで金融緩和や引き締めを行なっています。

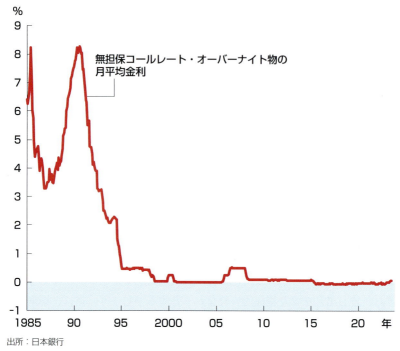

出所：日本銀行

図12-1　日本の政策金利の推移（1985年7月〜2024年5月）

これが地価や株価の下落を引き起こしたのです。—2

　1991年以降は、短期金利は低下の一途をたどり、ついに99年にはほぼゼロ水準にまできてしまいました。さらに、2016年には後で述べる日本銀行のマイナス金利政策により、政策金利はマイナス圏内にまで落ちています。平成不況のなかで金融緩和が強化され、市場金利が次第に低下していったことが読み取れるでしょう。1990年代末から顕著になったデフレ傾向はその後もつづきます。短期金利もゼロ、あるいはそれ以下の状態がずっとつづいていることがわかります。

2—**バブル潰し**　1990年から、バブルによってきわだって高くなった地価を下げるため、不動産関連への融資を制限する政策的な措置がとられました。この融資制限と金融引き締めによってバブルを潰すことが前面に打ち出されたのです。

流動性の罠と金融政策

経済が普通の状態であれば、金利をコントロールする金融政策は景気刺激や景気抑制効果を持ちます。しかし、景気が本格的に悪くなってデフレという事態に陥ると、金融政策の有効性に問題が生じます。1990年代後半からのきびしい景気低迷のなかで、日本はそのような状況に追い込まれてしまいました。

長引く景気低迷のなかで、政府は累積で1000兆円を超える減税や公共投資などの財政刺激策をとってきました。こうした政策は景気の下支えをするという役割は果たしたかもしれませんが、その結果として巨額の政府債務を生み出してしまいました。これ以上の財政刺激策をつづけることには明らかな限界が出てきたのです。

一方の金融政策についても、金利引き下げによる景気刺激がつづけられ、ついに歴史はじまって以来ともいえる低金利状態を生み出してしまいました。短期金利が限りなくゼロに近づく、いわゆる「ゼロ金利」です。

財政も金融も政策的に手詰まりの状態だったのです。このような状況に経済が陥ることは非常にまれなことです。歴史的にこうした状況が起きたことで有名なのは、1930年代の世界大恐慌の時期でした。現代のマクロ経済政策の基礎を築いたイギリスの経済学者ジョン・メイナード・ケインズ（J. M. Keynes）の古典的著作『雇用・利子および貨幣の一般理論』（いわゆる『一般理論』として知られています）は、こうした問題を取り上げていますが、そこで出てきた有名な考え方が流動性の罠（liquidity trap）というものです。—3

図12-2を見てください。この図は5章で説明した貨幣需要曲線です。縦軸に金利水準、横軸に貨幣供給量（マネーストック）がとってあります。5章で説明したように、金利と貨幣供給量の間には一般的に負の関係があります。貨幣供給量が増えれば金利は下がりますし、貨幣供給量が減れば金利が上昇するのです。

正常な経済の状態は、図の右下がりの部分、つまり AB の部分にあります。つまり、金利は正の水準にあるのです。ここで景気が悪くなれば貨幣量を増や

3—忘れられていた流動性の罠　著者の世代が学生のころのマクロ経済学の多くの教科書には、流動性の罠がケインズ理論の重要な柱として紹介されていました。しかし、戦後の先進国で一度も流動性の罠の状態に陥ることがなかったことから、この考え方は次第に忘れ去られていました。しかし、90年代後半以降の日本経済でこの問題がまた生じることで、流動性の罠に関する政策的な関心が高まっているのです。

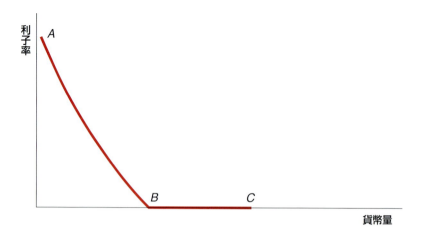

図12-2 流動性の罠

ABの部分は通常の貨幣需要関数の形状ですが、BCの部分では利子率がゼロにまで下がっており、貨幣需要曲線は水平になっています。

すか金利を下げるという金融政策をとります。金利と貨幣供給量の間には負の相関関係がありますから、ここでは金利政策と量的緩和政策（貨幣量を増やす政策）の間に本質的な違いはありません。

問題は、図の BC の部分、つまり金利がゼロに近いような状況です。これがケインズのいう流動性の罠の状況です。これ以上は金利を下げる余地はありません。貨幣量を増やすことはできますが、金利はゼロのところに張り付いています。貨幣量を増やしても金利に影響が及ばないのです。

金利がゼロに近いと、貨幣である現金や預金を持つことと、国債のような債券を持つことにそれほど大きな違いがなくなります。この状況で貨幣量を増やしても、追加的に増えた貨幣はすべて、そのまま貨幣として保有されてしまい、金利はほとんど変化しません。金利が変化しないので、そのような貨幣量増加による金融政策は景気に大きな影響を及ぼさないことになります。

確かに、90年代末以降の日本経済は、短期金利がほとんどゼロに近いところに張り付いており、それ以上金利を下げることもできず、景気低迷の状態がつづいています。流動性の罠の状態では、金融政策は効果を持たないというケインズの主張は、この範囲では正しい指摘だといえます。

インフレターゲティング

　流動性の罠の状態では、金利低下によって経済を刺激する余地がないので、金利調整を通じた金融政策の効果は弱くなります。そこで、短期金利の調整以外のより踏み込んだ金融政策に注目が集まることになります。

　金融政策について、つぎの二つをきちっと区別しなくてはいけません。ひとつは、金利を下げたり貨幣量を増やすという単純な意味での金融緩和であり、もうひとつは、物価が上がるように、あるいは物価が下がらないように将来にわたって貨幣量を増やしつづけるという、より長期的な姿勢を貫くということです。

　両者の間には決定的な違いがあります。90年代後半以降の日本経済のように流動性の罠に陥っている経済では、たんに貨幣量を増やすという通常の金融政策ではなく、将来物価が上昇するのではないだろうかと期待感が高まるところまで貨幣を増やしつづけることにコミットする政策が必要である、という主張があります。—4

　ケインズ的な意味では、ゼロ金利に陥るようなデフレの状態では金融政策は効果がないということになります。しかし、貨幣を増やしつづけるという将来に向かってのコミットメントの要素を入れ、デフレを解消するためには金融政策によってインフレ期待を経済に植え付けることは可能かもしれません。

　中央銀行が貨幣を増やしつづけることを明言し、民間経済がそれを信じれば、物価上昇期待が働く、つまり、人々は物価がこれから上昇していくだろうと考えるのです。物価が上昇していけば、かりに金利がゼロでも、実質金利はマイナスになります。—5　わかりやすくいえば、金利がゼロでも、物価が上昇していくとすれば、資金を借りることの実質金利負担はマイナスになりますし、預金や現金のような貨幣の形で持とうとすれば物価上昇率だけ資産の実質価値が下がってしまうのです。

　このような物価上昇（期待）による実質金利の低下は、投資や消費を刺激す

4—コミットメント　ミクロ経済学、とくにゲーム理論ではきわめて重要な概念であるコミットメントという考え方が、ここでの金融政策のスタンスを理解するうえでは有益でしょう。コミットメントとは、将来の自分の行動についてある種の制約を課し、それを相手（この場合には国民）に知らしめることです。

5—実質金利　10章で説明したように、投資や消費などの経済活動に影響を及ぼす金利は、名目金利から物価上昇率を引いた実質金利です。

ると期待されます。予想される物価上昇率が大きいほど、実質金利も低くなり、それによって期待される消費や投資の拡大効果も大きくなります。物価がある程度上昇していく予想があれば、企業の投資や消費者の支出も増えていくはずです。この点については、すでに10章でデフレとインフレの問題を考えるときに議論しました。

　日本をはじめとする多くの国の金融政策は、短期金利を調整するという手法をとっています。景気が悪くなれば短期金利を下げ、景気が過熱すれば短期金利を上げるという手法です。

　もちろん、金利水準そのものは、政策の最終目標ではありません。経済の景気の状況を失業率、物価上昇率、生産活動水準など、さまざまな側面から判断し、金利の上げ下げを判断するのです。ただ、その判断の基準については、「総合的に判断する」ということにならざるをえません。

　こうした政策判断が社会に対して説明力を持つためには、政策判断のプロセスがある程度、国民に明らかになっていなくてはいけません。ただ同時に、金融政策は高度な専門性を持ち、問題によっては情報が外に出ないことが必要なものもあります。90年代の後半に行なわれた日本銀行の改革においても、こうした点が重視されました。

　政策決定は、すべて日本銀行の金融政策決定会合の議論に委ねられます。その委員は、総裁と副総裁も含めて、国会の承認を経て任期付きで選ばれます。そして、金融政策決定会合で行なわれた会議の内容については、公開が前提となっています。—6

　こうしたなかで、金融政策の運営について、さらに突っ込んだ透明性を持ち込むべきであるという考え方もあります。「総合的な判断」という抽象的な政策判断基準ではなく、もっとだれの目にも明らかな政策目標を設定し、それを達成するために金融政策を動員するという手法です。金融政策において、そうした単純で明確な目標があるとすれば、それは物価ということになります。中央銀行はしばしば物価の番人と呼ばれますが、物価が極端に上がるインフレや物価が下がるデフレを起こさないことが中央銀行の大きな責務であるからです。

6—金融政策決定会合の議事録　日本銀行の政策決定会合で金融政策や経済の状況判断についてどのような議論が行なわれたかは、日本銀行のホームページで見ることができます。興味のある読者は、http://www.boj.or.jp にアクセスしてみてください。日本銀行のウェブサイトは、非常に多くのアクセスがあることで知られています。

Guide to Current Topics

中央銀行のバランスシート

　リーマンショックによって金融危機が世界的に広がろうとしたとき、主要国の中央銀行は過去に前例のないような大胆な金融緩和策を打ち出しました。そこで注目されたのが、中央銀行のバランスシートの中身なのです。

　本文中で説明したように、中央銀行は市中との間で国債などの資産を売買することで金融調整を行っています。中央銀行が市中から購入した国債などは、バランスシート上は資産の側に記録されます。当然それに応じてバランスシートの負債側には、現金と預金準備という中央銀行の債務が記録されます。本文中で説明したベースマネー、あるいはハイパワード・マネーと呼ばれるものは、この中央銀行の負債の総額のことであり、これがマネーストックの重要な決定要因となります。

　さて、リーマンショック後、欧米などの主要国の中央銀行は大量の資金を市場に提供する必要から、大規模な資産を購入したのです。それも、国債など通常の金融操作で売買する資産だけでなく、社債、コマーシャルペーパー、不動産関連の金融証券など、通常の金融政策では対象とならないような資産まで購入することになりました。

　平時であれば、短期資金を調整するだけで、あとは健全な機能をしている金融市場を通じて金融政策の効果は広がっていくのですが、金融危機の状況ではそうした十分な市場機能が期待できず、中央銀行自らがコマーシャルペーパーや社債などさまざまな市場に資金供給せざるをえなかったのです。

　欧米の中央銀行のバランスシートの資産の中身は、国債以外のさまざまな民間証券を含むようになりました。これらの資産のリスクは大きいので、中央銀行は大きな資産リスクを抱え込む結果になりました。そうしたことが好ましいことであるかどうか、専門家の間で議論にはなりましたが、未曾有の危機に対応するためには仕方ないということなのでしょう。

インフレターゲティングの考え方は、簡単にいえばつぎのようなものです。金融政策の目標として、物価上昇率の範囲を決めます。たとえば0％から2％の間に物価上昇率を収めるように努力するというような目標です。もちろん、この目標の範囲は、その経済のおかれた状態や政策当局者の考え方によって違いがありえます。

いずれにしろ、そうした目標を設定したら、それの範囲に収まるように政策を駆使するというわけです。たとえば上のような範囲に物価目標を設定したとき、実際の物価上昇率がそれを超えて上がりそうな気配があれば、金利を上げたり貨幣量を絞って引き締めにかかることになります。物価が下落してデフレになりそうな気配であれば、逆の操作をします。

インフレターゲティングの利点

インフレターゲティングが多くの国で採用されているのは、それがいくつかの大きな利点を持っているからだと考えられます。―7

そのひとつは、上でも示唆しているように、金融政策の判断基準が非常に明確になるということです。もちろん、どこにインフレターゲットの範囲を持っていくかということについては、政策的に大いに議論しなくてはならないことです。ただ、いったんそういった目標を設定したら、それをどう実現するのかということは中央銀行の実務に委ねることができます。つまり政策目標をオープンにするということと、実際の金融政策の運営は非常に専門的にならざるをえないということの二つの調整が、むずかしい側面を切り離して同時に対応できることになります。

インフレターゲティングの第二の利点は、これを導入することによって、中央銀行の政策に対する政治の不当な介入が遮断できるということです。多くの国が経験していることですが、経済運営に行き詰まったときには、えてして金融政策に過度な期待がかかるものです。景気が低迷しているとき、財政支出を

7―**インフレ対策としてのインフレターゲット**　これまで、諸外国のインフレターゲティングは、インフレを抑えるための手法として採用されてきました。したがって、デフレ対策としてインフレターゲティングが利用されることは一般的ではありませんでした。これは、デフレという特殊な状況を体験しているのが日本などごく限られた国であるという事情によるのでしょう。デフレの下でもインフレターゲティングが有効なのかということについては、さまざまな論議が交わされています。

増やし減税を行なおうとすれば、財政赤字が膨らんでしまいます。そこで、金融政策に圧力をかけて過度な金融緩和を要求することにもなりかねません。

　途上国の政府の場合には、政府が国民におもねるいわゆるポピュリスト型の政権が少なくありませんので、国民がいやがる増税はせず、国民の求める補助金などはどんどん出します。その結果として出てくる国家財政の不足を貨幣発行に求めるというインフレ財政を行なおうとします。つまり、政府の借金のために出した国債を中央銀行に買い取ってもらおうとします。

　日本をはじめとする先進国の場合には、そこまで規律の乱れた国債の乱発とその国債の中央銀行による引き受けということはないでしょう。日本では、財政法によって日本銀行による政府の新規発行の国債引き受けは禁止されています。しかし、そうした制度がある先進工業国でも、政府はどうしてもインフレ的な政策運営をしがちになります。景気が悪化すると中央銀行に金融緩和政策を過度に求めるというのが、どの国の政治にも見られる共通の現象なのです。

　こうした政府からの圧力、民間からの圧力を跳ね返して、経済にとってほんとうに好ましい物価の動きを実現するためには、物価上昇率に目標圏を設定してそれを達成することを金融政策の主たる目標にするというインフレターゲティングの導入が考えられます。いったんインフレターゲットを設定してそれを発表すれば、それに反した恣意的な金融政策への政治的な介入に歯止めがかかると期待されるからです。

　こうしたインフレターゲティングの導入により、政策への政治的な介入を抑えるのにとくに機能を発揮すると考えられるのは、高いインフレに悩む国がインフレ抑制策をとろうとするときです。インフレを抑えるために金融を引き締めるのにはさまざまな経済的な困難もともないますので、当然、そうした政策への抵抗も高まります。そこで、最初に物価上昇率の目標を設定し、政治的な合意が得られれば、金融政策の運営には政治的介入はしにくくなるということが期待されます。

　インフレターゲティングを導入する第三の利点は、すでに取り上げた期待に関する点です。金融政策の重要な機能は、目先の経済状況についてどう対応するかということ以上に、今後の経済をどちらの方向に持っていくのかということを市場に知らせ、市場をそちらの方向に誘導するということであるべきだという考え方です。

　流動性の罠の議論からもわかるように、将来の金融政策がどのような方向で

運営されるかということについて民間の経済主体がどう判断するのかということは、現在の経済状況を決めるうえでも重要な意味を持っています。高いインフレに悩んでいる国では、インフレターゲットを設定してある水準以下に物価上昇率を下げると明言し、それを実行する意思を示すことが、結果的には物価を下げるもっとも有効な手法なのです。

　同じように流動性の罠の状況にあったり、デフレの状況にある経済には、物価が下がるデフレは絶対に容認しないこと、あるいは必要であれば１〜２％程度のゆるやかな物価上昇を引き起こすという将来に向かっての指針を出すことが、デフレ解消の有効な方法だと考えられます。

　もっとも、インフレターゲティングについて、批判的な考え方も少なくありません。そもそも、日本のようなデフレ状況のなかで金融政策によって物価を引き上げることが可能であるかどうかという疑問が出されました。インフレターゲティングを打ち出しても、それが政策的に実現できないようでは、かえって政策の信頼を失うという危惧もあります。

量的緩和とマイナス金利政策

　政策金利をゼロにまで下げても、日本はデフレから脱却することができないでいました。そうしたなかで2013年に新たに就任した黒田東彦日本銀行総裁は、これまでよりもさらに踏み込んだ金融緩和策を導入しました。すでに日本銀行が設定していた２％のインフレターゲットを実現するために、市中から大量の国債を購入しはじめたのです。

　日本銀行が市中の金融機関から国債を購入すれば、その額に見合ったマネーが市中に出ていき、経済を刺激することが期待されたのです。すでに説明したように、ゼロ金利の付近では流動性の罠の状態に陥り、マネーの量が増えても金利にほとんど影響はありません。それでも大量の資金を市中に放出すれば、人々の期待に変化をもたらすことができるのではないか。そしてこの期待の変化を通じてデフレマインドからの脱却を実現しようというのです。こうした政策がデフレから脱却する効果を十分に持ったかどうかは、議論の分かれるところです。

　確かに大規模な量的緩和策によって、為替レートや株価が反応し、物価も少し上昇する動きを見せました。期待に働きかけるという政策はそれなりに成功したようにも見えました。ただ、黒田総裁の任期の10年の間に、日本銀行は安

定的に2％のインフレ率を達成するというインフレターゲットの目標を実現することはできなかったのです。

　量的緩和だけではデフレからの脱却はむずかしいということは、日本銀行自身も認識していたのでしょう。黒田総裁の就任時の大規模な量的緩和から3年後の2016年に、日本銀行は政策金利をマイナス0.1％にまで下げる、マイナス金利政策にまで踏み込むことになりました。政策金利をマイナスにするということは、市中銀行が日本銀行に持つ預金準備（リザーブ）に負の金利（つまり手数料）がかかるということです。

　マイナス金利政策によって、日本銀行がマイナスに設定した政策金利（短期金利）だけでなく、中期や長期の金利まで大きく下に振れることになってしまいました。政策金利だけでなく、諸々の金利が大幅に下がったのです。マイナス金利の影響が大きすぎたということでしょう。日本銀行は下がりすぎた長期金利（10年物国債の利回り）をゼロ近傍にまで戻すという、長期金利への介入をはじめました。

　日本銀行の金融政策では、本来の介入の対象は短期の政策金利だけですが、中長期の金利まで管理の対象となりました。短期から長期にかけての金利の構造をイールドカーブと呼ぶことは第5章で述べましたが、金利に全面的に介入する日本銀行の政策を、イールドカーブ・コントロールと呼びます。

　大規模な量的緩和、マイナス金利政策、そしてイールドカーブ・コントロールと、日本銀行は伝統的な金融政策とは異なる手法でデフレからの脱却を目指してきました。そうした非伝統的な政策手法の是非については評価の分かれるところです。第10章でも触れたように、2021年ごろから世界的にインフレが広がり、その影響で日本でも物価の上昇がはじまりました。

　こうした動きを受け、日本銀行は非伝統的な手段を外していくことになります。まずイールドカーブ・コントロールを外して、長期金利の動きを市場の動きに委ねることにしました。つぎにマイナス金利政策を止め、インフレの状況に対応すべく政策金利を引き上げています。量的緩和によって日本銀行のバランスシート（287ページのコラム参照）で膨れ上がっている国債の処理については、時間をかけて行なうことになります。

経済にとって血液となる銀行システム

　中央銀行の仕事は、マクロ経済政策としての金融政策を行なうだけではあり

ません。金融システムが健全に機能するように、金融システムに潤沢に資金を供給することも中央銀行の重要な役割です。

銀行預金を中心とした金融システムは、経済のさまざまな取引の支払いや決済を支えるという重要な役割を果たしています。4章でくわしく説明したように、銀行預金は貨幣としての機能を果たしているのです。

貨幣として機能している銀行預金の制度は、経済にとっては血液のような存在です。その機能が一時でも中断されるようなことがあれば、経済全体に大きな影響を及ぼしかねません。そのため、銀行のシステムがつねに健全に機能するようにさまざまな監視制度があり、そして万が一のための安全装置がつけられているのです。

監視装置としては、検査と呼ばれる金融庁による監視と、考査と呼ばれる日本銀行による監視があります。金融庁は個々の金融機関が健全な状態であるかどうか業務状況をチェックします。日本銀行の考査も同じような機能がありますが、その主たる目的は金融システムが健全に機能しているかどうかをマーケットの側からチェックすることであると考えてよいでしょう。

銀行は預金者から多くの資金を預かり、それを融資や証券投資にまわしています。もし銀行の融資が過度に危険度の高い投資案件に投下され、それらの融資先が破綻したら、銀行も破綻する可能性があります。銀行の破綻はたんに一企業の破綻とは違い、経済全体の支払いや決済に甚大な影響を及ぼしかねません。そこでそうしたリスクを軽減するため、金融機関の経営状況を公的に監視する必要があるのです。

銀行の破綻が、決済システムや支払いに大きな影響を及ぼすことは容易に想像できると思います。経済のさまざまな取引は、銀行間の決済によって支えられています。クレジットカードの決済、振り込み、手形の引き落とし、外国為替取引にともなう決済など、金融機関の間では常時、巨額の取引が行なわれています。もしある金融機関が突然破綻したら、その金融機関のかかわる取引がすべて停止することになるだけでなく、まだ最終的な決済が終了していない債権債務関係にも問題が生じることになります。

このような意味で、銀行は他の産業とは違った特別な存在です。金融機関の破綻は決済システムそのものを一時的に停止させかねないという意味で、金融システムはシステミック・リスク（システムのリスク）を抱えているのです。そうしたシステミック・リスクをできるだけ軽減するよう、さまざまな安全弁

●経済学ステップアップ●
銀行システムの経済学

　銀行が経済のなかで果たしている役割にはたいへん大きなものがあります。多くの国民の資産を預金という形で預かり、それを企業などに融資という形で貸し出します。また、銀行の預金口座の決済を利用して、クレジットカードや公共料金の引き落とし、送金、手形や小切手を利用した支払いなどが行なわれています。

　こうした多様な機能を同時に果たすため、銀行には大きなシステム的なリスク（システミック・リスク）がともなうという、他の産業とは異なる特徴があります。また、個別の金融機関が破綻しても、銀行システム全体、ひいては経済全体の活動に影響を及ぼすという意味で、そのシステムの安定性を維持することが社会的にも重要となります。

　銀行は預金者から預かった資金の大半を貸し出しなどにまわします。もし、預金者が大挙して預金を引き出しにくれば、健全な経営をしている銀行も破綻してしまいます。こうした現象を預金取り付けといいますが、消費者の不安心理から健全な銀行さえ預金取り付けの対象になりうるということが、経済モデルを用いて分析されています。そしてその分析を前提にして、銀行の自己資本規制などのあり方が議論されています。

　銀行は、たんに資金を貸すだけでなく、借り手の企業の情報を収集し、それを分析する能力を持っています。個別の預金者が融資先の情報を集めなくても、銀行がそれに代わって分析することで、預金者の利益を代弁することができるのです。こうした銀行の多様な役割についての研究も多くあります。

　株式市場などを通じた直接金融と銀行を通じた間接金融の機能の違い、メインバンク制など日本的といわれる銀行の仕組みの実態とその評価、安全性と効率性の観点から考えられる望ましい銀行規制のあり方などについても、多くの研究があります。また、銀行を通じて多くの融資が行なわれることがマクロ経済全体の動きに大きな影響を及ぼしているわけですが、そうした仕組みのなかで金融政策がどのように機能するのかという点についても、単純な信用乗数の分析（4章）を超えたさまざまな研究成果があります。

が用意されているのです。

預金取り付けと預金保険

　銀行は、多くの預金者から預金を集めて、それを融資にまわしています。銀行の手元に現金や預金準備としておいてある資金は、預金のごく一部にしかすぎません。預金者が引き出しにきても、それは全体の預金のごく一部であるので、準備は最低限でいいと考えるからです。また、預金のごく一部だけを準備として残し大半の資金を融資や証券購入などにまわせるからこそ、銀行が金融業として利益をあげられるわけです。

　もし、多くの預金者が大挙して預金の引き出しにきたら、銀行は預金引き出しの要求にすべて応じることはできません。企業に貸し出した資金を短期間に回収して預金引き出しに応じるということができるわけがないからです。特定の銀行の預金が大挙して引き出されることを預金取り付けといいますが、そのようなことが起きればその銀行は経営破綻することになります。

　預金取り付けが起きるのは、預金者の間でその銀行の経営不振がうわさされるときです。自分の預金があぶないと思えば、預金者はその金融機関から預金を引き出し、安全と思われる金融機関に預け直すでしょう。事実であるか風評であるかにかかわらず、経営不振のうわさが流れれば、その銀行は預金取り付けにあう可能性があるのです。─8

　預金取り付けが起きれば、金融システムそのものに大きな影響が出かねません。そこでそうしたことが起きにくいようにしなくてはいけません。そのために存在するのが、預金保険という制度と、「最後の貸し手」(lender of last resort) としての中央銀行の役割です。

　預金保険とは、預金保険機構という公的な機関が金融機関から預金量などに比例した保険料を徴収し、かりにある銀行が破綻しても、その保険料を利用して預金者の預金については保証しようとする制度です。この保険があれば預金は守られるので、かりに銀行の経営についてのかんばしくないうわさが広がっても、預金者の動揺は小さくなると期待されます。大規模な預金引き出し騒動

8─うわさ話で起きた預金取り付け　1973年12月、愛知県の豊川信用金庫は、女子高生の「あの銀行はだめらしい」といううわさ話が原因で、預金取り付けにあいました。もっともこのうわさ話、信用金庫に内定が決まっていた友人に「あの銀行は危ないよ」と冗談をいったことがきっかけのようです。

も起きにくくなるでしょう。また、多くの国民にとって預金は大切な生活資金でもありますので、それが安全に保護されることにも意味があるでしょう。

　つぎに、この問題についての中央銀行の役割についても触れておきましょう。かりに特定の銀行が預金取り付けにあったとしても、中央銀行が緊急融資に応じれば、預金取り付けでパニックが起こることはありません。預金取り付けで不足する現金や預金準備を中央銀行が貸し出しで補うのです。このようにいざというとき、中央銀行は金融機関に貸し出しすることでシステムの安定化をはかることができるので、このような機能を中央銀行の「最後の貸し手」機能といいます。

　中央銀行の最後の貸し手機能があることが、預金者の金融機関に対する安心感を高めますし、万が一問題が起きたときも、それに対応し、混乱を防ぐことができるのです。

モラルハザードとペイオフ

　もっとも、預金保険にも、中央銀行の最後の貸し手機能にも、問題がないわけではありません。

　預金保険で預金者の保険を全額保証すると、預金者による金融機関の選別機能が弱まります。どの銀行に預けても預金が保証されているわけですので、問題はないわけです。それどころか、経営の不安定な金融機関は、高い金利を提示することで、より多くの預金を集めることさえできます。

　「預金保険で預金が全額保証されるかぎり、自分はいちばん金利の高い銀行に預金する」という行動をとる預金者が増えれば、結果的に経営の不安定な銀行に預金が多く集まることになります。経営状態の悪い銀行ほど高い金利を出す傾向にあるからです。その結果、もしそのような銀行が経営破綻すれば、預金保険の費用負担が増え、それは最終的には国民の負担となります。このような現象をモラルハザードといいます。—9

　預金者が危ない金融機関を避け、健全な金融機関に預金するようにすること

9—モラルハザード　モラルハザードは経済学に広く見られる現象で、本書の姉妹編『ミクロ経済学』（日本評論社）でくわしく説明しています。この用語はもともと保険業でよく使われていたもので、医療保険で医療費がすべてカバーされていると、病院も患者も過剰診療を求めるようになり、その結果医療保険の負担が大きくなるという現象などを指していました。

は、全体の金融システムの健全性を維持するうえで重要なことです。そこでこうした預金者による選別を推進するため、預金保険に上限を設ける制度をペイオフ制度といいます。たとえば、1000万円を上限として、それ以上の部分については銀行が破綻しても預金保護をしないという制度です。

多くの国民はそれほど多くの額の預金を持っていないので、これによって預金は保護されますし、かりにこの額以上の預金を持っている個人でも、いくつかの金融機関に分散して預金しておけば、銀行が同時に破綻することはありませんので、問題はありません。

問題は銀行に大きな額の預金を持つ企業や自治体などです。これらの預金はペイオフの限度を超えた額は保証されないことになりますので、より安全な銀行へ預金が動くことになります。そうした大口預金者による選別行為によって、金融機関もより安定的な経営を行なうよう圧力がかかることが期待できるのです。—10

さて、預金保険に限界があるとしたとき、中央銀行による「最後の貸し手」機能をより積極的に利用するということについてはどのように考えたらよいのでしょうか。

中央銀行のこの機能はきわめて重要です。健全な金融機関がいわれのない風評だけで困難に陥っているとき、テロ事件や自然災害で金融システムが混乱しかねないときなど、中央銀行が潤沢な資金を金融機関に提供することが必要になるからです。ただ、不健全な経営をしていて破綻しかかっている金融機関に中央銀行が追加的な融資をするようなことがあってはいけません。そうした金融機関は破綻するにまかせ、国家管理のもとで処理されることが望まれるからです。預金取り付けは、根拠のない風評からも起こりえますが、本当に危ない経営をしている金融機関に対する預金者が突きつけた最後通告という面を持つ場合もあるのです。そうしたとき、安易に中央銀行が問題のある金融機関に救いの手をさしのべることはできないのです。

10—ペイオフ延期問題　日本では一時的にペイオフ制度が施行されず、預金が全額保証されていました。これはペイオフの導入によって、中小金融機関の預金が大幅に引き出されることを恐れたからです。しかし、ペイオフ導入が遅れたことが、銀行の経営の健全化を遅らせてしまったという批判もありました。

演習問題

1. 以下の文章の下線部分に用語や数値を入れなさい。

   (1)金利が非常に低くなると、貨幣などの現金や預金を持つことと、国債などの債券を持つことに大きな違いがなくなる。このような状態を＿＿＿＿＿という。そこでは、財政政策の景気刺激効果は＿＿＿＿＿であるが、通常の金融政策の効果は＿＿＿＿＿なる。

   (2)銀行間の短期資金市場の利子率を＿＿＿＿＿と呼ぶ。この利子率を調整することが現在の金融政策の主たる手法となっている。この金利を下げるためには、たとえば市中から国債を購入する＿＿＿＿＿を行なえばよい。

   (3)人々が銀行から預金を引き出そうと殺到する現象を＿＿＿＿＿という。こうした現象が起こると健全な銀行でも破綻することが起こりうる。そこで、人々が銀行への不安を持たないように預金を保証する制度である＿＿＿＿＿制度がある。ただ、預金者ができるだけ健全な銀行を選ぶ誘因を持つよう、保証に上限を設ける＿＿＿＿＿制度となっているのが通常である。また、健全な金融機関が預金取り付けなどにあって混乱に陥ったときには、中央銀行が資金を金融機関に貸し出すことがあるが、こうした機能を中央銀行の＿＿＿＿＿機能という。

2. 以下の記述は正しいのか、誤っているのか、それともどちらともいえないのか、答えなさい。

   (1)流動性の罠の下では、財政政策によって景気を刺激しようとしても効果はない。

   (2)インフレターゲティングによって人々にインフレ期待を起こすことができれば、デフレから抜け出すことが可能になる。

   (3)金利を下げるという金融政策と、貨幣量を増やすという金融政策は、基本的には同じものである。

   (4)預金取り付けが起こったとしても、健全な銀行は破綻することはない。

13

国際金融市場と為替レート

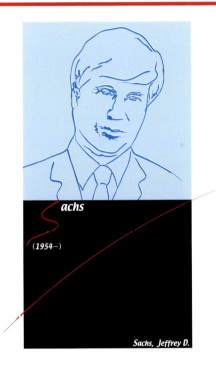

ジェフリー・サックス サマーズ（6章扉）と同じく若くしてハーバード大学の教授となる。書斎にこもるタイプではなく、多くの発展途上国のアドバイザーとして世界中を駆けまわっている。国際会議などで途上国の立場で熱く語る姿は人々に深い感銘を与えるものがある。

300　Part2　マクロ経済学の応用

　これまでは、マクロ経済を一国経済のなかだけに限定して考えてきました。しかし、現実の世界では、一国の経済は貿易や海外投資などを通じて海外経済と密接なかかわりを持っています。貿易や海外投資の動きは、一国のマクロ経済の動きに大きな影響を及ぼす要因となっています。

　このように、海外との貿易や投資まで考慮に入れてマクロ経済の動きを分析する分野を、開放マクロ経済学と呼びます。本章と次章では、開放マクロ経済学の基本的な内容を説明します。

　開放マクロ経済学のもっとも重要な経済指標となるのが為替レートです。為替レートは国内の財政金融政策から大きな影響を受けると同時に、その変動は貿易や国際投資を通じてマクロ経済に大きな影響を及ぼします。本章では、為替レートについての基本的な見方を説明するとともに、為替レートの変化がマクロ経済にどのような影響を及ぼすのか説明します。

為替レートの決定

　為替レートとは、各国通貨の間の交換比率のことです。たとえば、円ドルレートであれば、円とドルの交換比率を指しています。1ドル100円であれば、1ドルと100円が交換できるということを意味します。

　円は海外のさまざまな通貨と交換可能です。したがって、それぞれの通貨との間に為替レートが成立するので、海外の通貨の数だけ為替レートがあることになります。そうした多通貨の下で為替レートをどのようにとらえたらよいのかという点については、後で説明します。ただ、以下の大半の議論はとりあえず円ドルレートで考えることにします。

　為替レートは、外国為替市場というところで決まります。―1 図13－1は外

1―世界をまわる外国為替市場　本章の説明は単純化してありますが、現実の外国為替市場は世界の多くの都市にあります。世界でいちばん早く開く外国為替市場はニュージーランドのウェリントンとオーストラリアのシドニーの市場、それに東京、そしてシンガポールがつづきます。地球を西側方向にまわって、中東の市場、フランクフルトやロンドン市場、ニューヨーク市場と開いていきます。それぞれの市場では独立して外国為替取引が行なわれるわけですが、異なった市場の間に為替レートの開きが生じることはありません。価格差が生じるようであれば、瞬時に市場での売買がそれを埋めてしまいます。外国為替取引は文字どおり世界をまわっています。東京市場が閉鎖した後の為替レートの動きを見たければ、ロンドン市場を見ればよいわけですし、東京市場が開く前の市場の動きを見たければ、前日のニューヨーク市場の動きを見ればよいわけです。

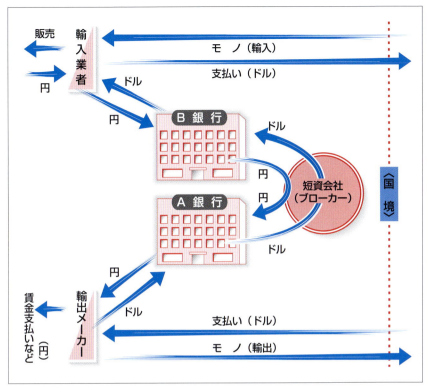

図13-1 外国為替市場のイメージ

外国為替市場では、銀行を通じて企業や個人が自国通貨と外国通貨を交換しています。

国為替市場のイメージを図に表わしたものです。市場とはいってもとくにどこか決まった場所で取引が行なわれるわけではなく、銀行間で通信手段を用いて取引されます。銀行間で直接取引されることもあれば、短資会社と呼ばれるブローカー（取引仲介業者）を通じて取引されることもあります。

　銀行は市場で成立している為替レートを見ながら、そして顧客の注文を受けて、市場にドルなどの売り買いの注文を出します。市場では、そうした銀行からの注文を受けて為替レートが調整されていきます。ドルの売りが買いよりも多ければ、為替レートはドル安（円高）の方向に調整されていきます。逆にドルの買いのほうがドルの売りよりも多ければ、為替レートはドル高（円安）の方向に調整されていきます。

302　Part2　マクロ経済学の応用

このように銀行間の取引で決まる為替レートは、当然のことながら、銀行が顧客に提示する為替レートに反映されます。私たちが銀行の窓口でドルを購入しようとするとき、そこで提示される為替レートは毎日変化します。これは銀行が、顧客に提示する為替レートを市場の動きに合わせて調整するからです。

現在、日本をはじめとする多くの先進工業国の為替レートは市場で自由に決まる変動相場制を基本にしています。しかし、政府・中央銀行は、為替レートが極端に一方向に振れることのないように、ときどき、市場に介入します。市場介入とは、政府・中央銀行が手持ちの外貨を市場で売却したり、あるいは市場から外貨を購入することを指します。

たとえばドル安（円高）が進行していれば、政府・中央銀行は市場からドルを買い上げることでドルの価格低落を抑えようとするでしょう。市場からドルを購入するためには円を市場に出さなくてはなりませんが、政府・中央銀行は介入資金を調達するための政府短期証券を発行してその資金を調達します。

もし、ドル高（円安）になって円安進行、あるいはドル高進行を防ぐために介入する場合には、政府・中央銀行は手持ちのドルを市場に売るような介入をします。そのため、政府・中央銀行はつねに大量の外貨を保有しています。これを外貨準備と呼びます。2024年3月末現在、日本には約1兆1452億ドルの外貨準備があります。

多様な為替レート指標

読者のみなさんは日常的には円ドルレートで為替レートの話をすることが多いと思います。新聞やテレビでも、たいがいは円ドルレートで議論します。しかし、これはあくまでも円とドルという二つの通貨の間の交換比率で、マクロ経済を考えるためには、他の為替レートの指標も念頭に置かなくてはなりません。—2

「円は安いか、高いか」。為替レートの議論をするとき、こうした疑問が必ず出てきます。この場合の円とは、円という通貨とその他すべての通貨との間の

2—ドルにペッグする通貨　アジア諸国などの多くの途上国や新興工業国の通貨はドルに対して固定（ペッグ）されています。したがって、円ドルレートとは日本とアメリカの通貨間の為替レートというよりは、これら多くの国の通貨との為替レートという性格も持っています。そういう意味では、円ドルレートを見るだけでも、円と海外の多くの国との間の為替レートの大づかみな動きをとらえることができます。

Guide to Current Topics

為替レートにおける名目錯覚

2008年のリーマンショックを転機に、円レートが急速に円高に動きました。1ドル80円を切るような水準となり、一時は75円近くにまで円高になったのです。これは戦後でももっとも円高の水準であり、日本はかつてない円高であると大騒ぎになりました。

しかし、この認識は正しくありません。円ドルレートで見ると、1995年にも1ドル80円を少しだけ切る円高になったことがあります。それだけではありません。問題は、1995年当時の80円と、2012年の80円の意味の違いです。

この約17年間に、アメリカの物価はおおよそ40%上昇しました。日本はこの間にデフレがあったこともあり、物価はまったく上がっていません。この物価の差を考慮にいれれば、1995年の80円は2012年の57円に対応することになります。これは80を1.4で割って求めた数値です。

2012年の時点で1ドル57円まで円高になっていて、はじめて史上最高の円高といえるのです。現実には1ドル70円台後半（2012年9月現在）ですので、2012年の為替レートは過去最高の水準から30%程度円安であるといえるのです。確かに若干の円高かもしれませんが、大騒ぎするほどの水準ではないのです。

大学の授業では、「素人は為替レートを名目で見るが、プロは実質で見る」と話しています。為替レートの水準を正しく見るためには、物価の動きも考慮に入れた実質レートで見なくてはいけないのです。

残念ながら、多くの人は名目で為替レートの水準を判断してしまうようです。つまり、貨幣錯覚あるいは名目錯覚に陥っているのです。リーマンショック後の為替論議は、実質ではそれほど円高になっていないにもかかわらず、名目で判断してしまい、円高で日本経済はたいへんだと大騒ぎしているにすぎないのです。

海外の投資家も含めてプロの市場関係者は実質で見ています。このように、プロと素人では、内外で為替レートの見方に大きなギャップが生じています。

為替レートの平均的なものを想定していることは明らかです。円ドルや円ユーロなど、特定の通貨との為替レートを意味するわけではありません。

このように他の通貨全般に対する円の為替レートの平均的な姿を表わす指標が、実効為替レートと呼ばれるものです。実効為替レートとは、円と他の個々の通貨との為替レートの動きを、その通貨のウェイトで平均したものです。実効為替レートは、生の数字で出てくる為替レートではなく、円高に振れているのか円安に振れているのかという指数の形で出てきます。

くわしい計算方法にまでは立ち入りませんが、その考え方はおおよそつぎのようなものです。まず基準の年をとり、その年と現時点の間の為替レートの動きを個々の通貨ごとにとります。円ドル、円ユーロ、円ポンドなどの為替レートがこの間に何倍になったのかを指数でとるわけです。つぎに、そのような各通貨との為替レートの指数に、それぞれの国のウェイトを掛けて平均するわけです。一般的なウェイトとしては、日本とその国との貿易が日本のすべての貿易の何パーセントぐらいかという数字が使われます。つまり国際取引におけるその国の日本にとっての重要性がウェイトとなります。

このようなウェイトを掛け、平均して求めた実効為替レートは、海外全体に対して円という通貨がどのような動きを示したかをとらえる指標となります。現実の経済を分析するにあたっては、円ドルレートなど特定通貨に対する為替レートではなく、実効為替レートで見るほうが望ましいことはいうまでもありません。

さて、為替レートについてもうひとつ注意しなくてはならないのは、名目為替レートと実質為替レートの区別です。円ドルレートのように、名目的な貨幣価値である円とドルの間の交換比率を示したものを名目為替レートと呼びます。市場で決まる為替レートはすべて名目為替レートです。

これに対して、マクロ経済を分析するときには、見せかけの名目為替レートだけでなく、その背後にある物価の動きも考慮に入れなくてはいけません。たとえば、円ドルレートが円高に動いていくとしてみましょう。その場合、日本とアメリカの物価が変化しないなかで円高へ動いた場合と、アメリカの物価が上がったために円高に動いた場合では、その意味がまったく違います。

物価が変化しないなかでの円高への動きは、日本からの輸出を抑制し、日本の海外からの輸入を拡大するでしょう。なぜなら、円高は日本の商品の海外での価格を高くし、日本国内での海外製品の価格を安くするからです。しかし、

アメリカの物価が上がっているなかでの円高は、両国の財・サービスの価格差を変化させるものではありませんから、貿易に大きな影響を及ぼすとは考えられません。

このように考えたら、市場で決まる為替レートである名目為替レートよりは、それに物価を加味した実質的な数値で考えるほうが望ましいことがわかると思います。このような考え方を基礎にした指標が実質為替レートです。概念的にいえば、実質為替レートは、たとえば円ドルレートでいえば、

$$
名目為替レート \times \frac{アメリカの物価}{日本の物価}
$$

を指します。もちろん、物価というのは抽象概念ですので、それは指数で表わすしかありません。実質為替レートは実効為替レートと同じように、基準の年を設けて、それをベースに指数の形で表わします。すなわち実質為替レートとは、

$$
\frac{現在の為替レート}{基準年の為替レート} \times \frac{アメリカの物価指数}{日本の物価指数}
$$

という形で求めることができます（指数で表わすなら上記のものに100を掛けます）。

さて、上で示した実質為替レートは円ドルレートを想定して説明しましたが、同じような形で、実効為替レートについても実質値を求めることができます。各通貨と円の間の為替レートについて実質為替レートを求め、それに貿易量などのウェイトを掛けて平均的な為替レートを指数値で求めたのが、実質実効為替レートです。マクロ経済分析や国際経済学では、この実質実効為替レートを用いることがしばしばあります。

図13-2は、円ドルレートだけで為替レートを見ることの危険性を戒めるため、最近の円ドルレートの動きと、実質実効為替レートの動きを比べてみたものです。両者の間に大きな違いがあることがわかると思います。円ドルレートはニュースでも毎日取り上げられ、わかりやすい指標ではありますが、厳密な経済分析をするときには実質実効為替レートを使わなくてはいけません。

ケーススタディ：2013年から2024年の円ドルレートの動き

　為替レートはさまざまな要因によって動きます。その動きは時代によって異なる特徴を持ち、単純化して語るのはむずかしいことです。それでも足元の為替レートの流れについて整理することは、マクロ経済と為替レートの関係を理解するうえで有益です。ここでは、2013年にはじまったアベノミクス（安倍晋三内閣のもとでの経済政策）から最近までの円ドルレートの動きを、ケーススタディとして追ってみます。

　2012年の年末に安倍内閣が成立するまでは、日本はきびしいデフレに直面していました。そうしたなかで円ドルレートは1ドル80円前後の超円高の状態にあり、自動車などの輸出産業の業績に大きなマイナスの影響を与えていました。

　大規模な金融緩和に踏み込んだアベノミクスのもとで、円ドルレートは大幅に円安に向かいました。円ドルレートも1ドル120円台まで動き、円高で苦しんでいた輸出業界の業績も回復していきました。それから2021年の夏ごろまで9年ほど、円ドルレートは1ドル110円前後で安定して推移していました（図13-2）。

　円ドルレートが大きく動きはじめるのは、2021年の夏ごろからです。すでに第10章で取り上げたように、アメリカで急速なインフレが起こります。新型コロナウイルスの感染によって落ち込んだ需要が回復する一方で供給が追いつかず、人手不足やモノ不足で賃金や物価が大幅に上昇をはじめたのです。アメリカはインフレに対応するため、猛烈な勢いで政策金利を引き上げました。それまで0.25％であった政策金利が、1年半後までの間に5.5％にまで引き上げられました。

　為替レート（円ドルレート）は日米の金利差に敏感に反応しました。円の債券に比べてドル債券のほうがはるかに利回りが高くなり、資金が円からドルに大きく動こうとしました。それにともなって、円ドルレートは図13-2にあるように、一気に1ドル150円台にまでドル高になったのです。

　ここまでの動きから読み取れるのは、産業の国際競争力や後で述べる購買力平価などから想定される円ドルレートは1ドル110円前後であり、それに円ドルの金利差の影響で40円ほどドル高の1ドル150円という円ドルレートになっているということです。金利差が円安の大きな要因であるとすれば、日米の金利差が縮まっていけば、円安はある程度解消されると予想されます。実際、2023年の年末に円ドルの金利差が少し縮まったことで、円ドルレートは1ドル

出所：日本銀行
図13-2　円ドル為替レートと実質実効為替レート（1980〜2024年2月）

140円まで円高に調整されました。均衡レートは1ドル110円前後で、金利差がそれに上乗せした円安要因になっている、というシナリオどおりの動きです。

　このシナリオが揺らぎはじめるのが、2024年の年初以来の動きです。日米の金利差が急激に広がったわけでもないのに、円ドルレートは年初の1ドル140円台から、7月初旬の1ドル160円台までさらに円安に動いています。金利の動きで説明できるとも考えにくく、そこで金利差以外に円安を説明するもうひとつの仮説が出てきました。それは、10年前には1ドル110円が均衡レートであったかもしれないが、その後の経済構造の変化によって円の実力はさらに弱くなったというものです。現在、世界の株価や経済成長のトレンドは、AI（人工知能）に代表されるデジタル技術に動かされています。デジタル敗戦ともいわれるように、日本経済はこうした流れに大きく遅れをとっています。この遅れが円安に反映されているという見方があるのです。それでも、日米の金利差が縮まる動きを見せると、円ドルレートは円高方向にシフトしています。金利差は為替レートの大きな決定要因であることに変わりはありません。

資産と為替レート

　世界中で１日に行なわれる外国為替市場での取引、つまり通貨間の交換は、おおよそ7.5兆ドルであるといわれます（2022年４月）。週休２日で１年間に約250日として、年間1875兆ドルの外国為替市場での取引が行なわれていることになります。膨大な額です。ちなみに、日本政府が介入に使える外貨準備の額はおおよそ１兆2000億ドルです。世界の１日の外貨取引額の６分の１以下にしかすぎないのです。

　私たちは外国為替取引、たとえば円とドルの交換というと、貿易などからの必要で行なわれると考えがちです。しかし、実態は外国為替取引の大半はそうした貿易などの実需とは関係ないところにあるようです。さまざまな企業、国家などが、為替変動によって大きな損失をこうむることがないように行なうヘッジ取引、あるいは為替変動によって大きな為替差益を得ようとする投機・投資などが、外国為替取引の大半と考えるべきなのです。—3

　現実にも、為替レートの変動は、大きな利益や損失を生み出します。たとえば、１年間だけ資金を運用するとしてみましょう。現在のような低金利の時代には、国内に投資すれば、0.5％の金利にもならないでしょう。一方、アメリカなど海外の証券のなかには数パーセントの金利がつくものもあります。では、海外に投資したほうが得でしょうか。それは為替レートによります。これを図13-3を用いて説明してみましょう。

　現在の円とドルの為替レートが１ドル150円であるとしてみます。この為替レートで日本の投資家が手持ちの円をドルに換えてドル資産に投資し、１年間ドル資産で運用して、１年後に円に戻したとしてみましょう。それによってどれだけの利益を得られるかは、１年後の為替レートの水準によって違ってくることは容易にわかると思います。

　かりに１年後の為替レートが１ドル140円という円高・ドル安になっていたとしてみましょう。そのときには、ドル資産で５％の金利を稼いでも、為替で５％以上の差損が生じてしまいます。現在は１ドルの価値が150円であっても、

3—テロと外国為替市場　テロなどの大きな事件があると、資金が国際的に大きな動きをしていることがよくわかります。2001年９月11日にニューヨークなどを襲った同時多発テロ事件は、国際経済の動きにも大きな影響を及ぼしました。とくに日々巨額の資金が流れている外国為替市場への影響が懸念され、主要先進国の財務省や中央銀行が緊密に連絡を取り合って対応しました。

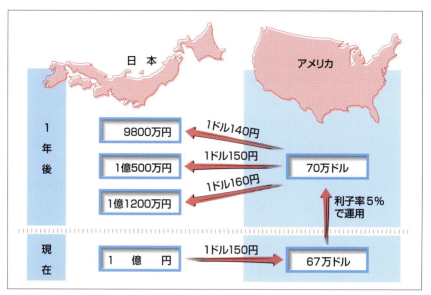

図13-3 投資収益と為替レート

同じ金額を海外に投資しても、将来の為替レートいかんによって、その収益を自国通貨に戻した価値は大きく変わります。

1年後には140円の価値になってしまうからです。逆に1ドル160円という円安方向への動きであれば、利子率5％に加えて、5％以上の為替差益が出て大もうけです。

このようにドルなど海外通貨建ての資産に投資を行なう場合には、為替レートの変化によって大きな利益や損失が生じる可能性があります。そこで、投資家は、為替レートの動向に非常に神経質になります。また、そうした投資家の予想や思惑によって為替レートは大きく変動することになります。

ケインズは、外国為替市場のこのような状況を美人投票というゲームにたとえました。美人投票はつぎのようなゲームです。壇上に立って名札をつけている女性が何人かいます。ゲーム参加者はそのなかのだれかに記名投票します。それを集計してもっとも多くの票を集めた女性に投票した人が賞金をもらうゲームです。

このゲームに勝つためには、自分が美人だと思う女性に投票するのではだめかもしれません。周りの人が投票しそうな女性に投票する必要があります。あるいは、少し深読みをするなら、周りの人が他人の投票行動についてどのよう

に考えているかを予想しなくてはなりません。このように参加者の行動を考慮しながら投票するのです。

外国為替市場では、多くの市場参加者が巨額の資金を用いてこのようなゲームを行なっています。参加者がみなドル（米ドル）高になると思えばドルが買われますので、本当にドル高になります。経常黒字が為替に影響を及ぼすと参加者がみな考えれば、本当に為替レートは経常黒字に影響を受けるのです。巨額の資金が思惑で大きく動く市場ですので、為替レートはときとして、理屈では説明できないような大きな動きをします。—4

また人々の予想に大きな影響を及ぼしそうな出来事、たとえば主要国のマクロ経済政策の変更、あるいは経済の大きな構造変化なども、為替レートの重要な決定要因となります。こうした複雑な為替レートの動きを、簡単なマクロ経済モデルで表現することは容易ではありません。したがって、標準的なマクロ経済モデルでは、こうした為替レートの不安定性を認識しつつも、そうした要素を除いた簡単なモデルで分析することが多くなります。以下の分析もそうした単純化した議論になります。

長期的な為替レートの動きと購買力平価理論

以上のように、短期的には、為替レートは複雑な動きをします。しかし、長期的な趨勢を見ると、規則的な動きをします。そうした動きのなかで、まず説明しておきたいのが、各国の物価の動きと為替レートの関係です。こうした関係についての基本的な考え方が、以下で説明する購買力平価（purchasing power parities：PPP）という考え方です。

購買力平価の考え方は、簡単にいってしまえば、2通貨間の為替レート（たとえば円ドルレート）の動きが、両国の物価の動きと深い相関関係にあるという考え方です。たとえば、アメリカで5％のインフレ（物価上昇）が進行しており、日本では物価がまったく動いていないときには、購買力平価の考え方によれば、円ドルレートも5％で円高に動いていくことになります。

4—為替レート・バブル　為替レートでもバブルは発生します。市場の多くの人が円高になると考えていれば、たとえその予想に理論的な根拠がなくても、円に対する需要が拡大して実際に円高になってしまいます。こうしたバブルの状態は永遠につづくことはありませんが、ある程度の期間継続し、マクロ経済的に大きな問題を起こすことがあります。

●経済学ステップアップ●
為替リスクとヘッジ

　企業や投資家は為替リスクを避けるため、さまざまな取引の工夫をしています。これを為替リスクのヘッジといいます。

　たとえば、海外に輸出している自動車メーカーの例を考えてみましょう。自動車を海外に売った輸出代金はドルで入ってくることが多いので、将来ドル安になれば大きな為替差損を被ってしまうのです。これについては本文中で説明しました。

　この為替リスクを避けるための方法はいろいろあります。ひとつは、輸出契約を円建てで行なうことです。これなら円で支払いがあるので、為替リスクはありません。しかし、輸出先の相手が円建てで購入してくれるとはかぎりません。

　そこで、金融市場を利用した為替ヘッジの手法が使われることになります。もっとも標準的な方法は、為替の先物（フューチャー）や先渡し（フォワード）という取引を使うことです。フォワードとは、将来の時点で一定の円とドルを取引する取り決めをいまからしておくことです。たとえば、3カ月後に1億ドルの受け取りを予定している自動車メーカーであれば、3カ月後に決まったレートで1億ドルを円に替えるフォワード取引をすればよいのです。銀行がこうした取引の手続きをしてくれます。

　ドルで借金をすることもリスクヘッジになります。輸出企業にはドルで輸出代金が入ってくることが予定されています。ドルの価値が下がると為替差損が生じます。そこで、輸出代金で入るのと同等の額の金額をドルの借金として持っておくのです。ドルの価値が下がって輸出代金の円での受け取り額が減っても、ドルによる借金の円換算額が同時に減少するので、相殺できることになります。もちろん、ドルで借金した額はドルの価値が下がる前に円に換えておいて、運用すればよいのです。

　輸出企業の為替リスクのヘッジの例を説明しましたが、輸入企業でも、海外へ投資した投資家でも、同じような手法を用いて為替リスクをヘッジすることが日常的に行なわれています。

購買力平価理論の考え方の背景には、つぎのような一物一価の考え方があります。いまある商品の日本での価格を p_1 円、アメリカでの価格を p_1^* ドルであるとします。もしこの商品が輸出入可能な商品であるなら、貿易によって日米で価格の均一化が見られるはずです。これは為替レートを e とおいて表わすなら、

$$p_1 = ep_1^*$$

という関係になります。左辺はこの商品の日本国内での価格、右辺はアメリカでのドル建ての価格に為替レートを掛けて円建ての価格に換算したものです。もちろん、日米間の商品の移動には輸送費用がかかりますし、場合によっては商品の輸入に関税が課されるかもしれません。したがって、上で書いたような等式が正確に成立しているとは限りませんが、多くの貿易財についてはこのような関係が近似的には成立しているはずです。

さて、もし多くの財についてこのような関係が成立しているのであれば、そうした価格の平均的な動きを示した物価についても、同様の関係が成立しているはずです。これを概念的ないい方で表わすなら、

$$p = ep^*$$

となります。ただし、p は日本の物価水準、p^* はアメリカの物価水準を表わします。

もちろん、物価水準はあくまでも抽象的な概念ですので、このような関係が現実の世界で直接観察できるわけではありません。しかし、この関係式の変化率をとれば、

$$\frac{\Delta p}{p} = \frac{\Delta e}{e} + \frac{\Delta p^*}{p^*}$$

という関係が得られます。ただし、Δp は p の変化量を、$\Delta p / p$ は変化率を表わします（他の変数についても同じです）。これを書き換えれば、

$$\frac{\Delta e}{e} = \frac{\Delta p}{p} - \frac{\Delta p^*}{p^*}$$

となります。すなわち、円ドルレートは、日本の物価上昇率（インフレ率）と

アメリカの物価上昇率の差に等しいだけ動いていくことになります。日本の物価上昇率が高いほど円安ドル高の方向に動き、アメリカの物価上昇率が高いほど円高ドル安の方向に動きます。

　購買力平価の関係は、つねに成立しているわけではありません。それは、為替レートが短期的に大きく振れることがしばしばあるのに対して、物価の動きは鈍いことからもわかるでしょう。ただ、一時のラテンアメリカやアフリカ諸国ように激しいインフレに見舞われた国では、為替レートは購買力平価の関係をよく満たします。物価が大きく変わるときには、為替レートもそれに合わせざるをえないのでしょう。

　購買力平価が重要な意味を持つもうひとつのケースは、長期的な為替レートの動きを考えるときです。為替レートは短期的には変動しても、長期的には物価の動きにある程度制約されると考えることができます。

　現実の為替レートを見るときにも、購買力平価レートがどの程度の水準であるかを見ることは、ひとつの重要な目安となります。購買力平価レートの具体的な求め方は、まず基準の年を決めます。そしてその為替レートに物価の動きを加味して現在の購買力平価レートを求めるのです。たとえば、2000年の為替レートを基準にして現在の購買力平価レートを求めるとするなら、それは

$$2000年のレート \times \frac{日本の物価指数}{アメリカの物価指数}$$

という形になります。ただし、物価指数は2000年を基準にした現在の物価指数のことです。このようにして求めた購買力平価レートは、その時点の為替レートのある種の理論値と考えることができます。現実の為替レートがこの購買力平価レートとあまりにも乖離している場合には、現実の為替レートが本来あるべき水準にないということを意味すると解釈できます。

購買力平価レートから見た円

　ただ、購買力平価レートは、それほど正確な指標ではありません。そもそも、上で述べた計算方法で、基準の年をどこに取るかで計算される為替レートはかなり違ってきます。円高傾向の年を基準にすれば購買力平価レートも円高で出てきますし、円安傾向の年を基準にすれば円安傾向の購買力平価レートになります。

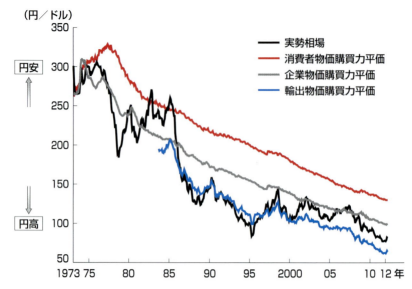

注：購買力平価＝1973年の為替レート×（日本の物価指数／アメリカの物価指数）。ただし輸出物価購買力平価については1990年基準。
出所：国際通貨研究所「ドル円購買力平価と実勢相場」（2012／4月）

図13-4 円の対ドル実勢相場と購買力平価

　また、物価指数としてどのような指数を使うかによっても、計算結果は大きく違ってきます。図13-4は、少し古いデータですが、これらの指標に関して計算した円ドルレートの購買力平価レートを、実際の為替レートと比較したものです。購買力平価の背景にあるのが貿易されている財やサービスであると考えるなら、ここで使うべき物価指数は輸出物価指数ということになるでしょう。

　消費者物価指数を用いるということも考えられますが、その場合には、消費者物価指数のなかに貿易対象にならない財やサービスが多く含まれていますので、購買力平価レートとして計算される数値は、相当違ったものとなります。たとえば日本の場合、消費者物価指数を用いて購買力平価レートを計算すると、円安の数値が出てきます。これは、貿易できないようなサービスの価格が日本では相当高いため、そうしたものが多く含まれている消費者物価も高くなり、それが購買力平価レートを円安方向に押し下げるからです。

　消費者物価指数で計算した購買力平価レートが円安だからといって、現実の為替レートもいずれはそのような方向にいくとは限りません。為替レートを通

じて競争にさらされているのはあくまでも貿易財であり、貿易対象とならない非貿易財（サービス）の価格は為替レートに反映されないからです。

このようにして求めた購買力平価レートが現実の為替レートよりも大幅に円安であるということは、それだけ円という日本の通貨の実際の購買力が弱いということを表わしています。つまり、購買力平価レートは、日本の消費者にとっての円の購買力が、見せかけの所得（これは現実の為替レートで計算されます）から見たら低く修正されるべきであるということを示しています。

すでに述べたように、現実の為替レートは日々大きく変化します。このような為替レートを使って各国の所得や消費などを計算すれば、それを比較するとき、大きく変動する為替レートの影響を大きく受けてしまいます。そこで、そうした変動を除いてより安定的な交換レートで各国の数値を比較するため、購買力平価レートを用いることがあります。

このように購買力平価レートとして計算される理論値は、さまざまな目的の経済分析に利用することができるのです。

為替レートと貿易

為替レートの変化は、輸出や輸入に影響を及ぼしますし、逆に、貿易構造の変化は、外為市場でのドルの需給の変化を通じて、為替レートに影響を及ぼします。この点について、図13-5の例を用いて考えてみましょう。アメリカで1000ドルで売られているパソコンを例にとります。もし、為替レートが1ドル150円であるなら、このパソコンは15万円で日本に売られます（ただし、単純化のため、輸送費や貿易のマージンは無視します）。これに対して、もし為替レートが1ドル100円であるなら、同じ製品が10万円で輸入されることになります。他の条件が一定であるなら、明らかに、後者のケースのほうが、日本の輸入は大きくなるはずです。

つぎに輸出品のケースですが、日本で100万円で売られている自動車を考えてみましょう。もし為替レートが1ドル150円であれば、これはアメリカで約6700ドルで売られますが、為替レートが1ドル100円であれば、1万ドルになります。明らかに円高になるほど、日本の商品はアメリカで高く売られ、その結果輸出は減少します。

このように、為替レートが変化すると、外国での輸出品の価格や、国内での輸入品の価格が影響を受け、輸出量や輸入量が影響を受けます。一般に、円高

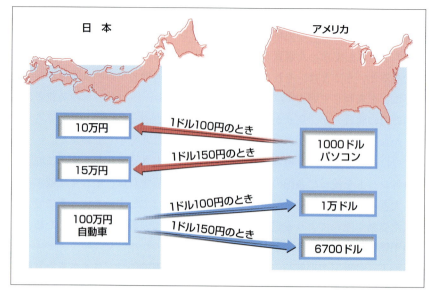

図13-5 為替レートと貿易財の価格

為替レートによって輸出財の相手国の国内価格や、輸入財の輸入価格が変わってきますので、貿易量にも影響が及びます。

になるほど、1円と交換されるドルの金額が増えるので、ドルで値段がついているアメリカなどからの輸入品は安くなります。逆に、日本の商品の価格は海外で高くなり、輸出は減少します。

輸出は国内にドルをもたらしますので、外国為替市場にドルの供給要因として働きます。したがって、ドル高（円安）になるほど、輸出が増加し、ドルの供給量も増加するはずです（したがって、ドル安の圧力がかかります）。

他方、輸入するためには、国内の輸入業者はドルを調達しなくてはなりませんので、輸入の増大はドル需要の増大要因となります。ドル安（円高）になるほど輸入は増大しますので、ドル安であるほどドルの需要は増大します（ドル高の圧力がかかります）。

以上で説明したのは、為替レートの変化による輸出入の変化でしたが、輸出や輸入は為替レート以外の要因によっても増減します。そして、為替レート以外の要因によって起こった輸出入の変化は、為替レートに影響を及ぼします。

ひとつの例として、アメリカ政府が景気拡大的政策をとったとしてみましょう。景気拡大によるアメリカの支出の増大は、その一部がアメリカの輸入の増

大となります。日本とアメリカはたがいに緊密な貿易パートナーですので、アメリカの輸入の増大は日本の輸出の増大をもたらします。このような輸出増は、為替レートを円高の方向へと動かします。

為替レートと国内物価

　為替レートの動きは、物価の動きと密接なかかわりを持っています。すでに購買力平価の考え方のところで説明したように、為替レートの長期的な動きは、各国の物価動向を反映します。物価上昇が激しい国の通貨の為替レートは安くなる傾向にあり、物価が上昇していない通貨の為替レートは相対的に高くなる傾向があります。

　こうした中長期的な関係とは別に、短期・中期的にも、為替レートの変化は物価に大きな影響を及ぼします。日本は海外から多くの財や原料を輸入しています。そうした財や原料の日本国内での価格は、為替レートに大きな影響を受けます。

　為替レートが円高になっていけば、海外から輸入される商品の価格が安くなることは容易に理解できると思います。たとえば、アメリカで1台2万ドルする自動車は、1ドル150円で換算すれば300万円になりますが、1ドル100円で換算すれば200万円になります。円高になるほど、海外から入ってくる商品の円で表示した価格は安くなります。もちろん、現実には輸送費や関税などさまざまな費用が付加されますので、海外で売られている商品の価格を為替レートで換算した価格になるわけではありません。しかし、円高になれば海外から入ってくる商品の価格が相対的に安くなることはまちがいありません。

　日本には、中国や東南アジアなどから多くの商品が入ってきます。ユニクロやイオンなどの店頭に並んでいる低価格の衣料品、野菜や冷凍食品、家電製品など、日本で生産したのでは実現しないような低価格で輸入されています。円の為替レートが円高になるほど、店頭にならぶ輸入品は低価格になります。

　日本の流通業者なども、円高を利用してアジア諸国から低価格の商品を輸入して売り上げを伸ばそうとしてきました。過去、円の為替レートが円高に向かうなかで、店頭に並ぶ輸入品の種類が増え、その多くは円高によって以前よりも低価格になり、日本の物価を下げるのに大きく貢献したのです。

　もちろん、もし為替レートが円安方向に動けば、物価を引き上げる力が働くでしょう。海外から輸入するものは製品だけではなく、原油などの一次産品も

含まれていますので、円安はさまざまな商品の価格上昇の原因となりえます。

　海外との貿易量が拡大するほど、為替レートの動きが国内物価に及ぼす影響も大きくなります。マクロ政策運営においても、かつては、物価の動きについては国内経済指標だけを見ればよかったのですが、最近は為替レートの動きも重要な影響を及ぼすようになってきました。

為替レート変動とマクロ経済

　すでに述べたように、1日4兆ドルともいわれる巨額の取引が行なわれる外国為替市場で決まる為替レートは、資産市場におけるマーケットの思惑に振りまわされてしまうことがしばしばあります。産業の生産性、国際競争力などとかけ離れた円高や円安に為替レートが振れてしまい、そうした市場の実勢から大きく乖離した状態に為替レートがしばらくとどまっていることはめずらしくありません。

　為替レートの乱高下は、企業にとってはたいへん大きな負担になります。極端な円高になれば、輸出産業は海外での競争力を失い、利益をあげることができません。また海外から低価格の商品が大量に入ってくるでしょうから、国内企業にも大きな被害が出ます。

　もちろん、国内の消費者は円高によって輸入品を安く手に入れることができるというメリットがありますが、しかし極端な円高によって起こる生産や貿易のゆがみによる被害のほうが大きくなると考えられます。

　一方で、極端な円安に振れる場合も、いろいろと好ましくない効果が出てきます。円安に振れる場合には、輸出産業などは有利に国際競争を進めることができますので問題ありませんが、海外から輸入する原材料や商品の価格が高くなってしまいます。海外から輸入する石油や一次産品に依存する国内メーカーにとってはこれはコスト増の要因となります。消費者にとっても海外から購入する商品の価格が高くなりますので、極端な円安は好ましいものではありません。

　結局、為替レートは極端な円高に動いても、極端な円安に動いても、経済にとっては好ましい影響は及ぼしません。経済の実勢にあった為替レート水準が維持されることが望ましいのです。しかし、これまでも説明してきたように、現実の為替レートは投資家の思惑などによって大きく振れ、経済の実勢からかけ離れた水準にとどまることがめずらしくありません。このように、為替レー

13　国際金融市場と為替レート　**319**

トが実体経済の実勢から大きくかけ離れた状態にしばらくとどまることを、為替レートのミスアラインメントといいます。—5

　為替レートのミスアラインメントを是正するのは、マクロ経済政策の大きな役割のひとつです。マクロ経済政策は為替レートの動きに大きな影響を及ぼします。もし為替レートのミスアラインメントによってマクロ経済に問題が生じるのであれば、それを是正するためにマクロ経済政策を利用することも考えられるのです。

　もちろん、為替レートは、2国あるいはそれ以上の国の通貨の間の交換レートですので、一国のマクロ経済政策だけで調整できるとはかぎりません。たとえば円ドルレートという為替レートを調整しようとすれば、日本とアメリカの政府の協力が必要となります。そこで、主要国が相互にマクロ経済政策で協力する政策協調の可能性が出てきます。

　主要先進国はG7やG8という枠組みでマクロ経済政策についての議論を定期的に行っています。また、最近はそれに中国やブラジルなどの新興国を加えてG20という枠組みでもマクロ経済政策問題が取り上げられます。

　こうした国際的な協議の場でマクロ経済政策や為替政策についての合意を形成するのは容易なことではありません。ただ、マクロ経済政策を一国だけのなかで考えるのではなく、国際協議の場で議論する重要性が増していることも事実です。

演習問題

1. 以下の文章の下線部分に用語や数値を入れなさい。

　(1)円ドルレートなど新聞に通常引用される二国間（ここでは日本とアメリカ）の為替レートは、＿＿＿＿＿＿為替レートと呼ばれるもので、それに＿＿＿＿＿＿の物価指数を掛けて、＿＿＿＿＿＿の物価指数で割れば、＿＿＿＿＿＿為替レートが求まる。円ドルレートのような二国通貨の間の為替レートではなく、円と他の

5—円ドルレートのミスアラインメント　円ドルレートは1995年4月には1ドル79円75銭という円高になりました。しかし、その後わずか3年余りで147円台にまで円安になりました。この間、日本やアメリカの経済構造にさほど大きな変化があったわけではありません。したがって、このときの為替レート乱高下は実体から乖離した乱暴な動きであったと見られます。

すべての通貨との間の平均的な為替レートを、＿＿＿＿＿為替レートと呼ぶ。

(2)為替レートは二国間の物価の動きを反映して動くとする見方を、＿＿＿＿＿説という。この考え方にもとづいて考えるとして、基準年（たとえば2000年）の円ドルレートを1ドル120円、基準年からある年までの日本の物価指数が100、アメリカの物価指数が200とすれば、そこから計算される為替レートとして、1ドル＿＿＿＿＿円が求まる。

(3)為替レートは＿＿＿＿＿市場での通貨の取引を反映して決まる。その為替レートに影響を及ぼそうとして、政府がここで通貨を売買する行為を＿＿＿＿＿という。たとえば円ドルレートを円安方向に持っていくためには、政府・中央銀行は＿＿＿＿＿しなくてはならない。こうした売買をするため、政府・中央銀行は巨額の外貨を保有しているが、これを＿＿＿＿＿と呼ぶ。

2. 以下の記述は正しいのか、誤っているのか、それともどちらともいえないのか、答えなさい。

(1)円安になれば、物価は上昇する傾向がある。

(2)購買力平価理論によれば、日本の物価上昇率のほうがアメリカの物価上昇率よりも低ければ、円高方向に為替レートが動くことになる。

(3)東京の午後3時の円ドルレートと、同じ日のシンガポールの午後2時の円ドルレートは基本的に同じ数値になる。

(4)東京の午後3時の円ドルレートと、同じ日のロンドンの午後3時の円ドルレートは基本的に同じ数値になる。

(5)海外に投資した人は、円高になるほどその利益額は大きくなる。

14

通貨制度とマクロ経済政策

ロバート・マンデル　マンデル＝フレミングの理論が有名だが、ケインジアン的な立場で開放マクロ経済学に関して多くの先駆的な研究を行なっている。彼の著作『国際経済学』はわれわれの世代の国際経済学研究者がこぞって読んだ名著である。

為替レートの動きは各国のマクロ経済政策によって大きな影響を受けます。当然、マクロ経済政策によって為替レートをコントロールしようとする考え方も出てきます。しかし他方で、為替レートのコントロールにコミットすることは、マクロ経済政策を他の政策目標に利用する自由度を失わせることにもつながりかねません。

為替レートの動きを市場が決めるままに自由にしておこうという制度を変動相場制といいます。日本やアメリカなどの主要先進国は、基本的にこの変動相場制をとっています。しかし、現実には為替レートの動きに影響を及ぼそうとしてしばしば、外国為替市場への介入を行なう、あるいはマクロ経済政策を利用しようとします。このように為替レートの動きにしばしば介入が見られる変動相場制をダーティー・フロート、それに対してまったく介入のない変動相場制をクリーン・フロートということがあります。クリーン・フロートは教科書だけの世界の話であり、現実の世界の変動相場制は大なり小なりダーティー・フロートであるといってよいでしょう。

第二次世界大戦後、世界の主要国はIMF（国際通貨基金）の下で相互の為替レートを固定する固定相場制を採用してきました。—1 しかし、70年代以降、先進工業国は固定相場制を捨て、変動相場制に移行しました。しかし、現在においても発展途上国や新興工業国は何らかの意味で固定相場制的な制度をとっています。先進工業国でも、EU諸国はユーロという共通通貨を採用することで、域内の為替レートを変化させるという調整を排除してしまいました。同じ通貨を採用するということは、固定相場制の究極の姿といってもよいでしょう。

本章では、こうした多様な通貨制度の背後にある考え方を説明するとともに、マクロ経済政策と為替レートの関係についてよりくわしく解説します。海外との貿易や投資を考慮に入れたマクロ・モデルのことを開放マクロ経済学といいますが、本章では開放マクロ経済学のもっとも基本的なモデルであるマンデル＝フレミング・モデルについても説明します。

1—ブレトンウッズ・システム　第二次世界大戦終了の直前、主要国はアメリカのブレトンウッズに集まり、戦後の国際経済体制について話し合いました。そのなかで、各国の間の為替レートを固定する制度を採用し、そのために国際通貨基金（IMF）を設立しました。このような戦後の国際経済制度をブレトンウッズ・システムと呼びます。

為替介入と通貨制度

これまでの議論では、為替レートは貿易など経済の自律的な動きのみによって決定されるとしてきました。しかし、現実には、外国為替市場への介入を通じて、政府が為替レート水準の決定に影響を及ぼすことがあります。

たとえば、政府が円安（ドル高）方向へ動いている為替レートの動きを抑えたい、あるいは為替レートを円高（ドル安）の方向へ動かしたい、と考えているとしましょう。このとき、政府（中央銀行）は、手持ちのドルを外国為替市場に売りに出します。図14－1の①は、このような状況を表わしています。政府（中央銀行）はある程度の外貨（とくにドル）を保有していますので、いざというときにはこれを売りに出すことができます。このドルの買い手は市中の銀行です。中央銀行によるドル売りは、外国為替市場におけるドル売り圧力ですので、他の条件に変化がなければ、為替レートを円高の方向に持っていく力となります。—2

図14－1の②に示してあるのは、中央銀行が外貨（ドル）を買っている状況です。この場合には、外為市場にドル買い圧力がかかりますので、為替レートをドル高（円安）方向に動かす力となります。

ところで、①と②の両方のケースとも、ドルの売り買いの手段は円となります。したがって、①のように中央銀行がドル売りを行なえば、それと引き換えに市中から中央銀行に円が入ってきます。つまり、それだけハイパワード・マネーが減少することになります。国内貨幣供給量はハイパワード・マネーの量に比例します。したがって、ドル売りは、国内の貨幣流通量を減少させます。同様に、②のようなドル買い操作は、国内の貨幣流通量を増大させます。

この点が、通貨制度とマクロ経済政策とりわけ金融政策の関係を理解するうえでもっとも重要な点ですので、ここで強調しておきます。自国通貨の為替レートを引き上げるような介入行為（たとえば日本でいえば円高への誘導）は、自国の金融を引き締める効果を持ちます。逆に自国通貨を引き下げるような介入行為（たとえば日本でいえば円安への誘導）は、自国の金融を緩める効果を

2—為替介入の手法　為替介入を行なうとき、それを市場に知らせるのか、それとも秘密裏に介入を行なうのかという選択の問題があります。為替介入を行なっているということを市場に表明すること自体に介入の意味があることが少なくありませんが、その場合には積極的に介入姿勢を明らかにするでしょう。しかし、市場になるべくわからないように秘密裏に介入するケースも少なくありません。

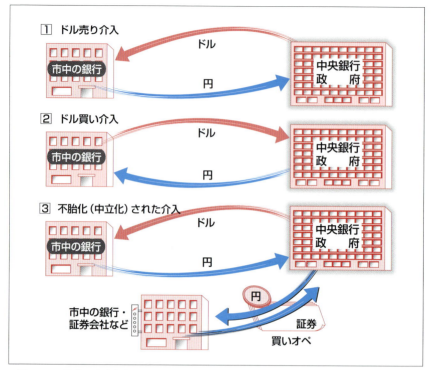

図14-1　政府・中央銀行による外為市場での介入パターン

外国為替介入とは、市場に対して外貨を放出したり、市場から外貨を吸い上げることです。それに応じて自国通貨の供給量も変化します。

持ちます。要するに、外国為替市場に介入するということは、金融政策を為替レート誘導に利用するということにほかなりません。当然、金融政策を景気刺激やインフレ抑制など他の目的に利用したいと考えても、金融政策の自由度が奪われることになります。この点は後でくわしく議論しますが、固定相場制の下で各国が政策の自由度を失うということに関係しています。

　外国為替市場への介入は一般的には貨幣量の増減をともないますが、介入にともなう貨幣量の増減を避けることは不可能ではありません。図14-1の③に例示されているような不胎化政策（中立化政策ともいいます）をとってやればよいのです。③に例示されているのは、ドル売りのケースですが、ドル売りによって中央銀行に吸い寄せられた円（ハイパワード・マネー）を、公開市場操作（オープン・マーケット・オペレーション）などの手段を用いて、もう一度

市中に出してやればよいわけです（この場合には国債などの債券を買います）。
—3

　もっとも、不胎化政策を行なうと、介入の効果はほとんどなくなってしまうのではないか、という見方もあります。ドル売りが為替レートを円高（ドル安）の方向へ動かす力となるのは、外為市場でのドル売り圧力だけによっているのではありません。（不胎化しないのなら）ドル売り介入により、国内の貨幣供給量は減少します。これにより、国内の利子率が上昇しますので、海外から資本の流入を招き、国内資金の海外への流出を抑えることになります。これらの資金移動の動きは、為替レートを円高（ドル安）の方向に動かす働きをします。

なぜ発展途上国は固定相場制を採用しているのか

　すでに述べたように、多くの発展途上国や新興工業国は、依然として固定相場制を採用しています。基軸通貨と呼ばれる米ドルに為替を固定する（これを「ペッグする」といいます）国が多いのですが、複数通貨のバスケットに自国通貨をペッグしている国もあります。

　通貨のバスケットにペッグするというのは、複数の通貨の動きの平均的なところに為替レートを固定するということです。たとえばあるアジアの国がドルと円のバスケットにペッグしているとすれば、それはドルと円の動きの中間的なところに自国の通貨を固定するということです。通貨バスケットの話は重要ではありますが、以下でもドルへ為替レートをペッグするケースを想定して議論します。そのケースがもっとも多いからです。

　途上国が通貨をドルなどにペッグするのにはいくつかの理由があります。為替レートを安定化させれば、先進国からの投資を呼び込みやすいでしょう。また、海外との貿易をするにあたっても、為替レートが安定していたほうが企業にとって都合がよく、貿易を促進する効果もあるでしょう。

　ただ、途上国が固定相場制を採用する最大の要因はほかにあります。それは、

3—外国為替準備　外国為替市場に介入するため、政府はつねにある程度の外貨を手元に持っている必要があります。これを外国為替準備といいますが、日本では2012年8月末現在、約1兆2700億ドル相当の外国為替準備があります。ちなみに、この外国為替準備の大半は、すぐに流動化できるアメリカ政府の短期国債（treasury bill：TB）の形で保有されているといわれます。

326　Part2　マクロ経済学の応用

自国の金融政策を安定化することができるからです。為替レートを固定するというルールを採用することが自国の金融政策に縛りをかける結果になり、そうした縛りによって自国の金融政策に規律を持ち込むことができるのです。

　この点は、アルゼンチン経済の経験を例にとればわかりやすいと思います。アルゼンチンは、1980年代に、たいへんきびしいインフレに悩まされていました。一時は年率5000％までインフレ率が上がったほどです。このような激しいインフレは、国内の金融制度の規律のなさにその原因がありました。アルゼンチン経済は、他の多くの発展途上国と同様、財政基盤が弱く、税金の徴収力が弱い（多くの脱税があるためです）のに、国民におもねったむだな支出が多くありました。─4 そうした財政のつけを貨幣発行によってまかなってきたのです。それがきびしいインフレの原因となりました。

　財政赤字にともなう貨幣発行とインフレという悪癖を断つためには、金融政策にきびしい縛りをかけなくてはなりません。そこで、90年代に入ってから、アルゼンチンは自国通貨ペソと米ドルの間の為替レートを固定化することを選択しました。1ペソ1ドルというたいへん明快な固定レート制で、そのためにカレンシーボード制という仕組みを導入したのです。─5

　為替レートを固定するという明確な縛りができたので、自国通貨を安易に増発するということができなくなりました。国民の側でも、政府による金融政策のスタンス変更が見えましたので、インフレは収まるだろうという予想が根づいてきました。米ドルという物価の安定した通貨に自国通貨をリンクしたのですから、国内物価の上昇も収まるだろうと考えたのです。

　その結果、90年代に入って、アルゼンチンはドルとの固定相場制をてこに、自国のインフレを抑えることに成功しました。自国独自の金融政策は国民から

4─ポピュリスト政策　アルゼンチン政府は、他の中南米諸国と同様、税金はあまりきびしく取り立てないのに、さまざまな支出（たとえば食糧支援など）を行なってきました。このように国民におもねった政策をポピュリスト政策（大衆迎合的な政策）といいます。

5─カレンシーボード制　カレンシーボード制をとっている国は、アルゼンチン以外に香港などがあります。簡単にいえば、国内に流通する自国通貨に見合っただけのドルを中央銀行が保有するという制度です。その結果、自国通貨は100％、中央銀行の保有するドルにバックアップされますので、為替レートを固定するという政策に信認がもたらされます。中央銀行は自国通貨の流通量に見合ったドルの保有を義務づけられますので、無秩序に通貨増発ができなくなります。

信頼されていませんでしたが、米ドルという強い通貨、そしてその背後にあるアメリカの中央銀行と信頼のある金融政策に乗ることで、自国の物価の安定を確保したのです。

このようにドルなどの主要通貨に自国通貨の為替レートを固定するという縛りをかけることによって、自国の物価の安定をはかるということが、多くの途上国によって行なわれています。途上国の金融当局はその基盤が脆弱で、安易に貨幣を発行するような政治的な圧力に屈しやすい存在です。途上国の中央銀行が独自の政策決定能力を持つことは、結果的にかえって好ましくないことにつながりかねません。そこであえて中央銀行の金融政策の自由度を縛るため、基軸通貨であるドルとの為替レートを固定するという縛りを金融政策にかけることによって、金融政策の暴走を防ごうとするのです。

この場合、ドルなどの通貨との為替レートを固定するということが金融政策の主たる目標となりますが、このような目標のことを「ノミナル・アンカー」（名目値の錨）と呼びます。船が錨で固定されるように、国内の金融政策も為替レートという名目値で固定されるという意味です。アンカーがない金融政策は不安定になりがちです。先進工業国などではインフレターゲットなどがノミナル・アンカーになりますが、途上国の場合には為替レートを固定することがその代わりになるのです。

もっとも、アルゼンチンの場合には、21世紀に入ってから幾度となく通貨危機や財政危機に見舞われています。通貨政策によって安定を確保したかに見えましたが、同国の政治的不安定や経済政策の失敗は、通貨政策による安定化を吹き飛ばすような大きさでした。通貨政策だけで経済の安定が確保できるものではないのです。それでも、大きな混乱を終息させマクロ経済を安定化させるためには、アルゼンチンの通貨とドルの間の為替レートを安定化させることが必須の条件となります。

固定相場制とアジア通貨危機

多くの途上国や新興工業国は固定相場制を採用してきました。ドルなどの通貨に為替レートを固定（ペッグ）することのメリットが多いことは、すでに説明したとおりです。しかし、固定相場制は、変動相場制とは違った脆弱性を持っています。先ほど説明したアルゼンチンの固定レート制も、その後崩壊しました。また、1997〜98年に起きたアジア通貨危機は、固定相場制の脆弱性を示

す代表的な事例です。

1997年にタイで起きた通貨危機は、あっという間に東アジア全域に広がりました。タイのバーツ、韓国のウォン、インドネシアのルピーなどの通貨は暴落し、これらの国の経済は壊滅的な打撃を受けたのです。金融機関は倒産がつづき、経済は大混乱し、そしてこれらの国はIMF（国際通貨基金）や主要国に支援を求めざるをえなくなりました。

これらの国は、それまでドルに対して固定相場制を採用していました。ドルとの為替レートを固定することで、貿易を円滑に行ない、海外から潤沢な資金を集めることを狙っていたのです。90年代の前半、東アジア諸国は急速な経済成長をつづけていたので、多くの資金が海外からタイや韓国などの国に入ってきました。

韓国のケースで、為替危機についてもう少しくわしく説明しましょう。韓国の企業はドル建ての外貨資金を積極的に借りて、それを韓国通貨ウォンに換え、韓国国内に投資していきました。成長をつづける韓国企業へ積極的に融資しようとする海外の金融機関は多く、韓国企業は簡単に巨額の投資資金を集めることができたのです。

しかし、1997年にタイでバーツ危機が起きると、それはすぐに韓国にも波及したのです。韓国に入ってきていた海外の資金が流出をはじめたのです。海外からの貸し出しの多くは、短期貸し出しという形をとっていたので、返済を求められれば韓国企業はそれに応じるしかありません。ドルなど外貨の返済資金を確保するため、外国為替市場で大量のウォン売り・ドル買いが起きたのです。

韓国政府は、ウォンレートを固定するため、外国為替市場で懸命に手持ちの外貨準備のドルを売ってウォンを購入するという介入をつづけました。しかし、韓国政府が持っている外貨準備には限りがあり、市場はウォンが切り下げられるのではないかと考えはじめたのです。

こうなると、固定相場制は脆いものです。韓国政府・中央銀行はウォンの為替レートを固定しようとしています。市場から見れば、この固定レートをなんとか守れるか、それとも守れなくてウォンの切り下げがあるか、この二つのどちらかしかありません。まちがってもウォンの切り上げは絶対にないのです。

このような状況は、投機資金に対して、絶対に損をすることのない投機機会を提供します。ウォン売りの取引をしておけば、もしウォンが切り下がれば投機利益が得られます。韓国政府が踏ん張って固定レートを守れたとしても、投

14 通貨制度とマクロ経済政策　329

Guide to Current Topics

1997年アジア通貨危機

　1997年のタイバーツの暴落に端を発した通貨危機は、あっという間にアジア全域に広がりました。韓国、インドネシア、マレーシアなど、急速な経済成長をつづけていたアジアの国々の通貨が大量の売りにさらされ、これらの国はきびしい政策運営を余儀なくされました。

　通貨危機の背景には、これらの国々が海外から大量の短期資金の借り入れを行なっていたことがありました。短期資金ですので、大量の資金が一気に引き揚げられるという可能性があります。急速な資金引き揚げはバーツやウォンなどのアジア通貨の価値を引き下げますが、それによってドルで借金していたアジアの企業の負担は重くなります。

　たとえば、ドルで借金をしていたタイ企業にとってバーツのドルに対する為替レートが半分になれば、ドルの借金をバーツで返済するためには倍のバーツを準備しなくてはいけないことになります。こうしたショックをやわらげるためにも、タイ政府や韓国政府は外国為替市場で自国通貨を守るためのドル売り介入をしたのです。しかし、あまりに巨額のバーツ売り、ウォン売りであったため、とても対処できず、外貨準備はまたたく間に枯渇してしまったのです。

　アジア通貨の多くは、もともとドルにペッグ（通貨価値の固定）していました。しかし、この危機でアジア通貨はドルに対していっせいに減価したのです。マレーシアや中国のようにきびしい通貨規制を行なったところだけは、通貨暴落を防げました。また、中国は海外からの資本受け入れの多くを短期資金ではなく、直接投資という長期資金の形で行っていたので、通貨危機の影響は軽微でした。

　通貨危機の後、IMF（国際通貨基金）が支援に乗り出しましたが、経済運営の規律を守るため、アジア各国に「金利引き上げと財政支出カット」を要求してきました。しかし、通貨危機で不況にあえぐアジア諸国にとってこの政策はとてもきびしいものだったため、評判はよくありませんでした。その後、韓国などでは、庶民はこの時期の不況のことを「IMF危機」と呼びました。アジア地域内で、協調的な通貨支援制度を構築する動きが出て、その第一段階として、各国が通貨を融通しあうスワップ制度が立ち上がりました。

機資金は、損はしないからです。

　こうした事態では、膨大な額のウォン売りが発生し、結果的には韓国政府の介入資金がつづかず、ウォンが暴落することになります。これが通貨危機です。

　ウォンの暴落は、韓国経済に大きな打撃を与えました。多くの企業はドルで資金を調達して、国内においてウォンで投資していました。ウォンが暴落すると、ドルの借金のウォン建ての金額は膨れ上がってしまいます。手持ちのウォンの資産を売却しても、膨れ上がった負債を返済することはできません。多くの企業が倒産し、経済は大混乱に陥ったのです。結局、韓国政府は国際通貨基金（IMF）や日本などに資金援助を求めざるをえなくなりました。

　アジア通貨危機以前、アジアの多くの国はドルに対して為替レートを固定していました。しかし、通貨危機後は固定レート制を維持することができず、変動レートに移行していったのです。また、通貨危機の教訓から、アジアの多くの国は以前より多くの外貨準備を持つようにして、通貨危機への備えを強化したのです。

ユーロ危機の深層

　固定相場制の持っている脆弱性を明らかにしたもうひとつのケースは、2010年ごろから顕在化したユーロ危機です。欧州諸国は1999年から、ユーロという共通通貨の導入に踏み切りました。各国は金融制度の自律性を放棄し、フランクフルトに本部を置く欧州中央銀行に金融政策を委ねたのです。

　共通通貨の導入というのは、究極の固定相場制にほかなりません。為替レートの変動がないので、域内の貿易や投資は為替変動リスクがありません。共通通貨を導入することで、域内の貿易や投資が拡大することが期待されました。そして、経済が順調な時期には、共通通貨の導入が成功したように見えたのです。

　しかし、いったん経済に問題が生じると、共通通貨の弱点が前面に出てきます。同じユーロを導入した国でも、国によって産業の発展や生産性の伸びのスピードが違います。ドイツは生産性の伸びが高いのに対して、ギリシャなどでは生産性の伸びは低いものでした。

　もし二国の間の為替レートが変化するなら、ギリシャの通貨（旧通貨ドラクマ）がドイツの通貨（旧通貨マルク）に対して安くなることで、生産性の伸びの差を調整することができたでしょう。しかし、両国ともユーロという同じ通

貨を使っているため、生産性の伸びのスピードが遅いギリシャの産業競争力はますます悪化していったのです。

ユーロという共通通貨に踏み切ったので、何かあれば欧州諸国はお互いに助け合うだろう。市場はそう期待したようです。ドイツやフランスなどに比べてリスクが大きいと考えられるスペインやギリシャの国債も、ドイツの国債などとそれほど違わない金利で受け入れられました。その結果、欧州の金融機関はギリシャなどの国債を大量に保有することになったのです。

2010年前後にギリシャの財政の問題が表面化すると、ギリシャの国債が売り浴びせられ、ギリシャの国債の金利は急騰をはじめたのです。ギリシャの財政運営は困難になりました。そのギリシャは他の欧州諸国と同じユーロという通貨制度のなかにありますので、ギリシャの経済の混乱は欧州全体に影響を及ぼす問題であったのです。

ギリシャの国民や企業にとっても、こうした事態から自分の身を守る必要が出てきます。ギリシャの金融機関に預けてあったユーロ預金が引き出され、ドイツやスイスなどの銀行に移されたのです。同じユーロという通貨を使っているので、ギリシャからドイツの金融機関に資産を移すのは簡単なことです。この結果、ギリシャの金融機関に静かな預金取り付けが襲ったのです。

各国に財政政策の自由度を残したまま、金融政策だけ欧州中央銀行に集中したユーロの通貨制度は、制度として中途半端なものであったことになります。ギリシャのように放漫な財政運営をしている国があると、その財政問題が顕在化したとき、その影響が欧州全体に及ぶことになります。

また、為替レートを調整することによって競争力の差を埋めるという変動レートの機能を放棄したため、ギリシャのような経済が経済的に立ち直ることがむずかしくなっています。当面の財政問題や金融的混乱を切り抜けたとしても、ギリシャがドイツなどに比べて産業の競争力を持てないという状況はつづくからです。

ギリシャ危機前と後のギリシャ国債の金利とドイツ国債の金利の動きを比べたのが、図14-2です。危機が起きる前は、ギリシャとドイツの国債利回りはそれほど大きく違いませんでした。リスクの大きなギリシャの国債利回りが若干高い程度でした。しかし、危機が表面化してからは、ギリシャ国債の金利は急騰しています。

注：10年物の国債利回り
出所：Datastream

図14-2　ドイツ国債とギリシャ国債の金利の動き（2009年1月〜12年6月）

変動相場制と為替投機

　変動相場制の場合には、このような一方的な投機の攻撃にさらされることはありません。たとえば現在の円ドルレートなどを考えてみればわかるように、円高に動いていくことも円安に動いていくことも、どちらの可能性も否定できません。そうしたなかで、円を売るのかドルを売るのか、どちらのポジションで為替投機をしても、為替レートが思惑と反対方向に動いていったら大きな損失をこうむることになります。これが為替レートが動く方向が確実に読める固定相場制とは大きく異なる点なのです。

　それだけでなく、変動相場制の場合には、為替投機が為替レートの変動を小さくする効果が期待できるという議論があります。ミルトン・フリードマンが指摘しているように、「もうかる為替投機は、一般的に為替レートの変動を小さくする」という性質を持っています。この点を、図14-3を使って説明しましょう。

　図に青い線で描かれている為替レートの動きは、為替投機が起こる前、つまり当初想定されていた為替レートの動きです。この図に表わされているように、

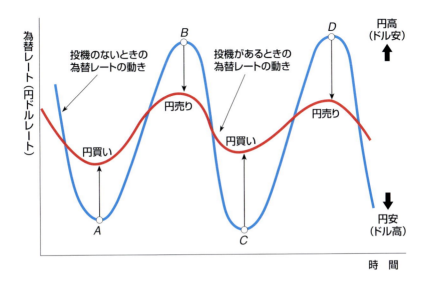

図14-3 もうかる投機は為替レート変動を小さくする

為替投機は安いときに購入し高いときに売却することで利益をあげられますが、それによって為替レートの変動幅は小さくなります。

現実の為替レートはさまざまな経済要因や政治要因の変化を受けて大きく変動する傾向があります。為替投機家はこうした為替レートの変動を見て、どう考えるでしょうか。

たとえば為替レートがいろいろな要因で極端に円安（ドル高）方向に振れたとき、いずれ円高（ドル安）方向に調整が働くと考えるでしょう。もしそうであるなら、円が安いうちに円を購入しておいて、ある程度円高になってから売れば、為替差益が得られるはずです。たとえばいま円ドルレートが1ドル150円で、いずれ1ドル100円程度にまで円高になると思えば、ドルをいま円に換えれば1ドルにつき150円が得られますが、それを1ドル100円の為替レートでドルに戻せば、より多くのドルに換えることができるのです。

投機でもうける基本は、安いときに購入して高くなったら売却するということです。しかしそうした投機行為が起これば、安いときに買いが入って値を引き上げ、高いときに売りが出て値を下げるはずです。図には赤い線で、投機が起こった後の為替レートの動きを示してあります。投機が入る前に比べて、為

替レートの変動幅が小さくなっていることがわかると思います。

　もちろん、投機家がつねに将来の動きを読めるとはかぎりません。円ドルレートは円安の底だからと思って円買いをしたところ、さらに円安になってしまったため、あわてて円を売って損をするという投機家もいるでしょう。こうした投機家は、円が高いうちに円を購入して、円が安くなったときにそれを売るという行為を行なっているわけですから、為替レートの変動をさらに拡大させていることになります（図14-3を用いてこの点を確認してください）。

　以上の点を整理してわかりやすくいえば、為替市場の動きを見通して利益をあげられる投機家は、為替の動きを安定化させます。なぜなら、為替レートが安いとき購入して、高いときに売るという行為を繰り返すからです。しかし、為替市場をうまく読めない投機家は、高いうちに購入して安くなってからあわてて売るという行為を行なうことで、為替レートの変動幅を広げてしまいます。—6

　問題は、現実の経済でどちらのタイプの投機家が多いかということです。これについて、乱暴な議論ではありますが、つぎのような自然淘汰のメカニズムが働くかもしれません。市場の変動を拡大させる投機家は、結局、損失をこうむるわけですから、次第に淘汰されていくでしょう。長期的に見れば、利益をあげられる投機家だけが存続する可能性が高いので、結果として、投機は全体としては市場を安定化させると考えてよいのではないでしょうか。

　繰り返しになりますが、以上で説明したことは変動相場制の場合です。固定相場制の場合には、政府が介入を行なっていますので、市場を不安定化させる投機家がかえって利益をあげるということは十分に考えられます。

変動相場制の隔離効果とその限界

　変動相場制の重要な特徴のひとつは、海外で起こったマクロ変動をある程度遮断できることにあります。これを、変動相場制の（インフレ）隔離効果と呼

6—為替投機のない世界　為替投機は為替市場の混乱の原因と考えられていますし、実際にそうした面がないわけではありません。しかし、為替投機がまったくない世界でも、為替レートは乱高下してしまいます。もし為替投機がなければ、日々の為替レートは輸出入などの実需の変動を反映して変動することになります。一般的に輸出や輸入は相互に連動して動くわけではありませんので、為替レートは大きく変動することになります。為替投機が入れば、為替レートが高くなったときに売りが、為替レートが低くなったときに買いが入り、結果的に為替レートの動きを安定化させるのです。

びます。

いま、アメリカで、何らかの原因でインフレが起こったとしてみましょう。この結果、アメリカの賃金や物価も上昇します。インフレ率を10％とすると、賃金や物価も10％上昇します。もし為替レートに変化がなければ、インフレによりアメリカの商品は割高になり、日本からアメリカへの輸出は増大し、アメリカから日本への輸出は減少します。この結果、為替レートは円高の方向に向かうことになります。

もし為替レートが、アメリカのインフレ率と同じ10％だけ円高方向に動けば、新たな均衡が達成されます。10％の円高はアメリカの10％のインフレをちょうど打ち消します。なぜなら、円高の結果、日本国内に輸入されるアメリカの財の価格は元の水準に戻りますし、日本から輸出される財のアメリカ国内での価格は10％上昇するからです（この点については各自確認してください）。この結果、アメリカの財と日本の財の競争条件は元の状態に戻ります。

このように、アメリカで生じたインフレは、為替レートの調整によって完全に吸収され、日本には波及してきません。これを、変動相場制のインフレ隔離効果と呼びます。このようなインフレ隔離効果は、為替レートが固定されている固定為替レートのもとでは成立しません。為替レートが固定されていれば、アメリカで生じたインフレは、アメリカから輸入する財の日本国内での価格を引き上げ、日本国内にもインフレを引き起こします。

以上のように、フロート制は海外で生じたインフレから自国経済を隔離する働きを果たすことがあります。しかし、為替レートの調整がつねに海外からのマクロ経済的ショックを遮断するとはかぎりません。─7 たとえば、海外での金利上昇により日本から海外へ資本が流出し為替レートが円安になれば、その結果、日本に入ってくる海外の財の価格が上昇し、日本にインフレ圧力が生じることもあります。このように、為替レートの変化が、日本にマクロ経済的ショックを起こすこともあるのです。

7─輸入インフレ　為替レートが急速に円安方向に動けば、海外から輸入する製品や原料の価格は上昇します。日本の場合には、原油の大半を輸入に頼っていますので、円安は国内物価水準を引き上げます。このように円安は海外からの物価上昇の移入、すなわち輸入インフレの原因となりかねません。

変動相場制下の財政・金融政策：マンデル＝フレミングの理論

　変動為替レート制のもとでのマクロ経済政策の効果は、Part 1で考察した、閉鎖経済（海外との経済取引を考えない経済）におけるマクロ経済政策の効果と、多少異なってきます。とくに、国際間の資本移動の活発なときには、資本移動による為替レートの変化を無視して、マクロ経済政策の効果を語ることはできません。このような問題を扱ったものとしては、マンデル＝フレミングの理論がよく知られています。以下では、その概略を説明することで、開放経済（海外との取引の大きな経済）のマクロ経済政策の効果について考えてみましょう。

　まず、金融政策について考えてみましょう。図14－4は、開放経済における金融緩和政策の効果について図で例示したものです。この図のうちAの部分は、7章で議論したもので、閉鎖経済における金融政策の波及経路を表わしています。簡単にいえば、金融緩和によって利子率が引き下げられれば、それによって投資や消費が刺激され有効需要が高まり、雇用・生産などが拡大するというものです。

　これに対して、Bの部分は開放経済に特有の金融政策の波及経路です。もし金融が緩和され利子率が下がると、日本の金利は海外の金利より相対的に低くなり、海外に資本が流出します。これは、為替レートを円安の方向に持っていきます。さて、為替レートが円安になれば、日本の輸出は増大し、輸入は縮小します。輸出の増大と輸入の減少は日本の有効需要を刺激し、景気を拡大させます。このように、開放経済下では、為替レートの変化とそれによって影響を受ける輸出・輸入の変化が景気に大きな影響を与えることがあります。—8

　つぎに、財政政策について考察しましょう。いま、日本が財政政策を拡大方向に持っていったと考えましょう。減税政策でも政府支出の増大でも、どちらのケースでも同じです。

　図14－5は、このような政策の波及経路を示したものです。この図でも、Aの部分は閉鎖経済の波及経路を表わしています。すなわち、財政拡張により有

8—マンデル＝フレミング・モデルの問題点　マンデル＝フレミング・モデルは、開放経済モデルとしては、重大な欠陥をかかえています。為替レートを無視して金利だけで資本移動が起こるという仮説は、そもそも問題です。ただ、その後、マンデルの後継者たちによってこうした欠点は修正されており、現在でもこのモデルの基本的な考え方は政策担当者の思考過程に深く入り込んでいます。

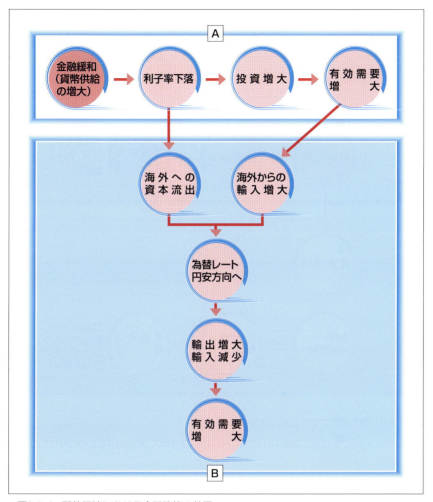

図14-4 開放経済における金融政策の効果

開放マクロ・モデルでは、金融緩和による利子率低下が円安方向に為替レートを動かします。それによって景気刺激効果がさらに強くなるのです。

効需要が刺激されるとともに、利子率も引き上げられます（この点については7章を参照してください）。

　開放経済の場合には、Aだけでなく、Bの波及経路も加わります。すなわち、利子率の上昇によって、海外からの資本流入が促され、それが為替レートを円高の方向に持っていくのです。円高によって日本の輸出は減少し輸入は増大し

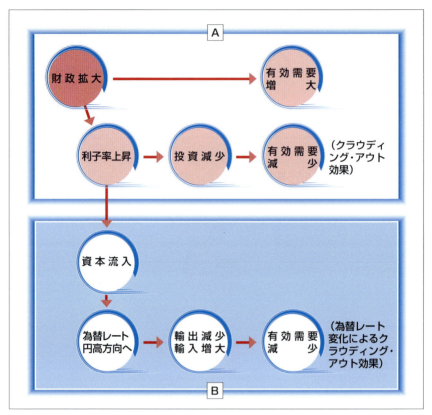

図14-5 開放経済における財政政策の効果

財政政策による利子率上昇は、為替レートを円高方向に動かしますので、財政刺激策の効果を弱めてしまいます。

ますので、有効需要は抑えられる結果になります。このように、開放経済下の為替レートの動きは、財政政策の景気刺激効果を打ち消す働きをします。7章で財政政策の投資に対するクラウディング・アウト効果について説明しましたが、ここでの為替レートの動きは、財政政策による輸出のクラウディング・アウト効果にほかなりません。

このような為替レートによる輸出のクラウディング・アウト効果が、どの程度財政政策の景気刺激効果を弱めるかは、国際間の資本移動がどの程度利子率の変化に敏感に反応するかによります。もし国際間の資本移動が利子率の変化に非常に敏感であれば、クラウディング・アウト効果は非常に強く働き、財政

●経済学ステップアップ●
日本の経常収支はいつ赤字になるのか

　日本の貿易収支や経常収支は何十年以上も黒字をつづけてきました。貿易黒字が日本経済の強さの象徴のように考えられていたこともありました。しかし、2011年に起きた東日本大震災をきっかけに日本の貿易収支は赤字に陥ったのです。

　原発事故や原発停止に対応するため、天然ガスなど大量の燃料を火力発電のために輸入しなければならなかったことが、日本の貿易収支が赤字になった主たる理由だと考えられます。日本の貿易収支が赤字になったのは、1980年以来ですので、31年ぶりということになります。1980年のころも、第二次石油ショックで世界の燃料価格が高騰し、それが原因で日本の貿易収支は赤字になったのです。

　2011年以降、貿易収支の赤字がつづいていますが、経常収支はなんとか黒字を保っています。これは日本が海外に保有する膨大な資産の利子や配当が日本に流れ込み、所得収支が黒字となっているからです。所得収支の黒字が貿易赤字を埋めて、黒字幅こそ縮小しているものの経常収支は黒字状態を保っています。

　今後の動きを予想するのはむずかしいことですが、貿易収支の赤字幅は減り、場合によっては黒字に戻るかもしれないと思われます。近年デジタル分野での日本の輸入が増え、これが貿易赤字の増大要因となっています。

　ただ、長期的には日本の経常収支は次第に黒字幅を小さくし、貿易収支も経常収支も赤字になるのではないかと考えられています。日本の経常収支が黒字であるのは、国内での生産よりも支出が少ないからです。別のいい方をすれば、貯蓄のほうが投資や財政赤字よりも大きいからです。高齢化が進んでくれば、こうした構造が大きく変わると予想されます。

340　Part2　マクロ経済学の応用

政策の効果はほとんど打ち消されてしまうこともあります。

通貨制度の基本原理

　これまで、固定相場制と変動相場制という二つの通貨制度を軸に、為替レートとマクロ経済の関係を見てきました。ここでの説明からも理解できたと思いますが、為替レートの動きや通貨制度は、一国のマクロ経済政策、とりわけ金融政策の運営と深いかかわりがあります。

　通貨制度の問題について考えるとき、国際経済学者がしばしば引用する有名な原理があります。

　「つぎの三つのすべてを実現することは不可能である。どれか一つを犠牲にしなくてはいけない。①為替レートを固定する、②自国の金融政策の自由度を確保する、③貿易と国際投資を自由に行なう」。

　変動相場制とは、為替レートを固定するという制約をはずした制度です。為替レートが自由に変動することを認めれば、各国は自律的な金融政策を維持できますし、貿易や国際投資を自由に行なうことができます。

　これに対して、固定相場制とは、為替レートを固定化（安定化）するため、②の金融政策の自由度か、③の自由な貿易や国際投資を犠牲にした制度です。日本も1973年までは固定相場制を採用し、71年までは1ドル360円という固定レートを維持してきました。そのため、国内のマクロ経済政策が制約を受けてきましたし、貿易や国際投資にかかわる外国為替取引にもきびしい制限を設けてきました。─9

　途上国の多くも、為替レートを固定するため、貿易や投資に規制を設けています。そうした規制のなかで、興味深い事例が中国です。アジアの多くの国が通貨危機で為替レートを大きく切り下げることを余儀なくされましたが、中国だけは人民元の対ドル為替レートを維持しています。この背景には、中国はまだ貿易や投資に関する通貨取引にきびしい制限を設けているので、為替投機が起こりにくかったという事情があります。

　EU（欧州連合）諸国は、ユーロという共通通貨を採用していますが、そのユーロに移行する以前の約20年間は、域内通貨であるマルク、フラン、リラな

9─外国為替法　1976年、ロッキード事件で逮捕された田中角栄元首相も、最初の逮捕容
　疑は外国為替法違反でした。

どの間の為替レートを固定してきました。しかも為替レートの固定を、EU諸国は域内の貿易や投資の規制で守るのではなく、マクロ経済政策、とりわけ金融政策の協調で守ってきました。EU域内の為替レートの固定をつづけるため、各国は自国の金融政策の自立性を犠牲にしてきたのです。

　1999年に共通通貨ユーロに移行しましたが、これはある意味で究極の固定相場制になったということを意味します。ドイツ、フランス、イタリアなど、どの国に行ってもユーロという共通通貨を利用しているということは、それぞれの国の通貨（実は同じ通貨ですが）の為替レートが固定しているということにほかなりません。

　ユーロに完全移行する過程で、EU諸国はフランクフルトに置いた欧州中央銀行（ECB）に金融政策の運営を集中させました。各国には依然としてそれぞれの中央銀行は残っていますが、諸国の金融政策は欧州中央銀行に集中され、各国の金融政策の自律性はなくなってしまったのです。―10

　EU諸国の例を見るまでもなく、各国が金融政策の自律性を失うことは必ずしも悪いことではありません。先にあげたアルゼンチンのケースにもあるように、発展途上国のなかには自律的な金融政策を持っていることがかえって問題になるケースも少なくありません。政治的な圧力などで安易に通貨が発行されるからです。そうしたケースでは、為替レートを固定するという制約をあえて加え、金融政策の自律性を失うことが経済の安定化につながるのです。

　ただ、日本やアメリカのような先進工業国では、金融政策の自律性を失うということは考えにくいことです。もちろん、貿易や国際投資を規制するということもできませんので、変動相場制を採用しているのです。域内で共通通貨を採用しているEU諸国でも、日本やアメリカなど他の地域に対しては、変動相場制を採用しています。

10―金融政策（ドイツの低インフレ）の輸入　ドイツは、2度の世界大戦後、激しいハイパーインフレを体験しました。そのこともあって、ドイツの中央銀行はインフレに対して非常にきびしい金融政策をとることで知られています。イタリアやフランスなどの近隣国はきびしい金融政策のスタンスをとれなかったため、ドイツにくらべてインフレ的な傾向が強かったのですが、1979年以降ドイツとの為替レートを固定することで、同じような金融政策のスタンスをとらざるをえなくなりました。さもないと、固定レートが守れないからです。このようにして、フランスやイタリアは、結果的にドイツの反インフレ的な金融政策を輸入したことになります。

342 Part2 マクロ経済学の応用

表14-1 国際収支表の例

項　目	輸出または資産	輸入または負債	収支尻
貿易・サービス収支	150	-380	-230
第一次所得収支	350	0	350
第二次所得収支	0	-30	-30
経常収支	500	-410	90
資本移転等収支	0	-2	-2
直接投資	200	-20	180
証券投資	110	-200	-90
金融派生商品	80	-40	40
その他投資	50	-30	20
外貨準備増減	30	-90	-60
金融収支	470	-380	90
誤差脱漏	—	—	2

国際収支

　つぎに、国際収支について簡単に説明しましょう。本書は国際経済学のテキストではありませんので、国際収支の考え方についてくわしく説明する必要はないと思いますが、マクロ経済の国際的側面について理解するためには、国際収支の最低限の知識は必要です。

　表14-1は国際収支の概念を説明するために、国際収支表を図解したものです。国際収支表とは、一国が国境を越えて海外と行なうさまざまな取引を記載したものです。これらのなかには、輸出や輸入と呼ばれるモノの取引はもちろん、サービスの取引、保有している株・債券・預金などに支払われる利子や配当、経済援助、株式・不動産・債券などへの新たな国際投資など実にさまざまな取引があります。

　表14-1に示したように、国際収支表に記載される取引は大きく2種類に分かれます。第一は財・サービス・所得にかかわる取引、第二は金融・資本取引と呼ばれる国際投資にかかわる取引や、外貨の獲得などによる外貨準備の増減です。

　財・サービスの取引は、財の取引である輸出・輸入、サービスの取引（サー

ビス輸出とサービス輸入です）、利子・配当などの所得、そして経済援助などの移転などの項目から構成されます。資本取引とは、外国人が日本の不動産・株式・債券などを新たに購入・売却したり、日本人が海外のこれらの資産を新たに購入・売却したりする場合に記載されます。外国人による日本のこれらの資産の購入や日本人による海外のこれらの資産の売却を資本流入、外国人による日本のこれらの資産の売却や日本人による海外のこれらの資産の購入を資本流出と呼びます。また、外貨準備の増減にかかわる項目は、自国が新たに外貨（金などの貨幣的な資産も含みます）を獲得したり、あるいは手放したりすることが記載されます。

　国際収支表は簿記の原理にのっとって、すべての取引が受け取りと支払いの両方に記載されるようになっています。たとえば輸出という取引は、モノを海外に渡すという行為とそれに対して支払いを受けるという行為から構成されますが、前者については輸出という項目（モノの欄）に、後者はどのような形で支払われるかによりますが、たとえば手形で支払われれば資本勘定の受け取り（手形を日本の業者が受け取るからです）という欄に記載されます。このようにすべての取引について右側と左側の両方の欄に記載されるわけですから、国際収支表の左側の欄の合計と右側の欄の合計の金額は一致していなくてはなりません。

　国際収支がマクロ経済政策とのかかわりで議論されるとき、もっともよく使われる指標は、経常収支と呼ばれる概念です。これは表14-1でいえば、財やサービスの取引を記載した経常取引の部分だけを取り出し、その左側の欄の合計から右側の欄の合計を引いたものです。つまり経常収支とは、海外に対して行なった財やサービスの輸出から、海外からの財やサービスの輸入を引いたものです。—11

　経常収支は、一国のマクロ経済の状況を見るうえで重要な指標のひとつです。その経済的意味については以下でくわしく見ますが、日本に関していえば経常収支は最近20年以上黒字基調できました。もっとも、2011年の東日本大震災をきっかけに、日本の貿易収支は大きな赤字となり、経常収支の黒字幅は縮小し

11—経常収支のなかには、海外との間でやり取りされる利子・配当・賃金などの所得や経済援助などの移転も入ります。ここでは話を簡単にするために、こうした項目を無視して議論していますが、それらを含めて考えても大きな変更はありません。

ました。

　以下で述べるように、経常収支の黒字・赤字は、一国のマクロ経済の動きと深い関係にあり、財やサービスの出入りだけで見ることは誤解を招くことにもなりかねません。

経常収支と対外資産の蓄積

　経常収支は、一方では財やサービスの輸出入の差を表わしていると同時に、他方で一国の海外に対して行なう新たな資産の蓄積も表わしています。これはつぎのように考えればよいでしょう。

　日本のように経常収支が黒字である国は、海外から財やサービスを購入する以上に、海外に対して財やサービスを販売しています。その結果、日本が海外から受ける支払いは、日本が海外に対して行なう支払いよりも大きくなっています。したがって両者の差額分だけ、ネットで日本は海外から支払いを受けるのです。この支払いは貨幣の形で行なわれることもありますが、資本や株などの資産に再投資することもできます。

　国際収支表に記載される数値は、一定期間（通常は１年間）を通じて行なわれた取引を総決算したものですので、経常収支の黒字として出てくる数字は、その期間中にさまざまな資産に再投資されているはずです。その結果、経常収支の黒字は、かならず、その国が蓄積する海外に対する資産の純増額に等しくなります。経常収支のことを、「海外に対する債権の純増」と呼ぶことがありますが、これは以上のようなことを指しています。

　日本のように毎年経常収支の黒字を積み重ねてきた国は、その額に応じて海外に対する債権を積み重ねてきているのです。これは外国政府が発行した国債、企業の発行した株式や社債、不動産など多様な形をとります。日本はこれまでの経常収支の黒字を通じて、海外に対して巨額の資産を保有していることになります。

　一方、アメリカは巨額の経常収支赤字を出してきました。つまり、海外に輸出する以上の財やサービスを海外から輸入してきたのです。それは、アメリカは毎年、経常収支の赤字額に匹敵するだけの海外に対する債務を積み上げてきたことを意味します。その結果アメリカは、海外に対して巨額の債務を負っていることになります。海外の投資家などが持つアメリカ国債、アメリカ企業の株式や社債、アメリカ国内の不動産などが、アメリカが海外に対して負ってい

る負債なのです。

経常収支のマクロバランス

経常収支は、マクロ経済の生産や需要と深い関係を持っています。財やサービスの輸出・輸入を加えたマクロ経済学の基本式を書けば、

$$\text{GDP} = 消費 + 民間投資 + 政府支出 + 輸出 - 輸入 \tag{14-1}$$

となります。ただし、この式の輸出や輸入は、財とサービスの両方を含んだものです。この式はつぎのように考えればわかりやすいでしょう。

$$\text{GDP} + 輸入 = 消費 + 民間投資 + 政府支出 + 輸出 \tag{14-2}$$

（14-2）式はつぎのように解釈することができます。まず左辺ですが、この国に対する財やサービスの供給を表わしており、それは GDP と輸入の和になります。この国に財やサービスを供給するルートは、自国内での生産（GDP）か輸入しかないからです。つぎに右辺ですが、これはこの国で生産されたりこの国に外から入ってきた財やサービスの販路を表わしています。販路は消費、民間投資、政府支出、輸出しかありません。そして売れ残った財やサービスは民間投資のなかの在庫投資に入りますので、（14-2）式はつねに等しくなります。その式を書き換えたのが（14-1）式です。

さて、（14-1）式あるいは（14-2）式を書き換えると、

$$\begin{aligned} &財・サービスの輸出入の差 \\ &\quad = \text{GDP} - （消費 + 民間投資 + 政府支出） \end{aligned} \tag{14-3}$$

という関係が得られます。この式の左辺は基本的に経常収支とほぼ同じ概念と考えられます。—12

（14-3）式の右辺は、一国のなかで生産される総額である GDP から、一国内での総支出である消費と民間投資と政府支出の合計を差し引いたものになっています。要するに、生産しているほどには支出していない国は財・サービス

12—注11でも述べたように、ここでは海外との所得のやり取りや移転取引を無視しています。もしこれらを入れると議論はもう少し細かくなりますが、基本的な論点に変更はありません。

が輸出超過になり、逆に国内生産以上に支出している国は財・サービスが輸入超過になるのです。

これまでの日本経済は、貯蓄性向が高いということもあって、生産額ほどには支出をしていません。これが経常収支の黒字の背後にある構造です。

これに対してアメリカは、国内生産をはるかに超える高い支出となっており、これがアメリカ経済の経常収支赤字体質を生み出していると考えられます。

くわしい導出方法は示しませんが、（14-3）式はつぎのような経常収支の基本式に置き換えることが可能になります。

$$経常収支 ＝（民間貯蓄－民間投資）＋政府財政黒字 \qquad (14\text{-}4)$$

この式も恒等式の関係です。これはつぎのように変形したら理解しやすいでしょう。

$$民間貯蓄 ＝ 民間投資＋政府財政赤字＋経常収支 \qquad (14\text{-}5)$$

民間が貯蓄した資金はかならずどこかで利用されます。（14-5）式の表わしていることは、民間貯蓄が投資資金か、政府財政赤字の穴埋めか、さもなければ海外投資にまわされるということです。すでに説明したように、経常収支の黒字は海外に対するネットの投資（海外への投資から海外からの投資を引いた額）を示しています。（14-5）式は、民間が貯蓄した資金は右辺の三つの項目のどこかにかならずいくということです。

さて、（14-4）式に戻ると、つぎのようなことがわかります。日本の経常収支が大幅な黒字であったのは、政府財政黒字（右辺の第2項）の大幅なマイナス、すなわち政府財政赤字で埋めきれないほどの貯蓄超過になっていたからです。日本の貯蓄が多いということは、日本の支出が弱いということと同じですが、それが経常収支の黒字、そして海外に対する債権の純増をもたらしてきました。

14　通貨制度とマクロ経済政策　347

演習問題

1. 以下の文章の下線部分に用語や数値を入れなさい。

　(1)ドルなどの通貨に為替レートを固定する国は＿＿＿＿＿＿に多い。為替レートを固定することで安定的な貿易や投資を可能にするという狙いがあるが、その結果、マクロ経済政策の＿＿＿＿＿＿が犠牲になる。しかしそうしたことが、かえって＿＿＿＿＿＿などの安定をもたらすことも少なくない。

　(2)変動為替レート制の下で投機が利益をあげるためには、為替が＿＿＿＿＿＿ところで購入して＿＿＿＿＿＿ところで売却しなくてはいけない。したがって、一般的に為替投機は為替レートの変動を＿＿＿＿＿＿するといわれる。しかし、固定為替レート制の下では、通貨が大幅に売られるときには投機家は大きな損を出すことなく投機ができる。その結果、為替投機によって為替レートの固定が維持できないことがある。1997年に起きたタイや韓国の＿＿＿＿＿＿は、そうした事例の典型的な例である。

　(3)マンデル＝フレミング理論によれば、変動為替レート制の下で金融緩和をすれば、円ドルレートは＿＿＿＿＿＿方向に動き、これは＿＿＿＿＿＿を増やすことを通じて、GDP を＿＿＿＿＿＿させる効果を持つ。これに対して、財政刺激政策をとれば、円ドルレートは＿＿＿＿＿＿方向に動き、輸出を＿＿＿＿＿＿し、GDP 拡大の効果を＿＿＿＿＿＿する。

2. 以下の記述は正しいのか、誤っているのか、それともどちらともいえないのか、答えなさい。

　(1)生産にくらべて国内需要（消費＋投資＋政府支出）が少ない国は、経常収支が黒字傾向になる。

　(2)変動相場制をとっている国には海外のインフレが波及しにくいが、固定相場制をとっている国には海外のインフレが波及しやすい。

　(3)為替レートを固定させ、マクロ経済政策の自律性を確保しようとしたら、貿易や資本移動を規制しなくてはいけない。

15

経済成長と経済発展

ロバート・M・ソロー サミュエルソン（1章扉）とともに、MITの経済学部を築いた大家。経済成長理論の代表的な研究を発表するが、これがソロー・モデルとして知られる。学派的にはケインジアンの立場である。

21世紀の世界経済にとっての大問題は何でしょうか。いろいろな意見はあるでしょうが、つぎの3つをあげる人が多いと思います。

① 経済のグローバル化
② 地球環境問題
③ 先進国の人口減少と途上国の人口爆発

これらはいずれもこの章のテーマである経済成長や経済発展と深い関係を持っています。長い時間の流れのなかで経済がどのように変容していくのかを考えるためには、経済成長や経済発展のメカニズムについて理解を深める必要があります。

この20年ほどの間に世界経済の風景は大きく変わってきました。中国、ブラジル、インドなどの新興国が目覚ましい経済発展をとげ、グローバルレベルでいろいろな動きが起きています。新興国の目覚ましい成長が経済の風景を変えたといっても過言ではないでしょう。

ただ、新興国の成長で、地球環境問題が深刻になってきました。地球気候変動の原因とされる二酸化炭素の排出においても、新興国の存在感は大きいものです。ある程度の成長を確保しながら環境問題にきちっと対応するためには何が必要なのかということが、世界経済にとって大きな課題となっているのです。

人口爆発も経済成長や経済発展と深い関わりがあります。世界の人口は爆発的に増えており、この状況を放置しておけば、食料問題や環境問題に深刻な影響が及びます。先進国の多くは人口減少の傾向にありますので、人口増加の大半は貧しい国々で起きています。

貧しいから子供をたくさん生む。だからいつまでも豊かになれない。人口問題は経済発展問題でもあります。一般的に、社会が豊かになれば、子供の数はあるところまで減る傾向があります。人口問題を解決するもっとも有効な方法は、貧しい国の経済発展を支援することなのです。

経済成長の重要性

つぎに引用する文章は、ノーベル経済学賞を受賞したロバート・ルーカスによるもので、しばしば引用される有名な文章です（翻訳については意訳してあります）。

「一人当たりの実質所得は、ある程度の期間で、国によって大きな違いが出る。インド人の所得は50年で倍になるが、韓国人の所得は10年で倍になる。

インド人は、平均的に見て、彼らの祖父母の2倍の豊かさであるが、韓国人については32倍である。……インド政府の活動によってインド経済をインドネシアやエジプトのように成長させることができるのだろうか。もし可能であれば、それは何だろう。もし可能でなければ、インド経済の特性の何がそれを不可能にしているのだろうか。このような疑問にかかわる問題が人類の幸せに及ぼす影響はたいへんなものだ。この問題について考えはじめたら、他のことについて考えることはむずかしくなる」（ケンブリッジ大学におけるマーシャル・レクチャーから）—1

この文章からもわかるように、経済成長はすべての国にとって、そして国民にとって、重要な問題です。インドのような国は経済成長が実現できなかったゆえに、貧困、飢餓などの問題に悩まされてきました。これに対して、戦後の高い経済成長のおかげで、私たち日本人は豊かな生活を送ることができるわけです。

これまでの議論のなかでも、すでに何回か経済成長率について触れてきました。その国の実質GDPの伸び率が経済成長率です。各国ともこの数値を使って景気を判断します。現在の日本では、経済成長率が連続してマイナス値を付けることもあり、どのようにしてこの成長率を安定的なものに転じさせるかが政権にとっての大きな課題なのです。

経済成長は、また、きわめて現代的な問題であるということもできます。長い人類の歴史のなかでは、経済が成長するということは例外的なことであり、大半の時期は経済成長など起こらなかったのです。歴史をたどってそれぞれの時期の世界のリーダー国の経済成長率（年率で見た一人当たりの所得（GDP）の成長率）を見ると、1580〜1820年のオランダでは0.2％、1820〜90年のイギリスで1.2％、そして1890〜1989年のアメリカで2.2％となっています（Debraj Ray, Development Economics, 1998による）。つまり、近年になるほど、経済成長率は高くなっているのです。—2

1—ルーカスの文章は、"On the Mechanics of Economic Development," *Journal of Monetary Economics*, 22（1988, pp.3〜42）に載っています。

2—成長率上昇の原因　世界の成長率が高くなってきたことにはいろいろな理由があると考えられます。18世紀後半からの産業革命以降、産業や技術の変化が成長率の上昇に貢献したことはまちがいありません。第二次世界大戦後は、世界貿易や国際投資が拡大していることが、世界の成長率上昇に大きく貢献しています。

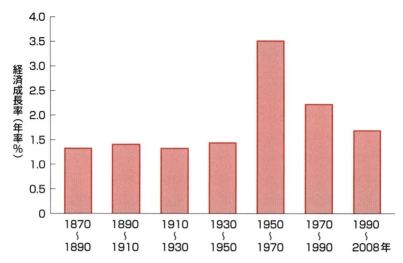

出所：Angus Maddion, *Statistics on World Population*
図15-1　主要国（16カ国の平均）の一人当たり実質GDPの成長率（年率）の時代別推移

図15-1は、主要国の経済成長率を時代ごとに、その推移をとったものです。この図からも、経済成長はきわめて現代的な現象であることが確認できると思います。

動学的現象としての経済成長

Part 1では、マクロ経済学の基本的な考え方を説明しました。需要サイドと供給サイドの両面から、GDPがどのような水準に決まるか、そのメカニズムについて導入的な議論をしました。

そこでの私たちの主たる関心は、GDPの水準でした。特定の時点で切って、そこでGDPがどのように決まるのか。こうした視点から行なう分析を、経済学では静学分析といいます。現実の経済は日々変化していますが、そうした変化にかかわらないで、あたかも時間が止まったように考えて、そこでさまざまな経済指標がどのように決まるか分析するという視点です。静学分析は、動きのあるものの一瞬をとらえたスナップ写真のようなものです。多くの経済問題は、静学分析という単純化された見方で分析が行なわれます。―3

しかし経済成長について考える場合には、このような静学的な分析では意味

がありません。経済成長の問題で関心があるのは、GDPのような経済指標が、時間の経過とともにどのように変化していくのかという点にあるからです。したがって、時間にともなう変化を正面から分析する動学的分析手法が用いられます。動学分析とは写真をつぎつぎに見せることによって動きを表わす映画のようなものです。

以下で経済成長を扱うときに、もうひとつ特徴的なことは、需要サイドよりも供給サイドが重視されるということです。もちろん、現実的な話をすれば、経済成長を考えるうえでは需要も供給も重要です。ただ、すでに触れたように、短期のマクロ経済変動を分析するときには需要の変動が大きな影響を及ぼしますが、長期的な成長のトレンド（趨勢）を見るときには、供給サイドのほうが重要になると考えられます。もちろん、経済成長における需要要因の重要性を強調した研究もありますので、安易に需要サイドを捨象することには慎重でなければいけません。ただ、初歩的な解説である本章では供給サイドの議論に集中したいと考えます。

経済成長メカニズムの概略図

本書は入門レベルですので、経済成長モデルの技術的な部分にはあまり深く立ち入りません。しかし、経済成長のメカニズムの概略は、2章で説明した成長方程式を用いて議論することができます。ここで成長方程式をもう一度再現すると、

$$経済成長率 = 技術進歩率 + 資本分配率 \times 資本の増加率$$
$$+ 労働分配率 \times 労働の増加率$$

となります。この式の表わしていることは、経済成長を引き起こす要因は大きく分けて二つあるということです。ひとつは、資本や労働などの生産要素の量が拡大することによって生産力が増大して経済成長が起こるというものです。成長方程式の右辺の資本や労働の増加率にかかわる項がこれを表わしています。

もうひとつの大きな要因は、右辺で技術進歩率として表わしたものです。資

3─静学分析の意義　現実の経済は、時々刻々と動いています。そういった意味では、静学分析よりは動学分析のほうが、現実に近いといえます。ただ、経済分析とは複雑な現実を単純な地図に描くような作業ですので、その地図の単純さに価値があるとすれば、静学分析の意義も大きいと考えられます。

本や労働といった生産要素の増加が見られなくても、技術が向上すれば経済の生産水準も増大し、経済成長が起こるのです。この項については、2章では取り上げなかったのですが、以下で議論するように経済成長のメカニズムを考えるうえでは重要な意味を持ちます。

たとえばある国が過去10年間、平均して年率5％の率で成長していたとしてみましょう。その中身をよりくわしく見ると、資本は年率6％で増え、労働は年率2％で増えているとします。この経済の総所得に占める資本と労働のシェア（分配率）はそれぞれ25％と75％であるとします。

この条件を上の式に当てはめてみるとき、資本と労働の総所得に占めるシェア、つまり経済全体の所得のなかで資本と労働に分配される割合は、資本と労働が経済の生産にどの程度貢献しているかという、貢献度を表わしていると考えることができます（この点についてはよりテクニカルな議論ができるのですが、ここでは省略します）。

ここでは資本は6％で成長しており、その貢献度が25％（0.25）ですので、資本の増加によってもたらされる経済成長は1.5％（6％×0.25）ということになります。労働は2％で成長しており、その貢献度が75％（0.75）ですので、労働の増加によってもたらされる経済成長は、1.5％（2％×0.75）ということになります。資本と労働という二つの生産要素の増加によってもたらされる経済成長は、この二つを合わせて3％ということになります。

これに対して実際の成長率は5％であるわけですから、差額の2％は労働や資本という生産要素の成長とは違ったところから出てきていることになります。これが上記の成長方程式の右辺にある技術進歩率というものであり、ここでは成長率のうち2％分が技術進歩によってもたらされたということになります。

以下でもう少しくわしく、個々の要因について考察してみたいと思います。

貯蓄・投資と資本蓄積

まず、成長方程式のなかの資本増加率の項目について、もう少しくわしく説明したいと思います。

経済成長が着実に行なわれていくためには、生産設備への投資が必要です。工場施設や機械装置などが整備されてこそ、はじめて生産の拡大が見込めるからです。ここで資本としてとらえるものには広範囲なものが含まれます。製造業で利用される機械設備や工場施設はもちろん、港湾・空港・道路などの公共

Guide to Current Topics

自由貿易は貧困を撲滅するか

　貧困の撲滅、これが経済学のもっとも重要な課題であることはまちがいありません。しかし残念ながら、世界経済から貧困がなくなる兆候はありません。貧困問題はそれぞれの国にも存在しますが、世界的な規模でも富める国と貧しい国の問題があります。俗に「南北問題」といわれるものです。

　戦後の世界経済は貿易拡大をつづけてきました。それを支えたのが、WTO（世界貿易機関）の下での自由貿易体制です。しかし、発展途上国には、自由貿易体制は先進国を富ませるだけであるという懐疑的な見方が根強くあります。現実問題としても、貿易の拡大で先進工業国がますます豊かになるなかで、アフリカのサハラ砂漠以南、中央アジア、一部の中南米諸国など、多くの国で貧困が深刻になっています。

　ただ、自由貿易が貧困の解決にならないというこの見方にも多くの疑問が出されています。世界銀行のレポートによると、発展途上国にも二つのグループがあります。ひとつのグループは自由貿易を推進してきた24の国々で、過去20年でGDPに対する貿易比率を2倍に拡大しています。もうひとつのグループは残りの国々で、過去20年間にこのグループ全体を平均で見ると、貿易は拡大していません。この二つのグループの過去10年の一人当たり所得の変化を見ると、自由化を進めた第一のグループは年率5％で成長し、貿易を制限してきた国は年率マイナス2％の成長です。

　第一のグループの例として、たとえばベトナムは過去10年貿易を拡大してきて、世界銀行の絶対的貧困度という指標が半分にまで下がっています。アフリカのウガンダも第一のグループに入りますが、絶対的貧困度が過去10年で40％低下し、就学率も倍に拡大しています。

　自由貿易が発展途上国にさまざまなきびしい影響を及ぼすケースがあることは事実でしょう。しかし、海外諸国と貿易を行なう機会があるということが、一国の経済発展と貧困の撲滅にいかに効果があるのかということを、これらのデータは表わしているのです。自由貿易を否定するのではなく、それでも貧困から抜け出せない国にどう支援するか議論する必要があります。

的な設備、倉庫や物流システムのコンピュータ・ネットワークなど、すべて経済成長に貢献する資本設備なのです。

こうした設備の蓄積のために行なわれる支出のことを投資と呼ぶということは、1章で説明しました。投資を行なうためには資金が必要です。その資金を供給するルートが貯蓄です。後で説明するように、国内の貯蓄資金が不足していても海外の資金を利用して投資することができます。ただ、ここではしばらく、国内の貯蓄資金を利用して投資が行なわれると考えることにします。

国民が貯蓄した資金は、銀行預金や株式・債券購入などに向かいます。預金で集めた資金は銀行によって企業に貸し出されます。国民が購入した株式や債券も、企業や政府部門による設備投資に利用されます。このように、国民の貯蓄資金は投資に利用されるのです。

以上のメカニズムを単純化して書けば、「国民の生産活動が生み出した所得の一部が貯蓄に向かう。この貯蓄は企業や公的部門による投資に利用され、それが経済の資本ストック（生産設備など）を拡大させる。資本ストックが拡大することでさらに大きな生産が可能になり、それが国民の所得をさらに増加させる。所得が増えた国民は貯蓄を拡大させ、それが投資の増大、資本ストックのさらなる増加につながる」。こういった生産 → 所得 → 貯蓄 → 投資 → 資本ストック増加 → 生産という連鎖のなかで経済成長がつづけられることになります。

図15-2は、このような資本蓄積プロセスを概念図を用いて説明したものです。この図で青い線で囲まれているものは、それぞれの時点での経済活動を表わしています（スナップ写真です）。その時点で経済に存在する資本と労働という生産要素が使われ、生産が行なわれます。そうして生み出されたGDP（国内総生産）は所得として分配され、消費にまわされます。所得のうち、消費にまわらなかった部分を貯蓄といいます。

貯蓄は最終的には投資にまわされます。個々の家計は貯蓄を銀行預金や証券購入などの形で行ないます。そうした資金は企業部門に貸し出され、企業はその資金を用いて投資活動を行なうわけです。マクロ経済学的には、すでに説明した関係式を用いて、貯蓄と投資が等しくなることが説明できます。

まず一方で、生産されたものは消費か投資にまわすしかありません。

　　総生産 ＝ 消費＋投資

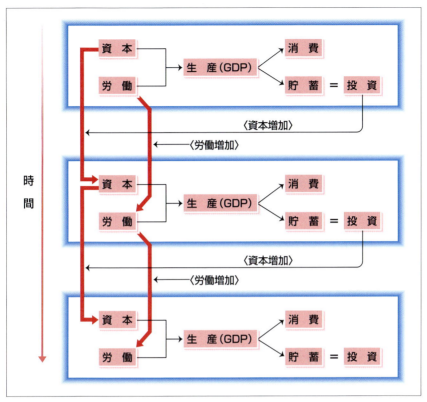

図15-2 経済成長のイメージ図

各時点でスナップショットのようにマクロ経済が描かれていますが、それが資本や労働の変化を通じて少しずつ変化していきます。

　Part 1 で説明したときには、政府支出や輸出入がこれに加わりましたが、ここでは政府の活動や貿易はないものとして単純化しています。
　もう一方で、所得は消費と貯蓄に分けられます。所得のうち消費しない部分を貯蓄というからです。すなわち、

　　　総所得 ＝ 消費＋貯蓄

となります。
　ここで、総生産と総所得は等しくなっています（生産されたものは所得として分配されます）。したがって、

消費＋貯蓄 ＝ 消費＋投資

すなわち、

貯蓄 ＝ 投資

という関係が出てきます。簡単にいってしまえば、生産されたもののうち、消費にまわらないものは最終的にすべて投資になります。

　つぎに、投資とは、企業によって行なわれる設備投資や在庫投資活動のことです。設備や在庫を合わせて資本と呼ぶなら、投資は資本の増加に等しくなります。そこで、

貯蓄 ＝ 投資 ＝ 資本の増加

という関係が得られます。

　さて、図15－2で青い線で囲まれている部分に示されているように、各時点ではその時点に存在する資本や労働を用いて生産が行なわれ、それが所得として分配されます。そして、その所得は消費と貯蓄という形で使われますが、貯蓄にまわった部分は最終的には投資となります。そして、投資はつぎの時期に向かっての資本の増加分となります。ここまでが一時点の経済の動きです。

　時間が経過するなかで、投資の結果、資本（資本ストック）は増加していきます。労働も、労働人口の増加や教育の向上などによって増えてきます。その結果、つぎの時点になれば、資本や労働が増加していますので、そこで生み出されたGDPも拡大しているはずです。これが経済成長です。つぎの時点で生み出されたGDPがまた、消費と投資に分けられ、それがさらにつぎの時点につながるということになります。図には、このような時間の経過とともに動く、資本、労働、GDPなどの流れが示してあります。

　ここでは、説明の便宜のため、各時点でのGDP、消費、投資などの決定と、それを受けてのつぎの時点への資本や労働の増加という流れで説明しました。いうまでもないことですが、現実には、生産活動や消費活動は日々刻々行なわれていて、資本蓄積も継続的に行なわれています。ここで描いた図は、あくまでもそうした動きを単純化したものです。

　こうした単純化は、スナップ写真と映画の違いとして理解すればよいと思います。スナップ写真は、ある一瞬の姿をとらえたものです。経済学では、これ

は静学分析に対応します。それに対して、映画は、写真をつなげていってそれを連続的に見せていきます。それによって動きが出されるわけですが、経済成長の分析のような動学分析はこの映画に対応します。

人的資源と労働ストック

つぎに、成長方程式のなかにあるもうひとつの生産要素である、労働について考えてみましょう。資本と同じように、労働が増加することも経済の生産量拡大に貢献します。つまり労働の増加も、経済成長の原動力になるのです。

ただ、労働の増加を、単純な労働人口の増加とだけとらえてはいけません。確かに労働人口の増加は経済成長に貢献します。逆に労働人口の減少は、経済成長率を引き下げるでしょう。少子高齢化が進んでこれから若年の労働人口の低下が見込まれる日本経済にとって、この労働人口の低下は経済成長の足を引っ張る大きな要因となりかねません。

しかし、現代経済においては、労働人口の絶対規模だけで経済成長への影響を考えるのは正しい見方ではありません。物理的な労働者の数に変化がなくても、一人ひとりの労働者の能力が高まれば、それは実質的に労働量が増えたのと同じ効果があるからです。それだけではなく、現代経済においては、単純労働力ではできない作業が大半を占めており、高い技能や知識を持った労働者の存在が重要となります。

こうした知識や技能を持った労働量を単純な労働力と区別して理解するために、能力や知識・技能まで評価に入れた労働力のことを人的資源（human resources）と呼ぶことがあります。教育や経験を積んだ労働者は、より多くの人的資源を抱えていると考えることができます。

マクロ経済全体の生産の動きを見るうえでも、経済全体でどれだけの人的資源があるのかということが重要になります。マクロ経済の経済成長を決めるのは頭数で数えた労働者の数の増加ではなく、一人ひとりの労働者の抱える人的資源を考慮に入れた「実質的な労働量」、あるいは別のいい方をすれば「効率単位で測った労働量」を考える必要があるのです。

労働者の数が増えることも重要ですが、それ以上に教育・訓練・経験などを通じた人的資源の蓄積が経済成長の大きな原動力となります。経済成長率に影響を及ぼすのは、人間の頭数で測った自然単位の労働量の伸びではなく、労働者の技能や生産性まで考慮に入れた効率単位の労働量の伸びのはずです。もち

ろん、現実問題として効率単位の労働量をどう測るのかということはたいへん
むずかしい問題です。そこで教育水準などの変数を用いて効率単位の労働量を
推計することになります。ここではそうしたむずかしいことには入り込みませ
んが、経済成長に影響を及ぼす労働量とは、労働人口の増加と、一人ひとりの
労働者の教育レベルの向上の、両方を考慮に入れたものであることは明らかで
す。

技術革新と全要素生産性の増加率

　経済成長の動きを見るとき、いちばんやっかいなのは、上で説明した成長方
程式の右辺にある技術進歩の部分です。資本や労働などの生産要素の増加では
説明できないような高い経済成長を実現する国が少なくありませんが、これは
技術革新によるものと理解されます。テクニカルには、成長方程式のなかで生
産要素で説明できない部分のことを、全要素生産性の増加率ともいいます。
—4

　先進工業国の経済成長のパターンを見ると、この全要素生産性の増加率の部
分が無視できない大きさであることがわかります。資本蓄積や労働量の増加も
経済成長の重要な要因であることは確かではあるのですが、そうした生産要素
の拡大だけでは説明できないほど先進工業国は高い経済成長を遂げてきたので
す。

　実際、20世紀後半以降の先進工業国では、つぎつぎに大きな技術革新が起き、
それは生産革新や流通革命を促進させてきました。鉄鋼や石油化学などに見ら
れる大型生産技術の導入、半導体をはじめとする多くの新素材の開発、情報通
信技術を駆使した先進的な物流システムの導入など、さまざまな形で新しい技
術が経済の生産・流通システムを変えてきたのです。

　技術開発や製品開発が経済活動のなかに占める位置はますます重要になって
います。多くの企業は新製品や新技術の開発に自社の命運をかけています。技
術のパテントなどをめぐって、深刻な国際紛争が起こることもまれではありま
せん。

4—先に説明した数値例でいえば、5％の成長率のうち、3％が資本や労働などの生産要
　素の増加によって説明される部分、5％と3％の差の2％が、全要素生産性の増加率
　と呼ばれる技術進歩によって経済が成長している部分を表わしています。

マクロ経済学的にも、技術開発や研究開発が持っている意味は軽視できません。技術・研究開発が活発な国は経済成長率が高くなり、そうした活動が停滞している国の経済成長率は低くなるはずです。こうした観点から、研究開発や技術開発の活動に分析の焦点をあてて、そこから経済成長について考えることができるはずです。

急速に高齢化の道を歩んでいる日本経済にとっては、研究・技術開発が重要な鍵を握っています。まさにこれこそが、日本経済の今後の経済成長の大きな拠り所だからです。

いうまでもないことですが、技術水準は外生的に与えられるのではなく、技術開発や研究開発などの経済活動に依存して決まってきます。一般的には、経済全体で利用可能な生産要素のなかで技術開発や研究開発に投入される生産要素の割合が大きいほど、技術革新のスピードも速くなると考えてよいでしょう。

もちろん、技術開発や研究開発により多くの生産要素が投入されれば、それだけ現在の生産活動に使われる生産要素の量が少なくなります。つまり、技術開発と生産量の間にはトレードオフの関係が出てくるのです。技術開発に資源を多く投じるほど、将来の技術水準は高くなりますが、現在の生産は犠牲になります。この意味で、技術開発は将来の生産拡大のために現在の生産を犠牲にするある種の先行投資のようなものです。

より多くの生産要素を技術開発や研究開発に投入している経済は、当初の生産量は低い水準になりますが、経済成長率は高くなり、将来は高い生産水準を実現することができます。これに対して、大半の生産要素を生産活動に投入している経済は、生産量は高くなっても成長率は低くなります。

現実に、どれだけの生産要素が技術開発や研究開発に投じられるかは、さまざまな要因に依存して決まります。経済学の文献では、以下のような要因がよく取り上げられます。貯蓄性向、金利、産業構造、貿易パターン、パテント制度、政府による技術援助政策などです。これらの要因について順に見ていきましょう。

市場経済においては、技術開発や研究開発を行なうのは民間企業です。企業が技術開発を行なうのは、それによって将来生み出される利益が当初のコストに見合うものであると考えられるときです。貯蓄性向が高い経済、あるいは金利が低い経済では、そうした技術投資をしようとする企業に対して資金が潤沢に提供されることになります。外から資金を借りてきて研究開発をしようとす

る企業にとって、金利が低ければ、それだけ研究開発投資が行ないやすいことになります。

産業構造や貿易構造が技術革新に大きな意味を持つのは、産業によって技術開発の水準が違うからです。電気機械、精密機械、化学などの産業は研究費の割合が大きいのに対して、鉄鋼などはその比率が低くなっています。私たちの日常的な感覚でも、半導体、バイオ、通信などの分野では急速な技術革新が起こっているのに対して、アパレル、鉄鋼などの分野ではそうした技術進歩が遅いということはわかります。

そこで、そうした技術革新や技術投資のレベルの高い産業をより多く抱える経済のほうが、そしてそうした製品を多く輸出する国のほうが、技術革新に投入される生産要素が多くなり、経済成長率も高くなる傾向があると考えられます。その国の産業構造や貿易構造も、その国の技術革新のスピード、そしてその結果の経済成長率と深い関係にあるのです。

こうした見方は、発展途上国の経済発展のあり方を論じるときに、しばしば出てきます。貿易政策は発展途上国にとって大いに関心のある問題です。伝統的農業やアパレル産業などに特化を余儀なくされる状態がつづけば、発展途上国にとって技術開発の余地はほとんどないことになります。これらの産業では技術開発投資などが行なわれにくいからです。そこで、より技術開発の余地の大きな製造業への移行が発展戦略に組み込まれます。そうした政策が途上国の利益にかなうかどうかは議論の余地があるところですが、発展途上国による産業振興にひとつの理論的支柱を与えようとしているのかもしれません。

最後に、パテント制度や技術開発援助などの制度・政策が技術投資に及ぼす影響も無視できません。近年、アメリカなどの先進工業国は、パテント制度の強化を打ち出しています。技術開発者の利益を擁護することで、企業や研究者の研究活動の誘因を高めようとしているのです。発展途上国のなかには、こうした先進国の姿勢が、技術による経済支配につながるという不満が強くあり、技術制度は国際交渉の場で重要なテーマとなっています。

アジアの成長と97年アジア通貨危機

いま説明した成長方程式の応用例として、クルーグマンによって有名となった、アジアの成長力に関する議論を説明しましょう。1990年代の中ごろまで、東南アジア諸国や中国・台湾・韓国などの東アジア諸国は奇跡的ともいえる高

い経済成長率を実現していました。多くの人が、アジアの経済成長は今後もつづくものと予想していました。このようななかで、クルーグマンはアジアの経済成長について先人の研究を紹介しながら、アジアの経済成長は持続的ではないかもしれないというつぎのような議論を展開しました。—5

　クルーグマンの議論の基礎は、アジアの国々の成長を成長方程式に当てはめることにあります。いま説明したように、資本や労働の増加率と、それらの分配率を計算すれば、生産要素の増加による潜在的な成長力が計算できます。もちろん、現実の経済成長率がこれと等しくなるわけではありません。通常は、現実の経済成長率のほうが高くなります（ただし、日本の場合、少なくとも震災前までは、需要不足でしたのでそうなっていません）。こうした違いが出てくるのは、技術進歩があるからです。技術進歩を含めて考えた成長方程式は、すでに述べたように

$$経済成長率 = 労働分配率 \times 労働増加率 + 資本分配率 \times 資本増加率$$
$$+ 全要素生産性の増加率$$

と書き表わされます。ここで全要素生産性の増加率と呼ばれるものが技術進歩率を表わしており、現実の成長率と生産要素の増加による成長率との差として計算されます。

　これまでの多くの国の計測から明らかなことは、持続的な経済成長を遂げている国は、生産要素の増加による部分だけでなく、この全要素生産性の増加率が非常に高いということです。つまり、生産要素が増えるだけでなく、技術進歩がないと経済成長は持続しないのです。

　ところが、この式を当時のアジアの国々に当てはめてみると、高い成長のほとんどが生産要素の増加によって説明されてしまい、全要素生産性の増加率はほとんどないような状態でした（つまり生産要素の増加によって計算される成長率が現実の成長率に近いということです）。この状況が意味することは、ア

5—アジア通貨危機　アジアでは1997年に通貨危機が起こり、クルーグマンの予想が当たった形になりました。90年代前半にはアジアの成長について神話ができており、アジアの成長にはかげりがくるだろうといったクルーグマンの議論をあざ笑った人も少なくないようです。ただ、この時期のアジアの成長神話が過度な資本をアジアに引き寄せ、それが90年代後半に逆流して引き揚げたことがアジア通貨危機を起こした一因とも考えられます。

ジア諸国の成長は先進国からの大量の投資（資本の増加）と、労働の増加によってもたらされるものであり、アジア諸国内に持続成長をもたらすような技術革新は起こっていないということです。もし、先進国からの投資が止まってしまえば、それでアジア諸国の経済成長も止まることになります。

このクルーグマンの予想は、1997年以降のアジア通貨危機のなかで、当たったかに見えました。通貨危機によってアジア諸国の成長神話は一気に崩れ去ってしまったからです。

しかし、この時期の成長の鈍化は通貨危機によるものであり、クルーグマンの議論が正しいことが証明されたわけではありません。ただ、彼の議論が教訓として教えてくれることは、経済を見るとき、印象論として語るだけでなく、実際にデータで分析して診断する必要があるということです。

アジア通貨危機は、韓国経済を改革する大きな原動力となり、その後の韓国経済の発展につながっています。インドネシアなども、独裁政権が倒れ、民主化政府に移行していきました。ただ、タイやマレーシアなどの国は、通貨危機前ほどの高い成長率には戻っていません。

経済成長と国際投資：経常収支と異時点間の資源配分

これまでの議論は、国内経済だけを念頭において議論してきました。一国経済が資本を蓄積するためには、みずからが貯蓄しなければならないと考えてきたわけです。しかし、現実の経済では、自国に貯蓄資金がなくても、海外からの投資が行なわれれば資本蓄積を進めることができます。現実にも、近年ますます、国際投資は活発化しています。

一般的に発展途上国や新興工業国には、十分な貯蓄資金がありません。所得水準が低いために、十分な貯蓄をすることができないのです。しかし、新興工業国の多くや発展途上国の一部には、将来性の高い投資機会が多く存在します。中国やブラジルのような人口大国では、国内市場そのものが大きな魅力になっています。タイ、メキシコ、韓国などでは、先進国よりは低い労働コストである程度の質の高い労働力を確保することができます。一方で、先進国には高い貯蓄資金がありますが、投資機会が潤沢にあるとはかぎりません。

そこで、先進国から新興工業国や発展途上国に対して、収益の高い投資機会を狙った国際投資が行なわれることになります。投資の形としては、先進国の企業が直接乗り込んで工場運営をしたり現地企業を買収する直接投資という形

●経済学ステップアップ●
経済成長と地球環境問題

　経済成長がつづくと経済活動が拡大し、石油や石炭などの炭素燃料の利用が拡大します。それにともなって空気中に大量の二酸化炭素が吐き出され、それが地球の表面温度をあげていく原因となります。これが地球温暖化、それにともなう気候変動と呼ばれる現象です。

　気候変動は人類に深刻な影響を及ぼします。北極海の氷が解けて、海水面が上昇し、世界中の低地が海中に沈んでしまいます。また、大洪水や大干ばつなど、これまで起こらなかったような異常気候が世界のあちこちで起こりはじめています。

　こうした状況を少しでも緩和するためには、大気中に排出する二酸化炭素などの温暖化ガスの量を減らす必要があります。そのために、国連が中心となって温暖化ガス排出抑制の計画が論議されています。しかし、温暖化ガスの排出抑制をすれば経済活動にマイナスの影響が出てくる可能性があるので、多国間で排出抑制計画の合意を得るのは容易なことではありません。

　温暖化ガス排出の抑制のためには炭素燃料の利用を抑えなくてはいけませんので、温暖化対策を行なうと、一般的には経済成長率は下がると考えられます。貧困から脱出したいと考えている途上国にとっては、これはなかなか受け入れられるものではありません。「これまでさんざん温暖化ガスを排出してきた先進国の犠牲となって、なぜわれわれが成長を抑えなくてはいけないのか」。新興国の国々はそう考えています。けれども、現在において温暖化ガスの排出の伸び率が高い新興国の参加なしには、温暖化ガスの排出抑制はうまくいきません。

　もっとも、温暖化ガス排出抑制政策は成長を抑えるだけとは限らないともいわれます。いわゆるグリーン成長と呼ばれるものです。省エネ技術、再生可能エネルギーの活用など、新しい技術革新を促すことが、結果的に経済成長を促す可能性もあるのです。

と、先進国の投資家や金融機関が新興工業国や途上国の企業や政府に資金を融通する間接投資という形があります。

このような国際投資が活発に行なわれると、新興工業国や途上国は、国内に高い貯蓄がなくても資本蓄積を行なって高い経済成長を実現することができます。そのような成長によって生み出された所得の一部を、将来、投資に対する配当や利子という形で先進国に還元するのです。

一方の先進国側は、高い貯蓄をあげながらもそれを国内で使わず新興国や途上国に投資することで、経済成長率は低いながらも将来貯蓄のリターンを確保することができます。

このような過程で、先進国は資金を提供する分だけ、経常収支は黒字になります（経常収支については前章で説明したので、ここでは事実を指摘するだけにとどめます）。要するに、海外投資した分、経済資源は途上国で利用されているのです。しかし、そのような投資は将来、途上国からの利子や配当という形で回収されるのです。

このような国際投資や経常収支の動きによって、先進国と途上国の間で資金のやりとりが行なわれ、異時点間の資源配分が行なわれています。経済成長を考えるときには、こうした国際的な視点も重要になります。—6

貧困の罠

これまで説明してきた経済成長のメカニズムは、先進工業国と新興工業国の経済成長をとらえるうえでは有益な見方です。しかし、サハラ砂漠より南のアフリカ諸国、インドやパキスタンなどの南アジア諸国、ラオス・ミャンマーなどのインドシナ半島の一部の国など、日常的に経済困難に直面して、経済成長の軌道に乗ることができない国がまだ世界に多くあります。アフリカ諸国を例にあげれば、1978年から1987年の間に一人当たり生産量は年率で0.7%低下し、1987年から1994年には0.6%低下しています。要するにマイナス成長がつづき、国民の所得水準は継続的に低下しているのです。1995年以降、アフリカの国で

6—日本は貿易赤字国へ　日本では急速に高齢化が進んでいます。現時点では高齢化にそなえた貯蓄が行なわれていますが、この貯蓄の一部は海外への投資となります。しかし、日本の高齢化が進んで、貯蓄を取り崩すようになると、日本の貯蓄は減少し、それにともなって海外に投資した貯蓄を取り崩すようになり、貿易収支も赤字になります。

も成長率が少しは高くなってきていますが、貧困層の規模は拡大をつづけています。

世界経済は、いま、大きく三つのタイプの国に分かれているように見えます。経済発展を果たして豊かな生活を享受している先進工業国、ときに経済危機に直面しながらも工業化によって急速に成長している新興工業国、そしてアフリカ諸国のような貧困に苦しむ国々です。貧困に苦しむ国々の経済発展について考えるためには、これまで取り上げてこなかったような要因が重要な意味を持ちます。経済学には経済発展論という分野があり、そこではこうした経済停滞状態にある経済に関する詳細な分析が行なわれています。

この章では、経済発展論に深く入り込むだけの紙幅はありませんが、以下でいくつかの重要な点について簡単にコメントしておきます。

経済停滞に陥っている地域には、いくつかの共通する特徴が見られます。政治的に不安定であること、所得分配がきわめて不平等でまともな教育も受けられない多くの貧しい人がいること、海外との貿易や投資がいちじるしく制限されていることなどです。

政治的な不安定は戦争や飢餓などの深刻な問題を起こすことになりますが、そうした極端な不安定が回避されている場合でも、税制や通貨制度などが整備されておらず、継続的な経済活動を行なうことが非常にむずかしい状況にあります。

所得分配の不平等も、経済成長の大きな障害になっています。大半の国民がまともな教育を受けられない状態では経済成長もおぼつきません。80年代以降高度成長を遂げたアジア諸国では、初等教育が手厚く行なわれてきたことがその特徴としてあげられていますが、これは多くの経済停滞地域と異なる点です。

所得分配の不平等は、都市部での巨大なスラムの形成、犯罪や暴力の蔓延、高い幼児死亡率など、経済停滞に結びつくさまざまな要因の源ともなっています。そして、そうした所得分配の不平等の結果として、一部の特権階級は海外の高級品を輸入し、国民の大半は非常に弱い購買力しか持たないという需要構造を生み出し、国内経済を引っ張る強い需要を生み出すことができない状態がつづきます。—7

経済停滞をつづける国に共通して見られるもうひとつの現象は、市場メカニズムに対する不信感が強く、とくに海外先進国と自由に貿易や投資の交流を行なうことに対する警戒心が強いということです。輸出入には高い関税が課され、

海外からの投資にもさまざまな規制があります。

こうした態度は、これらの国が長いこと植民地支配を受けた経験から、海外との自由な貿易や投資は、自国の主権を侵す危険があると考えていることにあります。スカルノ時代のインドネシア、ペロン時代のアルゼンチン、ネルー時代のインドなども同じような傾向がありましたが、現在も多くの経済停滞地域はそうした考え方を持っているようです。しかし、こうした性向が、結果としてこれらの国の経済状態をますます悪いものにしているのです。

経済発展から乗り遅れた国を成長軌道に乗せることは容易なことではありません。国際社会も、IMF（国際通貨基金）や世界銀行などを通じて、さまざまな援助を行なってきました。これらの機関は政府財政支援や国内のインフラ整備などの金融支援を行なうだけではなく、経済発展につながるような国内経済制度の構築に関しても多くの提言を行なってきました。ただ、こうした努力にもかかわらず多くの国が依然として成長できないでいます。

これらの国際機関の政策そのもののあり方がまちがっているという批判も少なくありません。いくら支援のために資金を投じても、それが本当に必要な人の所に届かないという指摘をする実務家も多くいます。いずれにしろ、低成長国の経済発展を促し貧困問題を解決するということが、今後の世界経済にとっての大きな政策的課題となっています。

貧困な経済は低所得状態の「罠（trap）」にはまって、なかなかそこから抜け出せない国もあります。そうした経済的停滞は需要の停滞を招きます。需要が停滞しているかぎり生産の増加はおぼつきませんし、所得も生まれてきません。所得が少なければ貯蓄をする余裕も出ませんので、新たな資本蓄積も生まれません。そこでいつまでも経済停滞と貧困がつづくことになります。

こうした低所得状態の罠から抜け出すためには、外から大きなショックが起き、需要をいっきに引き上げてやることが必要になります。もし何らかの理由で需要が増えれば生産も拡大し、それが所得を増やし、資本蓄積を可能にして、

7−不平等が原因となる政情不安　とくに途上国の多くで顕著に見られる所得格差は、多くの場合、国内政治を不安定化させる要因となります。一部の特権階級だけが富の多くを支配し、多くの国民が貧困にあえぐ状態がつづくことで国民に不満がたまり、政治を不安定にします。そして政治的不安定が経済発展を阻害する要因となるのです。こうした所得格差の拡大は途上国ばかりでなく、世界的な傾向となっており、政情不安をもたらす要因となっています。

需要をさらに拡大させていきます。つまり、低所得状態の罠という悪循環の状態から、成長のダイナミズムという好循環の状態に切り替えることが可能になるのです。

　問題は、どのようにしてその罠から抜け出す力を生み出すかということです。貧困状態をつづける経済には、なかなかそうした力が生まれません。そこで、海外からの投資、あるいは海外への輸出といった、外の世界からの刺激が必要となります。中国をはじめとするアジア諸国が貧困状態から抜け出し経済成長の道を歩みはじめたきっかけは、海外から投資を呼び込んだこと、そして海外への輸出を拡大したことなどがきっかけになっています。

演習問題

1. 以下の文章の下線部分に用語や数値を入れなさい。

   (1)経済成長率を成長方程式によって分解すると、各＿＿＿＿＿＿＿の増加率にその＿＿＿＿＿＿＿＿の要素シェア（GDPに占める要素分配率）を掛けたものを足し合わせたものと、技術進歩を表わした＿＿＿＿＿＿＿に分けることができる。多くの先進国の経済成長では、＿＿＿＿＿＿＿の占める割合がかなり大きい。

   (2)資本蓄積は＿＿＿＿＿＿＿によって起こるが、それは国内の＿＿＿＿＿＿＿か海外からの＿＿＿＿＿＿＿によってファイナンスされる。

   (3)ある時点の経済の動きを写真のスナップショットのように分析する手法を＿＿＿＿＿＿と呼び、時間とともに変化する経済変数の動きを追う分析手法を＿＿＿＿＿＿という。

2. 以下の記述は正しいのか、誤っているのか、それともどちらともいえないのか、答えなさい。

   (1)国内にあまり十分な貯蓄資金がなくても、海外からの資金流入を受け入れることで高い経済成長率を実現することができる。

   (2)二つの国がある。もともと両国は同じ大きさであった。一方の国は3％で成長し、もう一方の国は5％で成長しているという。50年後には、後者は前者の2倍以上の大きさになっている。

   (3)全要素生産性の増加率が大きい限り、資本蓄積や労働力の拡大が止まっても経済成長はつづく。

   (4)全要素生産性の増加率がゼロであっても、資本蓄積が行なわれる限り経済成長はつづく。

演習問題解答

1

1. (1)分配面、付加価値、分配面、賃金、消費
   (2)家計、企業、政府、海外
   (3)GDP デフレーター、物価

2. (1)どちらともいえない。GDP は国内で生み出された所得（総生産）であるのに対して、GNI は国民による所得（総生産）である。配当や技術料など海外からどのくらい受け取るのか、あるいは海外にどのくらい払うのかによって、GDP と GNI の大小関係は変わってくる。海外からより多く受け取る場合は、GNI のほうが大きくなる。それに対して、経常収支の黒字をつづけてきた国は、投資よりも貯蓄が多いということであるため、直接関係があるわけではない。
   (2)○。ストックとは、ある時点において存在する量であるのに対して、フローとは一定期間の間に生じる量のこと。
   (3)×。付加価値とは、ある生産主体が生み出した価値のことをいい、その生産主体による生産額から他の生産主体から購入した中間生産物の費用を引いたものとして計算される。賃金は所得の形態のひとつである。GDP の三面等価から、付加価値の和である一国の GDP は分配面から見た GDP と等しくなるので，賃金は付加価値から分配されるということになる。
   (4)○。名目 GDP は、それぞれの財の生産量に価格を掛けて、それをすべての財について足し合わせることで求められる。したがって、生産量が増えなくても物価が上昇することで価格が上昇するので、名目 GDP も大きくなる。

2

1. (1)需要サイド、供給サイド
   (2)分配率、成長方程式
   (3)需要、供給、物価

2. (1)○。消費の寄与度は、消費の増加率にそのシェアを掛けたものであるから2.1%（＝3%

×0.7) となる。

(2)○。政府支出の大幅な増加は需要を喚起させるものとなる。これは総需要曲線を右に
シフトさせる。ケインジアンの立場では、価格調整の力が弱く、完全雇用が達成され
ていないので需要の喚起によって生産が拡大し、物価も上昇する。新古典派であれば、
価格調整が速やかに行なわれ、完全雇用がつねに実現しており、総供給曲線が垂直に
なるため、需要が喚起されても生産量は増加せず、物価のみが上昇する。

(3)×。上の解説を参照。ケインジアンの立場では生産量は増加するが、新古典派であれ
ばつねに完全雇用が実現しており、生産量は増加しない。

(4)×。物価と消費量のそれぞれの単位は異なるが、変化率にすることで単位の違いはな
くなる。

3

1. (1)所得、需要、乗数
   (2)限界消費性向、5
   (3)純輸出、恒等式、方程式

2. (1)○。限界消費性向とは、追加的な所得のうち、その割合だけ消費にまわすという値で
   ある。乗数効果の波及プロセスにおいて、まず投資（ないしは政府支出）の増加によ
   って生産が増加する。これは所得の増加に結びつき、限界消費性向が大きいことから、
   より多くの消費につながる。この消費の増大が需要を増加させ、再び生産や所得を増
   加させる。二次、三次の波及効果も、限界消費性向が大きいことから、需要を増加さ
   せ、さらなる所得の増加を実現するメカニズムが働いて乗数の値が大きくなる。

   (2)×。限界貯蓄性向は追加的な所得のうち、その割合だけ貯蓄にまわされるということ
   を示した数値であるが、これは $1 - c$（ただし、c は限界消費性向）となる。したがっ
   て、限界貯蓄性向が大きいときには、限界消費性向は小さい値となり、乗数の値も小
   さくなる。

   (3)×。限界所得税率（6章を参照）などを考慮に入れなければ、限界消費性向を c とお
   いたときの乗数の値は $1/(1 - c)$ となる。したがって、限界消費性向がゼロに近いよう
   な場合には乗数は1に近くなる。

(4)×。下の図における E 点のように、平均消費性向が限界消費性向よりも大きいということはありうる。また、乗数の値は限界消費性向の大きさに依存するものであり、平均消費性向の大きさによらない。

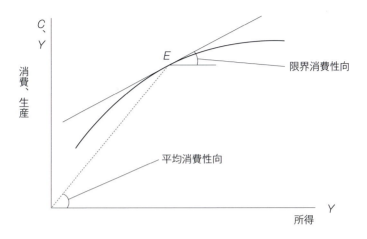

(5)○。乗数プロセスには時間がかかるので、1年目にその効果がすべて出るわけではないから。

4

1. (1)現金、預金、ハイパワード・マネー（ベースマネー）、信用乗数
   (2)現金、預金準備、国債、外貨
   (3)売り、法定預金準備率、高く
2. (1)×。信用乗数の値は小さくなる。信用創造のプロセスでは、預金として市中銀行に預け入れられる額が少ないほど企業などへの貸し付け額が小さくなり、全体として創り出される貨幣の量も少なくなる。したがって、現金を持とうとする性向が強いほど現金預金比率が上昇し、こうしたプロセスが働くので信用乗数の値は小さくなる。
   (2)○。預金準備率の引き上げによって企業などへの貸し付け額が小さくなり、全体として創り出される貨幣の量も少なくなる。したがって、信用乗数の値は小さくなり、それを通じてマネーサプライの額は小さくなる。
   (3)○。外国為替市場での円売り介入（ドル買い介入）が行なわれれば、中央銀行によって買われたドルと同額のハイパワード・マネーが市中に出ていく。ハイパワード・マ

ネーが増加し、その結果、信用乗数を通じてマネーサプライが増加する。

(4)○。貨幣とは一般に、交換媒介、価値尺度、価値保蔵の三つの機能を持ったものといわれる。マクロ経済においては通常、現金と預金を合わせたものを貨幣と呼んでいるが、経済学的にはそれだけではなく、取引の媒体として使われるものはすべて貨幣ということになる。

5

1. (1)リスクプレミアム、長期、イールドカーブ
   (2)増加、減少、低く、増大、高く
   (3)取引、予備的、資産保有

2. (1)○。将来、金利が低下していくと予想されるときでは、利子率が高いうちに資金を長期で運用しようとするので長期資金供給が短期の資金供給よりも増えるために、結果として長期の利子率が短期の利子率よりも低下する状態になることがある。すなわち、逆イールドになる可能性がある。

   (2)×。国債価格が高いということは、償還金額に対する比率としての利回りが低いということになる。

   (3)×。金利が高いほど貨幣を保有することの機会費用が大きくなる。国債保有の機会費用とは、国債を保有していなかったら得られたであろう最大の収益である。金利が高ければ、国債を保有することによって獲得できる利子が増大するので、国債保有の機会費用は小さくなる。

   (4)○。貨幣供給量が一定であれば、貨幣需要の増大を抑える力が働かない限り、貨幣市場は均衡しない。したがって、金利が上昇することによって貨幣需要の増大を抑えることができ、均衡が保たれることになる。

6

1. (1)ビルトイン・スタビライザー（自動安定化装置）、公債（国債）
   (2)プライマリー・バランス、金利、成長率、デフレ
   (3)国債発行、増税、リカード仮説

2. (1)×。限界所得税率が高ければ、乗数は小さくなる。乗数は$1/[1-c(1-t)]$である（ただし、cは限界消費性向、tは限界所得税率）が、限界所得税率が高ければ追加的な所得のうち税に取られる割合が大きくなり、乗数メカニズムを通じての効果は小さくな

る。

(2)○。所得税の累進度が高ければ、税収の増減が所得の増減以上に大きくなるので、景気が悪化している状況の所得減税効果は強く働き、逆に景気が過熱している状況の所得増税による景気抑制効果も強く働く。

(3)×。政府債務の大きさを実質的に評価するうえで、債務額を GDP で割った値を用いることができる。債務額は利子率と同じ割合で増大するのに対して、分母の GDP は名目経済成長率と同じ割合で増大していく。デフレ経済では名目の経済成長率が大きくマイナスになるが、名目利子率がゼロ以下になることはないため、名目利子率のほうが名目の経済成長率よりも高い状態がつづくことになり、たとえ経済がプライマリー・バランスを実現していても政府の債務は膨れ上がってしまう。

(4)どちらともいえない。リカード仮説が成立すればそうであるといえるが、ケインズ経済学においては、現在の消費は現在の可処分所得にのみ依存して決まり、将来の増税には依存しないと考えるので、この場合は所得減税による景気刺激効果があると考えられる。

7

1. (1)財市場、貨幣市場（資産市場）、*LM*、低下、増加、*IS*、上昇、増加
   (2)多い、トレードオフ
   (3)利子率、投資、クラウディング・アウト

2. (1)○。貨幣供給量の増大は貨幣市場に超過供給を生じさせ、利子率を下げる圧力が働くが、貨幣需要の利子弾力性が大きいと、利子率のわずかな低下で貨幣需要が大きく上昇して貨幣市場の均衡を回復することができるので金利はあまり下がらず、投資への刺激も弱く、乗数メカニズムがあまり働かないため、景気刺激効果も非常に弱くなる。

   (2)○。財政支出の増大は乗数プロセスを通じて所得を増大させるが、貨幣需要も増大させる。貨幣需要の利子弾力性が大きいと、利子率がわずかに上昇するだけで貨幣需要を大きく低下させて均衡を回復することができるため、利子率はあまり上がらない。クラウディング・アウト効果が小さければ投資抑制効果も小さいものとなる。

   (3)○。投資の利子弾力性が小さい場合というのは、*IS* 曲線の傾きが急な場合に相当する。貨幣供給量の増大は *LM* 曲線を右にシフトさせる。

   (4)どちらともいえない。投資の利子弾力性が小さく、貨幣需要の利子弾力性が非常に大きい（これは *LM* 曲線が水平に近い場合に相当する）ときは、クラウディング・アウト効果があまり大きく出ないので、財政支出の増大による景気刺激効果は大きくなる。しかし、投資の利子弾力性が小さくても、貨幣需要の利子弾力性がほとんどゼロに近

い（これは LM 曲線が垂直に近い場合に相当する）ときは、財政政策による景気刺激効果はなくなり、金利のみ上昇する。

8

1. (1)名目、実質、GDP デフレーター、実質、実質貨幣残高
   (2)物価、生産、総需要、総供給、総供給、垂直、完全雇用（労働市場の均衡）

2. (1)×。名目賃金に下方硬直性があると、総供給曲線は右上がりになる。不完全雇用の状態で失業が存在していても賃金の下方硬直性があると名目賃金は下がらない。このとき、物価水準を上昇させていけば実質賃金は低下するので雇用量が増大していき、生産プロセスを通じて生産量が増大していく。

   (2)○。完全雇用が実現していれば、それ以上生産量が増大しないため、総供給曲線は垂直になる。

   (3)○。名目 GDP は物価と実質 GDP の積の形で表わされる。これを変化率で書くと、名目 GDP の成長率は物価上昇率と実質 GDP の成長率の和に書き換えることができる。したがって、実質 GDP の成長率以上に物価の下落率が大きければ名目 GDP が減少するということが起こりうる。

   〈$\Delta Y/Y = \Delta p/p + \Delta y/y$ の導出について〉

   名目 GDP を Y、実質 GDP を y、物価水準を p としたとき、

   $$Y = p \cdot y$$

   と書くことができる。この式の両辺で自然対数をとると、

   $$\log Y = \log(p \cdot y) = \log p + \log y$$

   $$(\leftarrow \log(AB) = \log A + \log B)\quad (ただし、A>0,\ B>0)$$

   と書き換えることができる。それぞれの変数が時間に依存していることに注意して、両辺を時間で微分すると、

   $$\frac{\dot{Y}}{Y} = \frac{\dot{p}}{p} + \frac{\dot{y}}{y} \quad (\leftarrow \frac{d(\log A)}{dt} = \frac{\dot{A}}{A})$$

   （ただし、$\dot{A} = dA/dt$ であり、A は時間に依存しているとする）

   また、dA/dt は単位時間当たりの A の変化量であることから、ΔA に近似させることができる。したがって、両辺を微分した式は、

   $$\frac{\Delta Y}{Y} = \frac{\Delta p}{p} + \frac{\Delta y}{y}$$

   という近似式に書き換えることができる。

   (4)○。技術進歩による生産性の上昇は総供給曲線を右にシフトさせる。その結果、ケイ

ンジアンでも新古典派でも生産量が増大し、物価が下落する。

(5)〇。貨幣量の拡大による総需要の増大は総需要曲線を右にシフトさせる。新古典派においては生産量に影響を与えないが、物価を上昇させる。また、ケインジアンにおいては生産量も物価もともに上昇させるものとなる。

9

1. (1)失業率、有効求人倍率
   (2)自然失業率、物価
   (3)効率性賃金

2. (1)どちらともいえない。失業保険の給付条件がきびしくなれば、離職率が低くなったり、再就職率が高まったりするので、こうした要因から失業率が低くなることも考えられる。しかし、一方で、失業保険の給付条件がきびしいと、給付額や給付期間の短縮などが行なわれ、さまざまな技術を身につけ、職探しをする機会が失われ、再就職率が低くなることも考えられ、これは失業率を高める要因となる。

   (2)×。有効求人倍率が高くなれば労働市場において労働力の需要が強くなっていることがわかる。こうした状況では、いずれ失業率が低くなっていくものと考えられる。

   (3)×。産業構造の変化が激しいときには摩擦的失業が大きくなる。したがって、摩擦的失業や自発的失業を反映する自然失業率は高くなる。

   (4)〇。賃金の下方硬直性が弱ければ、労働の需要と供給のギャップが小さくなり、失業が解消しやすくなる。

10

1. (1)消費者物価指数、生産者物価指数、GDP デフレーター、指数、基準
   (2)インフレ、デフレ
   (3)貨幣量、インフレ

2. (1)〇。減価償却に対する控除を規定した税制度においては、減価償却として課税所得からの免除が認められていれば、インフレによって控除額が実質的に過小評価されることになり、企業の投資誘因を下げてしまうといえる。また、インフレが進んで将来の価格に対する予想もむずかしくなるようであれば、企業の投資行動にも影響を与え、投資の誘因が阻害されてしまうことも考えられる。

   (2)〇。実質金利が一定の値をとるということはないが、名目金利と物価上昇率が同じよ

うな動きをするというフィッシャー効果が成立していれば、その差である実質金利は一定になる傾向を持つ。

(3)×。インフレ率が高くなると実質貨幣残高への需要が大きく減る可能性があり、その場合にはたとえインフレ率が高くても、インフレ率と実質貨幣残高の大きさを掛けた値であるインフレ税の税収は減少する。

(4)×。デフレ経済下では、お金の価値が高まるので、債務者の負債の実質価値がどんどん上昇するため負担は大きくなる。逆に債権者にとっては貸したお金の価値が高まるので有利となる。

11

1. (1)償還、低く、高く
   (2)伝染、アジア通貨危機
   (3)基礎的財政収支、税収、利払い

2. (1)×。政府の財政状況に懸念が広がり、償還されるかどうか不安な国債を保有している人は、価格が下がるまでに急いで売ってしまおうとする。これが国債の市場価格を下落させ、国債の利回りは高くなる。

   (2)×。財政危機に陥る国の問題としては、流動性の問題と健全性の問題がある。将来的に債務を返済する能力はあるとしても、当面、資金繰りがつかない状況にともなって生じる問題は、流動性の問題である。財政運営を考えるうえでは長期的な意味で財政バランスが取れている必要がある。具体的には、「将来にわたっての政府の支出総額＋現在の政府の債務総額 ＝ 将来にわたっての政府の税収総額」という長期的なバランス式が成立していなくてはならない。現在の政府債務がすべて返済できる見通しが立たない状況が健全性の問題である。

   (3)×。日本の金融機関も、もし国債の価格が下がるリスクが顕在化すれば、国債を売っていかざるをえない。

   (4)×。基礎的財政収支が均衡していても、利払い費の大きさが問題となる。基礎的財政収支がゼロであっても、名目利子率の分だけ、政府債務は増大してしまう。

12

1. (1)流動性の罠、有効、弱く（または無効に）
   (2)コールレート、買いオペ

(3)預金取り付け、預金保険、ペイオフ、最後の貸し手

2. (1)×。利子率がゼロに近いような状況では、人々は債券で保有しようとしなくなる。これは貨幣需要が利子率に敏感に反応するケースであり、LM 曲線が水平な状況に対応する。こうした流動性の罠の状態では、これ以上金利を下げることができないので金融緩和政策は効果を持たないが、財政拡張政策は効果を持つ。

(2)○。インフレターゲティングによって必要な貨幣供給を行ない、インフレ期待を起こすことができれば、デフレを解消することができる。しかし、インフレターゲティングを打ち出しても、それが政策的に実現可能かという問題もあり、その導入をめぐっては多くの議論がなされている。

(3)どちらともいえない。金利が正の水準にある正常な経済の状態では、貨幣供給量の増大は金利を下げるので、金利を下げる金融政策と貨幣量を増やすという金融政策は基本的に同じものといえる。しかし、金利がゼロに近いような状態では貨幣量を増やすことができても金利を下げる余地がないものとなってしまう。

(4)×。銀行は預金の大半を融資にまわして運用している。したがって、預金取り付けが起こった場合には健全な銀行であっても経営破綻してしまう。

13

1. (1)名目、アメリカ、日本、実質、実効
   (2)購買力平価、60
   (3)外国為替、為替介入、市場からドルを購入、外貨準備

2. (1)○。円安になると海外からの輸入製品の価格が高くなる。また原油などの一次産品の輸入も含まれるので、さまざまな商品の価格を引き上げる原因となりうる。

(2)○。購買力平価理論は長期的な為替レートの動きを見る考え方で、円ドルレートでいうならば両国の物価上昇率の差だけ為替レートが動いていくとされる。この場合、アメリカの物価上昇率のほうが高いので円高ドル安の方向に動いていくことになる。

(3)○。東京の午後3時はシンガポール時間では午後2時になる。両市場における為替取引では、価格の低い市場で買い、価格の高い市場で売ることによって利益を得ようとする裁定取引が行なわれるので、同日同時刻の円ドルレートは基本的には同じ数値になる。

(4)どちらともいえない。東京の午後3時はロンドン時間では同日の午前6時になる。したがって、その日のロンドンにおける午後3時の円ドルレートが基本的に同じ数値になるとはいえない。

(5)×。手数料などを考慮に入れなかったとしても、海外資産への投資は海外通貨で運用

しているため、投資先の海外通貨と比べて円高になるほどその利益額は小さくなる。

14

1. (1)発展途上国、自律性、物価
   (2)安い、高い、安定化、通貨危機
   (3)円安、輸出、拡大、円高、抑制、抑制

2. (1)○。マクロ経済学の基本式を変形させた本文345ページの（14-3）式の「財・サービスの輸出入の差 ＝ GDP －（消費＋民間投資＋政府支出）」という関係より、生産しているほどには支出していない国は財・サービスが輸出超過になる。
   (2)○。これは変動相場制のインフレ隔離効果と呼ばれる。インフレ隔離効果は為替レートが固定されている固定相場制の下では成立しない。
   (3)○。国際マクロ経済政策を行なううえで、①為替レートの固定、②自由な金融政策、③自由な貿易や国際投資、の三つをすべて実現することはできず、このうちの二つしかとることができない。独立したマクロ経済政策を行なおうとした場合、国内と海外の金融市場の金利に格差が生じることが考えられる。このとき、金利の低い国から高い国へと資本が移動し、両国の金利がほぼ一致するまで資本移動がつづくことになる。しかし、固定為替レート制の下では、こうした資本移動を規制しなければ固定された為替レートを維持することができない。また、マクロ経済政策の結果、たとえば自国の国民所得水準が高まった場合には輸入が増大することになるが、貿易の実需の取引によって国内通貨を得た海外の輸出業者が自国通貨を外国通貨に交換しようとしても、それが大量であれば、貿易に対する規制なしには固定された為替レートを維持することができなくなる。

15

1. (1)生産要素、生産要素、全要素生産性（総要素生産性）の増加率、後者
   (2)投資、貯蓄、資本流入
   (3)静学分析、動学分析

2. (1)○。新興工業国や発展途上国は、活発な国際投資を通じて国内に高い貯蓄がなくても資本蓄積を行なって高い経済成長を実現することができる。
   (2)○。成長率は複利方式で経済を拡大させていくので、わずかな成長率の差でも長期間で大きな規模の差となる。もともとのGDPの大きさをAとすると、3％で成長する

国における50年後の経済規模の大きさは $(1+0.03)^{50}A \fallingdotseq 4.4A$ であるのに対して、5％で成長する国の大きさは $(1+0.05)^{50}A \fallingdotseq 11.5A$ となる。したがって、この場合では後者は前者と比べて２倍以上の大きさになっている。

(3)○。成長方程式において、資本の増加率や労働の増加率がゼロであっても技術進歩率が大きい限り、経済成長はつづく。

(4)○。成長方程式において、技術進歩率がゼロであっても資本の増加率が正であり、また労働の増加率がマイナスでもあってもその寄与度が資本の寄与度を上まわらない限り、経済成長はつづく。

マクロ経済学索引

あ行

IS-LM 曲線　185, 195
IS-LM 分析　172, 181
IS-LM モデル　181
IMF（国際通貨基金）　21, 322, 328, 329, 368
アカロフ（George A. Akerlof）　211
アジア通貨危機　261, 327, 329, 362
アジアの成長　362
アベノミクス　221, 306

イールドカーブ（利回り曲線）　108
　──・コントロール　291
遺産動機　151
異時点間の資源配分　366
因果関係　25, 126, 134
インフレーション（インフレ）　34, 240, 248
　──ギャップ　54
　──税　253, 254
　──ターゲティング　288, 290
　──の社会的コスト　250
　──ヘッジ　250
　──抑制策　289

ウクライナ戦争　6, 18, 230, 244, 245
売りオペレーション（売りオペ）　93

M2　85
M1　85
円安誘導政策　160

欧州の財政危機　265
OJT（オン・ザ・ジョブ・トレーニング）　234

か行

買いオペレーション（買いオペ）　93
外貨準備　302, 342
外国為替市場　300
　──への介入　→ 為替介入
外国為替準備　325
外国為替法　340
外需　37, 50
開放経済における金融政策　336
開放マクロ経済学　300
可処分所得　132
貨幣　85
　──の価値　95
　──の交換媒介機能　86
　──の購買力　123, 189
　──の流通速度　119, 120, 121
貨幣需要関数　110
貨幣数量式　125
貨幣発行権（シニョレッジ）　253
貨幣量（マネーストック）　84, 92, 93, 99, 100
カレンシーボード制　326
為替介入　323
為替投機　332
為替レート　157, 300
　──の決定　300
　──のミスアラインメント　319
　──・バブル　310
　実効──　304
　実質──　304
　実質実効──　305
　名目──　304
間接投資　366
完全雇用　56
完全失業率　9, 213, 218

機会費用　118
企業物価指数　34
技術開発　361
技術開発援助　362

技術革新　360
技術進歩　196
技術進歩率　353
基礎的財政収支　276
逆イールド　108
逆選択　226
供給がマクロ経済を決める　54
供給関数　80
供給サイド（サプライサイド）　13, 43, 52, 191, 196
　　──から見た GDP　44
寄与度　49
ギリシャ危機　331
均衡　70
均衡所得　75
均衡点　70
銀行の銀行　90
キンドルバーガー（Charles P. Kindleberger）　259
金融緩和　174, 175
金融市場　12
金融政策　13, 22, 157, 158, 161, 174, 280
金融政策決定会合　286
金融政策の波及経路　162
金利政策　280

クーポン　115
クライン（Lawrence R. Klein）　22
クラウディング・アウト効果　148, 179, 181, 204, 338
クリーン・フロート　322
クルーグマン（Paul Krugman）　279, 363

景気循環　76
景気の波及メカニズム　61
景気変動　20, 74
経済成長率　4, 34, 50, 127, 145
経済連携協定（EPA）　193
経常収支　343
ケインジアン　21, 44, 52, 56, 77, 150, 170, 206

ケインズ（John M. Keynes）　1, 21, 283, 309
ケインズ学派 → ケインジアン
限界消費性向　62, 65
限界税率　135, 141
限界貯蓄性向　65
限界と平均　64
研究開発　361
現金預金比率（現金保有性向）　94, 100
減税　158
ケンブリッジ方程式　122, 123

公開市場操作　158, 161
公共支出　36
公共投資　36, 148, 158
公的債務　268
公的債務残高の GDP 比　261
公的部門　12
恒等式と方程式　79
高度経済成長期　4
購買力平価　310, 313
効率性賃金仮説　225
効率単位で測った労働量　359
国際収支　342
国際収支表　33, 342
国債バブル　269
国債利回り　263
国民所得（NI）　45, 46
国民負担率　130
固定相場制　322, 327
　　──の脆弱性　327
コミットメント　285
雇用政策　229
雇用調整給付金制度　229

さ行

サージェント（Thomas J. Sargent）　22
債券　114
在庫投資　36
最後の貸し手　294, 296
財・サービス市場　12

マクロ経済学索引　385

財政健全化　276
財政政策　13, 21, 22, 76, 132, 156, 157, 177
　　――のクラウディング・アウト効果　172
　　――の波及経路　163
財政破綻　260
最低賃金　221
裁量かルールか　170
裁量的政策　167
サックス（Jeffrey D. Sachs）　299
サブプライム問題　6
サプライサイダー（供給サイド派）　52
サプライサイド経済学　206
サプライサイド政策　157, 193
サマーズ（Lawrence H. Summers）　129
サミュエルソン（Paul A. Samuelson）　17
産業構造　362

GNI（国民総所得）　28
GNP（国民総生産）　28
GDP（国内総生産）　3, 10, 18, 27, 28, 38, 42
　　――デフレーター　31, 34, 249
　　――の三面等価　38
　　――の分解　35
　　実質――　3, 31, 34
　　生産面から見た――　38
　　一人当たりの――　30
　　分配面から見た――　39
　　名目――　3, 31, 34
資金循環表　33
資産保有動機　118
システミック・リスク　292
自然失業率　168, 217, 235
失業　212
失業者　216
失業保険（雇用保険）　136, 222
失業率　3, 8, 166, 214
実質貨幣残高　113, 126, 189

実質金利　256, 285
実質賃金率　197
実質変数　189
支払い準備　91
資本増加率　363
資本蓄積　356
資本流出　343
資本流入　343
社会保障改革　277
若年失業率　213
就業者　213
就職率　235
終身雇用　231
住宅取得減税　133
自由貿易協定（FTA）　193
需要がマクロ経済を決める　56
需要関数　80
需要サイド（デマンドサイド）　13, 44, 52, 191, 192
　　――から見たGDP　49
需要不足　56, 60, 72
　　――の均衡　74
シュワルツ（Anna Schwartz）　101
順イールド　108
少子高齢化　45, 251, 274
乗数　65
乗数プロセス（乗数メカニズム）　24, 60, 64, 65, 73, 76, 141
消費　36
消費関数　68, 69
消費者物価指数（CPI）　7, 241, 249
消費税　71
所得再分配効果　132
所得分配の不平等　367
新型コロナウイルス　6, 18, 230, 244, 306
新古典派　21, 22, 44, 52, 54, 77, 150, 170, 202, 203
人的資源　359
信用乗数　93, 96, 99
　　――のメカニズム　84, 96, 102

スタグフレーション　169

ストック　20

静学分析　352, 359
政策協調　319
政策金利　241, 242
政策手段　156
政策目標　156
生産者物価指数（PPI）　249
生産要素　13, 43
政治的な不安定　367
成長方程式　44, 45, 353, 354
政府支出　74
政府負債残高　144
セーフティネット　8, 230
石油ショック　6, 192
世代会計　149
絶対価格　191
ゼロ金利　241
1990年代後半の金融危機　240
潜在成長率　44
全要素生産性　360

総供給　196
総供給曲線　190, 242
　ケイジアンの――　199, 201
　新古典派の――　198, 200
総需要　44, 67, 192
総需要曲線　190, 242
総所得　67
増税　158
総生産　67
相対価格　191
ソブリンリスク　262
ソロー（Robert M. Solow）　349

た行

ダーティー・フロート　322
WTO（世界貿易機関）　355
短期金利　23, 280
炭素税　132

地方交付税交付金　140
地方分権　140
中央銀行　90, 156, 280, 285, 288
中央銀行預け金（リザーブ）　90
中間財　28
直接投資　364
貯蓄性向　361
賃金の下方硬直性　200, 223

デフレーション（デフレ）　7, 240, 244
　――ギャップ　54
　――・スパイラル　241
伝染効果　266

動学分析　353, 359
投資　26, 36, 74
投資減税　133
投入産出表　33
トービン（James Tobin）　83
取引動機　116
トレードオフ　165

な行

内需　37

年功賃金　231

ノミナル・アンカー　327

は行

パーシェ指数　250
バロー（Robert J. Barro）　22, 151
ハイエク（Friedrich von Hayek）　87
ハイパー・インフレ（超インフレ）　247
ハイパワード・マネー（ベースマネー、マネタリーベース）　84, 91, 92, 100
派生需要　64, 76
パテント制度　362
バブル経済　5
バブル潰し　282

比較静学分析　184
東日本大震災　6, 145, 339, 343
美人投票　309
非正規雇用　234
ヒックス（John R. Hicks）　155
非伝統的金融政策　280
ビルトイン・スタビライザー（自動安定化
　装置）　135
非労働者　217
貧困の罠　366

ファイン・チューニング（微調整）　22,
　167
フィッシャー, アーヴィング（Irving
　Fisher）　239
フィッシャー効果　256
フィッシャー交換方程式　125
フィッシャー, スタンレー（Stanley Fis-
　cher）　255
フィリップス（Alban William H. Phillips）
　166
フィリップス曲線　166
フェデラル・ファンド・レート　281
付加価値　37, 38
不胎化政策（中立化政策）　324
物価上昇率（インフレ率）　3, 7, 126, 166
プライマリー・バランス　144
フリードマン（Milton Friedman）　22,
　41, 77, 101, 167, 332
ブレトンウッズ・システム　322
フロー　20
分配率　46, 48
ペイオフ　296
平均消費性向　65
平均税率　136
ベース・マネー　→　ハイパワード・マネー
変化率　48
変動相場制　302, 322, 332, 340
　──の隔離効果　334, 335

貿易構造　362
法人税　136

法定預金準備　→　支払い準備
法定預金準備率　91
補助金　138

ま行

マーシャル（Alfred Marshall）　105,
　123
マーシャルの k　123
マイナス金利　282, 291
摩擦的失業　219
マネタリーベース　→　ハイパワード・マネ
　ー
マネタリスト　22, 150
マンデル（Robert A. Mundell）　321
マンデル＝フレミングの理論　336
マンデル＝フレミング・モデル　336

ミクロ経済学　11
ミゼリー指数（悲惨指数）　169
民間投資　36, 148
民間部門　12

名目賃金率　197
名目変数　189
メニュー・コスト　252

モジリアーニ（Franco Modigliani）　59
モデル　11
モラルハザード　223, 295

や行

有効求人倍率　214
ユーロ危機　330
輸出物価指数　314
輸入インフレ　335

要素所得　29
預金　85
　──準備　96
　──準備率　94

——取り付け　294
——の自己増殖メカニズム　98
——保険　294
預金保険機構　294
余剰準備預金比率　100
欲求の二重の一致　89
予備的動機　118
45度線　70

ら行

ラスパイレス指数　250

リーマンショック　6, 22, 241, 262, 265
リカード仮説　148, 150, 162
離職率　235
利子率　106, 173
リスクプレミアム　107, 109
流動性　85, 110

——の供給　91
—— の罠（liquidity trap）　117, 242, 283
量的緩和　284, 290

累進課税　135
ルーカス（Robert E. Lucas Jr.）　22, 187, 350

レモン市場　226

労働供給曲線　197
労働需要曲線　198, 224
労働ストック　359

わ行

ワーク・シェアリング　225
割引現在価値　273

伊藤元重 (いとう・もとしげ)

1951年　静岡県生まれ。
1974年　東京大学経済学部卒業。
1978年　ロチェスター大学大学院経済学研究科博士課程修了。
1979年　同大学 Ph.D.取得。
現　在　東京大学名誉教授。
著　書　『世界インフレと日本経済の未来──超円安時代を生き抜く経済学講義』（PHP ビジネス新書、2023年）
　　　　『ビジネス・エコノミクス』（第 2 版、日本経済新聞出版、2021年）
　　　　『ミクロ経済学』（第 3 版、日本評論社、2018年）
　　　　『どうなる世界経済──入門 国際経済学』（光文社新書、2016年）
　　　　『入門経済学』（第 4 版、日本評論社、2015年）
　　　　『日本と世界の「流れ」を読む経済学』（PHP ビジネス新書、2012年）
　　　　『時代の"先"を読む経済学』（PHP ビジネス新書、2011年）
　　　　『ゼミナール現代経済入門』（日本経済新聞出版社、2011年）
　　　　『経済危機は世界に何をもたらしたか』（東洋経済新報社、2009年）
　　　　『大変化』（講談社、2008年）
　　　　『ゼミナール国際経済入門』（改訂 3 版、日本経済新聞社、2005年）
　　　　など多数。

マクロ経済学 第3版

2002年 2 月25日　第 1 版第 1 刷発行
2012年12月25日　第 2 版第 1 刷発行
2024年 9 月30日　第 3 版第 1 刷発行

著　者／伊藤元重
発行所／株式会社日本評論社
　　　　〒170-8474 東京都豊島区南大塚3-12-4　振替 00100-3-16
　　　　電話／03-3987-8621（販売）03-3987-8595（編集）
　　　　https://www.nippyo.co.jp/
検印省略　© 2002, 2012, 2024 ITOH Motoshige
印刷／精文堂印刷株式会社　製本／株式会社難波製本
Printed in Japan　ISBN978-4-535-54107-8
装幀・レイアウト／山崎登　図表デザイン／長田健次

JCOPY　〈(社)出版者著作権管理機構　委託出版物〉

本書の無断複写は著作権法上での例外を除き禁じられています。複写される場合は、そのつど事前に、（社）出版者著作権管理機構（電話03-5244-5088、FAX03-5244-5089、e-mail: info@jcopy.or.jp）の許諾を得てください。また、本書を代行業者等の第三者に依頼してスキャニング等の行為によりデジタル化することは、個人の家庭内の利用であっても、一切認められておりません。

経済学の学習に最適な充実のラインナップ

入門経済学 [第4版]
伊藤元重／著 　3300円

ミクロ経済学 [第3版]
伊藤元重／著 　(3色刷)3300円

ミクロ経済学パーフェクトガイド
伊藤元重・下井直毅／著 　(2色刷)2420円

しっかり基礎からミクロ経済学 LQアプローチ
梶谷真也・鈴木史馬／著 　2750円

ミクロ経済学の力
神取道宏／著 　(2色刷)3520円

ミクロ経済学の技
神取道宏／著 　(2色刷)1870円

入門マクロ経済学 [第6版]
中谷 巌・下井直毅・塚田裕昭／著 　(4色刷)3080円

例題で学ぶ 初歩からの計量経済学 [第2版]
白砂堤津耶／著 　3080円

例題で学ぶ 初歩からの統計学 [第2版]
白砂堤津耶／著 　2750円

入門 公共経済学 [第2版]
土居丈朗／著 　3190円

入門 財政学 [第2版]
土居丈朗／著 　3080円

行動経済学
室岡健志／著 　2750円

[改訂版] 経済学で出る数学
尾山大輔・安田洋祐／編著 　2310円

計量経済学のための数学
田中久稔／著 　2860円

実証分析入門
森田 果／著 　3300円

最新 日本経済入門 [第6版]
小峰隆夫・村田啓子／著 　2750円

経済学を味わう 東大1、2年生に大人気の授業
市村英彦・岡崎哲二・佐藤泰裕・松井彰彦／編 　1980円

文系のための統計学入門 [第2版]
河口洋行／著 　3080円

大学生のための経済学の実証分析
千田亮吉・加藤久和・本田圭市郎・萩原里紗／著 　2530円

経済論文の書き方
経済セミナー編集部／編 　2200円

日評ベーシック・シリーズ

経済学入門
奥野正寛／著 　2200円

ミクロ経済学
上田 薫／著 　2090円

計量経済学のための統計学
岩澤政宗／著 　2200円

計量経済学
岩澤政宗／著 　2200円

ゲーム理論
土橋俊寛／著 　2420円

財政学
小西砂千夫／著 　2200円

マーケティング
西本章宏・勝又壮太郎／著 　2200円

国際経済学
鎌田伊佐生・中島厚志／著 　2200円

※表示価格は税込価格です。

〒170-8474 東京都豊島区南大塚3-12-4　TEL：03-3987-8621　FAX：03-3987-8590　**日本評論社**
ご注文は日本評論社サービスセンターへ　TEL：049-274-1780　FAX：049-274-1788　https://www.nippyo.co.jp/